해방
일기

해방일기 4
반공의 포로가 된 이남의 해방

2012년 8월 1일 제1판 1쇄 인쇄
2013년 9월 11일 제1판 2쇄 발행

지은이 김기협
펴낸이 이재민, 김상미

편집 이미경
디자인기획 민진기디자인

종이 다올페이퍼
인쇄 천일문화사
제본 동호제책

펴낸곳 너머북스
주소 서울시 종로구 누하동 17번지 2층
전화 02)335-3366, 336-5131 팩스 02)335-5848
등록번호 제313-2007-232호

ISBN 978-89-94606-14-9 04900
ISBN 978-89-94606-05-7 (세트)

너머북스와 너머학교는 좋은 서가와 학교를 꿈꾸는 출판사입니다.

이 책에 실린 사진은 뉴스뱅크, 위키미디어 커먼스에서 게재 허가를 받았습니다.
저작권자를 찾지 못하여 게재 허가를 받지 못한 일부 사진은 확인되는 대로 게재 허가를 받고 통상 기준에 따라 사용료를 지불하겠습니다.

1946.5.2~8.31

4

반공의 포로가 된 이남의 해방

김기협 지음

너머북스

머리말

민심을 대변하는 중간파, 왜 열세에 빠졌나?

정치적 판세가 결정된 1946년 여름

해방공간 3년 중 가장 큰 갈림길이 되는 시점을 짚으라면 1945년 12월을 짚을 것이다. 연합국의 조선 처리 방침이 모스크바 3상회의에서 결정된 것이 이때다. 그에 촉발되어 서울에서 대규모 반탁운동이 일어났고, 이후 '반탁'은 이남 정계의 향방을 좌우하는 핵심 주제가 되었다. 그리고 이 무렵에 이북에서는 김일성이 공산당의 주도권을 확보하면서 이남에 비해 훨씬 순조로운 변화의 발판이 마련되고 있었다.

1945년 12월에 세워진 몇 가지 기본 조건이 자리를 잡는 데 다시 몇 달의 시간이 걸렸다. 이북에서는 1946년 2월에 북조선임시인민위원회가 세워지고 3월에 토지개혁을 실시함에 따라 김일성 지도 체제가 확고해졌다. 이남에서는 반대로 혼란이 가중되고 있었다. 전 해부터 추진되어온 통일전선 시도가 반탁운동의 격류 속에 좌초되자, 우익은 비상국민회의를 거쳐 민주의원으로 결집하고 좌익은 민주주의민족전선(민전)을 결성함으로써 좌우 대립의 전선이 뚜렷해졌다. 그리고 모스크바 3상회의 결정에 따른 미소공동위원회가 열렸으나 이 역시 반탁운동의 여파 속에 공전을 거듭하다가 5월 초에 무기 정회에 들어가고 말았다.

1946년 5월이 되면 상황 전개의 기본 틀이 분명해져 있었다. 미소공위의 정회로 연합국 합의에 따른 조선 독립 추진 전망이 불투명하게 되었다.

이북에서는 공산당과 임시인민위원회 중심의 개혁 작업이 순조롭게 진행되고 있었다. 그리고 이남에서는 좌우 대립이 극단화되어 한민당-김구-이승만 극우 세력이 외연을 키우고 박헌영의 극좌파가 좌익의 헤게모니를 장악하는 동안 양쪽에 속하지 않는 중도 세력은 극도로 움츠러들어 있었다.

틀이 분명해진 만큼 변화의 흐름도 확실해졌다. 1946년 5월에서 8월까지, 이 책에서 다루는 기간이 해방공간 중 가장 결정적 변화를 가져온 시기라 할 수 있다. 이 기간 중 이북의 변화는 단순하고 순탄하게 진행된 반면 이남에서는 여러 주체가 복잡하게 뒤얽히며 상황을 전개했다. 그래서 이 책에서는 주로 이남에서 벌어진 일을 다루게 되었다.

이남의 상황 전개에 작용하는 주체로 어떤 세력들이 있었는지 먼저 검토해본다.

미군정이 최고의 권력을 쥐고 있었다. 1945년 말까지는 미군정 당국자들이 조선 사정도 본국 정책도 파악하지 못한 채 혼란스러운 모습만을 보였다. 그러다가 1946년 들어 나름대로 상황을 판단하고 의미 있는 정치 노선을 모색하기 시작했다.

반탁운동을 통해 극우 세력이 명확한 실체를 갖게 되었다. 식민지 시대의 기득권층이 해방에도 불구하고 특권을 유지할 희망을 김구와 이승만 등 해외 지도자들의 영도력에서 찾게 되었기 때문에 극우 세력은 막강한 자금력과 함께 군정청과 경찰의 실권을 장악하게 되었다.

극우 세력의 강화로 인해 좌익에서 박헌영 극좌 노선의 주도권이 굳어졌다. 좌익의 기반은 사회주의적 개혁을 원하는 민심에 있었는데, 극우 세력에 당장 대항하기 위한 깃발과 조직력을 박헌영의 공산당만큼 잘 갖춘 다른 좌익 세력이 없었다. 여운형의 인민당이 더 큰 지지를 받고 있었지만 1946년 7월 중 박헌영파의 프락치 공작 앞에 무너지고 만 것은 조직력의 열세 때문이었다.

5월에 들어설 때까지 이남 정국의 시야를 채우고 있던 것은 이 3개 세력이었다. 외래 세력인 미군정을 사이에 두고 오른쪽에는 반탁 세력이 기세를 올리고 있었고, 왼쪽에서는 박헌영 세력이 민전을 중심으로 좌익의 주도권을 쥐고 있었다. 중도 좌파와 중도 우파라 할 만한 사람들은 극우와 극좌 사이에 끼어 독자적인 조직 활동을 하지 못하고 있었다.

'좌우 대립' 대신 '중극(中極) 대립'의 좌표계가 필요하다

'좌우합작'이라는 새로운 움직임이 5월에 시작되었다. 이 움직임에 참여한 중도 좌파와 중도 우파가 '중간파'라 불리는 하나의 세력을 만들어냈다. 김규식과 여운형이 이 세력 안에서 우파와 좌파를 대표하는 입장에 섰다. 이 세력은 나중에 분단 건국 과정에서 역할을 잃어버리기 때문에 그 의미가 후세에 잘 전해지지 못했지만, 당시 조선인의 정치적 염원을 대변한 역할은 대단히 중요한 것이었다.

좌우합작을 작동시킨 동력은 미군정이 일으킨 것이었다. 초기의 미군정은 상황의 정밀한 검토 없이 반공·반소 취향에 따라 단세포적 반응으로 일관했다. 그러나 점령 반년을 넘기면서 정책 인력이 확보됨에 따라 현실적 타당성이 있는 노선을 모색하기 시작했다. 그 결과 극우파를 후퇴시키고 중도 우파를 지원함으로써 폭넓은 통일전선 형성을 바라보게 되었다. 중도 우파와 중도 좌파 사이의 좌우합작을 성공시키면 극우파는 따라올 수밖에 없을 것이므로 극좌파를 고립시키는 통일전선이 가능하다고 본 것이다.

미군정의 좌우합작 추진에 우익에서는 폭넓은 호응을 보였다. 식민지 시대 기득권층의 지지와 후원을 받는 극우 반탁 세력이 '친일파 척결' 같은 민족적 과제를 '반공·반소'의 뒷전으로 돌리는 데 반감을 가진 민족주의자들이 대거 좌우합작에 참여했다. 미군정이 극우파만을 후원하던 태도를 바꾸는 것만 해도 그들에게는 큰 성과라고 할 수 있었다.

좌익의 호응도 만만치 않았다. 박헌영 세력의 종파주의에 대한 비판이 범 좌익뿐 아니라 공산당 내에서도 일어나고 있었다. 좌우합작은 박헌영의 극좌 노선을 벗어난 새로운 노선을 열어나갈 수 있는 기회였다. 그러나 미군정이 추진하는 사업이라는 조건이 좌익의 참여에 걸림돌이 되어 조심스러운 태도를 취해야만 했다. 좌익 내에서 '배신자'로 몰릴 위험도 있고, 실제로 이용 대상의 '들러리' 신세에 빠질 위험도 있었기 때문이다.

좌우합작에 참여하는 중간파의 입장은 좌익이든 우익이든 피동적인 것이었다. 각각의 진영에서 극단파가 기세를 올리며 깃발을 쥐고 있었기 때문에 소신을 펼칠 길을 찾지 못하고 있던 '힘' 없는 사람들이 미군정이 만들어준 길로 들어서게 된 것이었다.

그들의 '힘' 없는 입장은 이후에도 계속되었다. 그들은 얼토당토않은 이유로 대중 집회에서 규탄받고 벽보로 모욕당했으며 저격에 목숨을 잃기까지 했다. 분단 건국의 주역이 되지 못했기 때문에 '비운(悲運)의 지사(志士)'로 추모의 대상이 될 뿐, 그 역사적 역할이 제대로 평가받지 못하고 있다.

나는 이번 작업을 통해 그들에 대한 재평가의 필요를 느끼게 되었다. 좌우 대립 틀 속에서 '중간파'의 이름을 갖게 된 그들이 당시 정치의 진짜 주역이었다는 생각을 하게 된 것이다. '정치'가 무엇인가. 인민의 염원을 실현하려는 노력 아닌가. 그렇다면 계층의 이익에 집착한 극우파도 자기네 이념에 매달린 극좌파도 진짜 '정치'를 한 것이 아니었다. 당시 조선인의 염원인 민족주의와 민주주의를 실현할 생각을 가진 사람들은 좌우합작에서 길을 찾았다.

그들의 재평가를 위해 '좌우 대립' 아닌 '중극(中極) 대립'의 새로운 틀을 생각한다. 중간파가 갖지 못한 '힘'을 극좌와 극우는 외세로부터 얻었다. 중간파가 민심의 지지로부터 얻은 '힘'은 외세에 의지한 극단파의 '힘'에 압도당했다. '중'을 민심의 대표로, '극'을 외세의 대표로 볼 수 있는 것이다. 식민지 30여 년을 겪은 뒤의 조선의 민심은 스스로를 표출할 방법을 아직 잘 갖추지 못하고 있었고, 일본을 대신해 조선을 짓누르는 외세의 힘이 너무 강했던 것이 해방공간 조선의 상황이었다.

좌우합작은 1946년 10월에 이르러서야 가시적 성과를 내놓기 시작한다. 성과가 늦어진 것은 3당 합당을 통한 좌익의 재편으로 좌익의 참여가 여의치 않은 때문이었다. 그러나 가시적 성과가 나오지 않는 여름 동안에도 좌우합작위원회는 중도 우파의 새로운 입지를 만들어주었고, 좌익 재편 과정에도 하나의 큰 변수로 작용했다.

진짜 위조지폐는 자기네가 무한정 뿌려놓고……

1946년 여름 정치계의 흐름을 크게 좌우한 하나의 움직임이 미군정의 노골적인 공산당 탄압이었다. 미국은 강력한 반공 분위기를 가진 나라면서도 사상의 자유와 결사의 자유를 보장하는 민주주의 국가였다. 따라서 미군정에도 공산주의나 공산당을 무조건 탄압하지는 않는다는 원칙이 있었다. 그래서 공산당은 노골적 탄압을 받지 않을 뿐 아니라 적산 건물을 당사로 활용하는 혜택까지 누릴 수 있었다.

1946년 5월, 미소공위가 정회에 들어갈 무렵부터 공산당에 대한 미군정의 탄압이 노골화하기 시작했다. 이것은 좌우합작 추진과 짝을 이루는 책략이었다. 공산당의 힘을 꺾음으로써 공산당 외의 좌익이 좌우합작의 마당으로 나오게 한다는 목적이었다.

공산당에 대한 가장 큰 타격을 준 조치가 '정판사사건' 조작이었다. 공산당이 당사로 쓰던 건물에 해방 전 지카자와(近澤) 인쇄소가 있었다. 일본 항복에서 미군 진주 사이의 20여 일 동안 총독부가 30억 원이라는 거액의 조선은행권을(당시 통화량의 55퍼센트에 달함) 발행했다. 인쇄량이 너무 많아 민간 인쇄소까지 징발해야 했고, 지카자와 인쇄소도 그중 하나였다. 나중에 그 건물에 입주한 공산당은 지카자와 인쇄소에 '정판사'란 간판을 달고 활용했는데, 화폐 인쇄에 쓴 평판 등 재료가 남아 있었다.

지카자와 때부터 일하던 직원 몇이 정판사에서 계속 일하면서 공산당에도 입당했다. 그중 김창선이란 자가 화폐 인쇄용 평판을 들고 나가 위폐단에 팔아먹었고, 5월 4일에 그 위폐단이 검거되었다. 며칠 후 경찰이 정판사를 수색했고, 5월 15일에 정판사사건 수사 발표가 군정청에서 나왔다. 공산당 재정·총무부장 이관술과 정판사 사장 박낙종을 위시한 공산당원 십여 명이 3백만 원의 위폐를 찍어 유통했다는 것이었다. 이후 두어 차례 발표 때마다 위폐 발행액이 늘어나 1천 수백만 원에 이르렀다.

체포된 자들은 11월 말 유죄판결을 받기에 이르거니와, 여러 정황으로 볼 때 이 사건 혐의는 철저한 조작 아니면 터무니없는 과장이었다. 공산당 탄압의 의도가 노골적으로 드러난 사건이었다. 사건 발표 직후 공산당 기관지 『해방일보』가 무기 정간되었다가 결국 폐간에 이르고, 공산당도 이 건물에서 축출당했다.

정판사사건은 가히 '적반하장(賊反荷杖)'이라 할 일이었다. 위폐 범죄에서 제작보다 훨씬 어려운 일이 유통이다. 널리 유통시킬 길이 없으면 아무리 잘 만든 위폐라도 고작 유흥비로밖에 쓸 수 없다. 조선총독부가 찍은 30억 원은 불법으로 찍은 위조지폐였다. 황급하게 찍느라고 품질도 나쁜 것이 많아 당시 상인들이 "붉은 돈"이라 부르며 잘 받아주지도 않았다. 이 위조지폐의 유통 능력을 미군정이 보장해주었다. 30억 원 위폐사건의 핵심 공범인 미군정이 1천 수백만 원의 공산당 위폐사건을 조작한 것이었다.

미군 진주 당시 30억 원의 "붉은 돈"이 누구 손에 있었을까? 밝혀진 것은 극히 일부뿐이다. 예컨대 대표적 친일 사업가 박흥식이 조선비행기회사 투자에 대한 보상 등으로 5천만 원을 받고 유흥사업가 김계조가 댄스홀 만드는 등의 용도로 1천만 원을 받은 일이 그들의 다른 범죄를 수사하던 중에 불거져 나왔다. 30억 원 위폐의 대부분은 좁은 범위의 친일파가 목돈으로 움켜쥐고 있었던 것이다. 이 위폐에 대한 미군정의 효력 인정은 친일파의 권력을 강화시켜주면서 조선 경제를 파탄시킨 엄청난 범죄였다.

미군정의 공산당 탄압은 공산당의 위축이라는 기대했던 효과보다 오히려 더 큰 역효과를 불러왔다. 박헌영 일파가 '신전술'이란 강경 투쟁 노선으로 공산당을 이끌면서 좌익 내 헤게모니 투쟁을 더욱 강화한 것이다. 그 위에 좌익 3당 합당의 과제가 겹쳐져 좌익 재편 현상이 진행되면서 중도좌파의 좌우합작 참여가 오랫동안 막혀 있게 된다.

평양으로 옮겨간 좌익 주도권

1946년 상반기를 통해 김일성과 북조선공산당의 능력과 위상이 순조롭게 자라나면서 차츰 그 그림자가 이남 좌익의 위에까지 드리우게 되었다. 원래 박헌영이 장악한 서울의 공산당이 '당중앙'이었고, 김일성이 주재하고 있던 것은 그 산하의 '북조선분국'이었다. 그런데 북조선분국이 소련의 지원 아래 이북의 통치력을 장악하여 당중앙의 실력을 압도하게 되면서 '북조선공산당'으로 불리게 되었다. 이에 따라 이남의 좌익 중 박헌영의 영도에 승복하지 않는 사람들이 북조선공산당과의 연계를 바라보게 되었다.

좌익 정당의 합당을 통한 북조선노동당(북로당)과 남조선노동당(남로당)의 창당에는 김일성과 박헌영의 관계를 대등한 것으로 만드는 의미가 들어 있었다. 1946년 7월 초 김일성과 박헌영이 모스크바에 다녀온 후 좌익 합당 작업이 시작된 것으로 볼 때, 모스크바 방문 목적의 적어도 일부는 합당의 필요성을 박헌영에게 납득시키는 데 있었던 것으로 생각된다.

동유럽에서는 공산주의 정당의 대중정당화가 당시의 추세였기 때문이다.

합당을 통한 대중정당화가 이북에서는 적절한 과제였다. 중국공산당과의 연계가 강한 신민당(독립동맹)이 지난 반년 동안 공산당과의 협력 관계를 잘 유지해왔기 때문에 잡음이 일어날 여지가 없었다. 반면 이남에서는 통일전선 전략을 외면해온 박헌영의 공산당이 외연을 넓히면서 영도력을 유지하는 데 반발이 클 수밖에 없었다.

이북에서는 신민당의 김두봉이 합당을 제안하고 합당 후에도 위원장을 맡았다. 실력 기준으로 공산당이 주축이었으므로 형식에서 신민당 쪽을 앞세워 모양새를 좋게 만든 것이다. 이남에서도 인민당의 여운형이 합당을 제안하고 합당 후 위원장을 맡을 방침을 세웠다. 이에 따라 8월 3일 인민당이 합당 제안서를 공산당과 남조선신민당으로 보냈다.

제안 시점에서 예상되는 어려움은 박헌영 공산당의 패권주의가 인민당과 신민당의 반발을 불러일으키지 않을까 하는 데 있었다. 그런데 뜻밖에도 문제는 공산당 내부에서 먼저 튀어나왔다. 중앙위원 중 원로급 6인이 당대회 소집을 요구하고 나선 것이었다.

레닌이 공산당 운영의 원리로 세운 '민주집중제(democratic centralism)'는 공산주의 운동에서 불변의 원칙이 되어 있었다. 모든 권력은 당대회를 통한 당원 총의에서 나온다는 '민주' 원칙과 선출된 당중앙의 영도에 따라야 한다는 '집중' 원칙을 결합한 원리였다.

일제시대의 탄압 아래서는 당대회를 열기가 무척 어려웠다. 1920년대 조선공산당의 두 차례 당대회는 사실 형식적 결함을 가진 것이었다. 그런데 공산당 활동이 합법화된 미군정 아래 공산당이 창당 (또는 재건) 후 1년 가까이 당대회를 열지 않은 것은 박헌영의 주도권을 쉽게 지키기 위한 편의주의였다. 그동안 불만을 품고 있던 원로들이 좌익 합당이라는 큰 고비를 앞두고도 박헌영 지도 체제를 그대로 옮겨가려는 태세 앞에 마침내 참지 못하고 당원 총의의 수렴을 요구하고 나섰다.

공산당 내 분란으로 박헌영의 입지가 위협받는 상황이 되었다. 그런데 박헌영은 물러서기는커녕 오히려 역공에 나섰다. 반기를 든 원로 모두에 제명-정권 처분을 내리는 한편 인민당과 신민당의 자기 추종자들에게 지령을 내렸다. 공산당 당적을 감추고 두 당에 잠입해 있던 '프락치'들이 움직이기 시작했다. 여운형과 백남운이 이끌던 당 지도부는 공산당의 분란을 보고 합당 작업을 보류하고 있었는데 프락치들이 "무조건 합당"을 외치고 나섰다. 박헌영을 최고 지도자로 모시는 범 좌익 정당을 즉각 만들자는 것이었다.

박헌영의 주도권에 무리하게 집착하는 남로당이 이남 좌익의 소수파로 전락할 형세였다. 그런데 먼저 북로당을 결성한 김일성 등 이북 지도자들이 박헌영의 손을 들어줬다. 덕분에 박헌영은 '벼랑 끝 전술'에 성공하고 공산당에 이어 남로당을 통해 이남 좌익의 주도권을 장악했다. 한편 박헌영의 주도권에 굴복하지 않은 좌익 인사들은 정치 활동을 계속하기 어려운 곤경에 빠지고 말았다.

중간파, 역경을 무릅쓰고 일어선 민족주의 진영

좌우합작위원회의 공동대표 김규식과 여운형이 1946년 여름 처했던 입장에서 새로 모습을 나타내는 '중간파'의 입지가 얼마나 취약한 것이었는지 알아볼 수 있다. 중경 임정에서 비주류 대표로 부주석을 맡고 있었던 김규식은 이승만에 이어 조선인 미제 박사 제2호였다. 여섯 살 많은 이승만과 개인적 연분도 적지 않아 "형님"이라 부르는 사이였다.

좌우합작에 나설 것을 이승만이 권하러 왔을 때 김규식이 이렇게 말했다고 한다. "형님은 대통령 못하면 못살 사람이고 나는 대통 담배를 못 피우면 못살 사람이니 나를 대통이나 피우게 내버려두시오." 이전투구의 권력투쟁에 나설 생각이 없는 사람이었다. 그러나 나설 결심을 하고는 이렇게 말했다고 한다. "좌우합작이 독립을 위한 단계라면 독립을 위하여 내가 희생하겠다. 형님이 나를 나무 위에 올려놓고 흔들어댈 것을 안다. 또 떨어뜨린 후에는 짓밟을 것도 안다. 그러나 나는 독립 정부를 세우기 위해 나의 모든 것을 희생하겠다. 내가 희생한 다음에 형님이 올라서시오."

극우 세력의 배경인 기득권층의 위세가 얼마나 대단한 것인지, 미군정의 반공주의가 얼마나 굳건한 장벽인지 김규식은 잘 알고 있었다. 그에 맞서서 민의를 받들러 나서기에 그는 용기가 모자라기보다 너무 냉소적인 인물이었다. 그런 그가 1946년 5월 나무에 올라갔다. 십중팔구 떨어져 짓밟히게 될 줄 알면서. 미군정이 좌우합작 지원에 나선 것을 그나마 모처럼의 기회로 받아들인 것이다. 그는 결국 나무에서 떨어져 짓밟히게 된다.

한편 여운형의 입장은 어떤 것이었던가. 그는 밝은 성격의 호걸풍 인물이었던 것 같다. 그가 큰 명성을 처음 떨친 것은 34세 때인 3·1운동 직후 일본에 가 일본 고관과 명사들 앞에서 조선 독립의 필요성을 당당히 설파한 일이었다. 그는 '항일'이 필요 없는 '독립'운동가였다. 해방을 앞둔 전쟁 중에도 당당한 자세를 지킨 그에게 총독부는 항복 후 질서유지를 부탁했고, 그것을 발판으로 건국준비위원회(건준)를 세운 사람이었다.

좌익의 최고 명망가인 그가 박헌영에게는 도전의 대상이었다. 박헌영은 조직력을 무기로 건준에서, 그리고 민전에서 여운형의 입지를 잠식했다. 그러나 여운형은 일본을 적으로 여기지 않은 것처럼 박헌영도 적으로 여기지 않았다. 그는 박헌영 세력까지 끌어들여야 진정한 합작이 이뤄진다는 믿음을 갖고 박헌영 측의 무리한 요구까지 다 받아들이려고 애썼다. 그 때문에 6월에 시작한 좌우합작 움직임이 두 달 동안 정체되기까지 했다.

극우파에게는 돈과 공권력이 있었고 극좌파에게는 조직력이 있었다. 중간파 인물들이 양쪽 극단파로부터 떨어져 나오기 위해서는 궁핍과 매장, 그리고 위험을 각오해야 했다. 그러나 1946년 5월에 몇 사람이 어려움을 무릅쓰고 좌우합작 과업에 나섰다. 그들이 길을 만들자 더 많은 사람들이 양쪽에서 빠져나올 수 있게 되었다.

그들의 노력은 결국 분단 건국을 막고 통일 민족국가를 세우자는 것이었다. 그런 의미에서 그들은 좌익 우익 이전에 민족주의자였다. 민족국가 건설의 길이 쉽게 열릴 것이라고 낙관할 때 그들은 취향에 따라 좌익을 택하고 우익을 택했다. 사회주의 원리가 어떤 식으로 어느 정도까지 적용되는 것이 좋겠는가, 판단에 따른 선택이었다. 그러나 해방 1년이 되어가도록 민족국가 건설 자체가 갈수록 어렵게 보이자, 그들은 좌우의 선택을 접어놓고 민족국가 건설의 과제에 노력을 집중하러 나선 것이었다.

이북의 민족주의자들은 그때 어떤 길을 걷고 있었는가. 이남의 중간파에 상응하는 노선의 집단으로 독립동맹-신민당을 꼽을 수 있다. 김두봉 등 독립동맹 출신 민족주의자들은 소련군이 후원하고 공산당이 제안하는 통일전선에 참여했다. 인민위원회와 남로당 참여를 통해 건국 과정에서 자기 역할을 가질 수 있었다. 반면 이남의 민족주의자들은 그런 참여의 기회를 갖지 못했고, 좌우합작을 통해 역할을 스스로 만들러 나선 것이었다.

그 노력은 좌절되고 말았지만 후세 사람들에게 가르침을 남겼다. 아무리 막강한 외세 앞에서라도 양심적 민족주의자가 노력할 여지는 있었다는 가르침이다. 내가 해방공간의 역사를 부끄러워하지 않아도 되는 것은 그들 덕분이다.

2012년 7월

김기협

차례

5 좌우합작 회담과 원칙 1946년 7월 1~28일

6 해방 1주년을 돌아보다 1946년 8월 1~31일

일러두기

1. 이 책에서 인용한 1차 사료(신문기사, 포고문, 법령 등)는 국사편찬위원회 한국사데이터베이스(http://db.history.go.kr)의 자료를 원본으로 하였으며, 일일이 출처를 명시하지 않는 대신 흐린 글씨로 표시하였다. 또한 지금은 별로 쓰지 않는 한자어를 우리말로 풀어쓰는 등 한글세대도 쉽게 읽을 수 있도록 일부 수정하였다.
2. 이 책에서 인용한 글의 서지사항은 처음 나올 때 표기하고, 이후에는 제목과 쪽수만 표기하였다.
3. 인명이 처음 나올 때 한자 또는 원어, 생몰연도를 함께 표기하였다(확인되지 않는 일부 인명의 경우 제외).
4. 단체명은 처음 나올 때 원래 명칭과 줄임말을 함께 표기하고 이후에는 줄임말을 사용하는 것을 원칙으로 하였다.
5. 각 장의 말미에 실은 '안재홍 선생에게 묻는다'는 해당 시점(예를 들어 1장 말미의 대담은 1945년 11월 중순, 2장 말미는 1945년 11월 말)에 저자가 안재홍 선생과 나누는 것으로 가상하는 대담이다.

1

미소공동위원회 무기 휴회

1946년 5월 2 ~ 6일

1945년 12월 우익의 반탁 집회와 1946년 1월 좌익의 모스크바 3상회의 결정을 지지하는 찬탁 집회.

1946. 5. 2.

협의 자세를 안 갖춘 '협의 상대' 신청자들

4월 18일 미소공동위원회(이하 '미소공위'로 줄임)의 제5호 공동성명이 나오자 좌익과 중도파는 즉각 이에 호응하여 협의 대상 신청을 했다. 반면 우익에서는 모스크바 3상회의 지지 선언서에 서명한다는 신청 요건을 놓고 혼선을 겪었다. 양대 영수 중 김구(金九, 1876~1949)는 선언서 서명에 반탁운동 포기의 뜻이 내포되어 있다는 이유로 서명을 반대했고, 이승만(李承晚, 1875~1965)은 서울에 없었다. 선언서 서명이 반탁 포기가 아님을 보증한다는 하지(John R. Hodge, 1893~1963)의 특별 성명이 27일에 나오고 같은 취지의 편지를 이승만이 보낸 뒤에야 우익 단체들이 움직이기 시작했다.

남조선대한국민대표민주의원(이하 '민주의원'으로 줄임)을 비롯한 우익 정당·단체들이 4월 30일에서 5월 2일 사이에 협의 대상 신청 방침을 결정, 발표했다. 그들의 성명과 담화에 미소공위에 참가해서 반탁운동을 벌이겠다는 의지를 밝힌 것이 눈에 띈다. 반탁 명분의 부담에서 벗어나지 못한 것이다.

● 민주의원 성명서

"본원은 미소공동위원회 제5호 성명이 발표되자 대리의장 김규식의 명의로써 본원을 대표하여 성명한 바 있거니와 사건의 중대성에 감하여 신중에 신중을 가하여 토의를 거듭한 결과 하지 중장이 성명한 바와 같이 동 5호 성명에 포함된 선언서에 서명하는 것은 미소공동위원회와 협의하여 임시정부 수립에 참가하여 신탁통치를 반대할 수 있는 계기인 것을 확인하고 본원은 본원에 관계된 각 정당과 단체에 대하여 미소공동위원회에 참가·협의함을 가(可)타 인정한다."

● 대한독립촉성국민회 성명서

"본회는 미소공동위원회 제5호 성명이 발표되자 문제가 중차대한 만큼 냉정 엄격히 심의한 결과, 신탁통치를 절대 반대하고 완전 자주독립을 전취하는 한 방책으로 전기(前記) 성명서에 포함된 선언서에 서명하고 미소공동위원회에 참가하기로 한다."

(「민주의원·독촉국민회, 미소공위 5호 성명 지지 찬성 성명 발표」, 『조선일보』 1946년 5월 3일)

● 한국독립당 발언인 엄항섭 담화

"미소공동위원회 제5호 성명이 발표된 후 이에 대한 견해가 구구하였다. 제5호 성명에 제시된 선언서 중에 삼상회의 결정 제3절에 관한 점이 좀더 명랑하지 못한 것과 또 그 선언서 말단에 당과 대표자의 서명을 요구하는 등 두 개의 사실이 반탁자로 하여금 약간의 고려할 시간을 가지지 못하게 한 것이다. 이와 같은 신중한 태도는 국가의 존망과 민족의 운명을 좌우할 수 있는 현 단계에서 중책을 진 자들의 당연히 취할 바라고 확인할 바이다.

우리는 찬탁 반탁의 구별 없이 민주주의 각 정당과 단체로 하여금 일률로 해회(該會)와 협의할 기회를 준 데 대하여는 특별히 소련 측에서

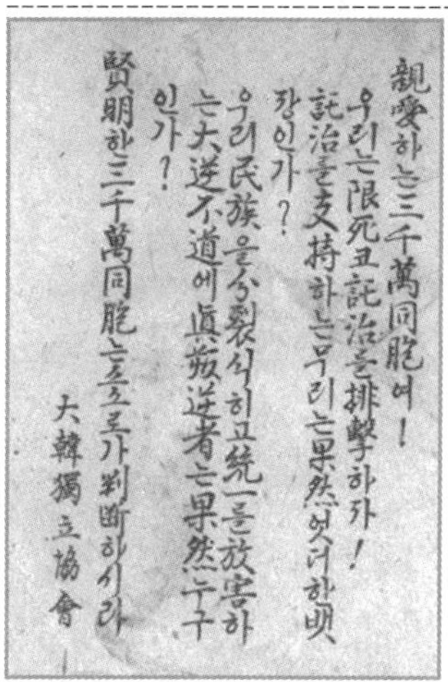

親愛하는三千萬同胞여!
우리는限死코託治를排擊하자!
託治를支持하는무리는果然엇더한벗
장인가?
우리民族을分裂식히고統一를妨害하
는大逆不道에眞叛逆者는果然누구
인가?
賢明한三千萬同胞는스스로가判斷하시라
大韓獨立協會

신탁통치 반대 촉구. 대한독립협회의 격문(1946).

고집하지 아니한 그 위대한 민주주의 정신을 존경하지 아니할 수 없다. 특별히 감사하는 바는 하지 장군이 우리의 의혹을 일소하기 위하여 누차 책임 있는 성명을 발한 점이다. 본당은 제5호 성명이 있은 후에도 의연히 미소공동위원회를 협조하는 것이 가하다고 인정하였다. 해회의 공작은 우리 독립의 완성을 협조함에 있을 뿐 아니라 우리가 해회 중에서 신탁 이외의 방법으로도 연합국이 우리 독립을 원조할 수 있다는 것을 일치하게 주장하면 그들이 신탁을 주장할 이유가 없게 될 까닭이다."

(「한국독립당, 미소공동위원회 제5호 성명에 대해 담화 발표」,
『동아일보』 1946년 5월 1일)

● 한국민주당 성명서

"본당은 미소공동위원회 제5호 성명이 발표되자 사건의 중대성에 감하여 신중히 토의를 거듭한 결과 동 성명에 포함된 선언서에 서명하는 것은 미소공동위원회와 협의하여 임시정부 수립에 참가하여 신탁통치를 반대할 수 있는 계기를 확인하였기 때문에 동 위원회에 참가하기로 결정하였다."

(「한민당, 미소공위 공동성명 제5호에 대한 지지 성명 발표」, 『조선일보』 1946년 5월 1일)

● 비상국민회의 발표

"비상국민회의 소속 각 정당과 각 사회단체는 미소공동위원회에 참가하되 탁치를 전제로 한 일체 문제는 절대 배격한다.

과도정권 수립에는 자동적 역할을 하여야만 완전한 자주독립국가가 주권을 수립할 수 있는 것이고 피동적이 되면 그 주권은 혼을 잃은 정권밖에 될 수 없다는 것을 전 민족에게 선포한다."

(「비상국민회의 및 휘하 단체, 공위 제5호 성명에 서명 합작 결의」, 『서울신문』 1946년 5월 3일)

우익 정당·단체들에는 협의 대상 신청을 위해 두 가지 요건이 요구되었나 보다. 그 하나는 미소공위의 공식적 요구로서 3상회의 결정을 지지하는 선언서에 서명하는 것이었다. 그리고 김구와 이승만을 영수로 하는 우익의 일원으로 인정받기 위해서는 반탁의 뜻을 접지 않는다는 성명서나 담화문을 별도로 발표해야 하는 것이 또 하나의 비공식적 요구였던 것 같다.

꼴이 참 누추하다. '반탁'에는 두 가지 자세가 있을 수 있었다. 그 하나는 신탁통치의 가능성을 제기했다는 이유로 연합국의 결정권 자체를 부정하는 것이고, 다른 하나는 가능성의 제기 자체는 받아들이면서 그 가능성을 줄이기 위해 노력하는 것이다. 어느 쪽이 절대적으로 옳고 어느 쪽이 절대적으로 그른 것이 아니다. 다만, 연합국의 힘으로 해방되었고 연합국의 힘에 대항할 능력이 없는 현실에 비춰 어느 쪽이 더 현실적이고 합리적인 자세인지는 자명한 일이다.

김구와 이승만이 이끈 반탁운동은 연합국의 결정권을 부정하는 초현실적인 방향으로 펼쳐져 왔다. 이제 협의 대상 신청에 임해 현실적인 방향으로 돌리는 것은 잘못된 일이 아니다. 그런데 참가 신청을 하면서 반탁 의지를 굳이 재확인하는 것은 무엇인가. 아Q 식의 '정신적 승리'를 노리는 것인가?

굳이 소련이 아니라도 연합국 입장에서 용납할 수 없는 태도였다. 연합국의 결정권을 부정하는 민족주의 선동으로 온 나라를 발칵 뒤집어놓고 심지어 미군정의 통치권을 탈취하려는 쿠데타 시도까지 있었다. 연합국의 권리와 책임을 인정하지 않는 세력과 어떻게 '협의'를 한단 말인가? 미국 측이 3상회의 결정을 뒤집기 위해 그런 세력을 키워준다는 의심을 소련 측은 갖고 있었다.

제5호 공동성명에서 '과거를 묻지 않고' 선언서 서명을 통해 지금의 의사를 밝히면 받아들이겠다고 한 것이 소련 측으로서는 대단한 양보였다. 선언서 서명 요구는 반탁 세력에게 이전의 극단적 반탁운동을 반성하라는 요구였다. 그런데 손으로는 선언서에 서명하면서 입으로는 "나 반성 안 해!"라고 외치는 셈이다. 그리고 그렇게 하도록 하지가 27일의 특별 성명으로 부추긴 것이다.

미소공위가 무기 정회에 들어간 뒤 하지는 5월 9일의 성명서에서 정회 책임을 소련 측에 미루면서 이 문제를 크게 부각시켰다.

> 조선임시정부를 수립하려고 미소공동위원이 회담할 때에 소련 대표는 조선 사람으로 모스크바협정을 반대한 사람은 조선임시정부 조직

에 참여치 못하도록 제외하자는 것을 제안했다. 그러나 미국 대표는 그러한 제외 원칙은 조선 사람들에게 민주주의의 근본인 의사 발표권을 거부하는 것이므로 반대했다. (…)

소련 대표는 상 제 정당이 공동성명서 제5호에 있는 선언서에 서명한 사실에도 불구하고 그 정당들이 이러한 견해를 포기하지 않는 한 그들과 협의할 용의가 없다는 것을 명시했다.

이렇게 소련 대표로 말미암아 생긴 새로운 사태는 이 문제(정당·단체 대표 문제)로 이미 없이 한 과거 6주간은 막론하고 앞으로도 임시정부를 조직하자면 상당한 지연이 있을 것은 불가피한 사실이매 미국 대표는 이 현안을 해결하는 동안 조선 재통일의 일대 장애물인 38도선 철폐에 착수하자고 제의했고 소련 대표는 이 안을 거절했다. 거절을 당한 미국 대표에게는 이 단계에서 더 다른 과제가 없으매 부득이 휴회를 구하는 외에는 다른 도리가 없었다. 그리하여 정당 대표와의 협의 건의 해결이 현안으로 있던 동안은 무기 휴회하기로 1946년 5월 6일에 결정되었다. (…)

미국 대표로서는 단순히 신탁통치보다는 즉시 독립을 더 좋아한다는 의견을 솔직히 공개 발표했다고 해서 모스크바협정에서도 보장된 조선 정부 조직에 참여하는 그 권리조차 100여 개 이상의 민주 정당과 사회단체에 거부하자는 공동위원회의 안은 찬동할 수도 없고 하지도 않겠다. 이러한 배제안에 찬동한다는 것은 오직 앞으로 신탁을 감수하겠다는 소수당을 제한 기타 모든 사람의 정치적 활동을 제거할 뿐 아니라 대서양헌장에 공약한 세계적으로 승인한 모든 사람의 의사표시 자유권에 위반하는 것이다.

(「하지, 미소공위 무기 휴회에 관해 특별 성명 발표」,
『서울신문』·『동아일보』 1946년 5월 10일)

아무리 살펴봐도 회담 공전에 대한 소련 측 책임으로 뚜렷하게 눈에 띄는 것이 없다. 하지의 성명 중 밑줄 친 부분을 보면 우익 정당·단체들이 미소공위가 요구한 선언서에 서명하는 동시에 반탁 의지를 공공연히 표명하는 데 대해 소련 측이 항의했다는 것이다. 나는 이 항의가 정당한 것이라고 생각한다. 하지는 '의사표시 자유권'을 들먹이지만, "나는 너를 무시해" 하는 의사를 공공연히 표명하면서 '협의'에 임하겠다는 것은 인권 문제가 아니라 프로토콜 문제다.

이와 직접 관계되는 일은 아니지만 오늘 있었던 일을 하나 짚고 넘어갈 것이 있다.

> 조선의 유일한 종합 도서관으로서 새로운 출발을 한 국립도서관은 그간 전화를 피하여 각지로 소개(疏開)했던 수만의 서적을 복귀시키고 일제하 소위 비밀히 사장해두었던 도서를 공개하여 시민의 호평을 받아왔는데, 4월 30일 갑자기 군정청 사법부에서 법제 도서관을 창설한다고 국립도서관 소장의 법제 관계 도서 전부를 이관하라고 명령하자 국립도서관 직원 일동은 이를 반대하고 다음과 같은 요지의 진정서를 2일 러치 장관에게 제출하였다.
> "본관은 문화 각 부문을 망라한 도서를 일반에게 공개하여 문화 발전에 공헌하는 종합도서관이므로, 그중 일부분의 책이 없어도 완전한 기능을 발휘할 수 없다. 그런데도 법무부 내의 도서관에 불과한 법제 도서관에 법제 관계 도서 전부를 이관하라 함은 천만 부당이다. 그러므로 만일 필요하다면 본관 내 특별 조사실을 만들고 또한 도서를 대여하는 등의 편의를 도모하겠노라 말하여 작년 12월에 원만히 해결하였음에도, 4월 30일에 법률관계 도서를 기어코 반출하려고 하여 본관으로서는 상부에서 하등의 지시가 없으니 2~3일의 여유를 달라

고 하였으나 군정법령 제67호 3조의 위반이라며 전기 법제 서적 반출을 요구하고 있으니, 진상을 잘 이해하고 선처하여주기 간망한다."

(「국립도서관, 법제 관계 도서의 사법부 법제 도서관 이관 반대 진정서」, 『서울신문』·『동아일보』 1946년 5월 3일)

미군정의 잘못이 나쁜 의도에서 나온 것으로만 볼 일이 아니다. 지나치게 탐욕적이고 독선적이고 폭력적인 태도를 가진 미군정 간부들이 있었고, 그런 태도가 조선 사정에 나쁜 영향을 끼친 일들이 있었던 것은 사실이다. 그러나 그들이 저지른 잘못의 대부분은 조선을 망치려는 뜻이 있어서가 아니라, 그저 너무 무식하고 게으른 데 이유가 있었던 것이다.

법제 도서관의 필요성을 판단하고 훌륭한 법제 도서관을 만들려고 애쓰는 데 무슨 나쁜 의도가 있었겠는가? 그런데 법제 도서관 잘 만들겠다고 종합 도서관인 국립도서관의 그 분야 책들을 몽땅 내놓으라니. 미군정의 해악은 두 개 층위에서 살펴볼 필요가 있다. 그 하나는 의도적으로 조선을 망친 것이고, 다른 하나는 나쁜 의도 없이 저지른 짓이다.

1946. 5. 3.

미소공위에 배짱으로 임한 미국 대표단

미소공위 제7호 공동성명이 5월 1일 발표되었다. 4월 18일의 5호 성명에 이어 구체적 진행을 보여준 7호 성명에는 협의 대상에게 보낼 시문서(試問書) 내용이 담겨 있었다. '협의'의 출발점이었다.

> 미소공동위원회는 1946년 4월 22일부터 동 27일까지 소련 수석대표 T. F. 스티코프 중장 사회하에 서울 덕수궁 내에서 개최되어 조선민주주의 정당과 사회단체와 협의할 방침과 공동위원회 제2·3분과에서 기안한 조선민주주의 정당과 사회단체와 협의할 안을 토의하였다.
> 공동위원회는 조선민주주의 정당과 사회단체와 협의할 방침에 관한 제1분과에서 작성한 민주주의 정당과 사회단체에 설문할 심문 항목을 채택하기로 결정하였는데 그 중요한 설문은 아래 내용과 같다.
> (가) 조선민주주의임시정부와 지방행정 기구의 조직과 원칙에 관한 건
> 1) 인민의 권리
> 2) 앞으로 수립될 임시정부의 일반 체제와 성질
> 3) 중앙정부의 행정 및 입법권 시행 기구
> 4) 지방행정 기구

5) 사법 기구

6) 임시 헌장의 변경 및 수정 방법

(나) 조선민주주의임시정부의 정강에 관한 건

1) 정치 대책

2) 경제 대책

3) 교육 및 문화 대책

공동성명서 제5호에 표시된 선언서 양식을 인쇄하여 남조선에 있는 민주주의 정당과 문화단체의 수속 편의를 도모하는바 그 양식 용지는 덕수궁에서 제공함. 단, 그 용지 사용 여부는 마음대로 함. 이미 선언서 서명 수속을 완료한 단체는 그 용지에 재차 기입하여 제출할 필요가 없음.

(「미소공위 공동성명 제7호 발표」, 『동아일보』·『서울신문』·『조선일보』 1946년 5월 3일)

만들고자 하는 '조선민주주의임시정부'가 완전 독립국가에 이르지 못하는 임시과도정부이기는 하지만, 독립국가의 출발점이 되리라는 것은 분명한 일이었다. 임시과도정부의 구조와 기능은 특별한 이유가 없는 한 독립국가 정부로 이어질 것이기 때문이다. 독립국가가 어떤 모습을 가지고 어떤 방향으로 나아갈 것인가, 협의 대상이 되는 정당과 단체들이 의견을 제출하고 미·소 대표들과 토론할 기회를 갖게 될 것이었다.

임시과도정부의 수립이 미소공위의 가장 큰 사명이었다. 임시과도정부가 일단 수립된 뒤에도 미소공위가 신탁통치 등 안건을 다루겠지만, 일단 수립되기만 하면 임시과도정부가 주도적 입장을 넘겨받을 것이 당연히 예측되는 일이었다.

독립 건국을 바라는 조선인들에게도 연합국의 협조와 후원 속에 건국 사업을 진행할 수 있는 순조로운 길이 미소공위에 있었다. 각자 바람직하다고 여기는 새 국가의 구조와 정책을 실현하기 위해서는 미소공위에 의견을 제출해야 했다. 그런 기회가 드디어 온 것이다.

모스크바 3상회의 결정의 근본 목적은 '세계 평화'를 위해 조선에 안정된 정치체제를 수립하는 것이었다. 조선인의 복리에도 부합하는 목적이었다. 이 목적을 이루려면 조선인의 민의를 효과적으로 수렴할 필요가 있었고, 그것이 미소공위의 기능이었다. 협의 대상을 정하고 시문서를 배포하는 것이 모두 이 기능을 수행하기 위한 것이었다.

그런데 미소공위의 주체인 미·소 대표단은 공식 목적인 '세계 평화'만이 아니라 각자의 국익도 고려해야 하는 입장이었다. 연합국의 힘으로 해방을 얻은 조선인의 입장에서는 두 나라의 국익 추구를 어느 정도까지는 용인해야 했다. 두 나라의 상호 견제를 통해 그 '어느 정도'가 지켜질 수 있다면 성공적인 회담이 될 것이다.

소련은 진주 당시부터 자기네가 챙길 국익의 범위를 분명히 밝혔다. 소련에 대해 '우호적인 국가'가 세워져 한반도가 소련 공격을 위한 기지로 이용될 위험이 없게 되기 바란다고 했다. 여기서 '우호적인 국가'란 위성국가를 뜻하는 것이 아니라 적대적이 아니라는 정도의 넓은 뜻으로 이해된다. 소련은 국민당 정부의 중국이 '우호적인 국가'가 될 것으로 기대했다. 동유럽 지역에 대한 영향력 확보에 노력을 집중하면서 중국의 공산혁명에는 기대를 걸지 않고 있었던 것이다.

이런 의미에서 소련에게 '우호적인 국가'가 된다는 것은 조선인에게도 무리한 요구가 아니었다. 인접한 강대국에게 적대적인 태도를 취한다는 것은 그 자체가 바람직하지 않은 일이다. 하물며 그 강대국을 공격하는 기지로 누군가에게 활용된다는 것은 돈 주며 시켜도 마다할 일이었다.

그래서 소련은 미소공위가 순조롭게 진행되어 원만한 성과가 나오기를 바랐다. 공산 정권이 아닌 연합 정권이 만들어져도 괜찮았다. 소련에 대해 적대적이지만 않으면 됐지, 종속적인 나라가 필요한 것이 아니었다. 자본주의 세력이 소련을 압박하는 교두보로 만들지만 않으면 만족할 수 있었다.

미국 대표단의 입장은 그렇게 단순하지 못했다. 본국에서 국제 협력을 중시하는 국제주의 노선이 자국 국익을 중시하는 국가주의 노선으로 옮겨가고 있었다. 대공황의 와중에 출범해 세계대전 종전 직전까지 계속된 루스벨트 정권은 국제주의 노선으로 어려운 시기를 견뎌낼 수 있었다. 그런데 전쟁이 끝난 이제 막강한 군사력과 경제력을 가진 미국은 국제 협력이 별로 필요하지 않은 입장이었다. 세계가 너무 평화로운 곳이 되지 않아 막강한 힘의 가치를 발휘할 수 있는 것이 미국에 유리하게 되었다.

당시 미국의 국가주의를 대표하는 인물의 하나가 일본 주둔 연합군 최고사령관 맥아더(Douglas MacArthur, 1880~1964)였고, 주한 미군은 그 휘하에 있었다. 하지 주한 미군 사령관과 아놀드(Archibald V. Arnold, 1889~1973) 군정장관은 모스크바 3상회의를 전후하여 미국의 공식 외교 노선이던 소련과의 협력 정책을 전복시키려고 온갖 무리한 짓을 다 했다. 그 무책임한 획책이 1월 하순 백일하에 드러났지만 하지는 자리를 지켰고 아놀드는 미소공위의 미국 수석대표가 되었다.

국가주의 입장에서는 미소공위의 실패를 원했다. 국가주의자들은 미국에 우호적인 정도가 아니라 종속적인 정권을 한반도에 만들고 싶었고, 미·소 관계를 악화시키고 싶었다. 미소공위에서 미국에게 일방적으로 유리한 방향을 주장해서 소련의 양보를 받아내면 좋고, 받아내

맥아더와 트루먼. 루스벨트 시대의 국제주의가 트루먼 시대에 국가주의로 옮겨가는 추세에서 당시 연합군 최고 사령관 맥아더는 미국 국익의 극대화를 일방적으로 추구하는 국가주의를 대표하는 인물의 하나였다.

지 못해도 상관없었다. 소련과의 협력 아닌 다른 방법을 통해서라도 목적을 이룰 힘을 미국이 갖고 있으니까. 결국 미소공위가 결렬된 후 유엔을 통해 미국이 뜻을 이룰 수 있었던 것은 그 힘 덕분이었다.

그래서 미국은 미소공위의 협의 대상에서 좌익을 배제하려 했다. 미소공위에 조선인의 민의가 반영되는 데는 관심이 없었다. 이북의 협의 대상이 친소 집단이라는 가정에 따라 이남 협의 대상은 친미 집단만 내놓으려 했다. 민주의원을 만들어 이남의 협의 대상을 독점하려고 했으나 통하지 않자 다수의 협의 대상을 받아들여 우익의 비중을 키워주려 획책했다. 『조선일보』 5월 7일자 아래 기사는 이 획책의 일단이 드러난 것으로 보인다.

> 과도정부 수립에 헌신적 노력을 하는 미소공동위원회 제7호 성명에 의한 시문에 응할 남조선에 있는 단체는 다음의 25단체로 대체 결정된 것 같은데 이 25단체는 미국 측이 제안한 것으로 규문된다.
>
> 비상국민회의, 한국독립당 김구, 한국민주당 원세훈, 민주주의민족전선, 조선공산당, 조선신민당, 신한민족당 최익환, 조선인민당, 한국농민총연맹 김상덕, 천주교 장면, 대종교 조완구, 대한독립촉성애

국부인회 박승호, 여자국민당 임영신, 국민대회준비회 김준연, 독립촉성중앙협의회 이승만, 국민당 안재홍, 대한독립촉성국민회 오하영, 신한민주당 김붕준, 대한독립노동총연맹 김산, 기독교남부대회 함태영, 천도교 오세창, 조선기독교청년회전국연합회 김규식, 중앙불교총무원 김법린, 유도회 정인보, 한국적십자사 백상규

(「미소공위 제7호 성명 시문에 응할 단체 결정」, 『조선일보』 5월 7일)

25개 단체 중 좌익 단체는 민주주의민족전선(이하 '민전'으로 줄임), 공산당, 신민당, 인민당의 넷뿐이다. 농민 단체는 전국농민조합총연맹(이하 '전농'으로 줄임) 대신 농민총연맹이, 노동 단체는 조선노동조합전국평의회(이하 '전평'으로 줄임) 대신 노동총연맹이 들어가 있다. 서중석은 미국 측이 20개 단체의 명부를 미소공위에 제출했는데 그중 좌익은 세 개 정당만 포함되었다고 한다(서중석, 『한국현대민족운동연구』, 역사비평사 1992, 380쪽). 그 명부에는 민전조차 빠져 있었다. 좌익 단체들은 5호 성명이 나오자마자 즉각 호응한 반면 우익 단체들은 10여 일이 지난 뒤에 하지가 등을 떠밀다시피 해서 겨우 협의 대상 신청을 했는데, 미국 측은 협의 대상으로 거의 우익 단체들만 추천을 한 것이다.

우익 연합체인 민주의원과 좌익 연합체인 민전의 시문서 작성에 임하는 태도에서도 차이가 느껴진다. 민전이 소위원회를 구성해서 조직적으로 작업에 착수하는 데 비해 민주의원에서는 산하단체들을 상대로 의견 제시를 요망한다는 담화를 발표할 뿐이었다. 민주의원의 두 영수 중 김구는 미소공위에 열의가 없고 이승만은 지방에 체류 중이던 상황이었다. 민주의원이 영수 없이는 아무런 활동도 벌이지 못하던 모습이다.

민주의원에서는 4일 오후 1시 30분 동원 공보부에서 의원 안재홍, 공보부장 함상훈이 연석하여 기자단과 회견하였는데, 4일 정오까지 민주의원 섭외단 비서처를 경유하여 미소공동위원회 제5호 성명 선언서에 서명하고 서류를 제출·완료한 단체는 비상국민회의 산하단체 등을 합하여 무려 70여 단체인데 근간 미소공동위원회에서 구체적으로 제7호 성명 설문에 관한 시문서가 본원에 정식으로 도착될 것이나, 그 단체 수는 아직 확정적으로 규지할 수 없고 항간에 좌우 양익의 인원 비율 운운은 일반의 추측에 불과한 것이고 아직 문제가 그곳까지 이르지 못하였다고 전제하고 제7호 성명에 대하여 민주의원에서 산하 민주주의 정당 및 단체에 의견 제시를 요망한다는 다음과 같은 담화를 발표하였다.

"본 민주의원에서는 4일 오전 9시 30분부터 동 12시까지 미소공동위원회의 제7호 성명에 나타난 설문에 대하여 신중히 토의하였는데 민주의원의 비상국민회의와 관계된 정당 및 단체는 물론이요 개인도 여기에 관한 중요한 의견을 제시하여 통일적 보조를 취하여주기 바란다."

(「민주의원, 산하단체에 공위 7호 성명에 대한 의견 요망 담화 발표」, 『조선일보』 1946년 5월 5일)

민전 상임위원회에서는 임시민주정부 수립에 대한 미소공동위원회 제7호 성명서에 의거한 시문에 관한 대책을 결정키 위하여 그동안 각 전문대책위원회에서 성안된 것을 최종 심의할 소위원회를 설치키로 하였는데 그 구성은 다음과 같다.

- 대책위원회: 이강국, 김용휘, 성주식, 이태진
- 정치대책소위원회: 강진, 이여성, 김시영

● 경제대책소위원회: 박문규, 이정구, 윤행중

● 문화대책소위원회: 김태준, 도상록, 최응석, 최성세, 이태준, 함봉석

(「민전, 미소공위 7호 성명 시문에 대처하기 위해 소위원회 구성」,
『서울신문』 1946년 5월 7일)

1946. 5. 4.

전범 재판이 없던 유일한 나라 조선

서울재판소 제4호 법정에서 박흥식(朴興植, 1903~94) 등의 선고 공판이 열렸다. 2월 26일 기소 당시 알려진 혐의는 8·15 이후 일반 시민에게 배급할 포목, 잡화를 화신상회에서 부정 매매하여 4백만 원의 폭리를 취득한 포고령 위반죄와 비행기회사 청산 정리 자금으로 일본 육군성에서 받은 5천만 원 중 2천만 원을 횡령하여 소비한 횡령죄였다.

기소 직후 경기도 경찰부장 장택상(張澤相, 1893~1969)이 미군정 간부와 함께 서울형무소로 쫓아가 하지 사령관의 명령을 빙자해 풀어주었다가 여론이 비등하자 바로 재수감한 일이 있었다(3월 2일자 일기). 이 어처구니없는 작태에는 사법계에서 좌파의 공격에 몰리고 있던 김용무(金用茂, 1891~1950) 법원장조차 "영어 마디나 하는 자의 중간 모략으로 군정을 모독시킨" 짓이라고 개탄했다. 박흥식에게는 그 후 장물기장죄와 사기죄가 추가되어 4월 26일 제6회 공판에서 징역 3년과 벌금 2백만 원을 구형받았다.

그런데 5월 3일 선고 공판에서 이천상 재판장은 네 가지 혐의에 모두 무죄판결을 내렸다. 그 이유는 이러했다.

(1) 장물기장 처리에 대해서는 조선비행기회사에 대하여 조선군사령

관으로부터 받은 1,600만 원 1,200만 원의 수표는 군부가 회사에 대하여 막대한 손실을 보상하려고 주었다는데, 당시 조선군은 보상할 근거가 없음을 알고 고즈키(上月) 중장이 부정처분한 것을 인식하며 받았다는 것으로, 이에 대해서 피고는 법정에서 받은 것을 자인하였으나 고즈키 조선군사령관이 지출한 것이 정당히 지출한 것이냐 아니냐는 점은 고즈키가 일본으로 가고 없어 이를 심증할 수 없기에 증거 불충분으로 본다.

(2) 횡령죄 역시 조선비행기공업회사 증명원에 대한 투자 문제 해결로 1,000만 원을 1,050만 원의 수표로 받아 종업원에게는 주지 않고 조선은행·식산은행 등에 가족·친척·화신 등의 명의로 예금하여 착복하였다는 것에 대해서도 세밀히 조사했으나 이 역시 증거 불충분으로 이 사건을 인정치 않으며,

(3) 사기죄에 대해서는 비행기공업회사 주권 보상으로 군부로부터 1주에 25원씩 계산하여 일반 주권 48만주 1,200만 원을 받아 이 사실을 주주에게 알리지 않았다는 것과 당시의 주권 시가 20원 내외를 납부한 25원씩에 은전적 태도로 돌려주어 기만적 행위를 하였다는 점에서는 증인 심문으로 조금도 기만행위가 없었다는 것이 알려졌으며,

(4) 화신 사장으로서 상품 구매를 기탁하여 2만 5,000원을 받아 소비하였다는 점에서도 하등 증거가 없다.

(5) 끝으로 박흥식·박병교 양인에 관한 포고령 위반에 대해서는 당시 군정청 상무과장이 지시한 바도 있어 일반 시가보다 약 2, 3할 싸게 팔았으며, 이로 말미암아 일반 시장 물가고 등에 하등의 영향을 주지 않았다.

(「박병교 사건, 박흥식 사건에 대한 선고 공판 개정」 중에서,
『조선일보』 1946년 5월 4일)

중요한 협의들이 "증거 불충분"으로 묵살되었다. 공산주의 국가의 '인민재판'처럼 증거도 없이 인권이 침해당하는 일 없이 사는 것을 고맙게 여기라는 교육을 우리는 '자유민주주의국가'에서 받아왔다. 하지만 1,600만 원의 거금을 받은 명백한 사실조차 증인을 일본에서 데려올 수 없다는 이유로 무시되는 재판을 고맙게 여기기는 어렵다.

전 일본군 사령관을 불러오지 않고는 박흥식이 거금 받은 사실을 법정에서 입증할 방법이 없었단 말인가? 군정청에는 맥아더 사령부의 협조를 얻어 그의 증언을 확보할 길이 없었단 말인가? 검찰이 기소권을 독점하고 있으면 권력자가 원치 않는 판결을 얼마든지 피할 수 있다는 사실은 대한민국이 세워지기 전부터 확인된 셈이다.

재판장은 판결문에서 "이번 사건에서는 과거의 친일적 또는 민족반역적 행위 운운은 현하 미군정 하에 있는 본 재판소로서는 침해할 권한도 없을 뿐 아니라 장해해서는 안 되는 것임을 알아야 한다"고 밝혔다. 박흥식의 무단 석방으로 여론이 비등할 때 법무부 형사국장 최종석의 담화에서 "일부에서는 박흥식이가 친일파 민족반역자이기 때문에 검거된 것처럼 생각하는 것도 같으나 오늘의 우리 사법기관에는 친일파 민족반역자라는 명목으로 검거할 권한이 없다"고 한 것과 같은 맥락이다.

사법 관계자들이 이런 기준을 밝혀야 했던 것은 무슨 까닭인가? 여론은 민족 반역 행위의 처단을 원하고 있었다. 민족 반역 행위의 대부분이 포괄될 수 있는 '전범' 재판이 도쿄에서 진행되고 있었다. 이북에서도 친일파가 인민재판의 위협 앞에 놓여 있었다. 그런데 이남의 미군정은 친일 행위나 민족 반역 행위의 처단을 가로막고 있었다. 미군정 하에서는 여론이 원하는 '반민족 행위 처벌'이 불가능하다는 사실을 사법 관계자들이 밝혀야 했던 것이다.

극동국제군사재판 피고인들. 1946년 5월부터 1948년 11월까지 제2차 세계대전과 관련된 동아시아의 전쟁 범죄인을 심판한 재판이다.

1946년 5월 4일 전 도쿄에서 극동국제군사재판(International Military Tribunal for the Far East)이 개정했다. 맥아더의 1월 19일 특별 포고령으로 만들어진 이 재판정은 '도쿄 전범 재판'으로 흔히 불리지만, 도쿄에서만 열린 것이 아니다. 네덜란드 지배 지역에 12개, 영국 지배 지역에 11개, 중국에 10개, 오스트레일리아에 9개, 미국 점령 지역에 5개, 그리고 프랑스 지배 지역과 필리핀에 1개씩 IMTFE 재판정이 만들어졌다. 일본 제국주의 범죄자들을 재판하는 50개 법정이 아시아 지역에서 운영되는 동안 조선에는 그런 법정이 없었고, 미군정은 "친일적 또는 민족 반역적 행위"가 사법 처리되지 못하도록 가로막고 있었다.

극동 IMT는 전 해 11월 20일 열린 뉘른베르크의 국제군사재판(IMT) 틀에 따라 만들어졌지만 똑같은 것은 아니었다. 뉘른베르크에서 '인도(人道)에 대한 범죄(crime against humanity)'가 도입된 데 보태어 도

1946년 5월 개정한 극동국제군사재판의 11개국 재판관들.

쿄에서는 '평화에 대한 범죄(crime against peace)'가 도입되었다. 극동 IMT의 A, B, C급 전범 구분이 죄의 무게에 따른 것으로 흔히 이해하는데, 사실은 범죄의 종류를 구분한 것이다. 'A급'이라기보다 A 범주는 평화에 대한 범죄, B 범주는 통상적 잔혹 행위, C 범주는 인도에 대한 범죄를 다루었다.

법정의 구성 방법도 달랐다. 뉘른베르크 IMT가 진정한 '국제' 법정의 성격을 많이 띠고 있었던 데 비해 극동 IMT는 관할국이 지배적인 역할을 맡았다. 가장 중요한 도쿄 IMT조차 미국이 기소권을 장악하는 등 지배적 역할을 맡았기 때문에 천황의 면책, 731부대 제외와 같은 자의적 운영이 가능했다.

도쿄 IMT의 파행성은 재판관으로 참여했던 각국 법조인을 비롯해 많은 비판의 대상이었다. 도쿄 재판의 성격은 일본 재건의 방향에 영향을 끼쳤고, 그 결과 한국을 포함한 동아시아 정세의 추이에 영향을 주었다. 오늘은 전범 재판이 조선에서만은 이뤄지지 않았다는 사실만을 지적해둔다. 아무리 파행적으로 진행되었다 하더라도 군국주의의 심판이라는 명분은 IMT의 간판 위에 걸려 있었는데, 조선에는 그 간판조차 걸리지 않았던 것이다.

극동 IMT에 B, C 범주 전범으로 기소된 5,700명 중에 조선인 148명이 포함되어 있었다는 통계가 있다(존 다우어, 『패배를 껴안고』, 최은석 옮김, 민음사 2009, 582쪽). 조선인으로 최고 계급인 중장까지 올라갔다가 마닐라 IMT에서 4월 중순 사형선고를 받은 홍사익(洪思翊, 1889~1946)■도 그중 하나일 것이다. 존 다우어(John W. Dower)는 장교들에게 포로 학대 범죄를 조선인과 대만인 경비병들에게 뒤집어씌우라고 지시한 1945년 9월 17일자 일본 육군 훈령에 주의를 기울인다(같은 책, 813쪽). 조선인 경비병들은 군대에 끌려갈 때도 국가와 민족의 보호를 받지 못했고, 전쟁이 끝난 뒤에도 남의 죄까지 뒤집어쓰는 억울한 위치에 남아 있었다. 그리고 그들의 본국, 적어도 그 남반부에서는 전쟁 범죄를 거론도 하지 못하도록 점령군이 가로막고 있던 것이 1946년 5월의 상황이었다.

■ 조선인으로 일본 육군사관학교와 일본 육군대학 출신이다. 일제강점기 일본 육군대학에 입학한 조선인은 네 명뿐이며 평민 출신은 홍사익이 유일했다. 만주국군 고문 파견을 시작으로 중일전쟁을 거쳐 태평양전쟁 중 필리핀에 주둔한 일본 남방군 총사령부의 병참총감에 임명되었고, 약 10개월간 연합군 포로수용소 소장을 겸직하면서 연합군 포로들을 감시했다. 같은 해 10월 일본군 육군 중장에 올랐다. 제2차 세계대전 종전 후 일본 전쟁범죄자를 처벌하는 마닐라 국제군사법정에서 '포로 학대 살해' 죄목의 B급 전범으로 기소되어 1946년 4월 사형 선고를 받았다.

1946. 5. 6.

'조선의 모파상' 이태준의 북행

평안북도 철산군 군민들이 미소공위에 탄원서를 냈다고 한다. 어떤 범위의 사람들인지 표시되어 있지 않은데, 철산 출신으로 서울에 와 있던 사람들일 것 같다. 3월에 진행된 북반부의 토지개혁으로 밀려난 지주들과 해방 이후 안전을 위해 철산을 떠난 친일파들이 역할을 맡은 것일 수도 있겠다는 생각이 든다.

> 평북 철산 군민 일동은 8 · 15 이후 시행되고 있는 행정은 문명인으로서는 도저히 간과할 수 없는 학정이라 하여 다음 3항의 탄원서를 군민 일동의 연명으로 미소공동위원회에 보냈다 한다.
>
> (1) 신탁통치 반대, 기타 정치 문제로 구금된 사람들을 즉시 석방할 것
>
> (2) 법적 근거 없이 인민을 탄압치 말 것
>
> (3) 자활 능력 없는 부녀자와 유아들의 축출을 중지할 것
>
> (「평북 철산 군민, 미소공위에 군정의 행정관리 시정을 요구하는 탄원서」, 『조선일보』 1946년 5월 5일)

『해방일기』 작업을 시작할 때 나는 '남북 간 균형'에 강박감을 갖고

있었다. 당시 한반도에서 전개된 상황을 제대로 바라보려면 남쪽에만 시야가 치우쳐서는 안 될 텐데, 자료와 연구가 남쪽으로 치우쳐 있으니 어쩔 것인가. 북쪽을 향한 시야를 넓히기 위해 특단의 대책이 필요할 것 같았다.

그런데 작업을 진행하다 보니 남쪽에 고찰이 치우친 것이 자연스럽게 느껴졌다. 설명이 필요한 일들이 남쪽에서 훨씬 더 많이 일어났기 때문이다. 북쪽에서는 소련군이 사태의 진행에 그리 많이 개입하지 않고 조선인들의 건국 노력이 꽤 자연스럽게 펼쳐진 반면 남쪽에서는 미군이 여러 가지로 상황을 복잡하게 만든 것이다. 커밍스(Bruce Cumings, 1943~)도 『The Origins of the Korean War』 머리말에서 이 차이를 지적했다.

> (점령) 초기 얼마 동안의 난폭한 혼란기가 지나자 소련군은 뒷전으로 물러나 조선인들에게 주도권을 맡겼다. 단기적으로 저비용 고효과의 정책이었다. 물론 장기적으로는 온순한 위성국을 만드는 데 실패해서 지금까지도 몇몇 동유럽 국가들이 보이는 모습과 대조적인 길을 걸었다. 이것은 식민지 시대 동안 항일운동을 통해 이빨을 단련시키고 소련의 통제에도 저항하는 과격파 민족주의자 집단을 소련군이 지원해준 결과였다. 이런 이야기는 제2권에서 더 많이 다루게 될 것이다. 새로 입수된 북반부 관계 자료가 1947~1950년의 기간을 더 잘 보여주기 때문이다.
>
> 1945년 직후 상황에서 남반부의 중요성이 압도적이었다는 사실이 제1권에는 다행이다. 남반부에는 수도가 있었고, 더 많은 인구가 있었고, 세계 제일의 강국이 점령하고 있었다. 해방 직후 얼마 동안 결정적인 사건의 대부분이 남반부에서 일어났다. 그러나 첫 1년 동안 북

반부식 정치 형태가 남반부에서도 널리 나타났고, 따라서 남반부의 좌익 정치 형태를 파악하면 북반부의 정치 형태를 이해하는 실마리를 얻을 수 있다. (xxv~xxvi쪽)

소련군은 점령 초기부터 일본 지배 체제를 철폐하고 인민위원회를 통한 주민의 자치 노력을 지지하고 후원했다. 그래서 1946년 2월까지 만들어진 북조선임시인민위원회(이하 '임시인위'로 줄임)는 비록 정식 보통선거에 기초를 두지는 못했어도 상당한 실질적 대표성을 가진 '임시 지방정부'의 면모를 갖추게 되었다. 토지개혁 같은 방대한 사업을 효율적으로 추진할 만한 대표성이었다.

그래서 나는 북반부의 변화를 '정상적' 진행으로 간주하고 남반부에서 일어난 일들이 왜 그런 정상적 진로에서 벗어난 것인지 살펴보는 데 작업의 중점을 두고 있다. 철산 군민의 탄원서를 보더라도 철산 다수 주민의 의지와 관계없는 반동적 요소일 것이라는 생각이 우선 든다. 누구를 구금했건, 탄압했건, 축출했건, 남반부에 비해서는 그런 일이 주민들의 자율적 결정에 따라 벌어지던 것이 분명하기 때문이다.

'정상적' 진행에도 문제는 없을 수 없다. 주민 대다수의 공감 속에 진행되는 혁명의 과정에서도 '인간 소외'의 병리적 현상은 나타날 수 있다. 신형기는 「'신인간': 해방 직후 북한 문학이 그려낸 동원의 현상」에서 혁명기 북한 문학의 '인간 중심주의'가 보인 허점을 지적한다.

'혁명'을 주제로 삼는 이 인간론은 식민지 시대 프롤레타리아문학을 거쳐 북한 문학의 기본 전제가 되었다. 북한 문학에서도 긍정 인물은 다가올 미래를 선취한 신인간이어야 했고, 긍정적 단초를 가진 인물이 신인간으로 '성장'하는 과정을 그리는 일은 북한 문학의 중요한

> 과제였다. 그러나 신인간을 통해 새로운 창조와 건설의 방향을 뚜렷이 제시하려던 이 기획은 기본적으로 대중 동원을 위한 기획이었다. 낡은 인간을 신인간으로 바꾸는 것이 새 시대를 여는 조건이라며 북한 문학은 인간 중심주의를 내세웠다. 사실 이것은 '국민문학'과 같은 국가주의적 프로파간다의 핵심이기도 했던 것이다. 과연 인간 중심주의로 포장된 혁명적 신인간은 식민지 시기 후반 총력전 체제가 요구한 '혁신된 국민'과 얼마나 달랐던 것일까? (박지향 외, 『해방 전후사의 재인식 1』, 책세상 2006, 700쪽)

얼마나 달랐던 것인지 따져볼 필요가 분명히 있다. 그러나 지금 단계에서는 따져볼 필요만 확인해놓고, 윤곽을 파악하는 일로 일단 돌아가겠다. 지금은 남반부의 사태 진행이 얼마나 엉망으로 꼬여가고 있었는지 파악하기 바쁘다. 비교적 순조롭게 진행되던 북반부 상황이 내포한 섬세한 문제점의 검토는 작업의 뒤쪽으로 미뤄둔다.

1946년 여름 평양에서 출발한 소련 방문단의 일행이던 이태준(李泰俊, 1904~?)의 『소련 기행』 한 대목이 신형기의 논문에 인용되어 있는데, 그 일부를 옮겨놓는다.

> 처음 사귀되 적년구우(積年舊友)와 같이 신뢰와 의리의 배드로흐 중좌와 미하애포흐 소위, 만나면 그저 즐겁기부터 한 쏘또우 중좌와 박 장교, 묵묵 진실의 사보이 호텔 사람들, 스딸린그라드 꼴호즈에서 만난 당원과 농촌 청년들, 대신급이나 말단 하관들이나 관료 기분이라고는 조금도 보이지 않는 평민적 태도들, 모두 다 '요순 때 사람'들인 것이다. 저렇게 솔직하고 남을 신뢰 잘하는 사람들을 만일 생존경쟁이 악랄한 자본주의 사회에 갖다놓는다면 어떻게 살아나갈까 싶다.

> 누가 누구에게 눈치 보거나 아첨할 이해의 필요가 없어진 것이다. 이해의 필요 없는 데서 무엇 때문에 사람들은 반드러워질 것인가? (…) 이해의 필요 관계를 그저 두어 두고 말로만 인류 전체에게 유령 같은 금욕자들만 되라는 것은 꿈이요, 무의미한 일이었다. 그런 공염불은 한마디 없이 인간이 위선과 비굴에 빠지지 않으면 안 될 불순한 이해관계부터를 제거해놓은 소비에트는 비단 경제나 문화뿐이 아니라 인류 자체에 거대한 변혁을 일으킨 것이다. 마치 중세기의 르네상스가 봉건 체제 속에 말살되었던 인류의 '자아'를 위한 각성이었듯이, 소비에트는 인류가 다시 자본의 노예로부터 풀려나와 노예의 근성을 뽑아버리고 절대 평등에 의한 진정한 평화향, 계급 없는 전체적 사회의 성원으로서 '새 타입 인간'의 창조인 것이다. 영원히 축복받을 인류의 재탄생인 것이다! (같은 책, 705~706쪽)

아내가 좋으면 처갓집 말뚝도 고와 보인다더니, 소련 사람들 얼굴만 봐도 행복을 느꼈던 모양이다. 그런데 이태준은 원래 프롤레타리아문학과 거리를 두고 순수문학을 지향한 작가였다. 2009년 4월 21일자 『위클리경향』(821호)에서 그를 다룬 기사 제목도 「카프 작가 아니면서 월북한 이태준」이었다. '월북=좌익'의 공식에 잘 맞지 않는 점을 짚은 제목이다.

1946년 3월에 탈고한 것으로 보이는 『해방 전후』에는 "한 작가의 수기"라는 부제가 붙어 있다. 작중 인물 '현'에게 자신을 투영한 이 작품에서 이태준은 좌익에 대한 경계심과 함께 우익에 대한 환멸감을 토로했다. 조선문학가동맹■으로 합류하기 전의 조선문학건설본부■에서 좌익 편향을 막기 위해 애쓰는 자세를 표방하기도 했다. 내가 생각하는 '중도'의 자세에 부합하는 모습이다.

그러나 몇 달 후 『소련 기행』의 소비에트 찬양은 확실한 '좌익'의 모습을 보여준다. 이해관계의 제거라는 소비에트의 제도적 조건이 사람들의 표정과 태도까지 바꿔놓았다고 하는 찬탄이 순진함 그 자체에서 나온 것일까? 심진경은 월북 후 이태준의 변화를 이렇게 설명한다.

> 이러한 사상적 전환은 이태준 문학은 물론 이태준을 포함한 대부분의 월북 작가의 문학에 대한 평가에서 중요한 전환점이라는 의미를 갖습니다. 이태준은 1946년 7월 하순 무렵에 월북한 뒤 소련 방문기를 일기 형식으로 엮은 『소련기행』을 비롯해서 '북조선 토지개혁에 관한 법령'을 제재로 쓴 『농토』, 그 이후에 인민의 투쟁 의지를 고취하고 반미 감정을 자극하는 등 투쟁적이고 선동적인 주제가 생경하게 제시된 단편집 「첫 전투」와 「고향길」 등을 씁니다. 이러한 소설들에는 이태준의 이전 작품들에서 볼 수 있던 인간에 대한 다양한 해석과 서정적 분위기 묘사 등의 장점이 보이지 않습니다.
>
> 해방 이후부터 월북한 뒤까지 이태준은 문학과 정치를 동일한 범주에서 이해하려고 했습니다. 그러나 문학이 곧 정치라는 그의 문학관

■ 해방 후 결성된 좌익 계열의 문학 단체는 조선문학건설본부와 조선프롤레타리아문학동맹으로 양분되었다. 두 단체의 통합 움직임이 일어나면서 1946년 2월 8일에 열린 조선문학자대회를 통해 조선문학가동맹이 정식 출범했다. 조선문학가동맹은 일본 제국주의 잔재 및 봉건주의 잔재를 청산하고 국수주의를 배격하고 진보적 민족 문화를 건설하고 조선 문학의 국제 문학과의 제휴를 목표로 삼았다. 그러나 미군정의 좌익계 탄압으로 출범 후 곧 활동이 제한되었고, 분단이 확정된 이후에는 사실상 와해되었다.

■ 해방 직후 과거 카프(KAPF, 조선프롤레타리아예술가동맹)의 핵심 단원이었던 임화(林和) · 김남천(金南天) · 이원조(李源朝) 등 좌익 문인들이 결성한 문학 단체. 1945년 8월 18일 결성된 조선문화건설중앙협의회 산하기관으로, 친일 활동을 해온 일부 문인들을 제외했을 뿐 좌익의 정치적 색채는 뚜렷하지 않았다. 새로운 문화 건설을 주장하면서도 특정한 계급적 기반을 염두에 두지 않고 조선의 모든 해방된 문화 종사자와 예술가의 통일된 역할을 강조했다.

은 해방 이후 사회정치적 상황의 변화에 지나치게 열광한 한 작가의 과장된 현실 인식이 낳은 것일 뿐입니다. 그 결과 이태준의 소박한 현실적 문학관은 투철한 이념과 계급적 투쟁을 강요하는 북의 요구에 부응할 수 없게 됩니다. 이태준이 종전 후 미국의 앞잡이로 몰려 북한에서 숙청당했다는 사실은, 이태준의 월북이 이태준 자신을 배반한 것이었음을 우리에게 상징적으로 말해줍니다. (이태준·박태원, 『20세기 한국소설 6』, 창비 2005, 294쪽)

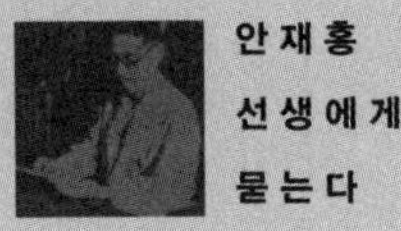

안재홍
선생에게
묻는다

“미소공위 중단 책임이 미국에게 있는 거 맞죠?”

김기협 | 미소공위가 6일부터 무기 휴회에 들어간 사실이 오늘 하지 사령관의 성명과 담화로 밝혀졌습니다. 미소공위는 3월 20일 개막 직후 발표한 제1호부터 5월 1일의 제7호까지 공동성명을 통해 모든 합의 내용을 밝혀왔습니다. 진행 방법에 관한 형식적 내용까지 모든 합의 내용이 일곱 차례 공동성명 안에 들어 있었습니다.

그런데 이번 휴회에 관해서는 공동성명이 없었습니다. 양측 합의에 따른 계획적 휴회가 아니라 회담 진행에 대한 합의가 더 이상 이뤄지지 못하게 된 결과가 아닌지 걱정됩니다. 하지는 담화문에서 “낭설과 억측이 만연하며 민심(民心)을 흥분시킬 염려가 있을 듯하나 그런 풍설과 억측의 대다수는 전연 근거가 없을 것”이라고 했는데, 낭설과 억측이 없게 하려면 휴회 사실과 그 이유를 공동성명으로 밝혀야 하는 것 아닙니까?

안재홍 | 한마디로 ‘파행(跛行)’이지요. 미소공위 협의 대상 신청이 반탁 포기가 아니라고 한 4월 27일 하지 사령관의 특별 담화가 나간 후 소련 대표가 여기에 불만을 표하면서 회담 분위기가 차가워졌다는 이야기는 들었지만…… 휴회 자체에 대한 합의조차 없이 휴회에 들어갔다면 유감스러운 일입니다. 이것은 사실상 ‘휴회’가 아니라 ‘중

단'이라고 봐야 할 것 같습니다.

4월 27일 담화문에서 문제가 된 것은 제5호 공동성명에 대한 해석입니다. 하지는 협의 상대 신청을 위한 선언서 서명이 반탁 포기를 의미하지 않는다고 하는 자기 해석이 미국 측 수석대표 아놀드와 같은 것이라고 했습니다. 그런데 소련 대표단은 그 해석에 동의하지 않는다는 거죠.

김기협 | 긴 시간을 사이에 두고 바라보는 입장에서는 하지의 4월 27일 담화문이 지나쳤다는 인상을 받습니다. 설령 그 내용에 잘못이 없다 하더라도 대표단을 회담에 내보낸 사령관 입장에서 공동성명의 내용 해석에 나선다는 것이 격에 맞지 않는 일이죠. 더구나 그 해석 방향이 극우파를 두둔하는 쪽이었으니 회담 상대방인 소련 측에서 도발로 느꼈을 것 같습니다. 이 시비에 대한 선생님의 생각이 궁금합니다.

안재홍 | 나는 누구 못지않게 반탁 의지를 분명히 표명해온 사람이지만 이 점에 있어서는 소련 측 입장이 옳다고 생각합니다. 4월 18일 나온 5호 성명의 취지는 분명히 모스크바 3상회의 결정의 지지를 요구하는 것이었습니다. 그동안 반탁운동 중에는 3상회의 결정 자체를 부정하는 것도 있었습니다. 선언서 서명 요구는 이에 대한 반성을 요구하는 것입니다. 3상회의 결정에 입각한 미소공위에 참석하려면 3상회의 자체까지 부정했던 점은 반성하는 것이 옳습니다.

미소공위에 협의 상대로 나가서 임시과도정부 수립에 관한 어떤 토론에 참여하더라도 내 반탁 의사는 바뀌지 않을 것입니다. 하지만 모든 토론 과정에 반탁 의사를 전제로 임할 필요는 없습니다. 신탁통치 문제를 토론할 때 반탁 의사를 표명하면 되는 것입니다.

하지의 담화문 자체보다 그런 담화를 필요하게 만든 우익 인사들의 고집이 문제입니다. 미소공위 참여를 중요하게 생각하고 그 성공을 바란다면 왜 하지의 보장을 요구합니까? 협의 상대 신청을 밝히는 성명에서 반탁 의지를 접지 않았다는 사실을 왜 꼭 밝혀야 합니까? 쓸데없는 객기이거나, 아니라면 미소공위의 성공보다 좌익에 대한 승리를 더 중히 여기는 당파심일 뿐입니다.

김기협 | 선생님은 담화문을 낸 하지보다 우익 인사들의 고집을 문제 삼습니다만, 제가 보기에는 하지에게도 별개의 문제가 있습니다. 자기 위치를 생각해야죠. 개인적으로 어떤 해석을 한다 하더라도 사석에서 의견을 말하는 것과 '특별 담화문' 형식으로 만천하에 밝히는 것과는 다르지 않습니까? 대표단을 내보낸 점령군 사령관 입장에서 상대방이 동의하지 않는 해석을 일방적으로 공표한다는 것은 대표단의 역할을 부정하는 것으로 보입니다.

안재홍 | 물론 그런 문제가 있지요. 하지만 하지는 4월 22일 담화문에서 같은 취지의 의견을 훨씬 완곡한 표현으로 밝힌 바 있습니다. 5호 성명의 내용을 소상히 설명하는 중에 그 의견이 곁들여져 나온 것이기 때문에 소련 측에서도 문제를 제기할 정도의 표현이 아니었습니다. 그런데도 우익 인사들이 만족하지 않으니까 반탁 문제만을 짚어서 27일 특별 담화를 내고, 그것이 문제가 된 것이죠.

김기협 | 이승만의 단짝인 하지의 정치 고문 굿펠로(Preston M. Goodfellow, 1892~1973)가 지방 순회 중인 이승만을 4월 21일에 유

성으로 찾아갔고 이승만은 이튿날 김천 강연에서, 그리고 그 이튿날 대구 기자회견에서 미소공위 참여 의사를 밝혔죠. 27일 특별 담화를 보고서야 태도를 바꾼 민주의원 의원은 김구, 조소앙(趙素昂, 1887~1958), 조완구(趙琬九, 1881~1954), 정인보(鄭寅普, 1892~?)였죠. 정인보 외에는 임시정부(이하 '임정'으로 줄임) 출신 한독당 지도자들입니다. 그들은 미소공위가 실패하면 임정의 법통이 부각되리라고 생각한 것일까요?

안재홍 | 임정 인사들에게는 그런 경향이 분명히 있습니다. 미소공위니 뭐니 복잡한 길 거칠 것 없이 임정 깃발만 내놓으면 인민이 열렬히 호응해서 문제가 다 해결될 것이라는 생각을 그분들은 합니다. 지난 연말 반탁운동이 맹렬한 반응을 일으킨 데 고무되었지요. 인민의 지지를 지키기 위해서는 비타협적 자세로 선명성을 지켜야 한다고까지 생각하는 것 같습니다.

그런 경향을 김구 선생께서 좀 억눌러주셔야 할 텐데, 참 답답합니다. 그분이 유연성을 좀 보이시면 인민의 지지가 줄어들기는커녕 더 늘어날 텐데……. 미국과 소련 두 나라만이 회담을 진행하는 데 불만을 느끼셨다는 이야기도 들립니다. 다른 연합국, 특히 중국이 조선 문제에 더 나서 주기를 바라신다는 것이죠.

김기협 | 상황을 너무 쉽게 생각하는 사람들이 많다고 제가 보는 것은 나중에 벌어진 일을 아는 후세 사람이기 때문일까요? 좌익은 좌익대로, 우익은 우익대로, 상대방에게 이기기만 하면 모든 일이 잘 될 것이라는 환상을 많이 가지고 있는 것 같습니다. 상대방에게 좀 양보해야 큰 일이 제대로 될 수 있다는 생각을 하지 않고, 협력보다 경쟁

만 생각하는 분위기입니다.

안재홍 | 그런 이치를 꼭 겪어봐야만 아는 것이겠습니까? 내가 보기에도 일을 너무 쉽게 생각하는 이들이 많아서 걱정입니다. 건국준비위원회 때부터 그랬습니다. '협동'이니 '합작'이니 말들은 하지만 남이 자기 도와줄 것만 생각하지, 자기가 남 도와줄 것은 생각지 않아요. 그러니 조선건국준비위원회(이하 '건준'으로 줄임)에 참여해서 뭐든 내놓을 생각은 않고 자기에게 유리한 자리 없나 눈치만 보는 사이에 건준을 이용할 마음을 먹은 좌익이 들어와서 차지해버린 거죠.

나 자신은 이기심에서 조금이라도 벗어나려고 애쓰지만 사람들이 모두 이기심을 버려야 한다고 생각하지는 않습니다. 다만, 때에 따라서는 이기심을 접어놓을 줄 알아야 합니다. 이기심만 앞세웠다가 너나 없이 모두가 피해를 당할 일은 알아봐야 하지 않습니까?

김기협 | 경영학자들은 그런 문제를 '죄수의 딜레마'라고 합니다. 여러 가지 방식으로 설명되는 문제인데, 이런 방식으로 설명한 것이 제일 이해가 쉽더군요.

열 사람이 함께 식사를 하는데, 각자 자기가 먹은 음식 값을 내기로 하면 평균 1만 원어치씩 먹습니다. 그런데 음식 값을 모두 합쳐서 똑같이 그 10분의 1씩 내기로 하고 먹으면 평균 1만 5천 원어치씩 먹게 된다는 겁니다. 내가 5천 원어치 더 먹는 데 따른 내 부담은 5백 원이니까요. 덜 먹으면 손해고, 더 먹으면 이익이죠. 그런데 결과는 필요보다 더 먹고 그만큼 돈을 더 쓰게 된다는 겁니다.

안재홍 | 그런 걸 우리는 "소경 제 닭 잡아먹는다"고도 하고 "떡 해 먹

을 집안"이라고도 하는데, 그렇게 설명하니까 더 분명히 이해가 되네요. 후세 사람들은 그런 이치를 다 아니까 그런 미련한 짓을 않고 살 수 있겠습니다.

김기협 미련한 짓 더 많이 합니다. 아는 것과 행하는 것 사이에는 거리가 있나 봐요.

끝으로 미소공위 중단 이유에 대한 선생님 생각을 묻고 싶습니다. 중단 이유가 양측이 합의한 공동성명으로 나오지 않고 있는데, 오늘 하지가 성명서에서 휴회 경위를 이렇게 밝혔습니다.

> 소련 대표는 상 제 정당이 공동성명서 제5호에 있는 선언서에 서명한 사실에도 불구하고 그 정당들이 이러한 견해를 포기하지 않는 한(포기할 때까지는) 그들과 협의할 용의가 없다는 것을 명시했다.
>
> 이렇게 소련 대표로 말미암아 생긴 새로운 사태는 이 문제(정당·단체 대표 문제)로 이미 없이 한 과거 6주간은 막론하고 앞으로도 임시정부를 조직하자면 상당한 지연이 있을 것은 불가피한 사실이매 미국 대표는 이 현안을 해결하는 동안 조선 재통일의 일대 장애물인 38도선 철폐에 착수하자고 제의했고 소련 대표는 이 안을 거절했다. 거절을 당한 미국 대표에게는 이 단계에서 더 다른 과제가 없으매 부득이 휴회를 구하는 외에는 다른 도리가 없었다. 그리하여 정당 대표와의 협의 건의 해결이 현안으로 있던 동안은 무기 휴회하기로 1946년 5월 6일에 결정되었다.

휴회의 책임을 소련 측에 넘기려고 애를 많이 썼지만, 미국 측이 휴회를 제안했다는 사실만은 감출 수가 없군요. 그리고 38선 철폐 문제는 휴회 제안 명분으로 삼기 위해 엉뚱하게 내놓은 것 같고요. 문제는 협의 대상 자격에 있는데, 소련 측이 "반탁 같은 건 생각도 하지 마!" 한 것은 아니겠지요. 이 회담에 나오려면 "반탁 얘기는 좀 접어두세요" 한 것 아니겠습니까?

생각도 하지 말라는 건 무리죠. 그렇게 나왔다면 소련 측이 판을 깬 거죠. 하지만 하지의 성명서만 봐도 소련 측이 그렇게 나오지 않은 것이 분명합니다. 하지는 소련의 주장이 "민주주의의 근본인 의사 발표권을 거부하는 것이므로 반대"한다고 했습니다. "의사 발표권"이라고 했습니다. 지금 나와 있지 않은 의제에 관한 왈가왈부를 좀 접어두자는 얘기를 갖고 "민주주의의 근본"이니 어쩌니 하는 게 너무 억지 아닙니까?

안재홍 | 나도 같은 생각입니다. 임시과도정부가 수립된 후 신탁통치 문제를 논의할 때 찬성이든 반대든 '의사 발표권'이 주어질 것은 3상회의 결정문에서부터 명명백백하게 나타나 있는 사실입니다. 그것을 핑계로 회담 진행을 거부한 것은 좋게 봐서 졸렬한 짓입니다. 나쁘게 봐서 무엇인지는 말하지 않겠습니다.

소련 측에서는 휴회의 책임이 미국 측에 있다고 주장하겠죠. 그 주장은 못 봤지만, 하지의 성명서만 보더라도 소련 측에 책임이 있다는 주장이 납득되지 않습니다. 그리고 여러모로 보아 미소공위를 성공시키려는 소련 측의 의지는 확고한 것 같습니다. 미국 측 의지가 어떤지는 더 두고 봐야겠습니다.

2

미군정의 폭압적 통치

1946년 5월 10 ~ 30일

해방 직후 거리 곳곳에서 볼 수 있었던 미군 환영 펼침막. 해방의 기쁨도 잠시, 민심에 역행하는 미군정의 통치가 시작된다.

1946. 5. 10.

조봉암이 한국 현대사에 던진 첫 충격

지난 며칠 동안 좌익의 양대 정당인 공산당과 인민당에 큰 충격을 준 사건들이 잇달아 일어났다. 조봉암(曺奉岩, 1898~1959)이 박헌영(朴憲永, 1900~55)에게 쓴 비판 편지가 5월 7일에 공개되었다. 3월에 쓴 편지가 미군 방첩대(CIC)에 압수되어 있던 것을 미군정 측에서 공개한 것이다. 그리고 5월 9일에는 여운형(呂運亨, 1886~1947)의 동생 여운홍(呂運弘, 1891~1973)이 인민당을 탈당했다.

조봉암은 한국 현대사에 가장 큰 흔적을 남긴 인물의 하나다. 그는 대한민국의 초대 농림부 장관을 맡아 남한의 토지개혁을 수행했고, 1956년 대통령 선거에서 이승만의 자리를 위협했다. 1958년 1월 국가변란, 간첩 등 혐의로 체포되어 1심에서 5년형을 선고받았으나 최종심에서 사형을 선고받고 1959년 7월 처형당했다. 이승만 독재 정권의 폭력성을 가장 극명하게 드러낸 사건의 하나였다. 죽은 지 52년 만에 지난 1월 대법원 재심으로 주요 죄목에 대한 무죄판결을 받았다.

1946년 당시에도 48세의 조봉암은 주목받는 정치인의 하나였다. 그는 1922년 이후 공산주의 운동에서 지도적 역할을 맡았고, 1932년에서 1939년까지 7년간 옥고를 치렀다. 출옥 후 4년여 동안 그의 행적에 논란이 많지만, (그가 활동을 포기했느니, 일본 경찰의 비호를 받느니 하는 비난이 박헌영 측에서 많이 나왔다) 1945년 1월 지하활동이 적발되어 다시 투옥되었다가 8월 15일에 석방되었다. 건준 위원장 여운형이 그의 출옥을 직접 환영했다 해서 화제에 오르기도 했다.

해방 후 조봉암은 재건된 공산당에 입당했으나 중요한 역할을 맡지 못했다. 서중석은 그가 박헌영과 관계가 좋지 않았기 때문이라고 이해했다.

> 그는 이승엽이 장안파에서 바로 박헌영 직계로 돌아 조선공산당의 핵심 간부로 활동한 것과는 대조적으로 중앙에 진출하지 못했다. 다만 건준 인천지부의 조직 등을 지원하였고, 1946년 2월에 인천시 민전의장이라는 한직을 맡았을 뿐이었다. 박헌영의 조봉암 배제는 1930년대 초 부르주아 민주주의혁명의 대표적 이론가였다가 전향한 바 있는 고경흠이 해방 후 끝내 공산당에 입당할 수 없었던 것과 함께 주목을 받았다. 고경흠은 일제 말부터 여운형을 추종하였고, 해방 후에는 여운형 사거 순간까지 비서 격으로 줄곧 여운형을 수행하였다. 박헌영과 조봉암의 사이는 1932년 이전에도 좋지 않았던 것 같은데, 조선공산당의 원로 김철수는 박헌영이 조봉암을 꺼린 것은 박헌영이 개인적 추종자 중심으로 일을 하기 때문인 것으로 생각하였다.
> (『한국현대민족운동연구』, 496쪽)

조봉암의 '편지'는 5월 7일에서 10일 사이에 여러 신문에 실렸다. 조봉암은 이 편지가 본인의 동의 없이 공개되었고 내용 일부가 원문과 다르게 조작되었다고 주장했다(임경석, 『이정 박헌영 일대기』, 역사비평사 2004, 329쪽). 그러나 큰 조작은 없었던 것으로 보인다. 공산당의 당시 노선과 실태에 대해 조봉암의 위치에서 비판했음직한 방향이 잘 나타

1958년 1월 국가보안법 위반 혐의를 적용, 간첩죄로 체포되어 재판을 받는 조봉암(오른쪽 두 번째).

나 있기 때문이다. 당시 상황을 폭넓게 보여주는 글이므로 5월 7일자 『조선일보』에 실린 내용을 다소 길지만 그대로 옮겨놓는다.

> 존경하는 박(朴) 동무 내가 붓을 들어서 동무에게 편지를 쓴 것은 1926년 상해에서 동무에게 암호 편지를 쓴 것 외에 이것이 처음인 것 같소.
>
> 내가 얼마나 동무를 존경하고 또 과거 10여 년간 동무가 얼마나 영웅적 사업을 계속했는가 하는 것에 대한 혁명가로서의 순정의 찬사는 아첨이라 생각할까 해서 한마디도 쓰지 않겠소. 오직 동무의 꾸준한 건강과 건투를 빌 뿐이오.
>
> 내가 8·15 그날부터 오늘까지 인천에 들어박혀서 당·노조·정치 등 모든 문제에 입을 봉하고 오직 당부의 지시 하에서 내가 할 수 있는

일을 최대의 정열을 가지고 정성껏 해왔소. 나는 그렇게 하는 것이 나 자신을 위해서 가장 옳은 길이고 옳은 태도라고 믿는 까닭이오. 그런데 오늘 붓을 들어서 무슨 문제를 논의하고 우견을 진술하게 된 것은 결코 이 태도가 달라져서 그런 것이 아니오. 똑같은 태도와 똑같은 입장에서 오직 당을 사랑하고 동무를 아끼는 마음으로, 아니 쓰려야 아니 쓸 수 없어서 쓰는 것이며, 동시에 나 자신이 좋은 볼셰비키가 되는 유일한 방법으로 믿기 때문입니다.

늘 바쁘실 동무이니 거두절미하고 요령만 씁니다.

(1) 민족통일전선 및 대중투쟁 문제와 그 운영에 대해 인민위원회와 인민공화국의 조직의 시기 선택이나 조직 방법이 졸렬했다는 것은 정평인 모양이니까 차치하고 나는 다만 그 운영에 대해 말하겠소.

중앙이나 지방은 물론 지금의 인민위원회는 당내에서 중용되지 못하고 공산주의자들의 정치구락부요. 중앙인민회 중 활동하는 자로서 비공산자가 몇이며 누군가. 이만규(李萬珪) 한 사람을 제대로 끌고 나가지 못하는 줄을 나도 알며, 내가 있는 인천 인위는 몇 군데 지방에 비해서 제법 세워졌으나 비당원으로는 능동적인 사람이 없는 형편이오. 또 그 구성 요소나 정치 활동으로 보아서 일반 대중은 그것을 공산주의자 집단이니까 그 자체가 행정 연구 단체처럼 보고 있는 것이 실정이오.

이러할 바에는 인위에 들어가 있는 공산주의자들은 차라리 공산당의 이름으로써 정정당당히 아지프로나 했더라면 당의 이름과 당의 영향이 군중 속에 들어간 정도가 컸을 것이오. 그런즉 인민의 행정기관으로써 구성상의 결함도 컸지만 운영에서는 더 큰 실패를 했소. 더욱 최근에 인위를 그대로 정권 접수 기관이 될 것 같은 환상을 갖게 하는 것은 더욱 과오를 거듭하는 것밖에 아무것이 아닐 줄로 생각하오.

그러므로 당은 인위에 대한 이러한 흐리멍덩한 정책을 단연 버리고 당 군중과 미조직 대중으로 하여금 청신 발랄한 기분으로 투쟁의 길로 용진하게 해야 될 줄 아오.

(2) 그 다음 민주주의민족전선은 잘될 줄 아오마는 역시 통일전선으로서는 우리 당원이 과대히 침투했기 때문에 비당(非黨) 군중의 능동적 활동을 스스로 제약시키고 있다고 보오. 당이 크고 옳은 전선을 내세운 바에는 대중을 그 길로 나아가도록 하면 족하지 않겠소. '지방에서는 당원이 절대다수를 차지하여야 된다' 등의 지령은 과오로 생각되오.

(3) 삼상회의 지지 투쟁에서의 동무의 태도와 방침은 실로 경복하고 절대 지지하오. 그러나 그것을 실천하는 데 기술적으로 졸렬했던 까닭에 조직 군중에게는 그것을 이해시키기에 많은 시간을 공비했고 미조직 대중을 적의 편에 빼앗기고 회의의 구렁에 빠지게 해서 지금도 그들을 옳은 노선으로 끌기에는 무한한 노력과 시간을 요하리라는 사실을 정직하게 인식해야 될 줄 아오.

정치는 과학이며 동시에 기술이오. 당은 결코 정치 학교가 아닌 줄 아오. 또 서울시 인위의 1월 3일 대회 사건은 정평이 있는 모양이니까 동무가 나보다 잘 알 일인데 거기 대해서 당내에서나 당 외 군중에게 석명하지 않고 그 모든 사취, 사적 잘못을 그대로 뒤집어쓰고 안연하고 있는 것은 무슨 까닭이오. 동무에게 그런 것쯤 대담히 자기비판을 할 용기가 없을 리는 없는데.

그것 한 가지가 당에 큰 악영향을 끼쳤나 하는 것과 또 그것을 공개적으로 비판치 않은 것 때문에 얼마나 많은 과오를 거듭할까 하는 점을 생각하면 참으로 송연함을 금할 수 없소. 인천에서도 3·1기념행사에 각 단체 군중과 공개적으로 약속한 것을 여지없이 유린했기 때문에 당이 배신자로 낙인찍었으니 이것은 1월 3일 대회를 비판하지 않은 과오의 연장이오. 지금도 늦지 않으니 공개적으로 비판할 방침을 피하는 것이 옳은 줄 아오.

(4) 당내 인사 문제에 대해서(핵심 문제를 강조하고 광범히 포용 등용 문제를 지적할 것)

이 문제는 다른 문제보다도 나로서는 논의할 자격도 없고 또 말하기도 어렵소. 그러나 동무에게는 최중요한 문제이니까 다른 것은 불고하고 몇 가지 말하겠소.

첫째, 무원칙하오. 왜 어느 일정한 척도하에서 등용하지 않았으며 또 인물 능력 본위라면 더군다나 동무의 견식이 천단(淺短)한 것에 놀라지 않을 수 없소. 무원칙하기 때문에 권위를 잃었고 인물이 불능하고 무능(간부진)했기 때문에 당 사업에 능률을 올리지 못했소.

둘째, 종파적이오. 원칙도 없고 인물 본위도 철저치 못했기 때문에 종파적으로 나타났소.

셋째, 봉건적이오. 무원칙하고 인물 본위도 못되고 종파적으로 되었는데도 거기에서 불합리한 불평이 있는 것은 무엇 때문이오. 친하다는 것, 개인으로 신세를 졌다는 것, 머리를 숙이고 아첨하며 어느 의자를 얻으려고 애쓰는 무리는 모두 등용되고 있다는 사실, 이것은 봉건적이오.

넷째, 무기력이오. 종파적이오, 봉건적이라 하더라도 그대로 버텼어야 할 터인데, 말썽만 부리면 한 깃 주는 태도, 이것은 무기력이오. 항간에서 '박헌영에게 자주 찾고 곱게 보여라, 그렇지 않으면 말썽을 부려라' 하니 얼마나 놀랄 일이오? 그리고 당내 어느 요인의 소위 죄과(수년간 휴식 일본에 협력 등)를 물어서 말했더니 그는 자기 비판문을 내게 내었기 때문에 좋다 했다니 그 관용의 태도는 대단 고맙소.

1919년 파리강화회의에 참석한 여운홍(앞줄 왼쪽).

(「조봉암, 박헌영에게 공산당 운영 합리화 요청하는 사신(私信) 발송」, 『조선일보』 1946년 5월 7일)

정말 작심하고 쓴 글이다. 이 편지의 공개를 계기로 조봉암은 공산당과 민전을 떠나고 반공산당 운동에 나서게 되는데, 어디까지가 미군정 측의 좌익 분열 공작이고 어디까지가 조봉암 본인의 의지였는지는 앞으로 더 살펴보겠다. 단, 지금까지 미군정의 좌익에 대한 이해 수준을 보면 효과적인 분열 공작을 펼칠 능력이 의심스럽고, 본인이 공산당과 선을 긋고 싶던 차에 "울고 싶은데 뺨 때려준 격"이 아니었을까 하는 생각도 든다. 지금으로서는 편지의 문면 그대로를 보며 공산당의 문제점에 대한 시각을 넓히는 것으로 만족한다.

5월 9일 여운홍의 인민당 탈당도 조봉암 편지 공개가 일으킨 충격의 여파 속에서 일어난 일이었다.

여운형을 당수로 한 조선인민당 내부에는 일찍부터 여러 가지 모순과 상극을 내포하고 있던바 동당 여운홍은 9일 아침 7시 반 서울중앙방송국 마이크를 통하여 인민당의 현상과 지금까지 극좌적 정치 노선을 받게 되었다는 것을 폭로하는 동시에 탈당 성명서를 대략 다음과 같이 발표하였다.

"근일 각 신문에 발표된 조봉암 서신으로 말미암아 조선공산당의 극좌적 오진의 모략은 드디어 폭로되었다. 인민당은 그 독자성을 상실하고 완전히 공산의 모략에 빠졌던 것이다. 그리하여 동당을 탈당하는 동시에 새로이 사회대중당을 조직할 준비를 진행하는 중에 있다."

(「여운홍, 조선인민당에서 탈당」, 『동아일보』 1946년 5월 11일)

이틀 후인 11일 10여 명 간부를 포함한 94명의 인민당원이 연명으로 여운홍의 뒤를 따랐다. 그 이튿날 인민당은 김오성 선전부장의 담화로 "30만의 당원을 옹한 본당에서 94명이 탈당했다는 것은 아무런 놀라운 사실도 아니며 (…) 이들의 탈당은 본당의 정치적 앞길에 아무런 영향도 가져오지 않을" 것이라고 주장했다. 그러나 여운형 친동생의 탈당은 상당한 타격이었을 것이다. 서중석은 이 상황을 이렇게 정리했다.

여운홍의 인민당 이탈은 미군정이 벌인 좌익 분열 공작의 또 하나의 산물이었다. 미군정에서는 1945년부터 여운형과 박헌영의 분열 공작을 집요하게 펴왔다. 버치 중위는 여운형이 공산당한테 약점을 잡혔기 때문인 것으로 추측하고, 많은 기록을 찾아보았다고 한다. 버치는 이 문제로 조선총독부 고위 관리와 면담하기 위해 일본으로 사람을 급파하기까지 했으나 여운형이 일제와 협력한 기록은 찾아내지 못했다. 미군정의 공작은 여운홍 등 부동하는 세력을 인민당에서 탈당시

키는 정도의 성과밖에 올리지 못했다. (『한국현대민족운동연구』, 497쪽)

여기에서 레너드 버치(Leonard Bertsch) 중위의 모습이 나타난다. 1946년 초 한국에 도착한 버치는 하버드 출신 변호사로서 계급에 어울리지 않는 큰 역할을 군정청에서 맡으며 스스로 "세상에서 제일 신분이 높은 중위"를 자임했다. 1946년 중반 이후 좌우합작 운동을 도와주는 정도가 아니라 거의 이끌다시피 큰 역할을 맡은 그를 커밍스는 "아마 군정청에서 한국 정치와 정치인들을 가장 잘 이해한 인물"로 꼽고 그와의 인터뷰를 연구에 크게 참고했다(커밍스, 『The Origins of the Korean War』, Princeton University Press 1981, 94, 534쪽).

앞으로 버치의 모습을 많이 보게 될 것이다. 하지와 아놀드, 그리고 그들의 미국인 고문들뿐 아니라 한국인 고문들보다도 훨씬 더 합리적이고 현명한 그의 자세를 보며 "미군정에 저런 사람들이 더 많았으면!" 하는 마음이 들 때가 많을 것이다. 그러나 지금 단계의 좌익 분열 공작에서는 별로 신통한 생각이 들지 않는다. 다른 군정청 관계자들보다 뛰어난 점을 잘 음미하면서 '외부인'으로서 그의 한계도 엄밀하게 살필 필요가 있을 것 같다.

1946. 5. 13.

좌익 탄압의 에스컬레이션

미소공위 소련 대표단이 서울에 머무는 동안 미군정과 경찰은 노골적인 좌익 탄압을 다소 자제하고 있었다. 회담이 휴회되고 소련 대표단이 서울을 떠나자 다각적인 좌익 탄압이 시작되었다. 개성경찰서에서 인민위원회와 농민조합 간부들을 검거했다는 짤막한 기사는 이런 상황의 한 끄트머리일 텐데, 지역 활동가들을 체포하면서 혐의 사실조차 공표하지 않았다는 사실이 눈길을 끈다.

> 경기도 개풍군 인민위원회 위원장 유석남과 동회 공성태·이관재 군 농민조합 총무부장·이종택 등을 개성경찰 당국에서 검속하는 동시에 다수 서류도 압수하였는데 사건의 진상은 아직 모르나 취조 결과는 매우 주목된다.
>
> (「개성경찰서, 개풍군 인민위원회 간부 검거」, 『동아일보』 1946년 5월 13일)

경찰의 한국인 총수 조병옥(趙炳玉, 1894~1960)과 장택상의 엽기적 언행을 여러 번 소개했거니와 그중 압권은 "우리 경찰 진용은 사회 추천에 의한 민선 기관이 아니고 그 직원은 군정관이 부여한 경무부장의 임명권에 의하여 그 신분이 보장된다. 사회와 타협하고 구합할 권리도 없고 의무도 없는 것이다. 군대와 같은 명령 계통을 가지고 규율적으로 복무를 다함으로써 의무를 다하게 되어 있다"는 조병옥의 4월 7일 발언이었다(1946년 4월 7일자 일기). 경찰은 인민을 돌아볼 필요 없이 상급자의 명령에만 복종하라는 것이다.

이런 총수들이 이끄는 경찰의 인적 구성은 어땠는가? 해방 때 조선의 경찰 인원 2만 명 중 1만 2천 명이 일본인이었고 8천 명이 조선인이었다. 미국인 경무부장 매글린(William Maglin) 대령은 1946년 11월의 한 회의에서 그 8천 명 중 5천 명이 군정청 경찰에 남아 '중핵(中核)' 노릇을 하고 있다고 보고했다(『The Origins of the Korean War』, 166쪽). 이북 지역의 식민지 시대 경찰 중 상당수가 남하해서 군정청 경찰에 들어왔다고는 하지만, 고향을 떠나지 않은 하급 경찰관의 수가 적지 않았을 것을 생각하면 식민지 시대 경찰관의 거의 전원이 경찰에 남았다고 볼 수 있다.

1946년 가을까지 군정청 경찰이 2만 5천 명으로 늘어났으니 새로 들어온 사람이 2만 명이었지만, 경찰의 '중핵'으로서 분위기를 지배한 것은 5천 명의 '베테랑'들이었다. 해방 당시 이천경찰서 신갈주재소에서 근무했으며 1960년까지 경찰에서 계속 근무한 1916년생의 홍순복은 정치적 편향성이 별로 없는 인물로 보이는데, 그의 회고에서 당시의 경찰 분위기를 알아볼 수 있다.

> 북쪽에서는 소련군이 진주하면서 이미 왜정 때 관여했던 모든 관리들, 또 행세했던 사람들을 숙청했어요. 좌익, 이른바 공산주의 세력들이 집권하면서 그런 식으로 처리했던 거죠. 그런데 남쪽에서는 그것이 아니고, 해방 직후에 어지러운 질서를 잡아나가자면 왜놈 치하에 있던 경찰의 능력이 어느 정도 필요하다는 이승만의 정책이 있었

어요. 그러니까 조병옥, 장택상 같은 분들도 사상적으로 박해받던 사람들이었는데도 자기네를 핍박했던 경찰들을 다시 채용했던 거예요. 그 사람들 아량은 보통이 아닙니다. 왜놈들이 정치적 목적이 있어서 나쁜 것이지, 일제 때 경찰한 사람들이 행정적인 면에서 잘못한 건 하나도 없어요. 난 그렇게 생각합니다. (문제안 외, 『8·15의 기억: 해방공간의 풍경, 40인의 역사체험』, 한길사 2005, 235쪽)

그러면 당시 경찰은 어떤 태도로 인민을 대하고 있었을까? 장택상이 5월 2일 관하 경찰관들에게 발포한 포고문에 상당 부분 나타나 있다. 이런저런 짓을 하지 말라고 하는 것은 그런 짓이 행해지고 있기 때문이니까.

월권행위에 빠지기 쉬운 일선 경찰진의 분위기를 쇄신하는 동시에 법치 국민에 대한 인권을 존중하는 의미에서, 제1관구 경찰청장 장택상은 2일 관한 경찰 관리에게 고하는 다음과 같은 포고를 공표하였다.

• 법치국 인민의 거택은 절대 불가침이다. 법률에 정한 규정에는 군경이라도 무단 침입을 불허한다.

• 경찰 관리는 상사의 승인 없이 일반 인민의 가택을 수색치 못하고 입택 검문이 필요할 시에는 반드시 주인의 승인을 요한다.

• 입택 검문이 필요하거나 관서로 동행을 요할 이유가 생할 시에는 반드시 경찰관의 신분증명서를 제시하라. 인민은 신분증명서를 제시치 않는 경찰관에게는 동행을 거부하여도 무방하다(단, 정복관은 이에 부재함).

• 현행 범죄 〔외에〕는 경찰 관리가 상사로부터 발행한 구인장 없이

는 인민의 체포를 불허한다. 체포할 시는 반드시 구인장을 즉시에 제시하라.

• 현행범은 비록 경찰 관리가 아닌 일반 인민도 범인을 체포할 권리와 의무가 있고 체포 즉시로 경찰에 범인을 인도할 것.

(「경기도 경찰부장, 관할 경찰관에게 고하는 포고문 발표」,
『조선일보』 1946년 5월 3일)

5월 16일 인천 군정청의 결정 내용에서도 당시 경찰과 미군 헌병의 근무 양상을 알아볼 수 있다. 헌병이 민가에 들어갈 때 신발 벗으라고 한 (6)항이 이채롭다.

인천 미군정 당국에서는 조선 경찰과 MP 사이에 상호 협조책을 강구하고자 16일 부평 헌병대 본부에서 관계자가 모여 다음과 같은 요항을 토의한 후 결정하였는데 앞으로 성적이 좋으면 전국적으로 실시하게 될 것이다.

(1) MP는 원칙적으로 미군 및 군수품에 관한 범죄만 취급할 것

(2) MP의 조선인에 대한 노상 신분 검사를 금함

단, 용의자 및 현행범은 MP 본부에 동행하여 장교 입회하에 통역관을 통하여 이를 취조할 것

(3) MP의 조선인 요정 음식점 등의 임검을 금함

(4) 미군인의 현행범 체포에서 현장에 MP가 없을 때에는 조선 경찰관이 이를 집행하여 미 헌병대에 인도할 것

(5) 직무 집행 중 인원 등으로 경찰이 부족할 때에는 쌍방이 서로 협력 응원할 것

(6) MP는 조선인 가옥에 침입할 때 반드시 탈화할 것

(「인천 미 군정청, 조선 경찰과 MP 간의 상호 협조책을 토의 결정」,
『조선일보』 1946년 5월 21일)

군정청 경무부의 브룸 소령은 4월 19일 담화문으로 경찰의 고문에 대한 일반인의 의심이 "허구한 낭설"이라고 일축하며 만약 경찰의 가혹 행위를 신문에 보도하려면 증거를 갖출 것을 요구했다(『조선일보』 1946년 4월 22일자). 그러나 악형과 고문의 존재는 3월 12일 러치(Archer L. Lerch) 군정장관이 경찰서장들에게 보낸 성명서에서도 확인되는 것이다.

> 12일 러치 군정장관은 경찰의 악형, 고문을 경고하여 다음과 같은 성명서를 남조선 각 경찰서장에게 보냈다. "지난 6개월간에 경찰진은 비상한 노력을 경주하여 왔다. 그러나 악형, 고문은 민주주의 이상에 역행되므로 이는 인도상 용서치 못할 것이다. 경찰 제군의 분투를 축하하며 이상의 뜻을 이해하여 노력하기를 바란다."

(「군정장관 러치, 전국 경찰서장에게 악형 고문을 경고」,
『조선일보』 1946년 3월 13일)

아마 하지 자신도 한국의 경찰이 '민주 경찰'이 되기를 바라는 마음이 없지는 않았을 것이다. 군정청의 미국인 고문들 중에도 그런 노력을 기울인 사람들이 있었다. 그러나 하지는 그런 사람들을 충분히 투입하지 않았다. 2만여 명의 경찰 조직에 투입된 미국인 지휘관과 고문은 10여 명에 불과했다. 경찰의 민주화보다 더 시급한 목적이 있었기 때문이다.

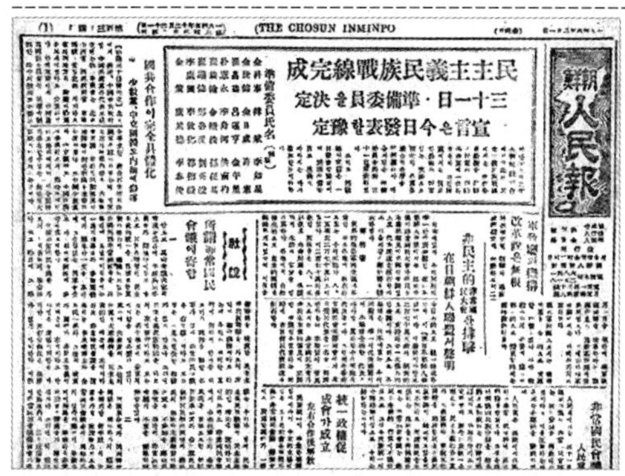
THE CHOSUN INMINPO

朝鮮人民報

民主主義民族戰線完成

三十一日·準備委員을決定

宣言은今日發表할豫定

『조선인민보』. 해방 후 서울에서 가장 먼저 나온 일간신문으로 타블로이드판 국문 신문으로 창간했다. 이념적으로 진보적 민주주의를 표방하는 좌익 성향을 띠었다(1946년 2월 1일자).

> 미국인들이 조선 경찰의 구조와 조선인 인력을 온존하기로 결정한 이유는 그만큼 응집력을 가지고 좌익을 결연히 적대하는 다른 세력이 없었기 때문이었다. 일본 지배에 봉사한 조선인 경찰관들은 협력자들을 배제하거나 처단하려는 정치집단의 득세를 막는 데 이해관계가 함께 걸려 있다는 사실을 잘 알고 있었다. 이 이해관계 때문에 경찰은 다른 어떤 조선인 집단보다 강한 응집력을 가졌다. 조병옥은 자신과 하지가 남한 지역에서 인민공화국과 인민위원회를 해체할 능력을 가진 존재가 경찰뿐이라고 믿었음을 자서전에서 당당히 밝혔다. 미국 쪽 자료도 이 주장에 부합한다. (…)
> 전국적으로 중앙집권화된 경찰력을 만들면 "지역적 유대 관계를 파괴함으로써 저항 집단의 참가를 최소화"할 수 있고 "특정 지역사회에 너무 밀착된" 경찰관들을 이동시킬 수 있을 것이었다. (『The Origins of the Korean War』, 162~163쪽)

5월 12일 오후 독립전취국민대회가 서울운동장에서 열렸다. 극우파 행사인 이 대회가 끝난 후 시위 행렬이 좌익 (즉, 극우파에 동조하지 않는)

신문사들을 습격했다. 『자유신문』·『중앙신문』·『조선인민보』가 습격당했다. 신문은 당시 정치투쟁의 최전선이었기 때문에 신문사 습격이 자주 있었고, 신문사도 이에 대한 대비책을 나름대로 강구하고 있었다. 그러나 대규모 집회에 이은 시위 행렬의 습격은 참으로 감당하기 어려운 공격이었다.

지난 해 연말에도 『조선인민보』가 시위 행렬의 습격을 받은 일이 있었다. 그러나 그때는 반탁운동으로 시내가 온통 들끓고 있을 때였고, 서울 시내 경찰서장들이 경교장에 충성을 맹세하러 떼 지어 몰려갈 때였다. 경찰이 제 구실 못한 것을 탓하기도 어려운 상황이었다. 그런데 1946년 5월 중순의 시점에서 급조된 정치 집회 뒤의 신문사 습격을 경찰이 막지 못한 것은 변명할 수 없는 일이었다.

경찰은 여론의 비난을 못 이겨 14일에 독립전취국민대회 대회장 오하영(吳夏英, 1890~1959) 등 몇 명을 구속했다. 그러나 당시 경찰은 더 중요한 일에 매달려 있었다. 적발된 위조지폐 사건과 공산당과의 관련성을 조사하는 일이었다. 공산당에 대한 새로운 차원의 탄압이 임박해 있었다.

> 대규모의 위조화폐 사건은 시내 중앙경찰청과 본정서에서 관계자 11명을 검거하고 극비밀리에 조사 중인데 이들은 모 정당과도 관계가 있는 자들로 사건은 의외의 방면으로 파급되어 가고 있다.
> 돌연 8일에는 범인을 모처로 이감시키고 취조 중인데 이들이 발행한 위조지폐는 4백여 만 원에 달함이 판명되었고 사건은 아직도 수사 관계로 발표를 않고 있으나 취조가 끝나는 대로 근일 중에 정식 발표가 있을 터이라 한다.

● 조병옥 경무부장 담

"조국 광복의 중대한 이때에 더욱이 위조지폐로 경제계를 교란시키는 자들의 행위에 대하여서는 새삼스러이 말할 것도 없는 독립 방해자이다. 이 사건은 중앙경찰청에서 방금 수사 중이므로 상세한 사건 내용과 그 배후 관계 등에 대하여는 아직 말할 수 없으나 조사가 끝나는 대로 사건 전모가 발표될 줄 안다."

(「조병옥 경무부장, 위조지폐단 검거에 대해 담화 발표」,
『동아일보』 1946년 5월 11일)

1946. 5. 16.

좌익 탄압의 절정 '정판사위폐사건'

'정판사위폐사건'에 대한 제1관구 경찰청(장택상)의 보고를 5월 15일 군정청 공보과에서 발표했다(1946년 3월 25일자 일기에 기사 인용). 공산당 본부가 있는 근택 빌딩 지하실의 인쇄소 조선정판사에서 위조지폐 3백만 원을 찍었으며, 여기에 공산당원인 인쇄소 직원 14명과 2명의 공산당 중앙집행위원(이관술 총무·재정부장과 권오직 『해방일보』 사장)이 관여했다는 것이다.

이튿날 제1관구 경찰청 정보과에서 위폐 인쇄량이 3백만 원이 아니라 9백만 원이라는 정정 발표가 있었다. 그동안 위폐사건이 몇 차례 있었는데, 인쇄량이 대개 몇 십만 원에서 백여만 원이었다. 9백만 원이라면 여타 위폐사건과 차원이 다른 대규모 조직범죄라 할 것이다. 이 정정 발표가 있은 다음 날 『동아일보』에 후속 기사가 실렸다.

> 조선공산당 간부와 당원들의 위조지폐 사건은 15일 공보부 발표로써 사회에 새로운 파문을 던지고 있는데 그 뒤 취조에 따라 죄상은 더욱 확대되어 도합 9백만 원을 남발한 것이 드러나 액수가 많은 점으로도 다시금 사회의 빈축을 사고 있다. 일개인의 행위도 아니고 적어도 근로대중을 위한다는 공산당의 간부와 정당원들이 당 본부 안에 있

는 인쇄소를 이용하여 지폐 남발로 인민을 도탄에 빠지게 한 사건인 만큼 더욱 우리의 관심은 커가고 있는데, 백일하에 드러난 일당의 죄상은 다음과 같다. 공산당원들의 화폐 위조 사건의 전모는 작보하였거니와 범인 14명을 방금 제1관구 경찰청에 유치하고 엄중 취조 중인데 이 범인들의 지금까지의 진술로 판명된 배후 관계와 동기는 다음과 같다.

일당이 위조지폐를 박게 된 동기는 8·15 이후 조선공산당의 재정난으로 말미암아 당 자금 선전 운동비를 만들기 위하여 여러 가지로 궁리를 한 결과 정판사를 접수하였다. 그래서 이 기관을 접수한 박낙종은 동 공장에서 전부터 근무하는 공산당원 김창선에게 이관술과 권오직의 지령을 전한 다음 작년 10월 20일 하오 6시 경 시내 장곡천정 74번지 근택 빌딩 정판사 사장실에서 사장 박낙종, 서무과장 송언필(46), 재무과장 박필상(40), 기술과장과 평판과장 김창선(36), 기술공 정명환(30), 창고계 주임 박상근(43) 등이 비밀히 집합하여 위조지폐를 박을 계획을 세우고 또 공산당이 재정난이라는 것을 명시한 다음, 지폐를 위조 발행하여 이것을 공산당에게 제공할 것을 결의하였다. 그리고 곧 그날 20일 하오 7시경 공장 직공이 일을 마치고 돌아간 틈을 이용하여 김창선이 평판과장으로 있을 즈음 절취하여 보관하였던 백원권 원판 4매 두 벌로 먼저 2백만 원을 박아내었던 것이다.

즉, 그들이 인쇄한 경로를 보면 제일착으로 작년 10월 22일 오후 7시경부터 다음 날 오전 4시 사이에 정판사 평판과장 김창선 외 13명이 2백만 원을 박아내었고, 그 다음 제2회는 작년 12월 5일 하오 7시경부터 6일 오전 4시경까지 2백만 원 그리고 제3회는 금년 2월 12일 밤 10시경부터 13일 새벽 4시경까지 1백만 원 또한 제4회는 2월 20일 오후 7시경부터 21일 상오 4시경까지 2백만 원 제5회는 3월 25일 하

1946년 7월 29일 서울지방법원에서 열린 정판사위폐사건 공판 모습.

오 7시경부터 상오 4시까지 2백만 원 이렇게 전후 5회에 걸쳐서 9백만 원을 원판 9개로 전부 백원권을 박아내었다고 한다. 그리고 이 일당이 사용한 도구는 전부 본정서와 중앙경찰청에서 압수하였는데, 압수된 증거품은 다음과 같다.

백원권 원판 9매, 소각 아연판 잔해(300문), 오프세트 인쇄용 원판 3매(대형), 잉크 3종 , 잉크헤라 2조 , 인쇄기 4대, 재단기 2대, 공산당원증 2매, 대의원증 1매, 용지 2연(모조지), 페파 2매, 회계장부 5책 등

(「정판사위폐사건의 동기와 담당 경찰서장의 기자회견」, 『동아일보』 1946년 5월 17일)

이 기사에는 본정서 서장의 기자회견 내용이 붙어 있었다.

(문) 이관술·권오직은 관계가 없으며 공산당원 관계가 아니라는데요.

(답) 공산당원이라고 한 것은 두 장의 당원증을 압수하였을 뿐더러

범인이 자백한 바이다. 간부 당원에 대하여서도 공범자의 자백에 의한 것이다.

(문) 또 당원만이 한한 행위와 당이 한 것과는 사실상 다른데?

(답) 이관술은 동 당의 중앙집행위원이오 총무부장 겸 재정부장이고 권오직도 당의 중앙집행위원이다. 그래서 이관술 하면 조선공산당, 조선공산당하면 이관술 하지 않는가. 이 두 사람이 나와서 돈을 어디 썼는가. 그 구체적 내용을 알면 더 한층 명백해질 것이다.

(문) 만일 공산당이 관계되었다면 박헌영 씨를 왜 부르지 않는가?

(답) 일제시대와 달라 현재의 수사는 사건 관계자의 진술에 따라 진전되는 것이다.

(문) 사건은 더 파급하는가?

(답) 그것은 아직 말 못하겠다.

(문) 뚝섬의 이원재와의 관계는?

(답) 아직 사건이 진전되지 않아 분명치 않다.

(문) 공산당원증을 사진 박아 발표하게 할 수 없는가?

(답) 좀더 기다리기 바란다.

이 사건은 철저한 '진실 게임'이었다. 공산당 측은 일체의 혐의를 부인하며 경찰의 조작이라고 시종일관 주장했다. 11월 23일 선고 공판에서 기소 사실이 모두 인정되어 피고들이 중형을 받기는 했지만 공정성과 거리가 먼 정치적 판결이었다.

설령 기소 사실이 진실이라 하더라도 재판 과정에서 그것을 입증하는 유효한 증거는 제시되지 못했다. 위의 기사 중에 적시된 증거물 중에는 기소 사실을 구체적으로 뒷받침하는 것이 없었고, 판결은 피고인들의 자백에 의거해서 이뤄졌다. 그런데 여러 피고인은 경찰과 검찰에서의 진술이 고문에 의한 허위였다고 법정에서 진술을 번복했고, 공장장 안순규는 진술을 번복했다 해서 위증죄로 추가 기소를 당하기까지 했다. 정판사 사장 박낙종(朴洛鍾, 1899~1950)은 위폐를 인쇄했다는 시기에 서울에 있지 않았다는 사실을 주장하기도 했다. 군정청의 당시 자료에서도 미군 측은 공산당의 범행을 확신하지 않은 것으로 나타났다. 재판 진행 중인 9월 19일 담당 검사 2인 중 김홍섭 검사가 돌연히 사표를 제출한 것도 무리한 진행에 대한 반발로 널리 해석되었다(『한국현대민족운동연구』, 500~501쪽).

본정서장의 기자회견 중 "뚝섬의 이원재와의 관계"에 이 사건의 열쇠가 있는 것 같다. 5월 10일자 『서울신문』에는 5월 4일 적발된 뚝섬 위폐사건과 5월 8일의 정판사 수색을 묶어서 보도한 기사가 나왔는데, 공산당과 정판사의 이름은 아직 밝혀져 있지 않다.

> 해방 후 화폐 범람으로 경제 건설에 막대한 지장을 초래하고 있는데 그 이면에는 수천만 원의 위조지폐단이 있는 사실이 본정서에 발각되어 국민들을 아연케 하고 있다. 즉, 본정서에서는 우연히 얻은 정보로 4일 오후 수영사 직공 배석룡(32)을 인치하고 즉시 무장 경관대를 뚝섬에 파견하여 우익 모 정치단체 뚝섬위원회 조직부장으로 있는 이원재 외 3명을 인치하여 취조하는 한편, 각각 그 본거를 습격하여 화폐 원판 석판 인쇄기 7대 기타 다수를 압수하였는데, 8일에는 다시 시내 모 좌익 정당 산하에 있는 인쇄소를 수색하여 직공 12명을 검거하고 오후에는 다시 오정숙 외 1명의 여자를 체포하는 등 맹활동 중인데, 사건을 엄비에 부치므로 진상은 판명되지 않았으나 탐문한 바에 의하면 서울 시내와 그밖에 교외 수처에 인쇄 공장을 두어 위조지폐를 박아내어서 현재 판명된 금액만도 수천만 원에 달한

해방일보

朝鮮共産黨의統一再建萬歲!

해방 후 조선공산당이 기관지로 발간한 일간신문 『해방일보』. 정판사위폐사건으로 미군정은 1946년 5월 18일 조선정판사를 폐쇄하는 동시에 그곳에서 찍어내던 『해방일보』의 발행 정지 처분을 내렸다.

다고 한다.

(「대규모의 지폐 위조단 검거」, 『서울신문』 1946년 5월 10일)

대한독립촉성국민회(이하 '독촉국민회'로 줄임) 지역 조직 간부 이원재가 벌인 뚝섬 사건은 개인적 범죄로 보인다. 이 사건에 정판사 기술과장 김창선(金昌善)이 끼었던 데서 경찰 수사가 8일의 정판사 수색으로 번졌다. 김창선이 이원재와 공모한 위폐 인쇄에 정판사 시설을 활용했는지 모르겠지만, 뚝섬 사건에 정판사 직원이 걸려들었다는 사실을 장택상과 조병옥이 공산당 공격의 호재로 여겼던 모양이다. 본정서장은 뚝섬 사건과 정판사사건의 관련성을 언명했는데, 후에 김용찬 검사장은 이를 부인했다고 한다(『한국현대민족운동연구』, 500쪽).

이 사건 와중에 『해방일보』는 5월 18일 무기 정간을 당하고 이 정간은 결국 폐간으로 이어진다. 「폭풍에 항(抗)하여」란 제목의 5월 17일자 『해방일보』 사설에는 위폐사건이 군정 당국의 무고라고 주장하면서 공산당을 향한 중상모략의 대표적 사례로 "공산당은 조선을 소련에 예속하기를 음모한다", "공산당은 방화를 계획한다", "공산당은 무기를 은닉하였다", "공산당은 공처(共妻)를 주장한다" 등을 열거했다(같은 책, 499쪽).

공산주의자의 패륜성은 우리가 어렸을 때 받은 반공 교육에서 중요한 내용이었다. 1946년의 반공 선전에서도 이미 패륜성이 활용되고 있었음을 알 수 있다. 공산주의가 제창하는 '혁명'이란 기존 질서의 파괴나 소멸을 의미하는 것이기 때문에 반공 선전과 반공 교육에 패륜성이 쉽게 활용되는 것인데, 공산주의 운동 자체가 이 약점을 스스로 키워준 측면이 있음을 최근 읽은 책에서도 확인할 수 있었다.

> 응우옌 아이 쿠옥(호치민)은 『혁명의 길』 서두에서 '혁명가의 행동'을 규정하는 몇 가지 특징을 나열한다. 이것을 19세기 러시아의 테러리스트 세르게이 네차예프가 쓴 '혁명가 문답'과 비교해보는 것도 재미있다. 네차예프는 혁명가의 역할이 혁명적 대의의 눈먼 도구가 되는 것이라고 강조했다. 그는 자신의 목표를 추구하는 데 무자비해야 하며, 심지어 권모술수에 능한 인물이 될 수도 있다. 그는 당에 절대적으로 복종해야 하며, 친구나 가족과 모든 유대를 끊을 각오가 되어 있어야 한다. 그는 또 일반적으로 인정받는 모든 도덕성의 기준을 희생하여, 혁명을 위해서라면 거짓말을 하고 속일 각오가 되어 있어야 한다. 네차예프의 지나친 면들은 러시아의 급진 운동 일각에서도 비난을 받았지만, 레닌은 전체적으로 이 문답서를 매우 좋게 보았으며, 이것은 나중에 볼셰비키의 경전이 되었다. (윌리엄 J. 듀이커, 『호치민 평전』, 정영목 옮김, 푸른숲 2003, 224쪽)

네차예프(Sergey Gennadievich Nechaev, 1847~82)의 혁명 지상주의는 레닌(Vladimir I. Lenin, 1870~1924)에 의해 세계 공산주의 운동의 표준으로 세워졌다. 많은 공산주의자들이 진정한 운동가가 되기 위해서는 자신의 인간성과 인간관계까지도 희생해야 한다는 강박 아래 행동했다. 공산주의자들 사이에서는 희생의 수준에 따라 운동가로서의 진정성을 평가하는 풍조도 일어났다. 해방공간에서 '볼셰비키'는 상식적 생활 방식을 벗어난 극단적 공산주의자를 가리키는 말이었다. 김성칠의 일기 중 친구인 좌익 법조인 홍승기에 관한 대목에서도 이런 인식이 보인다.

> 한동안 세상에서들은 그가 법정에서 담당 판사에게 대하여 피차에 자리를 바꾸어 서는 날이 있을 것이라고 호통하였다는 소문이 파다하였으나 나는 처음부터 말 같잖은 소리라고 자신 있게 부인해버렸던 것이다. 홍군은 성격상 그럴 수 없는 사람임을 누구보다도 내가 잘 알기 때문이었다. 그와 반대로 홍군은 담당 판사 임한경 씨의 말이라 하여 "양심적인 인텔리라면 아예 지하운동에 발을 들어놓지 말라. 그는 결국은 스스로 자기 자신을 배반하고 서로 믿고 지내던 친구들을 배반하기에 이를 것이다. 현실은 그처럼 가열한 것이다"라고 자못 감명 깊게 나에게 두어 번이나 이야기해준 일이 있었다. (김성칠, 『역사 앞에서』, 1950년 6월 29일, 창비 1993/2009)

공산주의자들 사이에서는 혁명을 위한 헌신성이 훌륭한 동지의 중요한 자격 기준이었다. 공산주의자가 아닌 일반인의 눈에도 '희생'의 자세는 도덕성의 징표로 받아들여지기 쉽다. 그러나 그 희생의 대상이 인간성 자체와 인간관계라면? 혁명 지상주의자는 도덕성도 기존 체제의 일부로서 파괴의 대상으로 생각할 수 있다. 홍승기와 같은 해방공간의 공산주의자들은 도덕성의 딜레마에 시달리고 있었고, 반공 진영은 이 약점을 선전에 활용하고 있었다.

1946. 5. 17.

해방공간 최대의 위폐범은 미군정

4월 12일에 인용했던 1946년 4월 13일자 『조선일보』 기사를 다시 한 번 세밀히 들여다본다.

> 조선은행권 (1)호에서 (5)호까지의 백원권 지폐는 쓰느니 못 쓰느니 받느니 안 받느니 하고 항간에는 별의별 유언낭설이 떠돌고 있어 큰 사회문제를 일으키고 있는 동시 경제계에 적지 않은 파문을 일으키고 있는데 12일 조선은행 발행과장 오정환에게 그 진상과 대책을 들어보면 다음과 같다.
>
> "요사이 위조지폐가 돌아다닌다는 바람에 백원권 위조지폐와 비슷하다는 소위 조선은행권 기호 (1)·(2) 두 종류 지폐를 잘 안 받는다는 말을 듣고 우리 은행에서는 의심을 품고 이런 지폐를 가지고 오는 사람에게 한하여 감정하고 바꾸어주었다.
>
> 이 문제가 이렇게 크게 된 원인의 하나는 일부 은행 가운데서 무조건 백원권 지폐는 예금도 안 받고 바꾸어주지도 않는 점도 큽니다. 적어도 은행 출납계에 있는 사람으로 위조인지 아닌지를 구분 못할 정도의 교묘한 위조지폐는 아직 없습니다. 문제의 기호 (1)과 (2)는 일인이 패전 이후 미군 진주 전에 찍어낸 것인 만치 그 기술에서 원지 또

는 인쇄에서 똑똑치 못한 점도 있으나 (3)·(4)·(5)는 미군 진주 이후 인쇄한 것이라 불량한 지폐라고는 할 수 없습니다.

여하간 위조지폐의 기술이 해방 전보다 교묘하게 된 것도 사실이나 일반 시민은 유언비어에 속지 말고 안심하고 종전과 같이 사용하기를 바라며 의심되는 것은 언제나 조선은행에서 발행한 지폐는 책임지고 본점은 물론 지방 지점에서도 교환하여 드릴 터이니 안심하기를 바라며 은행 당국을 신뢰하여 협력하여주시기를 바랍니다."

(「조선은행 발행과장, 위조지폐 진상과 대책에 대해 언급」, 『조선일보』 1946년 4월 13일)

유통되던 고액권 지폐 중에 인쇄가 서로 다른 여러 종류가 있었고, 그중에는 용지와 인쇄 상태가 "똑똑치 못한" 것이 있었다고 한다. 그런 것은 1945년 8월 15일에서 9월 8일 사이에 찍어낸 것이라고 한다.

그렇게 "똑똑치 못한" 지폐의 비율이 얼마나 되었는가? 일본 항복 당시 조선은행권 발행고는 약 55억 원이었는데, 미군 진주 전까지 약 30억 원을 더 찍었다. 많은 양을 급하게 찍느라고 지폐를 인쇄하지 않던 인쇄소들까지 동원되었다. 조선정판사는 그중 하나였다. 용지의 규격 통제도 느슨했다. 그래서 이때 찍은 조선은행권에는 불량품이 많았다. 당시 상인들은 이 불량 지폐를 '붉은 돈'이라 부르며 받기를 꺼려했다 한다.

화폐 위조 범죄는 제작과 유통, 두 측면으로 이뤄진다. 정품과 구별하기 힘든 위폐를 인쇄하는 제작 작업만으로 범인들은 이득을 얻을 수 없다. 이것을 유통해야 이득이 생긴다. 제작 기술이 일단 확보되었을 때, 범죄의 규모는 유통 능력에 따라 결정된다. 그래서 화폐 위조 범죄에는 보통 제작보다 유통 작업에 더 많은 인원이 필요하다. 유통 능력이 없으면 기껏해야 유흥비로 쓰는 길밖에 없다.

해방공간에서 화폐 위조가 성행한 가장 큰 이유는 '정품' 지폐 중에 "똑똑치 못한" 것이 많았던 데 있었다. 웬만한 기술로 웬만한 종이에 찍으면 똑똑치 못한 정품 못지않게 똑똑한 위조품을 만들 수 있으니까 생산이 쉬웠다. 그리고 어차피 불량품이 통용되는 화폐시장에서는 위폐의 유통에도 저항이 적었다.

일본 항복과 미군 진주 사이에 찍은 30억 원의 조선은행권을 위조지폐로 봐야 하지 않을까? 정품 지폐라면 정당한 발행권자가 정당한 발행 절차를 거쳐 정당한 규격으로 인쇄한 것이어야 한다. 미군이 진주해서 모든 권한과 책임을 넘겨받아 주기를 기다리는 상태의 조선총독부와 조선은행이 정당한 발행권을 가진 것이라고 보기 힘들다. 그리고 20여 일 동안 기존 통화량의 절반이 넘는 거액을 발행하는 데 정당한 절차를 거친다는 것은 상상할 수 없는 일이다. 그리고 그렇게 인쇄한 제품의 대부분이 기술적으로 불량품이었다.

새로 찍은 30억 원의 조선은행권이 누구의 손에 들어 있었나? 찍어낸 자들의 손에서 멀리까지 전파될 시간이 없었다. '은사금'이니 '보상금'이니 하는 명목으로 통치 기구 구성원들과 그 가까운 협력자들 손에 대부분이 뭉칫돈으로 남아 있었다. 그 불량품 지폐로 시장에 나가서 물건을 사려 해도 상인들이 잘 받아주지 않았다.

총독부-조선은행은 위조지폐를 제작은 했지만 유통 능력에 한계가 있었다. 미군 진주 때까지 찍어낸 위폐를 위폐범들이 나눠 갖고 있었을 뿐이다. 효과적인 유통 방법이 없다면 이 위폐의 대부분은 사장되고 말았을 것이다.

그런데 미군정은 30억 원 위폐를 정품으로 인정해줬다. 유통 문제를 해결해준 것이다. 불량품이라도 이 30억 원에 들어 있는 것이라면 조선은행에서 바꿔주게 했다. 30억 원 규모의 위조지폐 범죄가 미군정의 참여로 완성된 것이다.

나는 정판사에서 위조지폐를 찍었는지, 찍었다면 얼마나 찍었는지, 그리고 그것이 공산당의 계획적 범죄였는지 아무것도 모른다. 다만 "1천 2백만 원의 위조지폐를 찍어낸 공산당의 계획적 범죄"라는 경찰의 주장은 믿을 수 없다. 당시 공산당을 때려잡고 싶어 한 사람들도 경찰이 더 그럴싸한 근거를 제시해주지 못하는 것이 답답했을 것이다.

5월 17일자 『중앙신문』에 관련 기사가 실렸다. 먼저, 공산당 중앙위의 성명서다.

> 5월 15일 군정청 공보부 발표라는 제목하에 조선 경찰 제1관구 경찰청장 장택상 씨의 위조지폐 사건에 대한 발표에 대하여 조선공산당 중앙위원회는 좌와 여히 성명함
>
> (1) 이 지폐 위조 사건에 조선공산당 중앙위원 이관술·권오직 양인이 관련되었다고 발표하였는데 이상 양인은 이 사건에 전연 관계없음을 단호히 성명함
>
> (2) 이 사건은 관련되어 체포되었다는 14인을 모두 조선정판사에 근무하는 조선공산당원이라고 하였으나 발표가 사실과 다름을 지적함
>
> (3) 동 발표에 '위조지폐 3백만 원의 대부분은 근택 빌딩 지하실에서 위조한 것이다'라고 하였으나, 근택 빌딩 지하실에서는 인쇄기를 설치한 일이 일차도 없으므로 이 발표는 전연 부당한 것을 지적함
>
> (4) 동 발표에 이 사건의 범인이라는 명칭하에 당 간부 및 당원이라는 칭호를 씌워 조선공산당이 이 사건과 무슨 관련이나 있는 듯 발표한 것은 더욱 기괴천만이라 아니할 수 없다. 당은 단호히 이 사건과 호말만 한 관련이 없을 뿐 아니라 이러한 경제 혼란의 행위에 대하여

는 가장 용감히 투쟁하였고 투쟁할 것을 다시 한 번 천하에 공포함

(5) 이 사건과 조선공산당 간부를 관련시킨 것은 어느 모략배의 고의적 날조와 중상으로 미소공동위원회 휴회의 틈을 타서 조선공산당의 위신을 국내 국외에 걸쳐 타락시키려는 계획적 행동임을 지적하는 동시 우리 당은 이 사건과 절대로 관계없으니만치 머지 아니하여 이 사건의 진상이 폭로되고 우리 당의 위신은 이러한 허위적 중상이 있음에도 조금도 동요, 미혹이 없을 것을 단언함

1946년 5월 15일 조선공산당 중앙위원회

박헌영 공산당 대표가 16일 오전 9시 군정청을 방문했으나 러치 군정장관과 뉴먼 공보부장이 모두 외출 중이라서 그 하급자들과 만나 이야기를 나누고 군정장관에게 재고를 바란다는 의견서 전달을 부탁했다는 기사가 있었고, 범인으로 지목된 공산당 간부 이관술(李觀述, 1902~50)과 권오직(權五稷, 1906~53)이 결백을 주장한 성명서 기사가 있었다. 그리고 장택상의 기자회견 기사와 사건을 담당한 본정서 이구범(李九範) 서장의 견해가 실렸다.

● 장(張) 경찰부장 기자단과 일문일답

(문) 지폐 위조 사건에 관하여 상세한 발표를 바란다.

(답) 이 사건에 관하여는 상부로부터 함구령을 받았으므로 옳다 그르다 일체 말할 수 없다.

(문) 그러나 그 사건 발표는 귀관의 명의로 되지 않았는가?

(답) 공보부에서 내 이름으로 발표한 것이지 내가 한 것은 아니다. 내가 자세한 보고를 하였으니 자세한 보고는 역시 공보부에 가서 물어보기 바란다.

(문) 뚝섬에서 검거된 지폐 위조단과의 관계는 어떤가?

(답) 이것이 뚝섬 사건인지 다른 별개 사건인지 나는 모르겠다.

그리고 공보부 발표에 대하여 조선공산당에서 발표한 삐라를 읽은 장 부장은 '정판사 지하실' 운운은 내 보고서에는 없는 사실이라고 부언하였다.

● 본정서장 이구범 담

"위조지폐 사건에 대한 공보부 특별 발표는 상부의 발표라 무엇이라고 말하기 어려우나 나의 의사로는 잘되지 못하였다고 생각한다. 첫째로 이 사건은 아직 취조가 끝나지 않은 것을 발표한 것은 경솔하였다. 둘째로 지폐를 정판사 지하실에서 인쇄하였다는 발표는 무근한 사실이다. 셋째로 이관술·권오직이 사건에 관련해 있는지 없는지는 취조하여 보지 못한 이상 분명치 않다. 넷째로 이번 사건은 뚝섬 사건과 관련이 있음에도 이번 발표에서 빠진 것은 이번 발표가 사건의 전모가 아닌 것을 말한다."

(「조공, 공보부의 정판사 위조지폐 사건 발표에 대해 성명 발표」 중에서,

『중앙신문』 1946년 5월 17일)

독촉국민회와 한민당에서는 바로 공산당을 비난하는 담화가 나왔다.

조선공산당의 음모하에 다량의 위조지폐를 발행하여 조선 경제를 교란하며 국민 생활을 파훼한 것은 일대 죄악이다. 악질 공산당 일파의 집단을 삼천만 동포의 총의로 배격하지 않으면 안 된다. 조선공산당의 모략에 빠진 동포들은 하루바삐 반성하여 완전 자주독립 전선으로 집결하기를 바란다.

(「독촉국민회, 정판사 위조지폐 사건 등 제 문제에 대해 담화 발표」 중에서,

『동아일보』 1946년 5월 17일)

> 조선공산당의 위조지폐 사건은 만천하의 이목을 경동시켰다. 천하의 공당으로서 선언한 공산당이 이같이 불법행위를 하고 경제계를 교란시킨 죄과는 해체로서 천하에 사과해야 할 것이다. 당원의 한 일이 당에서 한 일이 아니라고 변명한들 당 재정부와 당 기관지 사장과 당원 14명이 사건에 관계했을 때 그것을 그 당의 소위가 아니라고 규정할 수 없다.

(「함상훈, 미소공위 무기 휴회와 정판사위폐사건에 대한 담화 발표」 중에서,

『동아일보』 1946년 5월 18일)

비난의 초점은 '경제 교란'에 있었다. 공산당의 범죄가 경제 질서를 파괴함으로써 그 피해가 모든 인민에게 미친다는 주장이다. 똥 묻은 개가 겨 묻은 개 나무라는 격이다. 겨가 묻었는지 어쨌는지도 알 수 없지만.

30억 원의 위조지폐를 유통시킨 범인은 누구인가? 당시 조선은행권 유통량 90억 원 중 3분의 1이다. 더구나 정상적 화폐 60억 원이 남북으로 갈라져 있었던 데 반해 이 30억 원이 이남 지역에만 몰려 있었다면, 이남 지역에서 위폐의 비율은 40퍼센트가 넘었을 것이다. 30억 원짜리 위폐단이 겨우 1천만 원짜리 위폐사건을 짜 맞춰 '경제 교란' 책임을 따지다니, 소가 웃을 일이다.

1946. 5. 23.

천안함의 데자뷔, 정판사사건

국사편찬위원회에서 제공하는 한국사데이터베이스의 '한국근현대신문자료' 중 1946년 발행된 것은 『동아일보』와 『자유신문』 둘이다. 정판사사건 관계 기사를 훑어보기 위해 "정판사"를 검색했더니 『자유신문』 기사는 80개가량 나오는데, 『동아일보』 기사는 넷뿐이었다. 이상하다 생각하며 이번에는 "위폐"를 검색하니, 『동아일보』에서도 『자유신문』 못지않게 많은 관계 기사가 쏟아져 나왔다.

문제는, 『동아일보』에서 "정판사사건"이란 말을 쓰지 않은 데 있었다. 한국사데이터베이스의 '자료대한민국사'에 수록된 다른 신문도 모두 "정판사사건"이란 말을 썼고 그 말이 지금까지도 쓰이고 있는데, 유독 『동아일보』만은 이 말을 쓰지 않았다. "공당원(共黨員) 위폐사건"이란 이름으로 이 사건을 지칭했다. 사건 초기부터 단 한 번도 "정판사사건"이란 말을 쓰지 않았다.

1945년 말 속간 이후 『동아일보』와 『조선일보』의 성격 차이를 분명히 보여주는 일이다. 둘 다 '우익 신문'이었다. 그러나 『조선일보』가 심한 극단에 빠지지 않은 반면 『동아일보』는 한민당 기관지 성격을 극성스럽게 보여줬다. 한민당이 뚜렷한 입장을 가진 사안에 대해서는 논설은 물론이고 기사에서도 『동아일보』가 속셈을 드러내지 않는 일이

共黨員의 僞幣事件

朴洛鍾等十二名送局

사건 초기부터 정판사사건이라는 말 대신 공당원(共黨員) 위폐사건으로 지칭하여 기사를 실은 『동아일보』.

거의 없었다. 이 시기 『동아일보』를 자료로 활용하는 데는 극도의 조심이 필요하다.

『해방일기』 작업을 위해 '자료대한민국사'를 주로 활용하고 있는데, 특정 사건을 면밀히 살펴보려면 주요 기사만을 뽑아 입력한 '자료대한민국사'로는 안 된다. 모든 기사가 PDF 형태로 제공되는 '한국근현대신문자료'를 이용해야 한다. 정판사사건에 관해서는 『동아일보』의 편향성이 심하므로 『자유신문』에 의지할 수밖에 없다. 『자유신문』은 5월 12일 우익 시위대의 습격으로 가장 큰 피해를 당했고 지금까지 통상 '좌익 신문'으로 분류되고 있지만, 지금까지 이 작업에 활용해온 결과 나는 '중도 신문'으로 인정한다. (김민환은 『미군정기 신문의 사회사상』, 나남 2001, 28~29쪽에서 미군정기 신문을 공산주의 계열, 자유주의 계열과 진보주의 계열로 분류했는데, 각각 좌익·우익·중도에 해당된다. 『자유신문』은 진보주의 계열로 분류되었다.)

5월 15일 군정청 공보국의 발표 이후 11월 말 1차 판결 때까지 반년 동안 『자유신문』에서 70건 가까운 기사를 찾아볼 수 있었다. 지난주에 나는 정판사사건의 사실관계를 알지 못한다고 썼다. 그때는 알지 못했다. 그러나 『자유신문』 관계 기사를 모두 훑어본 지금은 적어도 한 가지는 확신하게 되었다. 정판사사건은 조작된 사건이었다.

정판사사건이 조작된 사건이라고 내가 판단하는 것은 천안함 침몰의 북한 책임설을 거짓으로 보는 것과 같은 기준이다. 북한 공격이 절대 아니라고 나는 주장하지 않는다. 설령 북한 측 공격이라 하더라도 한국 정부 조사단이 그 사실을 제대로 밝혀내지 못했다는 것이다. 정판사에서 공산당이 조직적으로 위폐를 인쇄한 일이 절대 없었다고 나는 주장하지 않는다. 설령 그런 일이 있었다 하더라도 당시 경찰과 검찰은 그 사실을 제대로 밝혀내지 못했다는 것이다. 정판사사건을 빌미로 한 공산당 탄압도, 천안함 침몰을 빌미로 한 북한 비난도, 사실 여부와 관계없이 정략적 목적을 위해 행해진 것이며, 따라서 그 주장이 사실과 어긋난 것일 가능성이 극히 크다고 상식 차원에서 판단하는 것이다.

이 판단을 뒷받침하기 위해 『자유신문』 기사들만 편집해놓아도 볼 만한 책 한 권이 될 것이다. 재판 분위기와 쟁점을 잘 보여주는 기사 하나를 예시한다.

> 위폐 공판 제8일은 5일 오전에 이어 오후 1시 반 다시 속개되었는데, 심리 전 박낙종으로부터 언권 요구와 송언필의 언권 요구에 대하여 재판장으로부터 허락되지 않아 정내는 일시 소란하였다. 홍계훈에 대하여 공판정에서 진술한 조서 낭독이 있은 후 지난번 심리에 묵묵부답한 정명환에 대한 심리로 들어갔는데 피고 정명환 역시 고문으로 허위 진술하였다고 대답하고 그 증거로 좌우편 발에 아직껏 남아 있는 상처를 내보인 후 재판장이 반증을 제시하라 한 데 대하여,
>
> (피) 현재 재판소에서 가지고 있는 증거물은 우리가 위폐 인쇄하였다는 데 대한 무슨 증거가 되는 것입니까? 잉크나 종이 같은 것은 어

漸次드러나는事件全貌
拷問에못이겨뭇는대로
被告戰慄하며經過陳

정판사위폐사건의 피고인들이 공판정에서 고문을 당해 허위 자백을 했다는 내용이 실린 『현대일보』 1946년 8월 24일자.

느 인쇄소에나 있는 것입니다. 저로서 반증할 것은

—김창선, 홍계훈을 위시로 몇몇 피고는 금년 2월에 비로소 당원이 되었으니, 경찰에서 허위 진술한 위폐 인쇄 때는 일개 직공에 지나지 않는데 그런 중대한 일을 당에서 맡길 리가 없으며,

—2월에는 경비대가 주야겸행하여 경비하였으니 많은 사람이 있는 데서 위폐 인쇄는 불능하며,

—위폐 인쇄는 일류 기술자라야만 되는데 김창선이나 나로서는 도저히 불가능합니다.

(재) 현재 피고의 심경은?

(피) 억울한 생각이 북받치며 해방이 되면 3천만이 다 잘살 줄 알았더니 죄가 없음에도 철창에 갇혀 있으니 우리들의 희생으로 건국이 하루빨리 된다면 그야 희생이라도 달게 받겠습니다. 그러나 현재 우리의 무고한 누명은 건국을 촉진한다는 것보다 도리어 지장이 될까 두렵습니다. (…)

6일 오전 계속하여 개정된 공판은 오전 10시부터 피고 신광범의 심리를 개시하였는데 신광범 역시 재판장에게 팔다리의 도토리 밤만큼

씩 한 경찰이 고문한 흔적을 내보이며 경찰에서 자백하였다는 조서는 전부가 나를 이 지경에 빠지게 하여 놓고 만든 허위 진술이라는 것을 말한 후,

—본건 기소 사실과 같이 2백만 원을 하루저녁 8시간에 인쇄하였다는 것은 불가능합니다.

—압수한 지폐와 김창선에게서 빼앗은 원판은 대조해보아야 할 것이며,

—내가 본바 압수한 모조지와 위조지폐의 지질이 확실히 다릅니다.

(…)

(「팔다리의 상처를 제시, 고문당한 증거와 억울함을 진술」, 『자유신문』 1946년 9월 7일)

검찰 측의 확실한 증거는 자백뿐이었다. 그런데 모든 피고가 경찰과 검찰에서의 진술이 고문에 의한 허위 자백이었다고 공판정에서 주장했다. 10월 31일 공판에서 백석봉 변호사는 공판정에서 번복된 자백에 증거 능력이 없다는 요지의 변론을 폈다.

이번 위폐사건은 관련된 인원이 많고, 시간이 6, 7개월에 걸치고, 위조 액수도 막대하다는 사건이니, 응당 수많은 증거가 있어야만 할 사건이 아무런 확고한 증거도 없이 유죄라 함은 나로서는 생각할 수 없다. 이 사건에서 가장 유력한 증거로 삼는 것은 소위 피고들의 자백인데, 이 자백이란 것은 세 가지로 나눌 수 있다. 즉, (1) 양심을 전제로 과거 범행을 후회할 때의 자백, (2) 피고가 아무리 부인하여도 유력한 증거가 있을 때, (3) 고문을 하여 없는 사실을 강제로 자백시켰을 때로 구분될 줄 생각하는바, 대체 본 사건에서는 제3항에 해당할

> 줄 안다. 그리고 이 사건은 이를 싸고도는 세론을 무시할 수는 없을 것이며, 안순규의 위증죄에 대한 공판도 중대 문제라 생각한다.
> 피고 박낙종이 10월 24일부터 말일까지 남선 여행함을 검사 자신이 용인하는 바에야 10월 하순의 위폐 인쇄 사실은 허구로 돌아가며, 검사 기소 내용을 보면 10월에 인쇄한 것이 무사통과하였기로 12월과 2월에 연거푸 인쇄하였다 하니, 10월 인쇄가 허구로 돌아간 이상 12월과 2월 인쇄 역시 성립되지 않을 것이고, 안순규 증언 역시 당 공판정에서 목격 사실을 부인하였으니 문제도 안 되나 목격담이라는 자체가 모순 덩어리다.
> 결론을 말하면 본 사건은 법령의 제한된 기일을 초과하여 불법감금을 하고 고문으로 자백시킨 것을 기소한 것은 완전히 위법이라 생각하므로 재판소로서는 공소기각을 하여 주든지 무죄판결을 내려주기 바란다.
>
> (「자백은 증거될 수 없다」, 『자유신문』 1946년 11월 1일)

그러나 재판부는 고문 사실을 인정하지 않았다. 그 근거는 두 명 의사의 감정 결과였다.

> 공판 중인 공당원 위폐사건 관계자와 피고들은 공판정에서 이구동성으로 경찰에서 고문을 했다는 사실을 진술한 바 있어, 양원일 재판장은 앞서 백인제, 공병우 두 의사로 하여금 고문 사실 여부를 감정케 하였는데, 지난 3일 제출된 양씨의 감정서에 의하면 아무런 고문을 하지 않았다는 사실이 명백히 되었다.
>
> (「'고문(拷問)'은 빨간 거짓말, 의사의 감정 결과로 판명」, 『동아일보』 1946년 10월 5일)

피고 전원이 공판정에서 고문을 호소하며 증언을 번복했지만 번복한 증언은 받아들여지지 않았고, 그중 한 사람은 위증죄로 별도의 재판까지 받았다. 과연 의사의 감정이 '고문이 없었다는 사실'을 증명할 수 있는 것일까? 당대 최고의 의료인이던 두 사람이 "고문이 없었다는 사실을 확인했다"는 내용의 감정서를 작성했으리라고는 차마 생각할 수 없다. "고문 사실을 확인하지 못했다"는 내용이라면 몰라도. 아무튼 그런 감정서를 갖고 「고문은 빨간 거짓말」 제목을 뽑는 『동아일보』의 본색은 여기서도 확인된다.

『자유신문』 1946년 10월 27일자 「위폐사건 피고 최후진술」 기사 중 이관술의 진술 한 대목이 이 사건의 본질을 보여주는 것 같다. 공산당 고위 간부였던 이관술은 이 최후진술 후에 무기징역형을 선고받고 대전 형무소에서 복역하다가 한국전쟁 발발 직후 학살당한 것으로 전해진다.

> "물론 나로서는 현명한 검사가 이 비논리성을 모를 리 없을 줄 알며, 그럼에도 불구하고 이 결론에 도달한 검사의 심중을 알아주어야 하며, 그러한 논고를 하지 않으면 아니 되는 검사에게 도리어 미안하게 생각한다."

1946. 5. 26.

우리의 수도는 아직도 '게이조(京城)'입니다

지금의 서울 지역에 '경(京)'의 이름이 처음 붙은 것은 1067년, 고려 문종 때였다. 수도인 개경에 버금가는 지역 중심지로 경주의 동경(東京)과 평양의 서경(西京)에 이어 남경(南京)을 이곳에 둔 것이다. 숙종 때인 1104년 수도를 이곳으로 옮기려는 움직임이 있었으나 이듬해 왕이 죽자 없던 일로 돌아갔다. 고려 말에 이르러 한양 천도설이 새로 나와 조선 건국 3년째인 1394년 수도를 옮긴 후 1399~1405년 개성으로 돌아갔던 몇 년과 1592~1593년 임진왜란 때의 파천기를 제하고는 5백여 년간 조선의 왕도가 여기에 있었다.

이 도시의 이름은 조선 태조가 수도를 옮기면서 한양부에서 한성부로 바꾼 것이 1910년까지 내내 쓰였다. 고려에서나 조선에서나 수도의 존재는 국가 체제의 핵심 요소였다. 그래서 왕조가 지속하는 동안 바꾸지 않았고, 왕조가 바뀔 때 수도도 옮겼던 것이다.

천여 년 동안 왕조가 바뀌고 수도를 옮겨도 국가의 중심부를 가리키는 이름으로 내내 쓰인 말이 있다. '서울'은 「처용가」 앞머리의 '새벌〔東京〕'에서 유래하는 말이라는 것이 통설이다. '서울'은 왕의 거처로서 국가의 중심부라는 관념이 한민족의 의식에 옛날부터 박혀 있어서 신라 때는 신라 왕이 있는 곳, 고려 때는 고려 왕(또는 황제)이 있는 곳,

조선 때는 조선 왕이 있는 곳이 '서울'이었다.

원래는 고유명사 아닌 일반명사였지만, 기나긴 조선조를 지나는 동안 그 의미가 고유명사 '한성부'에 가까웠고, 19세기 후반 조선에 온 서양인들은 '서울'을 고유명사처럼 인식하게 되었다. 그래서 조선의 수도가 'Seoul'이란 이름으로 외국에 알려지게 되었고, 1896년 창간된 『독립신문』에 발행지를 '서울'로 표시한 것은 그 영문판의 'Seoul' 표시와 짝을 맞춘 것으로 이해된다. 이것이 처음 공식적으로 '서울'을 고유명사로 쓴 사례였다.

일본인들이 강제 병합과 함께 한성부의 이름을 '경성부(京城府)'로 바꾼 것은 새 이름이 특별히 좋아서가 아니라 사라지는 왕조의 상징을 없앨 필요 때문이었다. 만약 그때 '경성'으로 바꾸지 않았다면 해방 때 수도의 이름을 굳이 바꿀 필요는 없었을 것이고, '한성'이란 이름이 계속 쓰였을 수도 있다. 그러나 일본인들이 붙여놓은 '경성'을 계속 쓸 수는 없었다.

일본인의 퇴거와 함께 '게이조'의 이름도 퇴출의 운명을 맞았다. 그 대안으로 옛 이름 '한성'을 되살리자는 의견도 있었지만 대다수 사람들은 '서울'을 원했다. 서양과의 관계가 중요하게 여겨져 서양인이 아는 이름 'Seoul'에 맞추려는 생각도 더러 있었을지 모르지만, 가장 중요한 것은 그 말에 대한 일반 조선인의 태도였다. 식민지 시대에도 사람들은 '게이조' 대신 '서울'이란 말을 쓰면서 '우리의 서울'을 마음에 지키고 있었다.

> 일제강점기에 한성부는 경성부로 명칭이 바뀌었고, 그 지위도 한 나라의 수도, 신시(神市)에서 일본 제국의 일개 지방 도시로 전락했지만, 대다수 사람들은 여전히 서울이라는 표현을 즐겨 썼다. 잡지 『서

울』이 발간되었고, "서울에 딴스홀을 허하라"는 글도 나왔다. 공식 명칭 '게이조'와 민중 세계의 언어 '서울'은 그 내용상의 현격한 괴리에도 불구하고 공존했고 혼동되지도 않았다. 동경은 '東京'이거나 '도쿄'였을 뿐, 결코 서울이 되지 못했다. 서울이라는 말은 그렇게 식민지 예속민들이 민족 해방의 염원을 꼭꼭 감춰놓은 '비밀의 언어'로 남았다. (전우용, 『서울은 깊다』, 돌베개 2008, 19쪽)

『서울신문』 1946년 5월 25일자 기사 「서울의 명칭이 경성부로 존속」에서 당시 서울의 호칭을 둘러싼 논란의 진행 상황을 알아볼 수 있다.

우리가 살고 있는 장안의 명칭은 과연 무엇인가. 해방 후 장안의 명칭은 구구하여 누구는 전대로 경성부라 부르고 또는 서울시라고 부르는가 하면, 서울시를 문자화할 때에는 한성시(漢城市)라고 하자는 등 장안의 명칭 하나 가지고 의논이 분분하여 일반 시민은 과연 무엇으로 자기 나라 수도를 불러야 좋을지 몰라 제각각 멋대로 불렀는가 하면, 관청에서도 이 세 가지 호칭을 잡용해왔던 것이다. 그러면 서울시와 한성시라는 것은 어디서 어떻게 나왔는가.

경성부라는 것은 해방 후 김창영 부부윤이 있을 적에 부명 개칭에 대한 의견이 나왔었으나, 그 후 즉시 사임으로 그대로 좌절되었다가, 전번에 사임한 이범승이 취임되자 다시 의론이 대두하여 부청 간부 측에서는 서울시라고 결정되어 시장에게까지 이 결정안이 갔었는데, 무슨 까닭인지 전 시장이 독단으로 한성시로 개정하여 그때 군정청 내무국으로 개칭 신청을 했던 것으로, 법령으로서 결정도 안 된 것이 발설 전파되어 멋대로 서울시이니 서울시장이니 한성시청이니 또 서울의 명칭은 한성이라고 불리게 되었다.

그런데 시(市)라는 것은 어디서 나왔는가 하면, 영어로 번역을 해서 서울시청이 시티 홀이 된 연유로 부가 시로 갈려졌던 것이고, 한성이라는 한자는 보수적인 견지에서 구한국적인 견지에서 구한국 적에 쓰던 한성이 나온 듯하다. 그런데 이것이 지난 3월 23일 군정청 지방행정처장 신동기의 명의로 다음과 같은 이유가 붙은 경성부명 개칭 신청서가 반환되었던 것이다.

(1) 현하 정세에 감하여 시기가 적의치 아니한 것

(2) 귀부를 관할하는 경기도지사의 의견이 없는 것

이렇게 해서 서울은 해방 후 6개월 만에 전 이름인 경성부를 다시 찾은 셈이 되었으니, 이에 따라 시장이 아니라 부윤으로 다시 되었다. 그러면 전 구역소도 구청이라고 간판을 새로 내걸었는데 이것은 또한 정식으로 법칙 결정 없이 고쳐서 붙인 것이니, 앞으로 경성부와 같이 다시 일제 때 이름으로 고쳐 나타날지 모르는 일이다.

해방과 함께 일본인들이 멋대로 지어 쓰던 지명을 바꾸려는 노력은 자연스럽게 일어난 것이었다. 경성 정회(町會)연합회가 동네 이름 고칠 것을 시장(또는 부윤)에게 건의한 데서 그런 모습을 알아볼 수 있다.

● 우리 동리 이름은 우리말대로

이번에 경성 정회연합회에서는 전 일본식 이름을 없애버리고 조선적인 이름으로 고치고자 이중화, 유억겸 등 각계 권위자 7명의 정명개정위원으로 하여 정명의 유래와 고증 등에 비춰 신중히 연구하여 그 구체안을 얻었는데 그 요점은 8구를 그대로 두고 정은 모두 동으로 정목 혹은 통을 가로 고쳐서 시장에게 건의하였는데 신동명은 다음과 같다(괄호 안은 옛 이름).

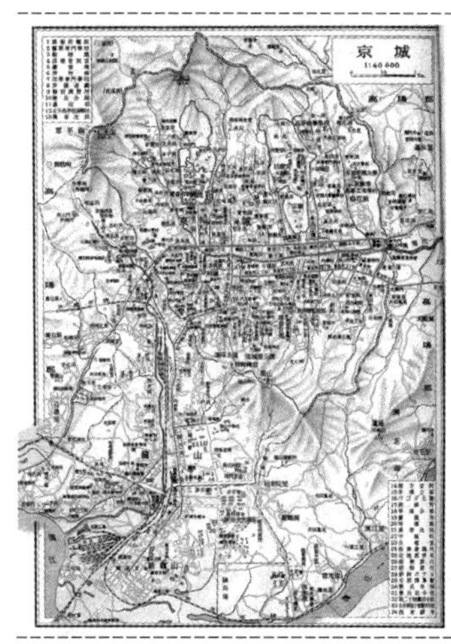

1937년 일본 헤이본샤(平凡社)에서 만든 경성부 지도.

통동(通仁町) 수창동(內需町) 간동(司諫町) 육조가(光化門通) 홍덕동(明倫町1丁目) 숭교동(明倫町2丁目) 양현동(明倫町3丁目) 광례동(明倫町4丁目) 한지동(鷹峰町) 입□동(金湖町) 태평북가(太平通1丁目) 태평남가(太平通2丁目) 남대문내가(南大門通4丁目) 남대문외가(南大門通5丁目) 양동(御成町) 우수동(吉野町) 도저동(吉野町2丁目) 동자동(古市町) 차동(和泉町) 동현1가(黃金町1丁目)(乃至5街) 훈련1가(黃金町6丁目) 훈련2가(方和町) 남소문동(光熙町1丁目) 광희동(光熙町2丁目) 오사동(福晉町) 훈관동(花園町) 대인동(櫻井町1丁目) 소인동(櫻井町2丁目) 초동(若草町) 저동(永樂町1丁目) 냉□동(永樂町5丁目) 장악동(明治町1丁目) 석천동(丹稿町) 산림동(林町) 곡고동(三角町) 다방동(茶屋町) 소공동(長谷川町) 니현동(泥町1丁目) 내지5동(乃至5丁目) 쌍림동(竝木町) 수평동(東西軒町) 치현동(西4軒町) 묵정동(新町) □□□(方和町2丁目) 상구동(大和町2丁目) 필동(大和町3丁目) 남학동(日之出町) 예장동(倭城台町) 주자동(壽町) 회현동(旭町1丁目) 장홍동(旭町2丁目) 사축동(北米倉町) 창동(南米倉町) 전생동(三坂通) 월동(岡崎町) 사평동(三村町) 청1동(青

葉町) 청2동(靑葉町2丁目) 청3동(上同3丁目) 사계동(京町) 외계동(榮町) 신1가(元町1丁目) 신2가(上同2丁目) 신3가(同3丁目) 신4가(同4丁目) 도산동(岩根町) 형제동(山莊町) 신창동(淸水洞) 만리동(彌生町) 비북동(大島町) 비남동(錦町) 무악동(峴底洞) 경교가(竹添町1丁目) 영옥가(竹添町2丁目) 동아동(竹添町3丁目) 소의1가(義州通1丁目) 순청가(蓬萊町1丁目) 약현동(蓬萊町2丁目) 만동가(蓬萊町3丁目) 만서동(蓬萊町4丁目) 아북동(北阿峴町) 고산동(老姑町) 신덕동(□孔德町) 상수동(上水德町) 하수동(下水溢町) 이원동(梨樹院町) 서빙동(西氷庫町) 동빙동(東氷庫町) 노량동(鷺梁津町) 대방동(李大方町)

(「서울시 정회연합회, 시에 정명(町名) 개정 건의」, 『서울신문』 1945년 11월 24일)

지명 개정을 위한 노력이 6개월 전에도 이렇게 분명히 나타나고 있었는데, '경성부'의 이름이 아직도 버티고 있다는 것이 놀랍다. 일본 지배 체제를 가급적 바꾸지 않고 그대로 지켜나가려는 미군정의 의지가 느껴진다. 결국 해방 1주년이 되는 1946년 8월 15일에야 '서울'이란 도시 이름이 공식화된다. 제1장 제1조에서 "경성부를 서울시라 칭하고 이를 특별자유시로 함"이라 선포한 '서울시 헌장'이 이날 발표된 것이다. 이와 관련해 흥미로운 이야기 하나를 전우용은 전해준다.

그런데 당시 서울시장이었던 김형민은 이와 관련해 씁쓸한 회고담을 전한다. 광복이 되었으니 왜인들이 제멋대로 갖다 붙인 '경성부'라는 이름을 버리고 새 이름을 써야 한다는 데 반대하는 사람은 없었지만, 무슨 이름을 붙일 것이냐에 대해서는 의견이 분분했다고 한다.

그중에서 가장 뿌리치기 어려웠던 것이 이승만의 호를 따서 '우남시'로 하자는 주장이었는데, 김형민은 그 압력을 물리치고 서울로 하자고 고집하여 관철시켰단다. 다소 과장된 회고일 수는 있겠지만 김

> 형민의 공을 무시할 수는 없다. 이로 인해 대한민국에서 유일한 '순 한글' 이름의 도시가 만들어졌고, 우남정이 헐린 뒤에도 그 이름은 그대로 남을 수 있었다. (『서울은 깊다』, 19~20쪽)

전우용의 이 글은 학술 논문이 아닌 '에세이'다. 그러나 이런 대목에서 김형민의 회고담이 어느 시점에서 어떤 형태로 나온 것인지 밝히지 않은 것은 너무 아쉽다.

지금까지 해방공간의 상황을 살펴본 데 비추어보아 1946년 8월 시점에서 서울시의 이름을 '우남'으로 하자는 얘기를 누가 꺼냈다면 미친놈 취급을 받았을 것 같다. 이승만이 절대 권력을 누리다가 몰락한 뒤에 '과장된 회고' 정도가 아니라 '지어낸 얘기' 같다. 회고담의 출처를 분명히 밝히면 이런 의심을 어느 정도 확인할 수 있을 텐데…….

1946. 5. 27.

한민족의 분단, 일본이 벌써 저질러놓은 짓

지금 지구상의 한민족 인구는 약 8천만, 그중 10분의 1 가까이가 재외 동포로 파악된다. 150년 전보다 다섯 배로 늘어난 인구 증가도 놀라운 것이지만, 재외 동포의 증가는 그야말로 천양지판이다. 1860년까지 천여 년 동안 한민족의 재외 동포가 인구의 0.1퍼센트를 넘어본 일이 거의 없었다. 1860년 시점에는 아마 0.01퍼센트 수준이었을 것이다.

전통적 국가 체제의 이완이 인구 해외 진출의 출발점이 되었다. 인구가 조밀한 조선 농업 사회에서 인접한 만주로 확산해나가려는 자연스러운 추세를 조선과 청나라의 국가 체제가 가로막고 있다가 1860년대부터 풀리기 시작했다. 이후 50년간 약 20만의 조선인이 만주로 이주해 정착했다. 일본의 병탄 때까지 한민족 재외 동포가 1퍼센트 선에 이른 것이다.

강제 병합 후 근대화에 따른 사회 유동성 증가가 인구 해외 진출을 촉진했다. 그러나 인구 분산의 가장 큰 원인은 폭력적 식민 지배에 있었다. 쌀 반출 극대화를 위한 제반 농업정책으로 농촌이 파괴되면서 농업인구의 태반이 유휴 노동력이 되었다. 조선 내의 산업화는 이 유휴 노동력의 아주 작은 일부분밖에 흡수하지 못했다. 많은 인구가 만주 개척에 동원되었고, 1937년 이후 전쟁기에는 일본의 산업 노동력으로 징용되었다.

해방 당시에는 약 5백만, 전체 조선인의 20퍼센트가량이 한반도 밖에 있었다. 그중 절반이 해방 직후 귀국했고, 나머지 절반이 현지에 교민 사회로 남았다. 지금의 7백만 재외 동포 가운데 3분의 2는 이때 잔류한 교민의 후손이고, 60여 년 동안 새로 이주한 사람들은 그 절반이 되지 않는 것으로 추정된다.

폭력적 신민 정책의 작용 없이 근대화에 따른 사회 유동성 증가의 자연스러운 작용만으로는 한민족의 해외 거주 비율이 지금의 9퍼센트보다 훨씬 낮은 3~4퍼센트에 머물고 있지 않았을까 하는 생각을 한다. 지금 재외 동포의 대다수는 조상들이 강압적 조건에 내몰린 까닭으로 한반도 밖에서 살게 되었다는 생각이다.

'민족 분단'이라 하면 흔히 대한민국과 조선민주주의인민공화국 사이의 분단만을 생각한다. 그러나 한민족은 일본 식민 통치로 상당한 규모의 분단을 이미 겪었고, 그 분단을 지금까지 제대로 극복하지 못하고 있다.

> 한민족의 '분단'을 얘기할 때 우리는 흔히 남북 간의 분단만을 의식한다. 하나여야 할 것이 둘로 쪼개져 있다고 생각하는 것이다. 그러나 인구의 10퍼센트에 달하는 교민 사회의 존재를 생각하면 이것은 너무 단순한 생각이다. 교민 사회에도 분단의 주체로 생각할 측면이 있다.
>
> 한민족의 교민 사회가 세계 여러 나라에 존재하는 것은 현상적으로 볼 때 '분산'이다. 그런데 그 사회들이 어떻게 만들어졌는지, 그 구성원들이 어떤 이유로 한반도를 떠나게 되었는지 따져보면 그 분산 현상에서 폭력적인 분단의 측면을 살펴볼 수 있는 것이다.

> 한반도 안에서 살 만한 조건을 가지고 있으면서도 더 잘살 수 있는 길을 찾아 이민의 길을 택한 사람들이 있다. 이것은 분단의 의미가 없는 단순한 분산일 뿐이다. 그러나 이남이 할머니처럼 상황에 몰려 고향과 조국을 억지로 떠나 산 사람들이 있다. 이 사람들이 겪은 것은 분단이다.
>
> (김기협, 「민족의 분단과 민족의 분산」 중에서, 『프레시안』 2009년 8월 27일)

이남이 할머니는 정신대로 끌려가 캄보디아에서 살다가 50여 년 만에 조국을 찾은 '훈' 할머니가 되찾은 이름이다. 해방 당시 한반도 밖에 나가 있던 5백만 조선인 중에는 그분처럼 강압에 몰려 고국과 고향을 떠나 있던 사람들이 대다수였다.

강압이 사라지자 강압 때문에 떠나 있던 사람들이 돌아오고 싶어 한 것은 당연한 일이다. 그런데 그들이 모두 돌아오지 못한 것은 무엇 때문인가? 애초에 강압 때문에 간 곳이지만, 그런대로 닦아놓은 기반을 아끼는 마음에서 그곳을 새로운 고향으로 여기고 주저앉은 사람들도 없지는 않았다. 그러나 그런 사람들은 그리 많지 않았다.

떠나온 곳의 강압이 아직도 완전히 사라지지 않았기 때문이다. 만주 지역에 자리 잡은 농민들을 생각해보자. 그들(또는 그들의 부모들)이 만주로 떠난 것은 농사지을 땅이 없기 때문이었다. 일본의 식민정책이 농지 소유를 집중시키고 소작권을 약화시켜서 농촌 사회를 파괴한 결과였다. 강압이 정말 사라졌다면 그들이 경작 능력을 쏟아 부을 땅을 얻을 수 있어야 했다. 농지나 일거리가 주어지지 않는다면 떠날 때의 상황과 무엇이 다르단 말인가! 일본인 대신 미국인이 상전 노릇 하는 것, 동양척식주식회사(이하 '동척'으로 줄임) 대신 신한공사가 땅을 움켜쥐고 있는 것은 그들이 돌아올 조건에 별로 보탬이 되지 않았다.

만주의 조선인 대다수는 해방 후 바로 움직이지 않고 사태를 주시했다. 조선인을 일본 제국주의의 앞잡이로 핍박함으로써 자기 세력을 키우려는 중국인 토호들에게 쫓겨난 사람들도 있었다. 그러나 중국공산당의 세력 확대에 따라 사정이 달라졌다. 토호들은 대개 중국 국민당과 결탁했고 공산당은 조선인 농민들을 피압박 계층으로 포용했다. 만주의 조선인 농민들은 해방군 지원 입대 등으로 공산당에 호응했고 공산당 정권 아래 생존권을 보장받았다.

1946년 3월 이북 지역의 토지개혁이 만주의 조선인 농민을 얼마나 끌어들였는지 정확한 통계는 살펴보지 못했다. 그러나 귀환과 잔류 사이의 자유로운 선택권을 많은 사람에게 부여한 것은 분명한 사실이다. 여운형이 김일성(金日成, 1912~94)에게 이북 지역만의 토지개혁에 남북 간의 이질화를 늘릴 위험이 있다는 이유로 늦출 것을 권한 데도 일리가 있기는 하지만, 토지개혁의 근본적 의미를 생각한다면 보조를 맞추기 위해 마냥 늦출 일이 아니었다.

해방다운 해방이 되기 위해서는 일본 제국주의를 한반도에서 몰아내는 데 그치지 않고 일본 제국주의 때문에 부득이하게 한반도를 떠난 사람들이 돌아올 수 있게 해주어야 했다. 그런 사람들이 인구의 5분의 1이었으니, 돌아올 사람 기다리지 않는 집안이 별로 없을 정도였다. 그래서 사회의 혼란 속에서도 재외 동포의 귀환은 큰 관심의 대상이었다. 5월 26일자 『동아일보』에도 관계 기사가 있었다.

> 해방 후 고국으로 돌아온 동포들은 23일 현재로 약 278만 명이나 되는데 아직도 2백만 명은 더 있을 것을 예상하고 외무처에서는 이들을 위하여 우선 3주일 이내로 상하이 방면의 동포 5,500여 명을 계획 수송하기로 되었다. 방금 3천 명을 싣고 미국 수송선 크레멘트 크리

해방 직후 일본 야마구치현 나가토시의 센자키 항에서 귀국선을 기다리는 조선인들.

이호가 상하이를 떠났으니 머지않아 인천에 닿으리라 한다. 이 밖에 버마 말레이반도 방면 지역에서도 근근 귀환 동포선이 들어올 예정이다. 21일 미국 배로 우리 동포 123명이 부산에 입항하고 같은 날 일인 1,240명이 철거하였다고 한다. 이날 현재 일본에서 귀국한 우리 동포는 16만 3,367명이고 일본인 철거는 72만 3,442명이다.

(「귀환 동포 수가 밝혀지다」, 『동아일보』 1946년 5월 26일)

며칠 전 군정청의 발표는 이와 전혀 다른 숫자를 보여주었다.

20일 군정청 외무처 발표에 의하면 15일 일본으로부터 1,502명이 부산에 상륙하였고 인천에는 4,585명의 귀환 동포가 상륙하였으며, 일본인은 5,123명이 철퇴하였다. 그런데 15일 현재로 총계를 보면 일본으로부터의 귀환 동포가 106만 549명, 중국으로부터의 귀환 동포가 3만 344명이며, 철퇴한 일인 총수는 71만 5,789명이다.

(「외무처, 일·중으로부터의 귀환 동포 수 발표」, 『조선일보』 1946년 5월 22일)

『동아일보』 26일자 기사에서 일본으로부터의 귀환 동포를 16만여 명이라 한 것은 106만여 명의 단순 착오 같다. 한편 군정청 발표에서 중국으로부터의 귀환을 3만여 명이라 한 것은 믿기 어려운 숫자인데, 배를 타고 이남의 항구로 귀국하는 사람의 숫자만이 파악된 것이 아닐까 생각된다. 군정청 외무처는 5월 6일에도 중국에서 돌아온 동포 수를 2만 1,621명으로 발표한 바 있었다.

1945년 9월 초 미군이 일본과 한반도 남반부에 진주하자마자 조선에 있던 일본인을 송환하고 일본에 있던 조선인을 귀환시키는 사업을 체계적으로 진행하기 시작했다. 10월 24일까지 17만여 명의 일본인과 15만여 명의 조선인이 수송되었다는 발표가 있었고, 이 숫자는 11월 12일까지 32만여 명과 34만여 명으로 늘어났으며, 12월 20일에는 일본인 송환자 46만여 명, 조선인 귀환자 71만여 명으로 발표되었다.

일본 이외 지역의 귀환 사업에는 군정청이 연말까지 착수하지 않았다. 필리핀에서 조선인 징병자 2백 명이 도착했다는 기사가 『동아일보』 12월 24일자에 나왔는데, 이것은 군정청 사업이 아니라 해외 주둔 일본군 처리 과정에서 이뤄진 일로 보인다. 중국에 있던 동포의 귀환 사업에 군정청이 착수한 것은 1946년 1월의 일이었다.

해방 이후 일본을 주로 한 해외 각 방면으로부터는 우리 동포들이 군정부 혹은 민간 제 단체의 따뜻한 구호 활동으로 뒤를 이어 환국하고 있으나 중국 각지에 산재하여 있는 동포들은 교통을 비롯하여 여러 가지 사정으로 대부분이 아직 귀국을 못하고 있는 현상이므로 군정청에서는 이들을 하루바삐 데려다가 건국 사업에 참가케 하고자 머지않아 중국에 있는 조선 동포 구호특파대를 파견하기로 되었다. 일행은 전부 여섯 명으로 파견될 곳은 상하이(上海), 칭다오(青島), 텐진(天津) 등이며 이들이 파견되어 그곳에 뿔뿔이 헤어진 동포들의 실정과 교통 관계를 조사하여 오면 군정청에서는 곧 구체적 대책을 수립하여 적극적으로 중국에 있는 동포들을 귀국시키는 일에 진력할 터이다.

(「군정청, 해외 동포의 귀국 주선을 위해 중국에 구호특파대원 파견 결정」, 『조선일보』 1946년 1월 22일)

재중 조선인 귀환 사업은 이렇게 시작되어 2월 20일 제1진 2,200명의 인천 입항을 비롯해 5월까지 3만여 명의 수송 실적이 군정청에서 집계된 것이다. 물론 만주를 비롯한 중국 지역에서의 귀환은 군정청 사업과 관계없이 개인적으로 이뤄진 것이 훨씬 많아서 총 백여 만 명으로 추산된다. 5월 26일자 『동아일보』 기사에 총 귀환자 수를 278만이라 한 데는 이들이 포함된 것으로 보이는데, 집계 근거가 무엇인지는 알 수 없다.

중국과 일본은 개인적 귀환도 어느 정도 가능한 곳이었다. 개인적 귀환이 불가능한 그 밖의 지역에서도 1946년 들어 귀환이 본격적으로 시작되었다. 2월 6일 부산에 입항한 귀환자 집단에 관한 기사에서 그들이 처해 있던 상황의 일단을 알아볼 수 있다.

남양의 한복판 트락크 섬에는 우리 동포가 8천여 명이나 가서 가혹한 압제 밑에 혹사를 당하다가 사이판이 함락되자 식량 공급이 안 되기 시작하여 일본인은 조선 사람들에게 식량을 안 주기 시작하여 전부가 영양 부족으로 쓰러짐에도 불구하고 진지 구축이 하루가 바쁜 일인은 일만 시키어 굶어 죽는 동포가 매일 생기는 참혹한 생활을 하다 급기야 이 트락크 섬에도 미군의 공습이 시작되자 일군에게도 식량 공급이 두절되고 말아 조선 동포는 처음에는 나무뿌리, 풀잎으로 살다가 그것도 모자라서 산과 들의 풀이란 풀을 전부 뜯어 먹고 쥐 한 마리에 백 원씩 매매가 되고 뱀, 벌레 등 닥치는 대로 먹다 못하여 5천여 명 동포는 무참히도 굶어 죽었다는 가장 슬픈 소식을 싣고 나머지 3,254명은 지난 1월 15일 트락크를 떠나 2월 2일에 일본 구레항(吳港)에서 오스미마루(大隅丸)에 바꾸어 타고 지난 6일 부산항에 입항하였다. 동 3,254명 중에는 지원병 3백 명을 제하고는 전부 강제징용을 당해 갔던 사람으로 지원병 중에 강원도 출신 이위상 군은 감개무량한 듯이 다음과 같은 말을 하였다.

"다시 못 올 줄 알았던 조국, 더욱이 해방된 조국에 상륙하니 같이 가 있다가 희생된 5천여 동포의 생각에 눈물이 납니다. 해방될 때까지 우리들은 뼈만 남은 산송장이 되어 기동을 못하였는데 미군이 상륙하여 식사를 공급해서 살았습니다. 일본 놈 압박은 언어도단이어서 전북 출신의 우리 조선 사람 반장 고원은 참다못하여 장교 한 명을 찔러 죽이고 자살한 예도 있고 마지막에는 식량이 떨어지니까 굶어서 기동을 못하는 조선 사람에게 토민의 농작물을 도적해오라고 총칼로 위협까지 했습니다."

(「징용 동포 3천 명, 트락크 섬 비극 안고 귀환」, 『조선일보』 1946년 2월 14일)

여러 지역에서의 귀환이 뜨문뜨문 이어지다가 말레이반도에서 돌아온 2천여 명이 부산에 입항했다. 이 일행 중의 정원국 싱가포르 고려인 회장은 이렇게 말했다.

> "27년 만에 고국에 돌아오니 그 감회란 이루 말할 수 없으며 더욱이 우리들 상륙에 힘써준 부산의 소년동맹원 제씨들의 활동에는 무어라 감사드려야 좋을지 모르겠습니다.
> 우리들은 해방 후 영국군의 보호 아래 '프롬'이란 곳에서 집단생활을 했는데 현재도 '자바', '시암' 등 부근 각지에 분산되어 있던 동포들이 '싱가포르'로 집중하고 있어 우리들이 떠나던 4월 22일에는 군인·군속 1,300명 일반 거류 시민 1,000여 명이 고국에 돌아가기만을 고대하는 것을 보고 떠났습니다.
> 해방된 조선 사람으로서 한 가지 이상한 것은 패전한 일본인들은 맥아더 사령부에서 배를 보내어 거의 다 돌아갔는데, 아직도 남방의 우리들에게는 한 번도 이런 계획 수송이 없어 안타깝게 여겼습니다. 그리고 근 40년 일본의 학정 아래 억눌려 살던 우리들은 현지에서 일본인과 같은 취급을 받고 있으니, 이런 점에 대하여 연합제국의 새로운 인식과 고려가 있기를 바라마지 않습니다."
>
> (「말레이반도에서 동포 2천여 명 귀환, 외무 당국자 역방」 중에서, 『동아일보』 1946년 5월 23일)

미군정의 조선인 귀환 사업에서 전체적인 인상은 적극성이 없다는 것이다. 상대방 지역에서 내보내면 받아들일 뿐이지, 귀환 촉진을 위해 적극적으로 움직인 흔적이 전혀 보이지 않는다. 남양 지역에서 조선인보다 일본인의 귀환이 더 빨리 이뤄졌다는 정원국의 증언을 보면, 맥아더 사령부의 감독 하에 일본인의 정부가 유지된 일본에 비해 미·

소군이 직접 통치한 한국 쪽의 귀환 사업이 더 부진했다는 사실을 알아볼 수 있다. 일본의 항복 후에도 조선인은 일본인보다 열등한 위치에 머물러 있었던 것이다.

미국과 소련의 분단 이전에 한민족은 일본에 의해 그 5분의 1이 분단되어 있었다. 그 분단조차 제대로 극복하지 못하는 상황 위에 남북의 분단이 덮친 것이었다. 이중의 분단은 지금까지도 계속되는 상태다.

1946. 5. 30.

폭압적 '직접 통치'에 나서는 미군정

『자유신문』은 1946년 5월 28일부터 31일까지 4회에 걸쳐 「추상열일(秋霜烈日)의 신법령」이란 제목으로 군정청 법령 제72호 내용을 게재했다. 연재 첫 회의 앞머리에는 이런 글이 붙어 있었다.

> 군정청에서는 지난 5월 4일부로 법령 제72호 "군정 위반에 대한 범죄"를 발표하였는데 이 법령의 내용은 그 제목과 같이 군정 위반에 대한 80여 종의 범죄를 지적한 것이다. 이 법령의 실시는 공포 후 10일부터 그 효력을 발하는 것이므로 이미 지난 14일부터 적용케 된 것인바 작년 9월 7일부 태평양 방면 미국군 총사령부 포고 제2호와 또 현재까지 공포된 법령 외의 것으로 광범위한 범죄행위를 지적한 것은 극히 주목된다.
>
> 지적된 범죄행위라 함은 "주둔군인 또는 그 명령 하에 행동하는 자", 즉 미군은 물론 미군정에 관계하는 직원에 대해서 하기한 일체의 행위를 금한다는 것이며 이를 범하면 군정 재판에 의하여 처벌한다는 것이다. 이번 법령이 맥아더 사령 포고와 기타 일반 법령을 종합해서 제정한 것인 만큼 각 방면의 공안을 문란케 하는 사소한 것은 전부 포함되어 있어 일상생활과 행동 거취에 대단한 주의를 요하는바 앞

으로 이 제72호 법령에 저촉되는 범죄가 어떻게 지적 고발될지 자못 주목된다.

『동아일보』에는 5월 30일부터 6월 3일까지 4회에 걸쳐 이 법령 내용이 게재되었고, 첫 게재 앞머리에 이렇게 적혀 있었다.

재조선 미국육군사령부 군정청 법령 제72호가 군정청 공보국을 통하여 27일 발표되었는데 동 법령은 5월 4일부로 발포하여 5월 14일부터 효력을 발생하게 된다. 그리고 동 법령은 군정 위반에 대한 범죄 항목을 82항에 이르는 방대한 항목이 열거되었고 그 내용은 다음과 같다.

5월 4일에 '발포'되어 14일부터 효력을 발생한 법령이 27일에 이르러 '발표'되었다니, 어찌된 일인지. 이 법령은 발표도 되지 않은 채로 13일간 효력을 발생한 것이다. 법령의 내용은 글 끝에 붙여놓는다. 어느 파시스트 독재국가의 법령으로도 손색없을 포괄적이고 억압적인 이 법령에 여론이 물 끓듯 한 것은 당연한 일, 군정청 사법부의 미군 대위 하나가 31일에 이를 해명하기 위한 성명을 발표했다고 한다.

29일부로 발표된 군정청 법령 제72호에 대하여 일반 민간에서는 과거의 치안유지법과 방불하다 하여 공포심을 느끼는 경향이 있는데, 사법부 오범 대위는 31일 군정청 출입 기자단 회견 석상에서 다음과 같은 성명을 하였다.

"법령 72호는 맥아더 사령부 포고 제2호를 기준한 것으로서, 이 포고 제2호에 의해서는 형의 선고를 하기 어렵다는 재판소 판검사의 비난과 경찰 당국의 여론에 의하여 법령 제2호를 세밀히 적어 일반에 잘 알리기 위한 것에 불과하다. 이 법령 72호는 너무 광범위하여 인민의 공포심을 일으킬 뿐 아니라 과거의 치안유지법과 다름이 없다는 비난이 있으나, 치안유지법과는 전연 다르다. 조선 인민이 싫어함으로 인해서 철폐한 치안유지법은 나로서도 싫어한다. 치안유지법과 같은 조목이 있다고 보는 것은 오해라고 생각한다.

그리고 법령 72호에 위반하는 범죄는 모두 조선재판소에서만 취급하고 군정재판에는 회부치 않기로 되었으며 미군인에 대해서는 특히 군법재판이 있다. 만약 미군만이 범죄를 저질렀을 때는 미군 헌병에 보고하거나 조선 경찰에 보고하면 체포하는 대로 군법에 처할 것이다. 미군인에 대한 불경 행위 등의 적대 행위를 범죄로 인정한다고 해서 공포심을 느낄 필요는 없다. 정도에 따라서 죄로 인정할 뿐 아니라 이러한 종류의 행동에 관여치 않는 사람으로서는 조금도 두려워할 것이 아무것도 없다."

(「사법부 오범 대위, 법령 제7조에 대한 일반의 의혹 해소 성명 발표」,

『조선일보』 1946년 5월 31일)

이 법령의 '기준'이라는 맥아더 사령부 포고 제2호란 어떤 것인가? 1945년 9월 7일부로 되어 있고 실제로는 9월 9일에 발포된 3개 포고령의 하나다.

● 포고 제2호 "범죄 또는 법규 위반"

조선 주민에게 포고함.

본관은 본관 지휘 하에 유한 점령군의 보전을 도모하고 점령 지역의 공중 치안 질서의 안전을 기하기 위하여 태평양미국육군최고지휘관

> 으로서 좌기와 여히 포고함.
>
> 항복문서의 조항 또는 태평양미국육군최고지휘관의 권한하에 발한 포고 명령 지시를 범한 자, 미국인과 기타 연합국인의 인명 또는 소유물 또는 보안을 해한 자, 공중 치안 질서를 교란한 자, 정당한 행정을 방해하는 자 또는 연합군에 대하여 고의로 적대 행위를 하는 자는 점령군 군율 회의에서 유죄로 결정한 후 동 회의의 결정에 따라 사형 또는 타 형벌에 처함.
>
> 1945년 9월 7일 태평양미국육군최고지휘관 미국육군대장
>
> 더글러스 맥아더

이 포고는 1945년 9월 15일자 일기에서 '점령군'으로서 미군의 위압적 자세를 보여주는 증거로 제1호 포고와 함께 제시했던 것이다. 제1호 포고의 첫 문장은 "일본국 천황과 정부와 대본영을 대표하여서 서명한 항복문서의 조항에 의하여 본관 휘하의 전첩군은 본일 북위 38도 이남의 조선 지역을 점령함"이었다.

진주가 진행 중이고 상황 파악이 충분치 못한 단계에서 메시지를 분명히 하기 위해 다소 위압적인 표현을 쓰는 것은 그렇다 치자. 그로부터 8개월이 지나 모든 지방과 모든 부문을 장악한 시점에 와서 진주 당시의 위압적 포고령을 최대한 확충, 주민의 생활과 활동을 전면적으로 억압하겠다는 태도가 어떻게 나올 수 있었을까? 당시 조선인들은 이 법령을 일제 말기의 치안유지법에 비교했다고 하는데, 나는 치안유지법의 정확한 모습을 알지 못한다. 그러나 1970년대에 겪어본 유신체제와 비교하면 제72호 법령이 더 흉악하다.

미소공위 정회 후 미군정이 '직접 통치'에 나선 것으로 이해된다. 5월 중 미군정의 유별난 조치 몇 가지를 나란히 놓고 보면 그 맥락을 알

아볼 수 있다.

5월 7일에 조봉암이 박헌영에게 쓴 편지가 공개되었다. 이 편지는 3월 중순 미군 방첩대(CIC)가 민전 인천지부 수색 때 입수한 것인데, 공산당에게 타격을 입힐 목적으로 시기를 골라 공개한 것이다. 그 목적에 맞춰 내용 일부도 개조한 것으로 보인다(『한국현대민족운동연구』, 496쪽).

5월 9일 여운홍의 탈당으로 시작된 인민당의 분열도 서중석은 미군정의 좌익 분열 공작의 산물로 본다. 여운형을 흔들기 위한 다각적 노력의 일환으로 보는 것이다(같은 책, 497쪽).

5월 8일에 공산당 본부, 해방일보사와 조선정판사가 있던 근택 빌딩을 경찰이 포위 수색 후 다수의 당원과 직원을 연행했다. 정당과 신문사는 군정청이 나서지 않고 경찰이 독자적으로 도발하기 어려운 상대였다. 이 사건에 대한 5월 15일의 발표에도 군정청이 직접 나섰다.

5월 18일 근택 빌딩의 재수사와 함께 러치 군정장관이 『해방일보』의 무기 정간을 명했다. 이 정간은 결국 폐간으로 이어졌다. 미군정은 미소공위에서도 '언론의 자유'를 전가의 보도처럼 휘둘렀는데, 신문의 강제 정간은 미군정의 최고 권력만이 할 수 있는 일이었다.

5월 27일에는 공산당이 적산 건물인 근택 빌딩을 48시간 내에 비울 것을 군정청이 요구했다. 공산당 본부는 5월 30일 일화 빌딩으로 옮겨갔다. 적산 관리권은 미군정이 쥐고 있었다.

그리고 5월 4일 '발포'되고 5월 27일에 '발표'된 제72호 법령이 있었던 것이다. 미소공위 정회 직후 쏟아져 나온 미군정의 '대공세'는 정회 전부터 준비된 것이 분명하다. 미군정은 미소공위의 '정회 이후'를 대비해온 것이다.

군정청 법령 제72호 내용을 밑에 붙인다. 더러 인상적인 대목에 밑

줄을 긋는다.

● 법령 제72호 군정 위반에 대한 범죄

제1조 열거된 범죄

군정 위반에 대한 범죄는 1945년 9월 7일부 태평양미국군총사령포고 제2호 또는 현금까지 공포된 법령 외 좌와 여히 규정함

1) 주둔군인 또는 그 명령 하에 행동하는 자에 대한 살상, 폭력 행위

2) 주둔군인 또는 그 명령 하에 행동하는 자에 대한 무력적 또는 육체적 반항 행위

3) 주둔군인 또는 그 명령 하에 행동하는 자에 대한 적대 또는 강박 행위 또는 그러한 태도

4) 주둔군인 또는 그 명령 하에 행동하는 자를 유괴 납치, 불법감금하거나 인질 대상금 기타 부정한 요구를 하려고 구치를 하든가 또는 금전 재물의 강탈, 금전 재물에 관한 부정한 요구를 하는 행위

5) 출입 금지 구역에 주둔군을 초대, 안내하거나 혹은 그 구역 내에서 주둔군인에게 물품을 제공하거나 봉사하는 행위

6) 무허가 결근, 도주, 반란, 간첩 행위를 주둔군인에게 선동, 방조, 권유하는 행위

7) 주둔군인 또는 그 명령 하에 행동하는 자에게, 금전 재물, 각종 이익의 증회, 증여 또는 그 약속 또는 이러한 악덕 행위의 종사와 예비 혹은 군정청 대리 권한의 유무를 불문하고 그 직무의 불이행 또는 기타 행위의 수행을 목적으로 하는 금전·재물 또는 각종 이익에 관한 수회의 간청 또는 수회의 의사표시

8) 폭력, 강박 또는 위협을 가하거나 경제상 이익, 기타 이익에 관하여 약속을 하거나 이익의 추구를 제지시키거나 또는 이를 제지하도

록 위협하거나 동맹 배척 기타 유사한 행동으로서 주둔군, 그 군인 및 명령 하에 행동하는 자의 공무 또는 시행 예정인 공무 지장과 그 예비 행위를 좌우하는 유도 행위 또는 그 미수 행위

9) 주둔군인 또는 그 명령 하에 행동하는 자의 임무, 명령에 대한 위반, 배반을 유혹, 방조 혹은 그 행동에 참가하는 행위

10) 주둔군 또는 그 명령 하에 공무상 행동하는 자에 고의로 하는 방해, 비방 행위

11) 약탈, 강탈 또는 약취 행위

12) 간첩 행위

13) 주둔군의 안전과 재산을 해하는 정보의 전달 또는 이러한 정보를 즉시 보고치 않고 권한 없이 하는 보류

14) 통신의 내용을 은폐, 가장하는 암호 또는 기타 방법에 의한 무허가 통신

15) 군정청이 인가한 이외의 방법으로써 미국 주둔군 관할 지역 이외인과의 통신

16) 사설 전화기 또는 그 설비의 소유, 사용

17) 무허가 라디오 방송소, 라디오 설비의 소유, 사용

18) 무허가 사설 전화선, 기구, 설비의 소용, 사용

19) 무허가 전신, 라디오, 전화의 송수신

20) 전신사, 방송사의 검열 또는 허가 없는 방송

21) 관설 우편 이외의 방법으로 미국 주둔군 관할지역 내외에서 서한을 수취 후 신속한 보고의 불이행

22) 주둔군에 의하여 해산을 당했거나 불법이라 선언을 받은 또는 주둔군의 이익에 반하는 단체 운동을 지지, 협력하는 행동 및 지도 행위 또는 그 조직에의 참가, 이러한 행동을 원조하는 인쇄물, 서적

의 발행, 유포 또는 상기 행동을 선전, 유포하는 물건의 소지 또는 상기 단체 운동의 기, 제복, 휘장으로써 하는 선동 행위

23) 전쟁범죄자, 적국 군인의 도망, 피신을 원조 또는 그 거소의 보고 혹은 정확한 신고의 불이행

24) 주둔군, 그 명령 하에 행동하는 자가 과한 구류, 구금, 감금으로부터 도망하는 행위

25) 주둔군, 그 명령 하에 행동하는 자에 의하여 구금, 구류, 감금된 자의 도망 원조, 도망 후의 은닉 또는 그 거소에 관하여 당국자에 대한 위만 행위

26) 주둔군, 그 명령 하에 행동하는 자가 거소를 찾고 있는 자에 대한 원조 또는 그 거소 보고의 불이행

27) 군정청의 허가 없이 미국 주둔군 관할 지역 내외에서 하는 인간, 재물의 수송, 수송의 요구

28) 군정청의 허가 없이 선박 또는 기타로 하는 이륙

29) 군정청의 허가 없이 내수로 이외에서 하는 선박 또는 항공기의 독점적 운행

30) 군정청이 필기, 인쇄, 등사한 우편물의 이동, 인멸, 오손 또는 변경

31) 주둔군, 연합군 또는 그 국민에 대하여 유해, 불손하고 기자와의 불평, 불쾌를 조장하는 또는 필요한 신고를 하지 않은 인쇄물, 등사물, 서적의 발행, 수입, 유포, 주둔군, 연합군, 그 국민 또는 주둔군 명령 하에 행동하는 자에 대한 비방물의 발행 유포

32) 인민을 경악, 흥분시키는 또는 주둔군 혹은 그 명령 하에 행동하는 자의 인격을 손상하는 유언의 산포

33) 소동, 폭동의 선동 또는 참가

34) 허가 없는 일반 집합 행렬 또는 시위운동의 조직 조장, 원조 또는 참가
단, 종교 목적 또는 군정청이 인가한 직무 수행을 위하여 한 것을 제외함
35) 허가 없이 무기, 흉기, 탄약, 폭발물 또는 그 유사물, 유사 기구, 설비의 소지, 관리, 사용
36) 허가 없이 무기, 탄약, 폭발물의 제조, 매매, 소지, 사용
37) 주둔군의 재산 또는 주둔군, 주둔군 명령 하에 행동하는 자에 점유된 필요 또는 유용한 설비, 재산에 대한 파업을 목적으로 파괴, 훼손 행위
38) 우편, 전화, 라디오로 하는 통신의 방해, 우편물의 파괴, 절도, 절취, 공용 전신, 전화, 라디오 기구 설비의 파괴 훼손 또는 무선전신 해저전신의 절단 기타 파괴 방해
39) 철도, 도로, 운하, 하천 또는 기타 공용 운수기관의 훼손, 가해 또는 이것에 대한 교통, 통상 등 작용의 방해 또는 수도 설비와 그 공급, 전등, 전력 장치, 송전선, 와사(瓦斯, 가스) 사업, 기타 유사한 사업의 작용, 실익의 훼손, 방해
40) 공용 시설, 공익사업의 작용에 관한 훼손, 방해
41) 군정청의 선박 설비, 공장, 장치, 재물 기타 경제재 또는 그에 관한 계획 서류의 파괴, 은닉, 처분, 구매, 수취, 부정소지 및 방해
42) 주둔군, 그 군인의 재산 또는 주둔군, 군인의 사용할 재산의 도취, 남용, 은닉, 매매, 수취, 담보로서의 수취, 사취, 위조, 혹은 이러한 물품의 파괴, 훼손 부정소지, 사용
43) 공용 자산, 재산, 기록 또는 문서의 도취, 절용, 남용, 부정 신청, 부정 수취, 부정소지

44) 적국 국민의 재산, 이익 또는 그 관계 문서의 절취, 은닉, 수송, 파괴, 훼손, 이전, 구매, 수취, 담보로서의 수취, 부정소지 또는 그 가치 효용의 훼손
45) 군정청이 취득한 일본 정부, 그 대행 기관, 그 소속 기관, 그 국민이 소유하는 각종 재산 및 이익의 부정한 매매, 수취, 운송, 소지, 관리 또는 그에 관한 부정처분에의 종사
46) 미국군 또는 그 명령 하에 행동하는 자가 보호 혹은 보관하는 재산의 강탈
47) 공사 문서에 대하여 고의로 하는 간섭, 파괴, 훼손, 이동, 은닉, 말소, 위조 또는 변조
48) 예술품, 기념품, 기타 문예품의 고의로 하는 파괴, 훼손, 절취, 사취, 변경, 은닉
49) 공무에 관하여 고의로 구두나 화면으로 주둔군인, 그 명령 하에 행동하는 자에 대한 허위의 진술 또는 군정청이 요구하는 정보 제공에 관하여 하는 위만, 허위 혹은 거부 행위
50) 주둔군을 대표하는 정부에 허위, 사기 위조 과장된 요구 또는 주둔군에 의하여 발행된 또는 주둔군에 제출된 공무에 관한 영수증, 수표 기타 증권의 위조 변경
51) 주둔군에 관한 허위의 허가장, 신분증명서, 기타 공문서의 작성 발행, 고의로 한 소지, 허위, 유효를 불문하고 허가되지 않는 자에게 혹은 허가되지 않은 용도를 위하여 한 이러한 서류의 교부
52) 주둔군에 의하여 발행된 또는 주둔군에 제출된 혹은 주둔군과 공약 관계를 가진 신분증명서, 허가장, 통행권 또는 그 유사 서류의 위조, 변경 또는 부정 사용
53) 공문서, 증서, 기록 또는 기입 사항의 인가 없는 위조, 변조, 은닉

54) 재산에 관한 계약서, 증서, 기타 서류의 위조 변경 또는 위조, 변조된 계약서, 증서, 기타 서류 또는 증거의 부정소지 또는 소유권, 기이익, 관리에 관한 증거의 위조 변조, 부정 소유

55) 통화, 화폐, 인지의 안조(贋造), 변조 또는 안조, 변조됨을 안 경우 이들을 소지, 행사, 양도 운반하는 행위 또는 이러한 목적으로 한 재산의 소지, 처분, 운반

56) 고의로 한 불법, 불허의 통화, 화폐, 인지의 소지

57) 군사재판소에서 선서, 선언, 증언 하에서 하는 중요 사항에 관한 허위의 진술

58) 고의로 주둔군인임을 가장하고 주둔군 또는 연합국의 제복 또는 제복 일부분의(진품 위품을 불문하고) 부정한 착복, 소지, 처분, 운반

59) 주둔군의 허가 없이 고의로 하는 정부 당사자로서의 가장행위

60) 주둔군이라고 하고 혹은 허위로 주둔군인을 가장하고 또는 그 명령 하에 행동하는 관공리, 고원, 대리인, 대표자 행위를 가장하고서 하는 허위, 가짜 성명 주소의 부정 사용

61) 관할관청에 의하여 할당된 또는 위급 상태의 선언을 받은 필수품의 사장, 불법 저장, 은닉, 부정으로 인한 배급의 실패, 기타 불법·부적당한 취급

62) 관할관청에 의하여 규정된 최고 가격 이상의 가격으로 하는 상품, 기타 재산의 매매, 매매의 청구

63) 상품, 노력 대금에 관하여 주둔군 또는 주둔군인에 대한 차별 행위

64) 정가 이상 가격의 청구, 요구, 수취

65) <u>구매 상품의 정당 가격에 대한 이의</u>

66) 이러한 방법은 물론 법률에 의한 참정권, 투표권의 자유롭고 지

장 없는 행사의 방해 행위, 종시(終始) 선거자의 매수 또는 적당하고 순서 있는 투표의 방해 또는 그 투표의 간섭을 목적으로 하는 기타 부정행위 등

67) 1회 이상의 투표 또는 허위 투표를 위하여 하는 신분 주소의 위사 행위를 포함한 허위 사기 투표

68) 위생 보건에 관한 관계 관청의 명령 · 요구에 불복한 행위

69) 공중을 해하는 행동, 공중의 안전, 보건, 복지를 협박 또는 해함을 목적으로 하는 행동 또는 그 행동의 허용

70) <u>전염 화류병을 가진 부녀가 주둔군인에 대한 성관계의 유혹</u>

71) 최면 약을 포함한 상습 마취약의 부정한 생산, 제조, 매매, 증여, 기증

72) 메틸알코올 기타 유독 유해 물질 성분을 포함한 음료품, 식료품의 부정한 제조, 준비, 수송, 매도, 매도 표시, 증여 또는 기타 종사 또는 부정한 처분, 소지

73) 세금 수집의 방해, 거부 또는 기타 관리의 비행 실태 또는 고의로 하는 직무 태만

74) 외출 금지 시간 중 허가 없이 하는 배회

75) <u>주둔군에 협력하는 자 또는 그 명령 하에 행동하는 자에 대한 범죄 고발, 징벌 기타 형식의 벌, 제재 처분 또는 동맹 배척을 포함한 단체적 행위에의 착수, 수행, 조장 또는 참가</u>

76) 재조선 미국 국민에 관하여 군정청이 공포한 방침, 정책, 계획 또는 명령을 방해, 위반하거나 혹은 미국 국민에 대한 폭행, 약탈, 부정한 구금 또는 기타 미국 국민의 권리를 침해하는 행위

77) <u>주둔군, 그 군인, 그 명령 하에 행동하는 자 또는 미국 국민에 대한 적대 또는 무례한 행위</u>

78) 모든 국빈, 파견된 외교관, 영사, 군사 대표 또는 그 가족, 직원, 수행원에 대한 살상 폭행, 불법감금, 유괴, 배상금의 청구, 기타 부정한 요구 금전 재물의 강탈, 금전 재물의 부정 요구 또는 부정한 협박 행위

79) 연합국에 의하여 패배, 항복한 적국에 부과한 약정 또는 약정을 보족하는 명령에 위반하는 행위

80) 군정청 및 그 명령 하에 행동하는 자가 발행한 형벌이 명확히 규정되지 않는 포고, 법률, 법령, 고시, 지령, 명령에 위반 또는 불복종한 행위

81) 치안 또는 주둔군과 군인의 이익을 방해하는 행위에 참가하는 행위

82) 이러한 방법으로 하는 전시 법률의 위반 또는 적국의 방조 행위 또는 주둔군, 주둔군인, 직무 수행상 주둔군 명령 하에 행동하는 자의 안전 또는 활동을 위태케 하는 행위

제2조 처벌

본령 제1조에 해당하는 범죄를 범한 자는 군정재판소의 판결에 의하여 처벌됨

제3조 기도 및 공모

본령 제1조에 열거된 범죄의 예비, 공모, 동의, 권고, 방조, 기도, 야기자 또는 대략 범인임을 인정함에도 보고의 불이행자, 체포, 수사, 유죄판결 또는 형벌을 면케 하기 위하여 한 범인 원조자는 주범으로서 처벌함

제4조 법인의 행동에 대한 책임

단독으로나 공동으로나 법인의 이사, 역원, 직원의 기 자격으로서 한 군정재판에 의하여 처벌될 범죄 행동에 관한 실행, 지시, 달성, 권유,

찬성, 기 행동에 참가, 불참가에 관한 유리한 투표 등의 상기 행동은 개인의 자격으로서 행동함과 같이 책임을 부담함

제5조 범죄

전 조선총독부 시대의 관리의 상관, 혹은 해산된 또는 부정 기관, 부정 단체의 직원, 위원의 훈령, 명령, 혹은 타인의 강박, 위협 그에 의한 공포를 이유로 함은 상기 범죄에 대한 무죄 항변이 되지 못함

제6조 결정

1) 여기에 사용된 주둔군의 명칭은 미국육해공군법에 복종하는 자 또는 이러한 자의 일부분 또는 전부로 구성된 군의 기관, 조직, 위원 또는 민간 대행 기관을 포함함

2) 본령의 적의 의미는 교전 종사(交戰從事)의 유무를 불문하고 일본, 독일, 불가리아, 헝가리, 루마니아의 정부 국민을 포함함. 합병으로서 일본 주권에 복종한 조선 또는 조선 민족을 포함치 않음

제7조 시행 기일

본령은 발포 일시 10일 후에 유효함

1946년 5월 4일 조선군정장관 미국육군소장 아처 엘 러치

군정청 법령 제72호 1946년 5월 4일

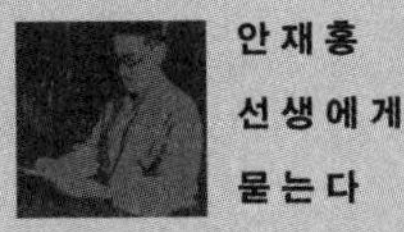

안재홍
선생에게
묻는다

'독립'을 너무 쉽게 생각한 민족

김기협 | 미소공위가 정회된 지 보름이 지났습니다. 선생님께서 제창해온 '건국구민(建國救民)'을 향한 가장 순탄한 길을 기대한 곳이 미소공위였는데, 성과 없이 정회에 이른 책임을 미·소 간에 서로 미루기만 바쁠 뿐, 재개의 기약이 보이지 않습니다. 선생님은 어느 쪽 책임이 크다고 보십니까?

안재홍 | 두 사람이 하나의 일을 함께하다가 서로 어긋나게 된다면 양쪽에 모두 책임이 있는 것이 보통입니다. 여러 가지 어려운 문제들이 있을 때, 문제 하나하나는 회담을 좌초시킬 만큼 큰 문제가 아니더라도 서로 얽히다 보면 꼼짝 못하게 될 수 있지요. 양쪽에 모두 나름대로의 문제가 있었는데, 그것을 슬기롭게 풀어나갈 길을 찾지 못한 것입니다.

김기협 | 요즘 사람들은 한 문제의 책임을 양쪽으로 나누는 것을 '양비론(兩非論)'이라 해서 무책임하고 비생산적인 태도로 보는 경향이 있습니다. 시비를 분명히 해서 해결의 길을 서둘러 찾으려 하지 않는다는 것이죠. 두 나라 중 어느 쪽 책임인지를 분명히 해야 회담 재개를 위한 여론의 압력이 효과적으로 형성되지 않겠습니까?

안재홍 '양비론'을 무조건 나쁜 것으로 본다니, 나 같은 사람은 그런 세상에서 살아남기 어려울 것 같네요. 현실 속에 양쪽의 책임이 엇갈려 있는데 억지로 한쪽으로 몰아붙인다면 모든 사람이 수긍할 수 없지 않습니까? 이쪽으로 몰아붙이는 사람들과 저쪽으로 몰아붙이는 사람들이 서로 합리적인 토론을 거부하고 선명성만을 내세운다면 '힘의 대결'을 피할 수 없습니다. 지금 세상도 무척 험한 세상이라고 생각하는데, 65년 후의 세상은 지금보다도 더 험한 세상이 될 모양입니다.

김기협 네, 알겠습니다. 누구 책임이냐를 따지기에 앞서 어떤 문제가 존재하는지 파악하는 데부터 힘을 쏟아야겠지요. 선생님이 생각하는 중요한 문제들을 짚어주세요.

안재홍 카이로회담에서 조선 독립 방침이 정해지던 때와 지금 사이의 상황 변화에 여러 문제의 실마리가 있습니다. 30개월 전 연합국들이 조선의 실상을 깊이 이해해서 '조선 독립' 이야기를 꺼낸 게 아닙니다. 일본이랑 싸우는 게 당장 큰일인데 조선을 독립시킨다고 하면 조선인의 일본 협력을 줄일 수 있지 않을까 하는 정도 생각으로 꺼낸 얘기였죠.

그런데 막상 일본이 항복하고 나니 '조선 독립'의 실제적 의미들이 떠오르게 되었습니다. 연합국 중 영국은 이제 동아시아 지역에 별다른 이해관계가 없게 되었고, 중국은 제 코가 석 자라서 조선을 돌아볼 겨를이 없지요. 조선이 어떻게 어떤 나라로 독립하느냐를 놓고 미국과 소련이 주판알을 튕기게 되었습니다.

공동의 적 앞에서는 두 나라의 엇갈리는 이해관계가 크게 문제되지 않았습니다. 그러나 파시즘과의 전쟁이 끝나니, 이제 공산주의와 자본주의의 경쟁이 눈앞에 닥쳐왔습니다. 조선뿐 아니라 세계 도처에서 두 나라가 서로 유리한 위치를 확보하려고 신경전을 시작했고, 몸싸움까지 벌일 조짐이 나타나고 있습니다.

모스크바 3상회의에서는 연합국들이 모두 같은 편일 때 선의로 맺었던 약속을 확인했습니다. 그리고 그 약속의 실행을 미소공위에 맡겼습니다. 그런데 두 나라 다 예전의 약속 외에 생각할 것들이 생겼습니다. 이런저런 국익을 구체적으로 생각하게 된 것이죠. 모든 문제가 거기에서 파생된 것으로 나는 봅니다.

김기협 | 조선의 운명에 칼자루를 쥔 두 나라가 각자 사심(私心)을 품는다면 민족의 진로에 어두운 그림자가 아닐 수 없습니다. 민족국가 건설이라는 당면 과제에 많은 난관이 예상됩니다. 이미 일각에서 '분단 건국' 이야기가 나오고 있습니다. 분단 건국이라니! 식민지 상태보다도 더 끔찍한 것 아닙니까? 합쳐져 있어야 할 것을 억지로 떼어놓았을 때 얼마나 많은 갈등과 고통이 일어나겠습니까?

선생님은 신탁통치 이야기가 나온 이래 시종일관 '반탁'을 주장해왔습니다만, 반탁의 대가가 분단이 되더라도 반탁을 고집하실 수 있습니까? 순조로운 조건 속에서 건국을 하더라도 안정된 국가 체제를 이루는 데 어차피 꽤 긴 시간이 걸릴 겁니다. 차라리 몇 년 신탁통치를 받더라도 분단의 위험을 피할 수 있다면 감수할 수 있는 것 아닙니까?

안재홍 | 나도 요즘은 '반탁'을 주장하되 그 앞에 '절대'를 붙이지 않습니다. 건준 때부터 나는 많은 사람들이 건국 사업을 너무 쉽게 생각하는 것 같아서 안타까웠습니다. 일본 항복시키는 거야 연합국

들이 다함께 원하던 거니까 '해방'은 저절로 됐죠. 하지만 조선의 '독립'에는 연합국 사이에도 어느 정도 이견이 당연히 있는 것 아니겠습니까? 그런데 해방이 저절로 됐으니 독립도 저절로 될 것처럼 생각하고, 조금이라도 자기에게 유리한 방향으로 건국이 되기 바라는 사심들을 일으키는 겁니다.

지금 생각하면 나 자신도 건국의 어려움을 충분히 인식하지 못했던 것 같습니다. 반탁에 좀더 유연한 태도를 취했더라면 하는 생각이 듭니다. 공산당의 "3상회의 '절대' 지지" 같은 정략적 태도에야 따라갈 수 없지만, 몽양(여운형)처럼 신탁 문제를 접어놓는 대범한 자세에 고개가 수그려집니다. 몽양이 어찌 보면 허술한 사람 같아도, 큰 문제를 바라보는 식견에는 역시 탁월한 면이 있습니다.

김기협 | 이번 미소공위 좌초의 직접 원인인 선언서 서명과 관련해 소련보다 미국 쪽 태도에 무리한 점이 있다는 생각을 보름 전 말씀하셨죠. 그날 나온 하지 성명서에서 정회 책임을 소련 측에 미룬 것을 납득하지 못한다는 말씀도 하셨고요. 그렇다면 '모든 책임'은 아니라도 '주된 책임'이 미국 측에 있다고 보시는 것 아닌가요?

60여 년 세월이 지난 지금 시점에서 되돌아볼 때, '조선 독립'의 약속을 지킬 의지가 소련 쪽에 비해 미국 쪽이 약했던 것 같습니다. 소련은 전쟁 피해로 생산력이 약화되어 있었는데, 미국은 경제력의 절대 우위뿐 아니라 원자폭탄이라는 군사력의 절대 우위까지 쥐고 있었습니다. 소련은 연합국 시절의 협력 관계를 그대로 지키고 싶어 하는 반면 미국은 힘의 우위를 활용해서 국제 질서를 자기에게 더 유리한 쪽으로 바꾸고 싶어 하는 입장이었죠. 한반도에서도 그런 욕심이 나타난 것이 아닌가 하는 생각이 듭니다.

안재홍 미국의 '패권 추구'를 좌익에서 많이 지적합니다. 타당한 지적도 상당히 있는 것으로 보이고요. 그러나 그런 문제를 너무 서둘러 예단하는 것은 바람직하지 못한 일입니다. 미국에게 패권 추구 경향이 있다 하더라도 상황의 진행이 어떻게 될지 확실한 것은 아닌데, 좌익에서 하는 것처럼 나쁜 쪽으로 단정해버리고 반미 감정을 부추기면 그것 자체가 상황 진행에 더 나쁜 쪽으로 작용할 수 있습니다.

좋든 싫든 미국은 일본을 항복시켜 우리를 해방해준 나라이고, 우리의 독립 사업에도 큰 영향력을 끼칠 나라입니다. 독립국가가 수립된 뒤에라도 세상을 우리 마음대로만 살 수 있는 것이 아닙니다. 각자 자기 국익을 챙기는 나라들과 절충해가면서 살아가야 합니다. 하물며 아직 건국도 하지 못한 상태에서 우리 입맛만 내세울 수는 없습니다. 미국의 행보에 더러 미심쩍은 점이 있더라도 최선을 다해 상대해야 합니다.

결국은 우리의 자세가 제일 중요한 문제입니다. 민족 독립의 과제를 외면하는 일부 반동분자의 존재도 문제이지만, 내가 보기에 더 큰 문제는 선량한 대다수 사람들이 건국 과업의 어려움을 제대로 인식하지 못하고 경솔한 행동에 휩쓸린다는 것입니다. 불가에서 탐내는 마음(貪心), 화내는 마음(嗔心), 어리석은 마음(癡心)을 삼독(三毒)으로 경계하지 않습니까? 악의를 가진 반동분자보다도 보통 사람들의 이 삼독이 더 무섭다는 생각이 듭니다.

김기협 끝으로 최근 터진 위조지폐 사건에 대한 선생님 생각을 듣고 싶습니다. 5월 4일 소위 '뚝섬 위폐단' 검거 직후부터 공산당 쪽으로 창끝이 겨눠졌다는 소문이 떠돌더니 15일에 군정청 발표가 있었습니다. 경찰국 아닌 군정청에서 이런 사건을 발표했다는 사실부터

이례적인 것이죠. 공산당 중앙집행위원 두 사람에게 주모자 혐의를 둔 것은 말할 것도 없고요.

그래서 근래 강화되어온 '좌익 탄압'의 연장선 위에 있는 일이 아닌가 의혹이 일어나지 않을 수 없는데, 군정청의 뒤이은 조치가 의혹을 더욱 부채질하고 있습니다. 구체적인 수사 결과는 더 나오지 않은 채로 18일에 공산당 기관지 『해방일보』가 정간당했고, 사건 장소인 근택빌딩에서 공산당 본부를 곧 쫓아낼 것이라는 소문이 돌고 있습니다. 그동안 좌익 탄압에 경찰을 앞세워 왔는데, 이제 군정청이 직접 나서서 더욱 차원 높은 탄압을 시작하는 것이 아닌가, 좌익에서 대단한 위구심을 품고 있습니다.

안재홍 | 의문투성이 사건입니다. 알지도 못하는 일에 뭐라고 할 말이 없습니다. 사태 진전을 봐가면서 나중에 이야기할 기회를 찾아보죠.

김기협 | 어떤 점에서 '의문투성이'라고 보시는지 좀 말씀해주시죠.

안재홍 | 뚝섬 위폐단 검거 직후에 독촉국민회 간부 하나와 공산당원 하나가 연루되었다는 이야기를 들었습니다. 알고 보니 김창선이라는 그 공산당원이 정판사 직원이었더군요. 그 직후 공산당 쪽 수사가 시작되었다는 소문을 들으며, 그 한 사람의 존재에 매달려 있지도 않은 그림을 그리는 게 아닌가 하는 생각이 들었죠. 15일 군정청 발표에서 '증거물'이라고 내놓은 중에 똑똑한 물건이 하나도 없는 것을 보니 아무래도 뭐가 단단히 잘못된 일이라는 생각이 듭니다.

일지로 보는 1946년 5월

5월

- 1일 미소공위 제7호 공동성명 발표
- 3일 서울재판소, 박흥식 등의 선고 공판
- 6일 미소공위 무기 휴회
- 7일 미군정, 조봉암이 박헌영에게 쓴 비판 편지 공개
- 8일 대규모의 지폐 위조단 검거, 조병옥 담화 발표
- 9일 미소공위 소련 수석대표 스티코프 서울에서 철수
  하지, 미소공위 무기 휴회에 관한 특별 성명 발표
  여운형의 아우 여운홍이 공산당을 비난하고 인민당을 탈당
- 13일 이승만, 미소공위 재개 전망에 대해 담화 발표
- 15일 정판사위폐사건의 동기와 담당 경찰서장의 기자회견
  조공 중앙위, 정판사위폐사건에 대한 성명 발표
- 18일 조선공산당 기관지 『해방일보』 정간
- 19일 러치, 위폐사건 관계자에 대한 최고형 집행을 언명
- 25일 김규식, 여운형, 원세훈 등 모임으로 좌우합작 운동 개시
- 29일 전국 각지에 콜레라 만연
- 30일 조선공산당 본부 근택 빌딩에서 일화 빌딩으로 이전

3

남북의 분열을 희망할 자 어디 있는가?

1946년 6월 2 ~ 13일

해방 직후 서울역과 남대문로 일대에 환호하는 시민들. 그로부터 1년도 되지 않아 이승만은 정읍 발언을 통해 남한 단독정부 수립을 주장하게 된다.

1946. 6. 2.

조선의 일본인과 중국의 조선인

몇 차례 '베트남 이야기'(『해방일기』 2권)를 정리한 것은 제2차 세계대전 종전으로 조선과 함께 독립의 기회를 맞은 베트남 사정을 조선과 비교함으로써 당시의 국제 정세를 보다 입체적으로 파악하기 위해서였다. 비슷한 목적으로 '중국 사정'도 정리해볼 필요가 있다. 1945~1946년의 중국 사정은 조선 사정에 직접 끼치는 영향도 상당히 컸기 때문에 정리할 필요가 더욱 크다.

앞으로 중국 사정 정리에 착수할 이 시점에서 눈에 띄는 대표적인 문제 하나를 검토해본다. 중국 정부의 조선인 재산 탈취 문제다.

> 중국에 거류하는 조선 동포들의 재산을 중국에서 접수하므로 이에 대한 물의가 분분한 이때 민전에서는 1일 다음 요지의 담화를 발표하여 조선인 재산을 접수하지 말 것을 중국 정부에 요망하였다.
> "최근 중국에서 귀국하는 우리 동포들의 말에 의하면 우리 조선 교민의 일체 재산을 중국 관리가 몰수하고 공수로 돌려보냄은 참으로 유감된 일이다. 우리 동포의 대다수는 일제의 학정으로 국내에서 생활근거를 잃고 생활의 방도를 찾아 중국으로 간 것이며 그리하여 각고면려로서 축재한 사람들임에도 불구하고 이들의 재산을 몰수함은 인

도상으로도 본 민전은 범죄자 친일파를 제외한 조선 동포의 일체 재산을 접수치 말 것이며 이미 접수한 것은 엄밀히 조사하여 반환하기를 요망하는 바이다."

(「민전, 중국 정부의 재중 동포 재산 몰수에 관해 담화 발표」, 『조선일보』 1946년 6월 2일)

해방 당시 재중 조선인에게는 두 개의 얼굴이 있었다. 하나는 일본에게 함께 핍박받는 존재로서 중국인의 항일운동에 연대 대상이었다. 또 하나는 일본인의 아류(亞流) 또는 주구(走狗)로서 중국인에게 항쟁 대상이었다.

재중 조선인의 대다수는 만주 지역에 정착한 농민으로서, 일본에게 핍박받는 입장이었다. 그러나 그중에도 일본의 지배와 침략에 순응하고 협력한 측면이 상당히 있었다. 한편 관내 지역에 진출한 조선인 중에는 농민의 비율이 낮고, 일본 침략에 편승하여 생계를 꾸리거나 이득을 취하는 측면이 컸다. 특히 일본이 지배한 화북 지방에 이런 이주민이 많았다.

조선에 건너와 살고 있던 70여만 일본인 중에도 양쪽 측면이 엇갈렸다. 제국주의에 편승해 군림하러 온 자들이 있는 한편, 군국주의 통치에 몰려 살 길을 찾아 조선에 온 사람들이 있었다. 전자를 '폭민(暴民)', 후자를 '생민(生民)'이라고 할 수 있겠다.

폭민과 생민은 명확히 나뉘는 집단이 아니었다. 군인, 경찰, 관리 등 식민 지배의 역할로 조선에 온 일본인 중에도 양심적인 사람들이 있었다. 폭민이면서 생민의 측면을 가졌다고 볼 수 있다. 한편 제국주의의 '제' 자도 모르는 농민 이주자라도 차별의 혜택을 별다른 가책 없이 누린 사람들이 있었다. 생민이면서 폭민의 측면을 가졌다고 볼 수 있다.

중국의 조선인도 마찬가지였다. 1931년의 완바오 산(萬寶山) 사건■에 관계된 조선인 이주자들은 경작할 땅을 찾아온 생민이었지만, 현지 중국인의 눈에는 일본의 위세를 업고 자기네 생활 근거를 침식해 들어오는 폭민이었다. 이 사건의 기본 성격을 김철은 이렇게 요약했다.

> (…) 둘째는, 이 사건에서 완바오 산의 조선 농민들은 자신들의 행동에 대해 정당성을 주장할 근거를 갖고 있지 못하다는 점이다. 수전 경작을 위한 조선 농민들의 수로 공사는 어느 모로 보나, 중국 농민들의 재산권과 생존권에 대한 명백한 침해이며 폭력이었다.
>
> 셋째, 그럼에도 불구하고 조선 농민들이 이러한 행동을 계속할 수 있었던 것은 그들이 일본 공권력의 보호 아래 있는 신분이었기 때문이라는 점이다. 이 문제는 뒤에 상세히 논하겠지만, 만주에서의 조선 농민 부락과 그들의 경작은 단순히 농업 생산 활동의 의미만을 갖는 것이 아니다. 조선인 이민을 포함하여 일본인 농업 이민의 활동은 만주에 진출한 일본 제국주의 군사력의 첨병으로 기능하였다는 점, 요컨대 만주 이민의 복잡한 정치·경제·군사적 의미에 주목해야 하는

■ 1931년 7월 2일 중국 지린성(吉林省) 창춘현(長春縣) 완바오 산 지역에서 조선 농민과 중국 농민 사이에 일어난 대규모 충돌 사건. 조선 농민들이 완바오 산 지방의 수로를 개척하는 과정에서 범람을 우려한 중국인 지주와 현지 주민 4백여 명이 관개 수로를 매몰하는 일이 발생했다. 마침 현장에 있던 조선인 농민, 일본 영사관 경찰과 중국인 지주, 주민 사이에 일대 충돌이 일어나 중국과 일본 경찰의 총격전까지 벌어졌으나 피해자가 발생하지 않은 채 사건은 마무리되는 듯했다. 그러나 일본 관동군은 창춘 영사관 측을 이용해 조선일보 창춘 지국장에게 완바오 산 사건에 대한 거짓 정보를 제공하고, 『조선일보』의 7월 2일과 3일 이틀에 걸친 중국 관민과 조선인 농민의 충돌로 살상이 벌어졌다는 호외 발행은 중국인 배척 운동을 촉발했다. 이 사건은 중국과 조선의 감정 대립을 통해 반일 공동 전선 투쟁을 분열시키고 만주 침략과 대륙 침탈의 발판을 삼고자 한 일본의 술책으로 흔히 해석된다.

것이다. (「몰락하는 신생: '만주'의 꿈과 〈농군〉의 오독」, 『해방 전후사의 재인식 1』, 491~492쪽)

해방된 조선에서 모든 일본인의 소유 토지와 공장을 몰수한다는 데 동의하지 않은 정치 세력이 없었다. 총독부나 동척 같은 기관들은 말할 것도 없고, 개인의 재산까지 몰수해야 한다고 했다. 개인이라도 자기 투자나 노력보다 식민 지배에 기대어 일군 재산이기 때문이라는 논리였다. 그런데 진보 세력을 자처하는 민전도 중국의 조선인 재산은 "각고면려로 축재한" 것이니 보호해줘야 한다고 주장하고 있었다.

완바오 산 사건에 대한 김철의 고찰은 조선인 이주자들의 중국인에 대한 폭민, 즉 침략자로서의 측면을 지나치게 강조한 감이 있다. 그러나 그런 측면의 엄연한 존재를 지적한 것은 우리 사회의 편향적 인식을 바로잡는 데 필요한 일이다. 해방 후 재중 조선인에 대한 중국인의 태도를 이해하는 데도 이런 측면을 감안하지 않으면 안 된다.

중국인이 재중 조선인을 대하는 태도 역시 생민으로서 옹호하는 측면과 폭민으로서 배척하는 측면이 엇갈렸다. 국민당은 배척하는 정책이었다. 지역의 토호들이 조선인 박해를 통해 이득을 취하게 해줌으로써 국민당에 대한 지지를 확보하는 정책이 국민당 통치 지역에서는 일반적이었다.

반면 만주 지역에서부터 지배 영역을 늘리기 시작한 공산당은 조선인 이주민을 최대한 포용하는 정책을 폈다. 일반 중국인과 똑같은 생존권을 보장해주는 정책이었다. 이 정책에는 국민당에 대항하기 위한 전략적 목적도 있었지만, 피압박 계층을 옹호하는 진보적 정치의식을 바탕으로 한 것이기도 했다.

물론 조선인 이주민 중 두드러지게 일본 권력에 편승한 집단은 공산

평양에서 파괴된 중국인의 건물. 『조선일보』의 오보로 조선인들이 국내의 중국인 상점을 보복 공격해 수많은 중국인 사상자와 재산 피해가 발생했다.

당에게도 포용 받지 못하고 재산을 빼앗긴 채 떠나야 했다. 그러나 다수의 이주민, 예컨대 일본 권력이 중국 농민을 몰아내고 만든 농장에 정착함으로써 본의 아니게 간접적으로 중국인에게 피해를 준 농민들은 포용 받고 '조선족 사회'를 유지했다. 그리고 해방전쟁에 적극 참여하는 등 '신중국' 건설에 동참하여 어두운 과거를 씻고 중국의 당당한 공민(公民)이 되었다.

중국공산당이 조선인 이주민을 대한 것과 같은 배려를 왜 조선의 좌익은 일본인 이주민들에게 베풀지 못했을까?

만주의 조선인에 비해 조선의 일본인들에게 생민의 측면이 약했다는 데 제일 큰 이유가 있었다. 만주 지역 2백만 조선인 중 대다수는 그곳에서도 빈농 내지 소농의 위치에 있었음에 반해 조선의 70만 일본인 중에는 농민 비율도 낮고 농민이라도 지주 신분이 압도적이었다. 만주의 조선인보다 조선의 일본인에 대한 권력의 지원이 훨씬 더 크고 강했던 것이다.

그러나 한편으로는 정치적 성숙성의 차이도 생각할 여지가 있다. 중국공산당은 10여 년간의 현실 투쟁을 통해 '인민전선'의 의미를 깊이 체득하고 있었다. 대장정 때 소수민족과의 협력 필요성을 절실하게 깨우치기도 했다. 중국공산당의 이념은 민족주의 담론에 크게 얽매이지 않을 만큼 나아가 있었던 것이다. 그에 비해 조선의 좌익은 민족주의 담론에 맞설 만한 역량을 키우지 못하고 있었다. 지난 1월 박헌영의 기자회견 내용을 군정청과 밀착된 미국인 기자가 왜곡해 박헌영이 소련 편입을 원하는 것처럼 선전해 타격을 가하려 한 것도(1946년 1월 19일자 일기) 이런 상황에서 빚어진 일이었다.

1946. 6. 3.

분단 건국을 향한 이승만의 '정읍 발언'

『서울신문』 1946년 4월 7일자에 이런 기사가 실렸다.

〔샌프란시스코 6일 AP발 합동〕 당지 정보에 의하면 현재 조선 서울에서 개최 중인 미소공동위원에서 남북통일의 조선 자치 정부 수립이 졸연히 해결되지 아니하며 미 점령군 당국은 남조선 안에 한하여 조선 정부 수립에 착수하였다고 한다. 미 국무 당국은 이 정보에 대하여 의외의 감을 표시하고 우안(右案)은 미소공동위원회 미 대표위원이 제의한 바가 아니고 미군정 당국이 제의한 것이라고 추측하고 미 대표위원의 독단적 행동을 원치 아니한다 하며 조선의 미군정 당국은 남조선 정부 수립 계획에 있어서 미국인은 자문 격으로 참여하여 전면적으로 지도하고 조선 문제는 조선인에게 일임되리라 한다. 또 일부 정보에 의하면 민주의원 의장을 사임한 이승만은 재차 출마하여 남조선 정부의 주석이 되리라 하며 남조선 정부 수립안을 미국 측이 제의한 중요 원인은 다음과 같다.
1) 소련 측이 정치적 이유로 미소공동위원을 천연(遷延)시키려고 하는 것
2) 미군의 복원 계획에 의하여 조선 미군정 당국의 미군 장교급이 축

차 귀국하여 그 수가 희소하여지는 것

(「군정청이 본국에 남한 단정 수립을 제의했다는 소식의 외신 보도」, 『서울신문』 1946년 4월 7일)

러치 군정장관이 즉각 부정하고 나섰지만 의혹은 쉽게 해소되지 않았다. 우익의 극단적 반탁운동이 모스크바 3상회의 결정 자체를 거부해왔는데, 그 대안이 무엇이란 말인가? 분단 건국이 이 질문에 가장 그럴싸한 대답이었다.

2월에 민전과 민주의원이 맞서 세워짐으로써 좌우익의 대결이 뚜렷해졌다. 좌우익의 직접 대결을 가로막고 있던 중도파는 대부분 민전에 참여했는데, 민주의원의 우익은 민전 자체를 좌익으로 규정하고 중도파의 존재를 부정한 것이다. '중도 우익'으로 부를 만한 일부 중도파는 비상국민회의·민주의원에 참여한 후 입장이 약화되었다.

김구, 이승만, 한민당의 극우파는 2월 이후 좌익(민전을 포함하는)과의 대화를 거부하는 태도를 견지했다. 한편 미군정은 경찰의 좌익 탄압을 방관하는 입장을 넘어 스스로 탄압에 나서기 시작했다. 미소공위에서도 이북 주민의 입장은 공산주의자들이 대표할 것이라는 전제하에 이남 주민의 입장을 대표하는 데서는 좌익을 배제하거나 축소하려 했다.

이북 주민의 입장에서 미국이 바라는 우익의 존재를 기대할 수 없다면 미소공위에 대한 미국의 태도는 세 가지가 가능했다.

(1) 이남 주민의 민의가 있는 그대로 반영되게 함으로써 전체 결과로 예상되는 좌익의 우세를 감수한다.

(2) 좌익의 우세를 도저히 감수할 수 없다면 이남 주민의 민의 반영이 우익에 편중되도록 군정청의 권력을 발동한다.

(3) 군정청의 권력으로 원하는 결과를 얻어낼 수 없다면 미소공위가 아무 결과도 얻지 못하도록 좌초시킨다.

당시 미국 측은 이북 주민의 민심이 소련 측의 폭압적 수단에 의해 공산주의자들에게 장악당한 것이라고 믿고 있었다. 그래서 자기네도 폭압적 수단을 통해 이남 주민의 민심을 장악해도 되고, 장악해야 한다고 믿었다. 근년 밝혀진 자료들은 이 믿음이 잘못된 것이었음을 알려준다. 이북 지역의 상황 변화에 대한 소련군의 작용은 이남 지역의 미군에 비해 훨씬 작은 것이었다.

미소공위에서 미국 측은 (2)의 태도로 나가다가 여의치 않자 (3)으로 바꿨다. 정용욱도 미소공위 정회의 1차적 책임이 미국 측에 있다고 보았다.

> 전반적으로 미소공위 1차 회담은 한국인의 독립 요구와 무관하게 자신들에게 유리한 정부를 수립하기 위한 미·소 양측의 설전장이 되었다. 미국은 결렬의 원인을 소련의 완고한 입장과 양측 정치 철학의 차이, 남한의 반탁운동에 돌렸다. 그러나 미국은 회담 이전부터 모스크바 결정의 적극적 이행에 애매한 태도를 보이고 있었고, 미소공위 결렬의 기본적 이유는 반탁운동 때문이 아니라 반탁운동을 이용하고자 한 미국 측 태도에 말미암은 것이었다. 그리고 반탁 단체를 배제하여 미국 측 입지를 약화시키고, 임시정부 수립에서 유리한 위치를 고수하려는 소련의 경직된 태도와 계산이 이를 도왔다. (정용욱, 『존 하지와 미군 점령통치 3년』, 2003 중심, 113~114쪽)

미소공위가 일단 정회에 들어간 후 미군정이 가장 두드러진 노력을 기울인 것은 여운형과 김규식(金奎植, 1881~1950) 등 중도파를 앞세운

'좌우합작'이었다. 미군정이 전 해 12월 모스크바 3상회의에 맞춰 독립촉성중앙협의회(이하 '독촉'으로 줄임) 결성을 재촉한 것도, 지난 연초 민주의원의 구성을 지원한 것도 모두 이남 주민의 민의 수렴을 유리하게 하려는 뜻이었다. 두 기구가 좌익을 전혀 포용하지 못함으로써 실효를 거두지 못하자 좌익을 최소한이라도 포용하기 위해 세 번째로 시도한 것이 이 좌우합작이었다.

미군정에게 좌우합작은 온건한 노선이었다. 좌우합작을 통해 미국이 용인할 만한 성격의 단일국가를 만들지 못할 경우에 대비해 '남한 단독정부 수립'이란 강경한 대안이 또 한쪽에 있었다. 4월 초순 미군정의 단독정부 추진설이 보도된 것은 이 대안의 존재가 새어나갔거나 그 대안을 더 좋아하는 사람들이 간을 보기 위해 흘린 것으로 보인다.

5월 12일의 극우파 집회 독립전취국민대회 때 김규식의 발언이 단독정부를 겨냥한 것이라고 민전이 비난했으나(『중앙신문』 5월 15일자) 김규식은 그런 뜻이 절대 아니라고 부인했다(『동아일보』 5월 17일자). 극우파의 단독정부 추진설에 세인의 촉각이 곤두서 있던 상황을 보여주는 일이다.

하지의 정치 고문으로 이승만과 밀착된 인물이던 굿펠로가 5월 24일 미국으로 돌아갈 때 단독정부 추진론을 수면 위로 드러냈다. 묘한 것은 5월 25일자 『서울신문』 기사 「굿펠로, 귀국에 앞서 조선 통일 문제에 대해 사견 토로」에서는 "만약 소련 측이 교섭의 재개를 제의치 않는다면 유일한 타개책은 삼상회의의 재개"라 하여 단독정부를 내세우지 않았는데, 같은 날짜 미군 신문 『성조지(Stars and Stripes)』에는 소련이 협조하지 않는다면 남한 단독정부를 세울 수 있다는 그의 말이 인용되었다는 사실이다(『The Origins of the Korean War』, 250쪽). 한국사회의 역풍이 아직 조심스러운 상황에서 여기서 한 말과 저기서 한 말이 달랐던 것이 아닐까 생각된다.

6월 3일 이승만이 드디어 '정읍 발언'을 통해 한국 사회를 상대로 단독정부 방안을 내놓은 것은 열흘 전 굿펠로의 발언에 대한 미군정 요인들의 반응을 살펴본 결과일 것이다.

> "이제 우리는 무기 휴회된 공위가 재개될 기색도 보이지 않으며 통일정부를 고대하나 여의케 되지 않으니 우리는 남방만이라도 임시정부 혹은 위원회 같은 것을 조직하여 38 이북에서 소련이 철퇴하도록 세계 공론에 호소하여야 될 것이니 여러분도 결심하여야 될 것이다. 그리고 민족 통일 기관 설치에 대하여 지금까지 노력하여왔으나 이번에는 우리 민족의 대표적 통일 기관을 귀경한 후 즉시 설치하게 되었으니 각 지방에서도 중앙의 지시에 순응하여 조직적으로 활동하여주기 바란다."
>
> (「이승만, 정읍 환영 강연회에서 단정 수립 필요성 주장」, 『서울신문』 1946년 6월 4일)

지금까지 사태의 흐름을 살펴온 느낌으로, 하지를 비롯한 미군정 당국자들도 단독정부 방안을 생각하고는 있었을 것 같다. 그러나 좌우합작을 통한 단일국가 수립 방침에 우선순위가 있었고, 그쪽이 여의치 않을 경우의 대안이 단독정부였던 것으로 보인다.

그런데 좌우합작 방안이 성공할 경우 극좌파와 극우파 모두 영향력을 잃는 상황이 예상되었다. 이승만의 단독정부 주장은 좌우합작 성공의 여건을 파괴하기 위한 목적에서 나온 것으로 생각된다.

1946. 6. 5.

이승만의 '치고 빠지기' 작전

6월 3일 이승만 '정읍 발언'의 골자는 "우리는 남방만이라도 임시정부 혹은 위원회 같은 것을 조직하여 38 이북에서 소련이 철퇴하도록 세계 공론에 호소하여야 될 것"이란 것이었다. 해석하기에 따라서는 크게 긴장할 필요가 없는 내용일 수도 있다. 이북에는 지난 2월 북조선임시인민위원회가 만들어져 있었으니, 그와 대등한 수준의 조직을 이남에 만드는 것이 궁극적인 통일국가 건설을 위한 바람직한 수순이 될 수 있었을 것 같기도 하다.

그러나 이승만이 말한 이남의 임시정부는 임시인위와 격을 맞출 수 없는 것이 실상이었다. 소련군은 군정청을 설치하는 대신 인민위원회 조직을 지원했다. 1945년 9월 말까지 도 단위 인민위원회가 완성되고, 10월 8~10일의 5도 인민위원회 연합 회의를 거쳐 5도행정국이 만들어지고, 다음 단계에서 임시인위가 만들어졌다. 임시인위의 기본 성격은 이남의 미 군정청과 같은 행정 기구였다.

행정 기구로서 미군정이 건재한 채로 남반부 임시정부를 따로 만든다는 것은 행정적 필요가 아니라 정치적 목적을 위한 것일 수밖에 없었다. 모스크바 3상회의에서는 한국의 정치조직 작업을 미소공위에서 진행하게 했다. 미소공위가 정회된 상태에서 따로 정치조직 작업을 하겠다는 것은 3상회의 결정을 거부한다는 뜻이었다.

미군정 당국자들이 3상회의 결정의 거부 자세를 여러모로 보여왔기 때문에 미소공위를 일부러 좌초시키고 분단 건국을 지원하려는 것이 아닌가 하는 의혹이 떠돌고 있었다. 정읍 발언 이튿날 나온 공산당 담화는 이 의혹을 바닥에 깔고 있었다.

> "미소공동위원회의 휴회를 계기로 남조선 단독정부 또는 소위 자율정부 수립을 획책하고 있는 정체가 드디어 폭로되었다. 그것은 정읍에서 한 이승만 박사 자신의 말로써 언명된 것이다. 즉, 그것은 삼상결정을 반대함으로써 미소공위를 결렬시키고 반소·반공 운동을 일으킴으로써 남조선 단독정부를 세우려 하는 것이다."
>
> (「조공, 남조선 단독정부 수립 반대 담화」, 『서울신문』 1946년 6월 5일)

그 다음 날의 민전 담화문도 같은 의혹을 품고 있다.

> "남조선 단독정부 내지 위장 통일 독립을 무망케 하는 자기 정권욕의 책동이다. 우리는 이러한 단독정부의 모략을 분쇄하고 미소공위의 재개로 통일적인 민주 임정이 수립되도록 노력하여야 한다."
>
> (「인민당 총무국, 남한 단정설 반대 담화 발표」, 『조선일보』 1946년 6월 6일)

인민당의 6월 5일 담화문은 공산당과 민전처럼 의혹을 앞세우지는 않았지만 반대의 뜻을 분명히 했다.

> "조선 민족은 남북이 합치한 통일 정부만을 요구하고 있다. 만일 남북조선이 분열되면 조선 민족의 정치적·경제적 부활의 가능성이 상

실되고 말 것이다. 그러므로 조선인은 한 사람도 남조선 단독정부를 바라지 않을 것이오, 또 국제 결정에서도 결코 볼 수 없는 것이다. 남조선 단독정부 운운함은 부당하다."

(「인민당 총무국, 남한 단정설 반대 담화 발표」, 『조선일보』 1946년 6월 6일)

한독당도 즉각 반대 입장을 표명했다. 6월 4일 엄항섭(嚴恒燮, 1898~?) 선전부장이 발표한 담화문이다.

"미소공동위원회의 장기 휴회로 정계의 파문이 큰 데 따라서 한국인 전체의 실망도 크리라고 믿고, 속히 미소공동위원회가 재개되어 자주독립적 임시정부 수립에 적극적 원조가 있기를 희망하는 바이다. 이에 우리도 금후 종전과 같은 좌우의 분열로 국제적으로나 국내적으로나 미치는 영향이 없도록 노력하여, 단일민족으로서의 최선의 역량을 발휘하여 한국의 모든 문제는 자결하도록 할 것이며, 동시에 미소공동위원회는 우리와 긴밀한 협조 위에 신속히 진행되어 우방 연합국의 한국에 대한 의무를 완전히 수행하기를 바란다.

요즘 항간에는 단독정부 수립설이 유포되고 있으나, 우리 당으로서는 이에 찬성할 수 없다. 38선의 장벽이 연장되는 한 경제상 파멸과 민족이 격리되어 역사적인 큰 비극을 자아내고 있음은 민족 통일에도 큰 방해라 아니할 수 없다. 장래에 있어서 이 상태가 그대로 계속되는 때에는, 한국 민족에 있어서 이 상태가 그대로 계속되는 때에는 한국 민족 자체의 생존을 위하여 그대로 방관할 수 없을 것이다."

(「남조선 단정설에 관해 한독당 반대 담화 발표」, 『서울신문』 1946년 6월 5일)

반탁운동 시작 이래 비상국민회의와 민주의원, 그리고 독촉국민회

1945년 12월 1일 임시정부 요인 환영식에 자리를 함께한 김구, 이승만.

등을 통해 김구는 이승만과 밀착된 보조를 취해왔다. 그러나 김구 입장에서 단독정부 추진은 넘을 수 없는 선이었다. 정병준은 이 시기 두 사람 사이의 은근한 경쟁 관계를 지적했다.

> 1946년 4월에 임정은 독자적인 지지 기반을 강화하기 위해 기초 작업을 진행했다. 임정은 반탁운동을 통해 대중적 지지 기반을 강화했지만, 이를 자신의 조직 틀 내에 포섭하지도 못했고, 미군정과 이승만에게 번번이 정세의 주도권과 명분을 상실했었다. 임정은 미소공위가 진행되는 기회를 이용해 조직 역량을 강화하는 데 주목했다. 이는 국민당·신한민족당과의 통합을 통한 한독당의 강화와 독촉국민회 장악 등으로 나타났다. 임정은 한민당까지 흡수 통합함으로써 당을 강화하려 했지만, 한민당과 이승만의 반발로 무산되었다.
>
> 당과 대중조직의 강화를 통한 임정의 세력 확대는 제1차 미소공위가 진행되는 짧은 기간 동안 유지되었다. 심지어 김구는 4월 9일 이승만을 방문해 한독당 중앙집행위원장이 되어달라고 부탁하기까지 했다. 이승만은 이에 맞서 김구에게 한독당 중앙집행위원장을 사임하라고

종용했고, 김구는 4월 10일에 전국도부군지부장회의에서 "나는 나의 소신이 있으면서도 이 박사와 혼연일체"라며 불편한 심경을 표했다.

(정병준, 『우남 이승만 연구』, 역사비평사 2005, 546~547쪽)

이승만은 단독정부설을 띄워보는 것으로 족하지, 이 일로 김구와 결별할 단계는 아니었다. 그래서 '치고 빠지기'로 나갔다. 6월 5일 이리 강연에서 이렇게 말했다.

"미소공동위원회가 계속 토의할 희망이 보이지 아니함에 일반 민중이 초조해서 지금은 남조선만이라도 정부가 수립되기를 고대하며 혹은 선동하는 중이다. 나의 관찰로는 조만간 무엇이든지 될 것이니 아직 인내하고 기다려서 경거망동이 없기를 바란다."

(「이승만, 이리에서 남한 단정 수립에 대해 사견 피력」 중에서, 『서울신문』 1946년 6월 8일)

단독정부 수립을 일반 민중이 바라고 있고, 또 누군가가 이것을 선동하고 있다는 것이다. 자기는 쏙 빠졌다. 위 기사가 실린 6월 8일자 『서울신문』 사설 「남조선 정부 수립설」은 이렇게 꼬집었다.

"최근에 성히 선전되는 소위 남조선에서의 단독정부 수립의 계획이 과연 사실인지 혹은 단순한 추측인지 밝혀 알 수 없으나, 통일 정부를 고대하다가 여의치 않으므로 남방만이라도 임시정부를 조직하는 것을 일반 민중이 고대하고 혹은 선동 중이라는 말이 떠돌고 있다. 그 일반 민중이란 어떠한 방면의, 또 얼마만 한 수를 가리키는 것인지도 모르지만, 지도자층에서는 모름지기 민중을 추수(追隨)하지 말고 도리어 냉철한 태도와 정당한 노선으로 그들을 인도하여야 할 것이다. (…) 속론을 곧 민의로 속단하여 노선을 그르치게 된다면 그 결과는 다만 송연할 따름이다. 이 강토에 생을 향수한 자 민족 양단과 동포상잔밖에 기대되지 않는 남북의 분열을 희망할 자 어디 있는가?"

"민의 운운하나 민의는 한 사람의 뜻도 민의다. 그러나 민의의 정의는 인민의 전수는 아니라도 적어도 그 8·9할이 되어야 민의가 될 수 있다. 그러므로 과연 단독정부를 8·9할이 좋아하는가, 또 누가 이를 조사했을까가 의문이다"는 조선어학회 주간 이극로(李克魯, 1893~1978)의 논평과 막 귀국한 이용(이준 열사의 아들)의 "그것이 일부 민의라 할지라도 지도자로서는 통일을 목표하고 민중을 인도하여야 한다"는 논평도 같은 신문에 인용되었다. 이승만의 '민의 조작'에 대한 반감의 표출이었다.

한편 한민당은 이승만의 '치고 빠지기' 작전에 절묘하게 박자를 맞췄다. 함상훈(咸尙勳, 1903~77) 선전부장은 6월 7일 담화문에서 "이승만 박사의 민족 통일 기관 설치 운운의 연설을 일부에서는 무슨 역적질이나 한 것 같이 선전하니 그 이유를 이해할 수 없다"고(『조선일보』 6월 8일자) 하고 6월 14일에는 이런 담화를 발표했다.

"세계 어느 민족이나 자유와 독립을 기구하는 것은 공통적 현상이다. 이 욕구에 응하여 민족자결권을 먼저 인정한 이가 전 미 대통령 윌슨과 소련의 레닌이다. 중국의 손문은 '여약소민족 공동분투(與弱小民族共同奮鬪)'라 하였고 최근 영국 수상 애틀리는 인도가 영제국의 일 연방으로서 남아 있으면 환영하고 분리한다면 다시 손을 잡아 우호 관계를 맺겠다 하였다. 이와 같이 미·소·중·영 지도자는 모두 약소민족의 해방 독립을 주장하였고, 대서양헌장 국제헌장에도 민족자결권을 고조하였으며 카이로선언 포츠담선언에도 조선의 독립을 분명히 규정하였다.

그런데도 열강이 조선의 독립을 허여치 않음은 무엇 때문인가 막부삼상회의 결정이 조선 독립에 대한 구체적 방책을 표시하였는데 이곳에는 미소공동위원회가 조선 임시정부 수립에 원조한다 하였지 자신이 수립하는 주체가 된다고 하지 않았다. 그러므로 우리가 미·소·중·영의 징발 하에 자주적으로 정부를 수립하는 것이 조금도 열국과의 우의를 상하지 않을 뿐더러 일부에서 우려하는 바와 같이 반연합국적 행동도 아니다. 오직 문제는 진실로 조선인 전체의 의사를 대표하는 정부의 수립인데 이것은 즉시 독립을 요망하는 대다수 민중의 의사를 대표하는 정부면 그만일 것이 아닌가. 일부에서 단독정부니 우익 정부니 떠드는 것은 이해할 수 없는 말이다."

(「한민당 선전부장, 자주 정부 수립에 관한 담화 발표」, 『조선일보』 1946년 6월 15일)

한편 이승만은 6월 12일 담화문에서 단독정부설을 완전히 남 얘기처럼 했다.

"내가 말한 요지는 공동위원회가 무기 휴회된 후 재개되기를 기다리고 언제 속히 열리는지 초조하며 또 혹은 공동위원회가 다시 열릴 희망이 없으니 남조선만이라도 정부를 세워야 되겠다고 조급하는 태도가 보이매 이때가 가장 신중을 기하여 망동과 망언을 삼가야 되겠다고 한 것이다."

(「단독정부설로 이 박사 담화를 발표」, 『자유신문』 1946년 6월 14일)

이런 와중에 김구가 이승만에게 '충성'을 다짐하고 있었던 것은 어떻게 이해할 일일까? 6월 11일 독촉국민회 전국 대회의 한 장면을 서중석은 이렇게 그렸다.

> 이날은 뜨거운 열기 속에서 충성과 복종, 명령을 맹세하는 소리가 높았다. 이승만은 이 자리에서 "최고사령부라 할까, 최고의 명령을 내리는 기구를 조직할 터이니 이 명령에 복종함을 맹세하시오"라고 연설하여 만세와 박수로 맹세를 받았고, 김구는 "우리는 죽음으로써 이승만 박사께 복종하기를 맹세합시다"라고 외쳤다. 이승만은 이날 연설에서도 소련 사람을 내보내고 공산당을 이 땅에 발 못 붙이게 하고, 미국과 끝까지 합작하여 나가야 한다고 강조하였다. (『한국현대민족운동연구』, 492쪽)

1946. 6. 13.

1946년 여름의 콜레라 사태

맥아더가 미 육군성에 제출한 1946년 6월 월례 보고서 중 조선에 관한 내용이 1946년 8월 27일자 『동아일보』에 「새 조선 건설의 지장(支障)」이라는 제목으로 보도되었다. 식량 문제와 콜레라를 가장 큰 두 가지 장애물로 지적한 내용이다.

> 〔워싱턴 25일발 AP 합동〕 연합군 총사령관 맥아더 장군은 미 육군성에 제출한 6월 월례 보고서에 조선 문제에 관하여 다음과 같이 보고하였다.
>
> 2대 재난으로 인하여 조선인의 재건 노력은 6월 중 일대 지장을 받았다. 그 하나는 20년래 처음 보는 수해로 인하여 20퍼센트의 농작물이 유실되어 금년 역시 잡곡 수확량은 1940년부터 1944년간의 평균 수확량 142만 7천 톤의 60퍼센트에 불과할 것이다. 또 미곡 수확량은 1940년부터 1944년간의 평균 수확량 200만 7,600톤의 70퍼센트밖에 안 될 것이다.
>
> 현재 조선의 식량 부족을 완화하기 위하여 미국에 맥류급 소맥분 5만 4,827톤이 수출되었으나 이 역시 가격 비등을 방지하지는 못하고 있다. 조선의 일반 물품 소매가격 조사에 의하면 그 가격은 1945년

> 12월 가격의 200퍼센트 이상이 등귀되었다.
> 수해에 관련하여 또 한 가지 주시할 바는 통신·수송망에 지장이 재래되어 현재 조선이 당면한 제2의 재난, 즉 중국으로부터 전재민이 전염하여 온 호역(虎疫)의 만연 방지 대책에 지장을 주고 있다. 6월 중에 보고된 호역 환자 수는 1,212명인데, 그중 651명이 사망하였다.

1946년 여름 조선 주민들을 가장 괴롭힌 문제의 하나가 콜레라였다. 5월에 나타난 콜레라는 가을에 접어들며 수그러들었는데, 10월 12일자 『동아일보』 보도에 따르면 환자 발생이 1만 4,909명이고 그중 9,632명이 목숨을 잃었다. "걸리면 죽는다"는 것이 일반인의 인식이었다. 이 높은 치사율에 관해 대구에서 콜레라 환자들을 진료한 당시 23세의 풋내기 의사 박희명은 이렇게 회고했다.

> 아무튼 그 당시 콜레라는 사망률이 거의 100퍼센트였어요. 왜 그렇게 높았는가 하면, 치료에 있어서 제일 중요하고 필수적인 것은 정맥을 통해서 대량의 액체를 공급해주는 것인데, 그 당시 그런 약이 하나도 없었어요. 단지 가뭄에 콩 나듯 미군들이 가져다주는 약에 의존하는 수밖에 없었죠. 상당한 시일이 지나고 나서부터는 공급이 조금 원활해지긴 했지만 필요한 양에 비하면 절대 부족했어요. 그나마 공급이 나아지고부터는 사망률이 70, 80퍼센트 정도로 낮아졌습니다. 그런데 그만큼 내려갔으면 상황이 좋아졌다고 생각할지 모르겠지만, 세계적으로 콜레라 환자의 사망률이 70내지 80퍼센트에 달했다는 기록은 찾아보지를 못했습니다.
> 일제 때 쓰고 남은 의약품들은 거의 바닥이 난 상태였고, 환자에게는 정맥 내로 하루에 몇 리터의 액체를 공급해야 되는데, 일제 때 수액

> 용으로 만든 주사액이란 많아 봤자 200~500밀리리터, 대부분이 그 미만이었습니다. 심지어 일제 때는 대량의 액체를 정맥 내에 주사하면 심장에 부담이 많이 가서 위험하다고까지 했어요. 그런 상태였기 때문에 수액 약품은 전적으로 미군들에게 의존할 수밖에 없었던 겁니다. 그것도 정기적으로 충분한 양을 갖다 주느냐 하면 그렇지 않았단 말이죠. 의사 입장에서는 치료 수단을 뻔히 알면서도 약이 없어 죽어가는 환자의 모습을 보고만 있어야 했어요. (『8·15의 기억』, 158쪽)

박희명의 회고 중에는 환자를 병원으로 실어올 때 따라오려는 가족이 거의 없었고, 죽은 후 시신을 찾아가는 사람도 많지 않았다는 이야기도 있다. 콜레라의 공포 앞에 기본적인 인간성마저 위축되었던 것이다.

국사편찬위원회 한국사데이터베이스의 '한국근현대신문자료'에서 "콜레라"와 "호역"으로 검색해보니 5월 하순에서 8월 초순까지 『자유신문』과 『동아일보』에 거의 매일 콜레라 관계 기사가 실렸다. 『동아일보』의 첫 기사는 「귀환선에 호열자 창궐 상륙 못하는 삼천여 동포」(5월 7일자)였다. 해남도 등 중국 남부에서 귀환하는 전재 동포 3,150명을 실은 수송선이 부산에 입항했으나 선상에 콜레라와 파라티푸스가 발생하여 미군 방역부의 격리 소독을 받느라고 일주일째 상륙을 못하고 있다는 것이었다.

5월 8일자 『동아일보』에는 「충남에 호열자 창궐」이란 제목으로 보령군 대천에 약 2백 명의 환자가 발생했다는 보도가 있었다. 5월 14일자 『자유신문』 「모도(某島)의 호역 발생은 낭설」 기사에는 대천 인근의 한 섬에 2백 명 콜레라 환자가 발생했다는 소문은 잘못된 것으로 판명되었다는 보건후생부의 발표가 보도되었다.

1950년대 서울역. 지방에서 상경한 사람들에게 살충제인 디디티를 뿌리는 광경.

그러나 하순으로 접어들며 각지의 환자 발생이 확인되기 시작했다. 5월 25일자 『동아일보』 「각지에 콜레라가 만연」 기사에는 부산의 41명을 비롯해 대전 3명, 인천, 양주, 마산, 강화 각 1명의 환자 발생이 보도되었다. 5월 23일자 『자유신문』 「귀환 동포선에 호역 침입, 금후 각지로 파급의 위험」은 대전과 인천에서 발견된 환자들이 상하이에서 부산을 거쳐 입국한 귀환 동포라는 사실을 보도했다.

6월로 넘어가는 시점에서 서울과 대구의 환자 발생이 확인되며 전국이 '콜레라 공포증'에 빠져들었다. 신문에는 콜레라 확산 보도와 함께 방역을 위한 홍보 기사도 자주 실렸다. 예를 들어 『자유신문』 7월 30일자에는 「환자는 즉시 계출하라」 기사가 실렸고, 8월 4일자에는 「환자 숨긴 결과의 비극」 기사로 서울 상왕십리에서 환자 신고를 기피했다가 9명의 환자가 집단으로 발생한 사례를 보도했다.

전우용은 『현대인의 탄생』 제1장에 「미생물도 해방을 맞다」라고 제목을 붙였다. 일본 제국의 질서가 무너진 자리를 새 질서가 미처 채우지 못하던 상황에서 보건·의료 분야도 예외가 아니었다는 것이다.

미군정기 보건후생부 위생시설국 포스터.

> 생활사적 측면에서만 보자면, 해방은 한국인의 몸과 의식을 갑작스럽게 혼돈 속으로 던져놓은 사건이었다. 그리고 이 혼돈이 눈에 보이지 않는 '아주 작은 것'들의 활동 무대를 넓혀주었다. 조선총독부의 보건행정 체계는 일시에 무너졌고, 그 틈에 세균과 바이러스가 굶주린 채 우왕좌왕하는 군중들 사이에서 제 세상을 만난 듯 활개 치기 시작했다. (전우용, 『현대인의 탄생: 해방 한국전쟁기 한국인의 질병과 위생 의료』, 이순 2011, 19쪽)

지배자로서 미군은 일본 제국주의자들보다 더한 야만성과 폭력성을 보이기도 했지만, 보건·위생 방면에서는 단연 문명인이었다. 일본인 지배자들은 식민지 조선의 질병을 범죄처럼 다뤘다. 그래서 공중 보건에 관한 업무를 경찰이 맡고, 의료인들은 종속적 역할만 맡았다. 전염병자 격리 병원인 순화병원은 비참한 죽음의 상징처럼 여겨져서 "순화병원 갈 놈"이란 말이 극악한 욕설로 통했다(같은 책, 51~52쪽).

미군은 진주 직후 군정청에 대규모의 보건후생부를 만들고 각 도에 보건후생국을 두었다. 질병에 대해 인도주의적 입장을 분명히 한 것이다. 그러나 실무를 맡을 인력이 부족했기 때문에 실제 현장에서는 경찰이 공중 보건 업무를 주재하는 식민지 시대의 관행이 오랫동안 계속되었다. 1946년 여름 콜레라가 터질 때까지는 식민지 시대 경찰의 업무 능력도 회복되지 못하고 있었고 미군이 목표로 삼은 보건후생 행정 조직도 갖춰지지 못하고 있었다.

1946년 조선의 도시들, 특히 38선 이남의 대도시들은 질병에 극히 취약한 상태에 놓여 있었다. 해방 당시 한반도 밖에 나가 있던 조선인 5백만 명 가운데 2백여만 명이 해방 후 1년 동안에 귀국했다. 일본인 70여만 명이 돌아갔으니 약 130만 명의 순증가다.

이 증가가 서울 등 38선 이남의 대도시에 집중되었다. 질서가 일찍 잡힌 이북 지역에는 갈 데 없는 귀국 동포들이 자리 잡을 여지가 적었다. 그리고 1946년 3월의 토지개혁 이후 이북 주민들의 이남 이주가 급증하기 시작했다. 그런데 농촌 지역에는 노동력을 흡수할 여지가 별로 없었다. 혼란스러운 대도시라야 유민들이 열악하나마 생존의 여건을 찾을 여지가 있었다. 서울 거주 인구는 해방 후 1년 동안에 30퍼센트 이상 늘어났는데, 물 공급을 비롯한 생활 조건은 확충되기는커녕 혼란 속에서 파괴되고 있었다. 게다가 식량난으로 일반 주민들의 영양 상태도 악화되어 면역력이 떨어져 있었다.

1946년 여름의 콜레라는 조선인들이 처해 있던 열악한 생활 조건의 한 모퉁이가 드러난 것이었다. 공중 보건은 미군정이 다른 어느 분야보다 양심적이고 성실한 노력을 쏟아 부은 분야라 할 수 있는데도 식민지 시대보다 더 심한 참극을 겪어야 했다. 해방공간에서 조선인의 행동 양식을 이해하는 데는 이처럼 열악한 생활 조건을 감안하지 않으면 안 될 것이다.

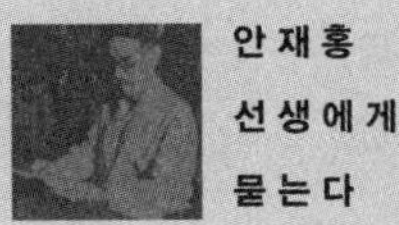

안재홍
선생에게
묻는다

만담가 신불출의 '국기 모독죄'

김기협 | 오늘은 6·10 만세 운동 20주년이 되는 날입니다. 민전에서는 서울운동장에서 11시 반부터 만세 운동 기념식을 열었는데, 한편에서는 독촉국민회 전국 대회가 10시부터 정동예배당에서 열렸습니다.

지난 3·1절 행사를 끝내 양쪽에서 따로 열어 사람들의 빈축을 사더니 6·10 기념일에도 조선의 정치계는 어울리는 모습을 보여주지 못하는군요. 독촉국민회 진행 중 "6·10 희생 동지에 대한 묵상"이 있었다고 들었습니다만, 국내 민족운동의 가장 큰 발현의 하나였던 만세 운동의 의미를 우익에서 너무 경시하는 것이 아닌가 하는 생각이 듭니다.

3·1절 행사 통합 문제도 애초의 발단은 어쨌든 마지막 단계에서 우익 쪽에서 너무 무성의하게 나왔기 때문에 언론사 대표단이 우익 행사 보도 거부라는 극단적 조치까지 취했죠. 민족주의를 받든다는 우익에서 민족적 행사에 무성의하다는 사실이 언어도단이라는 개탄이 나왔는데, 이번에는 경쟁적으로 행사를 벌이는 것도 아니면서 아예 만세 운동을 묵살해버리는 꼴이니, 이것을 '점입가경'이라고 해야 하겠습니까?

선생님은 독촉국민회 행사에 참석하셨죠. 20년 전 선생님은 어떤 일을 하고 계셨습니까? 그때의 만세 운동을 묵살하는 행사에 참석하는 심경이 어떠셨습니까?

안재홍 | 부끄럽다는 말씀부터 하지 않을 수 없습니다. 20년 전을 돌아보며 『조선일보』 1926년 6월 10일자 사설의 한두 대목을 떠올려봅니다.

> "아아, 2천 3백만의 조선인 대중아. 오인은 이제 우리의 최종의 제왕을 봉결(奉訣)함에 당하여, 다시 역사적 유래를 말하고자 아니하고, 선민선철(先民先哲) 서로 전하던 의법(儀法)을 말하고자 아니하고, 이 어른으로 하여금 그 척강(陟降)하시는 영이 만중의 애끓는 정곡을 굽어 살피시기를 하소할 사이도 없도다. (…)
> 모든 식자와 청년과 마음이 있는 자들도 울어라. 평생의 품고 있는 지원(至願)과 불같이 타오르는 이상은, 이 어른의 기구하던 일생과 한가지로, 항상 실의의 눈물 속에 잠겨버리지 아니하였는가.
> 모든 가난한 자, 괴로운 자, 세상이 귀찮은 자, 기쁨을 경험하지 못한 자, 그 몸을 둘 곳이 없는 자는, 각각 그의 선 자리 앉은 자리 넘어진 자리 얽매인 자리에서, 마음껏 기운껏 목청껏 울지어다. 가슴 치고 발 구르고 몸부림하고 울지어다. 이 어른의 역사가 한 걸음씩 향하여 가던 그대로, 당신들의 운명도 걸음걸음 암담한 세계로 갔었느니라. (…)"

만세 운동은 6월 10일 순종의 인산을 계기로 일어난 것이었죠. 순종의 승하는 우리 세대 민족의식에 한 분수령이 되었습니다. 7년 전 고종 승하 때 3·1운동으로 일어난 변화가 완결된 것입니다. 조선인의 민족운동이 조선왕조로 되돌아가는 것이 아니라 다른 방향을 찾아 나서게 된 것입니다.

그해의 만세 운동 자체는 크게 격렬한 것이 아니었습니다. 큰 인명 피해도 없었고 전국적으로 피검자 천여 명에 수감자 53명, 그중 11명이 유죄판결을 받았습니다. 3·1운동과 비한다면 그렇게 큰 일이 아니었다고 볼 수도 있습니다.

그러나 겉으로 크게 터지지는 않았어도 조선인의 운명을 걱정하는 사람들의 마음을 크게 움직였던 그 일은 조선 민족운동의 큰 고비였습니다. 그 기념식을 "6·10운동 20주년 기념식 미소공동위원회 속개 촉진 시민대회"라는 이름으로 정치적 목적과 결부시킨 민전 측의 처사도 안타깝지만, 민족운동의 의미를 제대로 드러내지 못하는 '민족진영'의 무능함에 스스로 참담함을 느낍니다.

김기협 | 선생님은 당시 『조선일보』 주필로 필봉을 휘날리실 때인데, 사건 후에 남기신 논설을 보여주실 만한 것은 없는지요?

안재홍 | 6월 10일 이후 문제의 핵심을 지적하는 글을 내려 했지만 여의치 않았습니다. 6월 15일에야 문제를 개관하는 사설을 올릴 수 있었습니다. 그 끝부분만 옮겨놓죠.

"책임을 구태여 논할진대, 전 조선의 위정 당로자가 그 책임자요, 전 조선에 군림코자 하는 40만의 일본인이 또 그 책임자요, 조선 2천 3백만 대중의 스스로 참기 어려운 불행한 지위를 목전에 던져두고 홀로 고침사지(高枕肆志)하고자 하는 천견 편견인 전 일본 국민 된 자는 또 그 책임자임을 피치 못할 것이다. 6월 10일의 사건이 당로의 주장하는 의미대로 경미할는지 모른다. (…) 천하의 민중으로 더불어 융체와 성패를 만세에 결정하고자 하는 데 있어서, 스스로 만중의 가슴속에 소용도는 엄숙한 사실을 엄폐하고 써 일시를 호도하고자 할진대, 그는 겹겹의 의미로서 무성의의 심한 자라 할 것이다. 이에 관하여, 일시의 정실(情實) 관계로서 엄연한 사실을 비켜놓고 책임의 전가를 기획하는 자 또한 무성의한 자라 할 것이다."

그때 만세 운동의 의미를 드러내고자 이런 글을 쓰고 있던 내가 당시 내가 책임을 묻던 자들이 쫓겨난 이제 와서 그 운동을 기념하는 일조차 제대로 못하고 있습니다. 나 자신이 무성의한 자입니다. 참담한 일입니다.

김기협 | 순종의 죽음이 당시 사람들의 민족의식에 한 분수령이 되었다는 선생님 말씀에 좀 어리둥절하게 느껴지는 면이 있습니다. 순종은 1907년 헤이그밀사사건■을 계기로 고종의 강제 퇴위에 따라 즉위했고, 3년 후 강제 병합에 이르기까지 '괴뢰 황제' 노릇 한 자로 인식되는 존재입니다.

1919년 고종의 죽음이 3·1운동의 계기가 되는 데는 그 공과를 차치하고 임금으로서 고종의 실체가 사람들의 의식에 작용했다고 볼 수 있습니다. 그러나 7년 후 순종이 죽을 때 순종의 실체가 사람들에게 강하게 느껴질 수 있었을지 의문이 드는군요. 1926년 당시의 민족주의자로서 선생님이 느끼고 생각하신 것은 어떤 것이었는지요?

■ 1907년 고종이 네덜란드 헤이그에서 열린 만국평화회의에 밀사를 파견하여 일제의 강압으로 체결된 을사조약의 불법성과 무효성을 국제 사회에 호소하려던 사건으로 그 뜻은 이루지 못했다.

안재홍 | 순종의 실제 역할이 없었기 때문에 그 상징성이 더 강하게 느껴지는 면이 있었지요. 고종은 40여 년간 재위 중에 잘한 일도 없지 않겠지만, 꾸준히 망국의 길을 걸었던 임금입니다. 순종에게는 망국을 향해 더 잘못할 일거리가 남아 있지 않았습니다. 아무 죄 없이 왕위를 잃은 순종에게 아무 죄 없이 나라를 잃은 대다수 국민이 동병상련의 느낌을 가지지 않을 수 없었습니다.

3·1운동 이후 일본의 '문화 정책'의 작용으로 민족주의 운동에 변화가 일어났습니다. 식민 지배를 현실로 받아들이는 사람들이 늘어난 것이죠. 식민지 상태에서라도 민생은 발전해야 한다는 생각에서 나도 물산장려운동에 참여했습니다.

자치 운동도 물산장려운동과 같은 논리에 입각한 것이었습니다. 그러나 민족 주체성의 포기 여부가 그 사이에 있었습니다. 타협파와 비타협파의 경계선이었지요. 아무 죄 없이 나라 잃은 사실을 순종의 승하를 보며 되새긴 것이 비타협파 민족주의의 정서였습니다.

김기협 | 만담가 신불출(申不出, 1905~?) 씨가 6·10 만세 기념 공연 중 봉변을 당했다더군요. 6월 13일자 『동아일보』 기사입니다.

> 재담꾼 신불출이가 재담을 잘못하다가 경을 쳤다. 신불출이는 11일 밤 8시 40분경 시내 국제극장에서 6·10 만세 기념 주간 공연에 나와 재담으로 실소사전(失笑辭典)이란 만담을 하고 있을 즈음 말끝에 우리나라 태극기를 언급하며 청색은 소위 우요 적색은 좌다. 그리고 팔괘는 연합국을 상징하는 것으로 조선은 좌우가 갈리고 연합국은 언제나 우리나라 주위에 있다. 또 미·소는 전쟁을 하리라는 재담을 하자 돌연 관중석에서 신성한 국기를 모독한 데 의분이 폭발되어 신불출

> 을 하단시킨 다음 그중 일부 격분한 군중에게 구타당하여 일시 극장은 소란하였다. 급보를 접한 경찰과 MP의 제지로 동 9시 반경 수습되었는데 불출은 방금 백인제 외과에 입원 중으로 생명이 위독하다고 한다. 경찰에서는 또한 주최 측인 조선영화동맹과 예술통신사 책임자도 소환하여 조사를 하고 있다.
>
> (「만담가 신불출 태극기 모독으로 군중에게 구타당함」, 『동아일보』 1946년 6월 13일)

신불출 씨는 좌익 대중 집회에 많이 등장하고 대중의 인기를 끄는 인물이라서 극우파에게 단단히 찍혔던 모양입니다. 저는 이 기사를 보며 실소를 금치 못한 것이, 요즘도 전임 총리가 어느 행사에서 태극기를 밟고 사진을 찍었네 어쨌네 하고 야단이죠. 애국심을 형상에 묶어놓는 것은 극우파의 전통인가 봅니다.

안재홍 | 『동아일보』가 티를 좀 낸 기사군요. 신불출을 애 이름 부르듯 하는데, 그 사람이 만만한 사람이 아니에요. 일대의 풍류객이죠. 그 사람 창씨개명을 뭐라고 했는지 알아요? 강원야원(江原野原)이에요. '에하라 노하라'. 풍자적인 이름이 여러 가지 있었지만, 내 보기에 그중 일품이었습니다.

신 씨가 명성을 날린 것이 1931년의 일입니다. 「동방이 밝아온다」라는 연극의 마지막 대사를 이렇게 바꿔서 외치고 경찰서에 끌려갔다고 하더군요.

> "새벽을 맞아 우리 모두 잠에서 깨어납시다. 여러분, 삼천리강산에 우리들이 연극할 무대는 전부 일본 사람 것이고, 조선인 극장은 한두 곳밖에 없습니다. 우리는 이대로 있으면 안 됩니다. 우리 동포들은

두 주먹을 불끈 쥐고 일어나야 합니다."

이 학력 없는 연극배우가 『삼천리』 1937년 1월호에 기고한 글 「극예술협회에 보내는 공개장」은 연극계뿐 아니라 문화계 전체에 큰 충격을 던져주기도 했습니다. 인텔리 연극인들의 모임인 극예술협회에서 예술극과 상업극을 구분해 상업극을 폄하하던 풍조에 대한 반론이었죠. 이 글에서 그는 예술적 측면과 사상적 측면, 그리고 흥행적 측면, 세 가지를 모두 연극의 필수 요소라고 주장했습니다. 상업극과 예술극의 상호 보완적 관계를 제시한 탁견으로 많은 사람들이 탄복했습니다.

광대를 자처하면서 스스로 사람들의 웃음거리가 되는 사람이지만, 생각 있는 사람들은 그를 뛰어난 문화인이요, 지사라고 여깁니다. 그런 사람을 주먹으로 다스리려고 나서는 자들이 있다는 것은 참으로 이 사회의 부끄러운 단면입니다.

4

좌우합작 추진

1946년 6월 14 ~ 30일

미군정이 중도파를 앞세운 좌우합작 방안을 모색하고 하지 사령관이 좌우합작을 지원하면서 미군 진주 이래 맹위를 떨친 극우파 세력의 이승만도 극좌파도 이를 가로막을 길이 없었다.

1946. 6. 14.

'좌우합작'에 임하는 하지의 꿈

5월 28일 민주의원인 중도파 의원 원세훈(元世勳, 1887~1959)이 기자회견에서 사흘 전 있었던 좌우합작 모임을 설명했다.

우리 일을 가장 걱정하는 외인(外人)이 여운형, 허헌 양씨와 나와 김규식 박사가 회견할 필요가 있다고 역설하는 말을 듣고 나는 그에게 이 회견의 요청이 여, 허 양인으로부터 온 것인가, 혹은 당신이 중간에서 알선하는 것인가 함에 대하여 여, 허 양씨의 요청이라면 요청이나 나의 알선이라면 알선이라고 하겠다고 대답하였다. 회견의 필요는 물론 시국 타개의 방안을 협의하자는 데 있었다. 따라서 회견은 개인적 사회견이요 공적 회견이 아님을 분명히 해두었다.
이리하여 회견의 기회가 한두 차례 있었고 결국 지난 25일 오후에 모처에서 버치, 아펜젤러 양씨와 김 박사 및 나와 여(운형), 황(진남) 등 6인이 회합하였는데, 버치 씨가 먼저 개회사 비슷이 "이것은 당신네들 일이니 당신네들 맘대로 잘 타협하시오"라고 하였다.
원(세훈): "나는 당신이 부끄럽소. 우리 일을 우리가 못하고 외인의 알선으로 이같이 함은 대단 미안하오. 우리가 여태껏 한 일은 다 덮어 놓읍시다. 그리고 다만 완전 독립에 좋은 안이 있으면 말하시오."

상대방: "합작의 안이 없다."

원: "아무 안이 없이 만나면 무엇하는가" 하고 이편 안을 피력하였다.

원: "다 같이 완전 독립한다면 합작할 수 있다."

김(규식): "전적으로 즉시 독립을 목적한다면 합작할 수 있다."

여: "독립이야 다 원하는 바이나 탁치라는 말을 해석해보자" 하며 해석하였다.

원: "탁치에 대한 해석을 하러 온 게 아니다."

이리하여 김 박사가 38 이북의 악실정을 언급하니 부정하는 태도를 보이며 상대방 양씨는 퇴장하고 말았다.

(「민주의원 원세훈, 민의와 민전의 교섭 전말에 대해 개인 자격의 담화」, 『동아일보』 1946년 5월 29일)

1946년 좌우합작 노력의 첫 모습을 보여주는 발표였다. 6월 14일 오후에 김규식, 여운형, 허헌, 원세훈과 옵서버 몇 사람이 참석한 모임이 다시 열렸고, 원세훈은 이 모임에 관한 개인 담화를 며칠 후에 발표했다.

나는 김규식 박사와 같이 14일 시내 모처에서 여운형, 허헌 씨 외 옵서버 두서너 사람과 함께 화기애애한 가운데 회합하여 장시간 동안 회의를 진행하였다. 그 결과는 구체적으로 완전한 성과는 거두지 못했으나 좌우합작 문제에 대하여는 대체로 의견이 일치되어 세 가지 점에 완전히 의견 일치를 얻게 되었고 시일과 장소는 작정하지 않았으나 우리들은 확실히 재회할 것을 약속하였다. 당일 회합에서 일치된 의견 합치점은 다음 세 가지다.

● 대내 대외에 관한 기본 원칙으로 대내적으로는 부르주아 민주공

화국을 채선(採選)하고 대외적으로는 국제적으로 불편부당한 선린외교 정책이라야 할 것.

● 좌우를 막론하고 진실한 애국자며 진정한 혁명가라면 절대로 배격이나 중상을 금하고 이를 절대로 옹호하여야 할 것.

● 남북합작은 북조선에 있어서는 공산당 일당독재를 제외하고 언론 집회 사상 자유가 허여된 후에야 비로소 합작이 가능할 것.

(「민주의원 원세훈, 좌우합작 회의 결과에 대해 개인 자격으로 발표」, 『조선일보』 1946년 6월 19일)

원세훈이 말한 "시내 모처"란 군정청 고문인 버치 중위의 사택이었다. 앞의 담화에서 "우리 일을 가장 걱정하는 외인"도 버치 중위를 가리킨 말이다. 레너드 버치는 원세훈만이 아니라 많은 조선 정치인들의 신뢰를 모으며 좌우합작 노력을 이끄는 역할을 맡았다. 일개 중위로서 이런 특출한 역할을 맡은 버치는 어떤 인물이었던가?

브루스 커밍스는 1973년 5월 19일 버치와의 인터뷰를 통해 많은 회고를 얻어내고 버치의 이력을 『The Origins of the Korean War』, 534쪽에 간략히 정리해놓았다.

버치는 오하이오 주 애크런 출신으로 하버드에서 공부한 변호사로서 자기표현에 따르면 "세상에서 가장 지체 높은 육군 중위"가 된 사람이다. 1946년 초에 한국에 들어왔다. 많은 사람들이 생각한 것처럼 특정한 임무를 위해 파견된 것이 아니라, 그저 "샌프란시스코의 서점 하나를 몽땅 뒤져서" 한국에 조금이라도 관련되는 자료를 끌어 모으고 한국까지의 항해 중에 그 자료를 모두 읽은 것이었다. 그는 머지않아 군정청에서 한국의 정치와 인물을 제일 잘 아는 미국인이 되어 아

> 놀드의 (그리고 하지의) 정치 고문으로 발탁되었다. 그리고 곧 한국 좌우익의 중요한 정치 지도자 대부분과 개인적 교분을 가지게 되었다.

커밍스는 버치를 언급할 때마다 아주 강한 신뢰, 때로는 존경심까지 보여준다. 하지, 아놀드, 러치 등 미군정 지도자들에 비하면 뛰어난 교양인이 분명하고, 그가 관여한 좌우합작 노력에서는 수준 높은 전략 마인드도 알아볼 수 있다. 그런 인물이 군정청에 더 많았다면, 그리고 더 큰 영향력을 가졌다면 군정의 폐해가 훨씬 덜했을 것이라고 나도 생각한다.

좌우합작 노력에 대해서도 민족의 비극을 막을 수 있었던 길로 높이 평가하고 싶은 마음이 든다. 정치의 양극화를 극복하고 합리적 태도의 중도파가 주도권을 확보함으로써 민족의 역사가 덜 폭력적인 길로 향할 수 있었던 기회처럼 생각되기 때문이다.

그러나 앞으로 좌우합작 과정의 검토에서는 냉정한 태도를 지키도록 노력하려 한다. 버치에 대해서도 좌우합작에 대해서도 당시 현실적 결정권을 가진 사람들, 그리고 실제로 벌어진 진행과 대비해서 지나치게 미화하고 싶은 충동을 나 자신 느끼기 때문이다.

좌우합작을 "중간파와 하지의 동상이몽"으로 규정한 정용욱의 설명이 냉정한 검토를 위한 좋은 출발점으로 보인다.

> 미국이 추구한 목적은 개혁 그 자체는 아니었다. 미국 측 개혁 추진자들은 일정한 개혁이야말로 좌익에 대항하기 위한 가장 효과적인 방안이라고 주장하였다. 즉, 개혁 조치는 반공 정책의 일환이었고, 공산주의 세력으로부터 대중을 분리시키기 위한 수단에 불과했다. (…)
> 미국 측 당국자들은 자신이 추구하는 개혁을 중도 정책이라 불렀지

> 만 이러한 정책은 중간파와 별로 관련이 없었다. 하지는 중간파가 제안한 사회경제적 개혁을 그 내용 그대로 실시하는 것을 계속 거부하였다. 미국은 대신 개혁 조치를 개량화시킴으로써 우익과의 연합을 강화하고, 대중적 인기를 만회하는 방식으로 추진하고자 하였다. 미국이 표방한 개혁 정책은 '반공'이라는 정치적 목적을 달성하기 위한 수단의 성격, 일종의 개량주의적 개혁의 성격을 가지고 있었다. (『존 하지와 미군 점령통치 3년』, 132~133쪽)

미군정을 구성한 인물 중에 탐욕스럽고 어리석은 사람이 많았으리라는 것은 여러모로 짐작이 가는 일이다. 그러나 많은 사람이 모인 집단이라면 더러 현명한 사람도 있기 마련이다. 버치 한 사람만이 독야청청했던 것은 아닐 것이다.

정용욱은 좌우합작을 지지, 지원한 미군정 인사로 하지의 경제 고문 아서 번스, 정치 고문 윌리엄 랭던(Willam Langdon), 노동 고문 스튜어트 미챔 등 "중간파 정책 추진자" 그룹을 지목했다. 이들에 반대하는 극우파의 대표로는 러치 군정장관을 지목했다. 하지 자신은 개인적 성향으로는 반소·반공주의자였지만, 사령관으로서의 책임 때문에 중도노선의 필요성을 부분적으로 인정하지 않을 수 없었던 이중적 입장으로 설명했다(같은 책, 135~145쪽).

중도파 조선 정치인들과 하지 사이에만 "동상이몽"이 아니었다. 좌우합작 노력에 참여한 여러 중도파 정치인들 사이에도 서로 어울리기 힘든 많은 꿈이 있었다. 그 꿈들 하나하나에 살펴볼 만한 의미가 있겠지만, 좌우합작 노력의 흐름을 결정하는 데 가장 큰 힘을 발휘한 것은 역시 칼자루를 쥔 하지의 꿈이었다. 좌우합작 움직임을 더듬어보기에 앞서 하지의 꿈 해몽부터 시작해야겠다.

1946. 6. 16.

하지에게 하나의 '옵션'일 뿐이었던 좌우합작

해방 직후 이승만의 귀국 과정에서 미국 국무부가 비협조적인 태도를 보인 것은 그의 영향력이 커지는 것을 바람직하지 않은 일로 보았기 때문이다. 그 시점 이승만의 입장에서 가장 두드러진 것은 1945년 4월에서 6월까지 샌프란시스코회의 기간 중의 반소·반공 선전 활동이었다. 이것은 전후 처리에서 소련과의 협조 관계를 중시하는 국무부의 기본 방침에 어긋나는 것이었다.

맥아더가 이승만을 후대하고 귀국을 도와준 것은 국무부의 기본 방침에 불만을 가졌기 때문이었다. 맥아더는 소련과의 관계 악화를 원했고, 그것은 당시 미국 군부에서 널리 공유하고 있던 태도였다. 맥아더에게 불려가 도쿄에서 이승만을 만나고 돌아온 하지가 그에게 칙사 대접을 한 것은 자연스러운 일이었다.

이승만은 하지에 대한 영향력을 밑천으로 임정 세력을 자기 휘하에 끌어들이려 했다. 김구 등 임정 주류는 이승만의 입장을 존중했다. 그러나 휘하에 들어가려고는 하지 않았다. 그래서 모스크바 3상회의 전에 독촉을 통일전선으로 만들려는 미군정과 이승만의 시도는 실패로 돌아갔다. 3상회의 직후에는 김구 세력이 반탁운동의 물결을 타고 미군정을 쫓아내려는 시도까지 있었다. 그리고 미소공위 개회 전에 민주의원을 우익 주도의 통일전선으로 만들려는 시도 역시 실패로 돌아갔다. 좌익 주도의 민전이 훨씬 더 통일전선에 접근한 모습을 보였다.

우익 영도자로 자리를 굳히는 이승만과 김구에게 하지가 불만을 품을 만한 조건은 계속 쌓여갔다. 3월 이승만의 '광산 스캔들'이 터져 나왔을 때 즉각 민주의원 의장직에서 물러난 것도 하지의 신뢰가 한계에 도달했음을 보여준다. 5월 하순까지 하지의 정치 고문으로 있던 이승만의 측근 굿펠로에게 하지가 6월 23일 보낸 편지에서 이승만을 "늙은 악당"으로 지칭한 데서(『우남 이승만 연구』, 572쪽) 이승만에 대한 하지의 태도 변화를 알아볼 수 있다.

5~6월경 하지의 이승만에 대한 태도를 서중석은 이렇게까지 설명했다.

> 1946년 5, 6월경 하지 장군의 이승만에 대한 불신도 커졌다. 하지와 러치 군정장관은 이승만이 과대망상으로 제정신이 아니라고 판단했던 것 같다. 이 때문에 1946년 6월 초, 하지 장군은 어떤 정신병 의사로 하여금 이승만과 다소 은밀하게 면담을 가지도록 일을 진행시키었다고 한다. (『한국현대민족운동연구』, 397쪽)

김구는 미국인들에게 전혀 신뢰를 받지 못했다. 5월 22일 미 국무·육군·해군 3부 합동 회의에서 국무부 점령지구 담당 차관보 힐드링(John R. Hilldring)이 "그동안 우리가 김구를 지도자로 선택했던 것은 적을 동지로 알고 지지해온 것이나 다름없으며, 그를 계속 지지할 경우 장차 미국의 입장은 더욱 어렵게 될 것"이라고 말했다(『한국현대민족운동연구』, 395쪽).

6월 6일 힐드링 차관보는 육군부 작전처로 대한 정책에 관한 각서를 보냈는데, 미군정에 대한 한국인의 지지 기반을 넓히고 미·소 간 교섭에서 미국 측 입장을 강화하기 위한 대책을 담은 것이었다. 『한국현대민족운동연구』(395~396쪽)에서 그 내용 일부를 재인용한다.

> "한국에 자치독립 정부의 수립, 유엔 가입, 경제 건설, 교육의 강화는 미국의 기본적 대한 정책이다. 한편 당면한 정책으로는 소련과의 협상에서 미국이 유리한 입장을 강화하기 위해서 미국 정책에 대한 한국인의 적극적인 지지 기반을 강화하는 데 있다. 그러기 위해서 미군정은 부득이 해방 후 귀국한 정치지도자들의 자발적인 정계 은퇴를 유도하고, 가급적 일본 통치기간 중 한국에 남아 있던 사람 가운데 새로운 지도자를 선택하도록 해야 한다.
>
> 만약 한국 정계에 태풍의 눈이며, 말썽의 근원인 몇몇 정객들을 임시로 정계에서 은퇴케 한다면, 미·소 간에 원만한 합의를 모색하는 것은 물론, 남한 안의 각 정치 세력을 매우 고무하게 될 것이다. 그들이 정계에 남아 있다는 것은 소련과의 합의를 점점 어렵게 할 것이며, 소련이 반소적인 그들을 모스크바 결의에 따른 임시정부에 참여하지 않도록 하려는 것은 일리가 있다."

미소공위 개막 때 인사말에서 소련 수석대표 스티코프(Terenti F. Stykov, 1907~64) 중장은 소련에 위협을 주지 않는 국가가 한반도에 세워지기 바란다는 뜻을 분명히 했다. 일본 항복 전부터 '얄타 밀약설'을 들먹이며 반소·반공 태도를 분명히 한 이승만, 그에 동조해 모스크바 3상회의 결정을 배격해온 김구는 소련에게 기피 인물이 아닐 수 없었다. 그들이 새 국가를 이끌게 되면 소련에 위협을 주는 태도를 취할 것이 분명했기 때문이다.

제1차 미소공동위원회가 결렬된 후 미군정은 대중적 지지 기반을 넓히고 소련과의 협상에서 유리한 입장을 강화하기 위해 중도파를 이용한 좌우합작 추진에 나서게 된다(왼쪽부터 이승만, 김구, 스티코프, 안재홍).

소련과의 협상을 어렵게 만드는 존재라 하더라도 이승만과 김구가 미국과 미군정에 대한 조선인의 지지를 어느 정도 잘 키우고 모아줄 능력과 성의를 보인다면 이용할 가치가 있다. 그러나 그들은 극우파 중심으로 우익을 결속시키는 데만 열중해서 임정마저 분열시키고 중도파까지도 민전으로 넘어가게 만들고 있었다. 조선에 상당한 수준의 사회경제적 개혁이 필요하다고 하는 국무부 전문가들의 의견을 하지 같은 반공주의자라도 막무가내로 배척할 수 없었다.

좌우 대립의 전선은 2월에 민주의원과 민전 사이에 형성되었다. 우익에게 형편없이 불리한 구도였다. 이승만과 김구를 '영수'로 받드는 민주의원은 그 핵심 인물 안재홍(安在鴻, 1891~1965)의 눈에도 "고궁에서 한담"이나 나누는 존재가 되었다. 정치적 과제를 능동적으로 추구하기는커녕 미소공위의 협의 상대 신청을 놓고도 영수들의 눈치나 살피는 분위기였다.

민주의원의 실패로 미국은 소련과의 협상에서 불리한 입장에 처했다. 이승만과 굿펠로의 단독정부 주장은 이미 불리해진 협상에 연연하지 말고 우리 길을 가자는 것이었다. 이것을 하지는 하나의 옵션으로 생각했음이 분명하지만, 그 하나의 옵션에만 만족할 수는 없었다. 이승만과 한민당의 행동 방식으로 볼 때, 단독정부를 세우더라도 원만한 결과를 얻을 수 없을 것이 분명했고, 그것은 점령군 사령관의 책임이 따르는 문제였기 때문이다.

하지는 민주의원보다 대표성이 강한 조직을 원했다. 그렇다고 민전을 포용할 수는 없었다. 중도파가 민전에 가담했지만 주도권을 공산당이 쥐고 있었기 때문이다. 서중석은 『한국현대민족운동연구』(349~353쪽)에서 합작파와 비합작파를 "민전 내부의 두 조류"라고 설명했는데, 공산당은 민전을 유일한 민주주의 세력으로 규정하며 중간파의 존재를 부정했다.

> "오늘 조선의 정치적 분열은 좌우의 분열이 아니라, 민주주의와 반민주주의와의 원칙적 분열이며, 오늘에 있어서는 '중간파'라고 하는 것은 존재할 수 없다는 우리의 옳은 견해를 실천으로써 증명한 것이다."
>
> (『해방일보』 1946년 2월 20일; 『한국현대민족운동연구』, 351쪽에서 재인용)

5월 초순에 미군정이 공개한 조봉암의 편지에도 공산당의 지나치게 경직된 민전 장악 시도를 비판한 대목이 있다(5월 10일자 일기). 편지의 일부를 미군정에서 조작했다는 본인의 항의가 있기는 했지만, 이 비판 부분은 조작되지 않은 것으로 보인다.

> 민주주의민족전선은 잘될 줄 아오마는 역시 통일전선으로서는 우리 당원이 과대히 침투했기 때문에 비당(非黨) 군중의 능동적 활동을 스스로 제약시키고 있다고 보오. 당이 크고 옳은 전선을 내세운 바에는

> 대중을 그 길로 나아가도록 하면 족하지 않겠소. '지방에서는 당원이 절대다수를 차지하여야 된다' 등의 지령은 과오로 생각되오.

미군정과 우익의 자세 변화에 대해 민전이 유연하게 대처할 수 없었던 것은 공산당의 확고한 장악 때문이었다. 공산당은 민전을 앞세워 민주의원을 고립시킨 유리한 형세를 고수하기 위해 민전이 더 이상 우익을 향해 유화적인 자세를 취하지 못하도록 가로막았다.

하지가 좌우합작을 통해 얻고자 한 것은 민전보다 우세하면서 미국과 미군정을 지지하는 통일전선이었다. 한민당, 한독당과 민주의원에도 더 이상 영수들의 편협한 노선에 묵종만 할 수 없다는 중간파의 움직임이 나타났고, 민전과 좌익에서도 공산당의 강경 노선에 저항하는 움직임이 일어났다. 심지어 공산당 내에서도 조봉암의 편지에 보이는 것처럼 박헌영 노선에 대한 반발이 나타나고 있었다. 양측의 합작파를 미군정이 지원할 경우 극우파에게는 따라오는 것밖에 다른 선택이 없을 것이니 민전보다 더 기반이 넓은 통일전선을 이룩할 수 있으리라는 것이 하지의 계산이었다.

5월 초순 미소공위 정회와 함께 시작된 미군정의 다각적 좌익 탄압(5월 13일자 일기)도 공산당의 고립에 초점을 둔 좌우합작 추진 방책으로 이해할 수 있다. 조봉암 편지의 공개와 정판사사건은 분명히 공산당의 권위를 무너뜨리기 위한 것이었다. 5월 25일 합작을 위한 첫 준비 모임 때 공산당은 수세에 빠져 있었다. 강경 노선으로 통일전선 노력을 거듭거듭 좌절시켜온 공산당의 입장이 약화된 상황 덕분에 중도우파 인물들이 희망을 가지고 모임에 임할 수 있었을 것이다. 정용욱은 이 상황을 이렇게 정리했다.

> 1946년 봄의 시점에서 미국이 중간파에 주목하게 된 것은 미소공위 결렬 이후의 상황 변화와 남한에서 중간파의 정치적 위상 제고에 의한 것이다. 하지만 미국이 중간파에 접근한 이유가 중간파가 당시 정치 상황에서 지닌 고유한 역동성, 즉 조직적으로는 미약하지만 민족 통일전선 형성에서 이들이 차지하는 중요한 위치와 적극적 역할을 긍정적으로 평가했기 때문은 아니었다.
> 미국은 중간파가 일방적으로 소련에 치우치지 않고 있다는 점, 그러나 방치해두면 소련에 우호적인 세력이 되어 정치적 균형과 지지 기반의 상실에 일조를 하게 될 것이라는 점, 또 이들의 개혁 지향적이고 자유주의적 성격을 잘 이용하면 일정한 한도 안에서 개량주의적 개혁을 실시할 수 있고 대중적 지지를 확보할 수 있다는 점에 보다 주목하였다. 즉, 미국은 중간파가 대소 반공 정책의 추구에도 유용하다는 점과 이들을 통해 미국의 정책에 대한 대중적 지지를 끌어낼 수 있다는 점에 일차적으로 주목하였다. (『존 하지와 미군 점령통치 3년』, 126쪽)

이렇게 본다면 하지가 바라본 좌우합작이 진선진미(盡善盡美)한 정책은 아닐지라도 상당히 현실적 타당성을 가진 건실한 정책이라고 생각된다. 문제는 이 정책의 성공을 위한 일관된 노력이 부족했다는 데 있었다. 단적인 문제가 친일파의 옹호와 등용이었다. 친일파에게는 통일 민족국가 수립을 회피하는 경향이 있었고, 행정조직과 경찰에서 그들의 역할이 좌우합작의 성공을 가로막는 걸림돌이 되었다. 하지에게는 그들이 원하는 단독정부 수립도 좌우합작을 통한 민족 통일국가 수립도 확고한 목표가 아니라 대등한 옵션으로서 선택의 대상이었기 때문에 그들의 존재가 방치되었던 것이다.

1946. 6. 17.

법조계를 덮친 양극화의 쓰나미

5월 30일자 일기에서 군정청 법령 제72호 이야기를 했다. "이현령비현령(耳懸鈴鼻懸鈴)"이라는 표현조차 무색할 정도로 폭압적인 법령이었다. 5월 4일 '발포'되어 5월 14일부터 효력을 '발생'한 이 법령이 5월 27일 '발표'되자 여론의 비난이 빗발쳤다. 6월 17일에 이르러 대법원장 김용무는 이 법령의 '정지'를 기자단에게 밝혔다.

> "군정법령 제72호는 당분간 정지하게 되었다. 그리하여 현재 군정법령 제72호로써 집행 중에 있는 사람은 상부의 명령을 기다려 처리하겠다."
>
> (「대법원장 김용무, 법령 72호 정지에 관해 담화」, 『동아일보』 1946년 6월 18일)

짧은 기간 이 법령이 발생한 효력이 어떤 것이었는지 보여주는 기사 하나를 6월 12일자 『자유신문』에서 찾았다.

> 남조선 단독정부 수립을 반대하는 삐라를 법령 72호에 위반이라고 처단한 경찰서장이 있어 관계자를 아연실색케 한 사실이 있다. 지난 10일 아침 철도 노조원 남광우 군은 6·10 만세 기념 삐라를 뿌리다

가 용산 서원에게 체포당하였다. 이 사실을 안 장(택상) 경찰부장은 용산서장에게 즉각 석방 명령을 내렸으나 용산서장의 보고에 의하면 그 삐라에 '단독정부 수립'을 반대하는 글이 있어 법령 제72호에 저촉된 고로 이 사실을 도 정보과장에게 보고하고 취조하여 11일 아침 송국하였다고 한다.

따라서 장 부장은 최 용산서장을 불러 문책하기로 되어 그 귀추가 주목되는데 장 부장은 다음과 같이 말한다. "단독정부 수립 반대가 72호 법령에 걸린다는 것은 말이 안 된다. 즉시 불러 문책하겠다."

(「단독정부 수립 반대는 법령 72호 위반인가?」, 『자유신문』 1946년 6월 12일)

용산서장이 어떤 사람인지는 조사하지 못했지만, 참 대단하다. 이 시점에서는 이승만 본인조차 단독정부 수립이 자기주장이 아니라 그런 민심이 있기 때문에 고려해야 한다는 얘기라고 둘러대며 여론의 눈치를 살피고 있었다. 그런데 천하의 장택상도 따라가지 못할 정도로 앞서 달리는 경찰서장이 있었다니!

주구(走狗)의 속성은 그런 것인가? 권력자가 원하는 바를 권력자 자신은 엄두를 내지 못하는 방법으로 실행하려는 경찰 (또는 검찰) 간부는 어느 시대에나 있는 것이 아닐까 싶다. 아무튼 눈여겨 살필 점은 장택상조차 "말이 안 된다"고 여기는 조치를 군정청 법령 제72호가 뒷받침해준다고 주장한 경찰서장이 있었다는 사실이다.

김용무 대법원장이 법령 제72호의 '정지'를 밝힌 기자회견에서 이런 문답도 있었다. 5월 11일 김용무가 지방 순시 중 광주재판소에서 한 발언을 기자들이 따지고 김용무가 해명한 것이다.

(문) 사법관으로서 엄정중립이니 불편부당이니 하는 자는 사법관의

자격이 없다고 훈시하였다는데?

(답) 미군정에 협력하고 건국 사업에 협력하는 사람이라야만 사법관의 자격이 있다고 한 의미다.

(문) 그러면 엄정중립과 불편부당이 미군정과 건국 사업에 비협력이라는 말인가?

(답) 사법관의 엄정중립과 불편부당이라는 것은 어느 정당이나 단체에 가담하여 반대의 정당이나 단체에게 편파한 행동을 하는 것은 불가하다는 말이고 오늘 미군정 하에 있는 사법관으로서는 미군정에 협력하고 건국 사업에 협력하는 것이야말로 사법관의 책임이다.

(문) 증거 서류가 불비하더라도 건국을 방해한다면 단연 철퇴를 내려야 한다고 말하였다는데?

(답) 지금 상태로는 경찰 또는 검사의 취조 서류가 다소 불비한 점이 없지 아니하므로 재판소로서는 일층 완비한 증거 재료를 수집하여 판결을 내린다는 의미다.

(문) 신탁을 지지한다는 것은 건국 사업에 방해라고 말하였다는데?

(답) 그러한 말을 한 일이 없다. 신탁을 지지하거나 반대하는 것은 사법관으로서 관여할 바 아니로되 신탁 지지라는 명목하에서 미군정을 비방하고 건국을 방해하는 일을 불가하다고 말하였을 뿐이다.

(문) 그러면 신탁 지지라는 명목하에서 군정을 비방하고 건국을 방해한 사실이 있다는 말인가?

(답) 꼭 있다는 말은 아니다.

(문) 좌익 진영은 전부 건국 방해자라고 말하였다는데?

(답) 그런 말은 한 일이 없다.

(문) 건국 정신의 중점을 어디다 두고 사법을 운영할 터인가?

(답) 진실한 민주주의 기초 위에서 사리사욕과 정치 욕망을 버리고

우리 건국을 촉진하도록 노력하겠다는 정신이 건국 정신으로 생각하고 있다.

(문) 군정법령 72호가 폐지되었다는 풍설이 있는데 사실인가?

(답) 72호는 폐지가 아니라 정지다. 이에 관하여 앞으로 사법부장과 협의한 후에 처리하겠다.

(「대법원장 김용무 기자들과 문답」, 『서울신문』 1946년 6월 18일)

4월 8일자 일기에서 김용무 대법원장의 거취를 살펴본 일이 있다. 1945년 10월 서울법원장(대법원장)에 취임하면서 법원의 중립을 위해 한민당을 탈당했지만 그 정치적 중립성에 대한 의심이 사라지지 않았던지 1946년 2월 25일 재판소 현직 판검사 전원의 8할 이상의 연명으로써 대법원장 불신임안을 법무부 당국에 제출했고(『서울신문』 1946년 3월 24일자), 4월 3일에 사표를 냈다.

그러나 5월 16일 러치 군정장관이 사직서를 반환하며 그를 유임시켰고, 이틀 후 그의 불신임을 주동한 자들을 숙청하는 대규모 인사가 있었다.

3월 2일자 일기에서는 장택상이 개입한 박흥식 불법 석방을 놓고 "이 사건의 발단은 소위 영어 마디나 하는 자의 중간 모략으로 군정을 모독시킨 것이 아닌가" 한다는 김용무의 논평을 소개한 일이 있다. 장택상 같은 기회주의자에 대비되는 원칙적 보수주의자의 면모를 보여주는 논평이었다.

그러나 3월 11일자 일기에서는 김계조 사건과 관련해 이와 다른 면모를 소개했다. 담당 판사 오승근(吳承根, 1908~2002)을 2월 20일 다른 부서로 전임시켰는데, 오승근이 이 이동의 부당함을 주장하며 김용무가 김계조 사건에 간접적으로 연루된 사실을 밝히는 담화를 발표했다.

김용무의 불신임안에는 오승근 전임 조치의 부당성에 대한 공감이 한몫한 것으로 보인다.

오승근은 5월 18일 광주재판소 장흥지원으로 발령받았고, 곧 법복을 벗었다. 지금으로 치자면 고등법원 부장판사를 지방법원 지원에 보낸 셈이다. 오승근과 같은 '좌익' 법관들이 숙청성 좌천을 당하고 법원을 떠났다. 그런데 그들이 모두 진짜 '좌익' 법관이었을까?

4월 8일자 일기에 소개했던 사법부 총무국장 강중인(姜仲仁, 1908~?)은 어떻게 봐도 중도파, 굳이 따지자면 우익 성향의 인물이었다. 그가 언제 어떻게 사법부를 떠났는지는 확인하지 못했지만, 그는 1946년 가을에 정판사사건 변호인단에 참여했고, 1949년 '법조프락치사건'으로 구속되어 3년형을 선고받음으로써 '좌익 법조인'의 딱지가 굳어졌다. 그리고 한국전쟁 때 월북했다. 이런 인물의 거취를 더 세밀하게 조사하면 1946년 5월 이후 극우로 치닫고 있던 법원 분위기를 잘 알아볼 수 있지 않을까 하는 생각이 든다.

한편 김용무의 행보에서도 착잡한 마음을 금할 수 없다. 박흥식 석방 사건에서 장택상에게 분노하는 모습을 보면 나름대로 '차카게 살자'는 마음을 가진 사람이었을 것 같다. 오승근을 민사부로 전임시키는 데도 큰 악의가 있었을 것 같지 않다. 김계조 사건의 연루라는 것이 김계조(金桂祚)가 세운 국제문화사의 중역을 맡았다는 것인데, 김용무 같은 명망가가 사업에 실제로 관계하지 않으면서 중역으로 얼굴 내미는 것은 흔한 일이었다.

그런데 6월 17일 기자회견에서의 궤변은 어떻게 해서 나오게 된 것인가? 자기 '살 길'을 거기에서 찾았기 때문 아니겠는가. 불신임안이 현직 판검사 8할 이상의 연명으로 제출되었다고 하니, 거기 참여한 사람들에게 인간적 배신감을 느낀 경우도 적지 않을 것이다. 불명예 퇴진에 직면한 그를 미군정은 재신임했다. 미군정은 그의 명예와 이익을 지켜주는 상전이 되고, 미군정에 비판적이며 그에게 위협을 주는 '좌익'은 그의 적이 된 것이 아닐까.

1946. 6. 20.

김규식의 등장

1946년의 좌우합작 노력에서 중심이 된 인물이 좌익의 여운형과 우익의 김규식이었다. 여운형은 해방 당일 건준 깃발을 올릴 때부터 시종일관 좌우합작을 제창해온 인물이었다. 함께 건준을 시작했던 안재홍조차 1946년 1, 2월의 대립 격화 분위기 속에서는 통일전선을 접어놓았던 데 비해 여운형은 민전 공동의장을 맡으면서도 민전 내 합작파의 위치를 지켰다. 그가 좌우합작의 좌익 대표가 된 것은 자연스러운 일이었다.

반면 우익 대표로 김규식이 나선 것은 많은 사람들에게 뜻밖의 상황이었다. 우익 진영은 이승만과 김구의 '영수' 체제로 굳어져 다른 인물에게 우익을 대표할 권위가 없었다. 안재홍, 원세훈 등 중도 성향 인물들은 권위에 있어서 두 영수와 비교가 안 되는 존재였다. 그런데 막상 김규식이 나서니 두 영수에 버금가는 제3의 지도자로서 존재감이 드러났다.

김규식은 이승만과 김구보다 몇 살 연하로, 이승만에 이어 두 번째로 미국에서 박사 학위를 취득한 조선인이었다. 초년에 미국인 선교사들에게 의지하며 자랐고, 사회 활동을 선교사 언더우드의 비서로 시작했다. 이승만보다 더 일찍 서양 문명에 노출되었고 더 깊이 체득했지만 이승만처럼 일방적으로 몰입하지는 않은 것으로 보인다. 여기에는 냉소적, 비판적인 그의 기질도 작용한 것으로 보이는데 하지, 아놀드, 러치처럼 교양 수준이 낮은 사람들은 이승만을, 버치 같은 교양인은 김규식을 더 가까이 느꼈을 것이다.

독립운동 경력도 어떤 면에서 김구보다 더 풍부했다. 김구보다 먼저 중국에서 활동을 시작하고 많은 중국 혁명가들과 교분을 맺었으며, 1919년 파리강화회의와 1919~1920년 미국에서의 활동, 1921~1922년 소련 방문 등 폭넓은 활동을 펼쳤다. 임정의 근본적 혁파를 주장하는 '창조파'를 이끌면서 임정과 소원한 관계에 있다가 1935년 그를 중심으로 창당된 민족혁명당이 곡절 끝에(1942년) 임정에 참여하면서 제1야당 대표 입장에서 부주석을 맡게 되었다.

해방 당시 임정에는 여당인 한독당과 제1야당인 민족혁명당 외에 여러 군소 정파가 있었는데, 한독당 외의 모든 정파를 묶어서 '비주류'로 볼 수 있다. 한독당이 우파이기 때문에 비주류를 좌파로 보는 시각도 있지만, 정치 이념으로 봐서 확실한 좌파는 비주류 안에서도 비중이 작았다. 주류는 김구 중심의 '영수' 체제를 따르는 쪽, 비주류는 그 체제에 저항하는 쪽이라고 보는 것이 더 정확할 것 같다.

1946년 1, 2월 중 이승만·김구 중심의 '영수' 체제로 우익이 정비될 때 임정 비주류 대부분이 이와 결별하고 민전으로 향한 것은 좌익을 찾아간 것보다 '영수' 체제를 피해 간 것으로 나는 이해한다. 그런데 이때 김규식은 이 움직임을 따르지 않고 자신이 주석으로 있던 민족혁명당을 탈퇴하기까지 했다. 그때 이런 성명서를 발표했다.

"본인은 한국이 완전 독립을 찾고 신국가를 건설하려는 이때에 더욱 우리의 요구하는 바 자주독립적 과도정권을 수립하려는 단계에서는

1919년 임시정부 구미외교위원부 시절의 이승만, 김규식.

개인이나 당파적 이해를 위하여 활동할 시기가 아님을 인정하므로 본인으로서는 조선민족혁명당의 주석을 사면하는 동시 동당에서 탈퇴하는 것을 성명한다."

(「조선민족혁명당 주석 김규식, 동당 탈퇴 성명 발표」, 『조선일보』 1946년 2월 19일)

김규식은 귀국 후 목소리를 죽이고 지냈다. 위 성명이 그의 귀국 후 첫 개인 성명이었다. 한 달 후 이승만이 '광산 스캔들'로 물러난 후 민주의원 임시 의장을 맡으면서 언론에 모습을 자주 나타냈지만, 꼭 필요한 최소한의 말만 했다. 그런 그가 좌우합작의 우익 대표를 맡은 것이 많은 사람들에게 의외였다.

1946년 2월 14일 민주의원 개원 때부터 김규식의 비서를 맡고 있던 송남헌(宋南憲, 1914~2001)은 이승만이 김규식에게 좌우합작에 나서기를 권하던 장면을 회고한다. 극우 노선을 달리던 이승만의 좌우합작 반대가 김규식의 움직임을 가로막지 않았을까 하는 시각을 해소해주는 회고다. 이승만의 강경한 권유를 김규식은 이렇게 받아들였다고 한다.

"좌우합작이 독립을 위한 단계라면 독립을 위하여 내가 희생하겠다. 형님이 나를 나무 위에 올려놓고 흔들어댈 것을 안다. 또 떨어뜨린 후에는 짓밟을 것도 안다. 그러나 나는 독립 정부를 세우기 위해 나의 모든 것을 희생하겠다. 내가 희생한 다음에 형님이 올라서시오." (송남헌, 『한국현대정치사 1』, 1986 성문각, 296쪽; 강만길 · 심지연, 『우사 김규식의 생애와 사상 1: 항일독립투쟁과 좌우합작』, 2000 한울, 190쪽에서 재인용)

김규식의 측근으로 좌우합작위원회에서 일한 강원용(姜元龍, 1917~2006)과 김규식의 부인 김순애가 모두 비슷한 증언을 했다는 것을(『한국현대민족운동연구』, 403쪽) 보면 이 점에서 김규식과 이승만의 관계가 많은 사람들의 관심을 끌고 이 일화가 당시 인구에 회자한 사실을 알아볼 수 있다. 이승만이 이런 말을 했다는 송남헌의 회고도 전해진다.

"독립을 위해 미국 사람이 해보라는 것을 여하간 한번 해봐야 안 된다는 것이 증명이 될 것 아니겠느냐?" (강준만, 『한국 현대사 산책: 1940년대편 1』, 인물과사상사 2006, 250쪽)

김규식은 1919년 8월에서 이듬해 10월까지 미국에서 활동할 때 이승만을 겪어볼 만큼 겪어봤을 것이다. 해방 후 서울에서 만난 이승만을 김규식은 "형님"이라고 불렀다. 좌우합작에 나설 것을 이승만이 권할 때 김규식의 첫 대답은 이런 것이었다고 한다.

"형님은 대통령 못하면 못살 사람이고 나는 대통 담배를 못 피우면

1945년 11월 서울 정동교회에서 열린 임시정부 요인 귀국 환영 예배. 왼쪽부터 김규식, 김구, 이승만.

못살 사람이니 나를 대통이나 피우게 내버려두시오." (강원용의 회고: 『한국 현대사 산책: 1940년대편 1』, 강준만, 같은 책 249쪽에서 재인용)

이런 말이 김규식의 진면목을 보여주는 것이라고 여겼기에 주변 사람들이 퍼뜨리고 세상 사람들이 입에 올렸을 것이다. 대통령 같은 건 대통령에 미친 너나 해라, 나는 대통이면 됐다. 냉소적인 태도지만 냉소에 그치는 것이 아니다. 뭐든 억지로 하려고 드는 세태가 그에게는 답답했던 모양이다. 그 세대에서 공산주의에 대한 이해가 가장 깊은 조선인이면서 공산주의자들의 국제노선을 극도로 싫어한 것도 같은 맥락에서 이해될 듯하다.

커밍스가 『The Origins of the Korean War』(187~188쪽)에 언급한 재미있는 보고서 하나가 있다. 충칭(重慶)에 있다가 서울로 온 클래런스 윔스 주니어란 사람이 군정청에 제출한 보고서로, 임정의 정치적 가치에 대한 평가를 주 내용으로 한 것이다. 이 보고서 안에 "김구는 김규식을 미워하고, 두 사람 모두 이승만이라면 질색을 한다는 등" 임정 내의 파벌 관계 언급도 들어 있다고 한다.

윔스의 관찰을 뒷받침하는 다른 확실한 자료는 보지 못했지만, 외부인의 솔직한 지적으로 상당히 정확한 것이 아닌가 하는 느낌이 든다. 김규식이 정말 어떤 사람인지 아직 세밀한 파악은 못했지만, 그 취향은 얼마간 이해가 될 듯하다. 그는 김구나 이승만 같은 행동가가 아니라 사물의 앞뒷면을 모두 살피지 않으면 안 되는 '생각하는 사람'이었다. 이승만과 김구가 현실 권력에 대한 집착으로 한 우물을 파는 동안 그는 대통 담배에나 집착하며 자기 자신에게까지 비판적 성찰을 멈출 수 없는 사람이었다.

그런 김규식을 전폭적으로 밀어 좌우합작에 나서게 한 버치 중위의 안목도 허술한 것이 아니라는 생각이 든다. 여운형도 좌우합작에 대한 성의를 일관되게 보여온 사람으로서 합작 노력의 중요한 한 축을 기대할 인물이었지만, 합작 노력이 온갖 견제를 뚫고 상당한 성과를 거둘 가능성은 김규식처럼 초연한 인물의 참여에서 바라볼 수 있었을 것 같다.

이승만은 왜 김규식에게 합작 노력에 나설 것을 권했을까? 송남헌은 좌우합작 사업을 위해 미군정에서 김규식에게 6백만 원을 지급한 사실을 기록했는데(심지연, 『송남헌 회고록: 김규식과 함께한 길』, 2000 한울, 75~76쪽), 이승만이 "삼청장으로 김규식을 방문해 50만 원쯤의 자금까지 내놓으며 좌우합작에 나서 줄 것을 부탁"했다는 이야기도 있다(『한국 현대사 산책: 1940년대편 1』, 249쪽). 김재명은 이런 해석을 소개한다.

> 위와 같은 대화가 있고 난 바로 보름쯤 뒤인 6월 3일 "남방만이라도 임시정부 혹은 위원회 같은 것을 조직하자"는 전라북도 정읍에서의 발언을 통해 공개적으로 단선·단정론을 주장했던 이가 바로 이승만

> 이었다. 그런 만큼 이승만은 좌우합작 운동을 통한 통일 정부의 구성 따위엔 아예 관심이 없었다.
>
> 따라서 그가 김규식에게 합작 운동 참여를 종용한 데는 그 나름대로의 정치적 계산이 있었다는 게 김규식 측근들의 풀이다. 다시 말해 실패가 뻔히 내다보이는 좌우합작 운동에 김규식을 몰아넣음으로써, 그의 정치적 경쟁자 하나를 매장시키려는 노회한 정치적 계산에 바탕을 둔 것이라는 얘기다. (김재명, 『한국현대사의 비극: 중간파의 이상과 좌절』, 2003 선인, 325~326쪽)

이 해석에 나도 대체로 공감하지만, "실패가 뻔히 내다보이는"이란 대목은 의문이다. 좌우합작 노력의 성공에는 절대적 기준이 있는 것이 아니었다. 작은 성공을 거둘 수도 있고 큰 성공을 거둘 수도 있었으며, 성공의 정도는 노력에 따라 결정될 것이었다.

이승만이 김규식에게 합작 노력을 권하는 시늉을 한 것은 단순히 모든 일에 자기 영향력을 심어놓으려는 시도의 일환일 뿐이었다고 나는 생각한다. 버치가 앞장서고 하지가 밀어주는 좌우합작 시도를 가로막을 길이 이승만에게는 없었다. 그렇다면 자기에게 안면이 받히는 김규식에게 푼돈이라도 쥐어 주면서, 빈말로라도 권하는 척하면서, 김규식이 자기를 아주 무시하고 나가지 못하게 압력을 주는 것이 그에게 최선의 공작 아니었겠는가.

이승만의 속셈은 이제 한눈에 환히 보인다. 김규식의 대꾸도 그 속셈을 곧장 찌르는 것이었다. 김재명이 위 책에서 김규식 편에 붙인 제목 「한 온건 지식인의 실패한 이상주의」는 좀 아닌 것 같다. "이상주의"란 말도 좀 이상하고, 결코 "온건"한 사람은 아니었다.

1946. 6. 21.

유민(流民)의 도시가 된 서울

6월 21일 맥아더 사령부의 기자회견에서 재일 조선인 귀환 문제가 언급되었는데, 아직도 50여만 명의 미귀환자가 일본에 남아 있는 것으로 파악되고 있다. 5월 15일까지 106만 명이 귀국한 것으로 집계되었는데(『조선일보』 1946년 5월 22일자) 해방 1년이 가까워져 오는 지금까지 재일 조선인의 3분의 1이 귀국하지 못하고 있었던 것이다.

> 맥아더 사령부에서는 21일 기자단과의 회견석상에서 재일 조선인 귀국 계획에 관하여 대강 다음과 같이 말하였다.
> 3월 18일 조사한 귀국 희망자는 51만 3천 명이었는데 이것을 하루에 4천 명씩 9월 말일 완료될 예정이다. 귀국자는 일상 생활품 250파운드와 현금 1천 원을 가지고 갈 수 있다.
> 지령을 받고도 승선지에 집합치 않는 자는 귀국권을 포기한 것으로 인정하고 잔류자는 일인과 같은 배급, 기타의 대우를 받게 된다. 일단 귀국한 자는 일본과의 무역이 정식으로 재개될 때까지 다시 올 수 없으며 귀국자가 남겨둔 재산은 일본 정부에서 보관한다.

(「맥아더 사령부, 재일 조선인 귀국 계획 발표」, 『조선일보』 1946년 6월 23일)

지금의 집계로는 해방 당시 약 2백만 명의 조선인이 일본에 있었고, 그중 약 60만 명이 일본에 남아 재일 동포 사회를 이루었다. 1946년 6월까지 귀국하지 않고 있던 조선인 중 대다수가 결국 귀국하지 않은 것으로 보인다. 왜 이들은 귀국을 거부했을까?

당시의 재일 조선인 중에는 징용으로 끌려간 사람들을 비롯해 현지에 뿌리를 내리지 못한 사람들이 많았다. 그들은 대부분 귀국했다. 그러나 한편으로 일본 사회 안에 생업을 가지고 정착한 사람들도 상당수 있었다. 그들이 귀국할 경우 100킬로그램 이내의 짐과 현금 1천 원만을 가지고 나갈 수 있게 한 것은 재조선 일본인의 귀국과 같은 조건이었다. 재산을 남겨두면 일본 정부가 보관해준다고 했는데, 그 재산을 다시 볼 날을 기약할 수 있었을까?

『신천지』 1권 9호(1946년 10월)에 실린 오기영(吳基永, 1909~?)의 칼럼 「전재 동포」에 이들이 돌아올 경우 처하게 될 상황이 절실하게 그려져 있다.

> 그런데 이것이 무슨 일인가. 꿈에도 그리던 그 고국, 압박자가 쫓겨나고 우리의 땅이 된 해방의 고국으로 돌아오기를 원치 아니하는 재외 동포의 수가 무려 수십만이라고 하지 아니하는가. 이들은 일찍 조국을 배반하고 나갔던 이가 아니니 조국에는 이들을 반겨줄 동포가 있을 뿐이요, 그 밉던 원수는 모두 쫓겨난 오늘이다. 모두 다 돌아와서 해방의 기쁨 속에 산천도 새로워진 금수강산에서 서로 붙안고 새 나라를 이룩해야 할 것이거늘 멸시와 천대에 젖은 외지에 그냥 남아 있기를 원한다니 웬일인가.
>
> 그러나 기막힌 일이다! 이들은 해방은 되었다고 하나 아직도 완전한 내 나라가 아닌 이 땅에 온대야 즐거움보다는 슬픔이 앞서고 평안함

해방 직후 일본에서 귀환한 조선인들.

보다는 고생스러움이 더할 것을 알기 때문이다.

그렇지 않은가. 얼마나 많은 전재 동포가 해방의 조국이라고 찾아와서 지금 헐벗고 굶주리며 거리에 헤매고 있는가. 그들을 위하여 집을 마련하기 전에 왜놈의 집은 모조리 권세에 등을 댄 양반들이 차지하여 버렸고 의료품을 독점한 악덕 상인들에게 이들의 헐벗은 모양을 보며 동포애를 느끼라고 외쳐봤대야 아무 소용이 없었다. 쌀 한 말에 오백 원 하는 이 땅에 천 원씩밖에 더 들고 오지 못한 이들을 위하여 먹을 것을 주는 이가 없었고, 만주의 거친 벌판을 옥토로 만들고 왜지의 그 거친 노동에도 견디던 이들이언마는 이들에게 일거리를 주는 직장도 농토도 없었다.

아무리 조국의 해방이 기쁘고 어서 바삐 돌아오고 싶다 하더라도 거지가 되기 위하여 고국에 돌아온다는 것은 생각할 일이다. 거지가 될 수 없어서 떠난 고국이 아니냐. 이제 거지가 되고자 고국을 온대서야 이들 자신보다도 고국의 산천이 먼저 통곡할 일이 아니냐.
신문은 한번 돌아왔던 이들이 밀항선을 타고 외지로 가는 이가 많다고 보도하고 있다. 여북하여 도로 나갈까. 그 심정만도 그가 막히거늘 이건 안 된다고 도로 끌어들여오니 끌어들여다가는 이들에게 안도할 만한 무슨 생업을 주었는가. (오기영, 『진짜 무궁화』, 2002 성균관대학교출판부, 104~105쪽)

6월 21일자 『조선일보』에는 38선 이남의 조선에 아직 남아 있는 일본인 수가 437명이라고 보도되었다. 집계를 피해 숨어 있는 일본인은 거의 없었을 것이다. 재조선 일본인은 거의 예외 없이 귀국한 반면 재일 조선인의 상당수는 일본에 주저앉았다.

조선에 와 살던 70만 일본인 중 조선어를 익힌 사람이 극소수였다는 점, 그리고 조선인이 일본의 식민 지배에 원한을 품고 있었다는 점을 생각하면 일본인들이 조선에 남을 엄두를 내지 못한 것은 자연스러운 일이기도 하다. 그러나 해방 후의 조선이 일본보다도 사람 살기에 나쁜 곳이었다는 사실은 분명하다. 재조선 일본인에게는 절대 남을 수 없는 곳이었고, 재일 조선인에게는 별로 돌아오고 싶지 않은 곳이었다.

전우용은 1946년 말의 상황을 이렇게 그렸다. 그 6개월 전의 상황에도 똑같이 적용될 서술이다.

1946년 말, 전국에 흩어진 '전재민'의 수가 얼마나 되는지는 아무도 몰랐다. 군정청과 전재동포원호회 중앙본부의 조사 결과는 280만 명 정도였지만, 신문들은 6백만에서 8백만 사이에서 그때그때 편리한 대로 기록했다. 그들 중 25만 명 내지 30만 명 정도가 아무 대책 없이 서울에 머물렀다. 월남민을 비롯한 상경민도 30만 명을 웃돌았다.

> 미국인 선교사들을 통해 군정청에 선을 댈 수 있었던 일부 월남민들과 아주 운이 좋거나 힘이 센 극소수 귀환자들은 여러 가구가 한 집을 쓰는 방식으로나마 일본인들이 남겨두고 떠난 '문화 주택'들이나 음식점, 종교 시설 등을 차지할 수 있었다. 그러나 절대다수의 전재민들에게 그런 기회가 돌아올 리 없었다. 군정청과 민간 구호단체가 제공한 임시 수용소에라도 들어갈 수 있으면 그나마 다행이었다. 연인원 150만 명이 몰려든 서울에서는 많은 사람들이 공원과 다리 밑, 철도역과 방공호에 몸을 눕혀야 했다. (『현대인의 탄생』, 26~27쪽)

충주에서 중학교에 다니던 유종호의 회고를 보면 '전재 동포'는 지방 도시 주민들도 그 존재를 느끼고 있던 대상이었다. 그러나 서울 같은 대도시에서처럼 사회 분위기를 압도하는 것이 아니라 주변부에 기생하는 존재였다.

> 전쟁 통에 피해를 입고 일본이나 만주에서 귀국한 사람들을 전재 동포라 부른 것이다. 반드시 이 전재민과 관련된 것은 아니겠지만 걸식하는 사람들이 해방 후에 갑자기 불어난 것은 사실이다. 아침저녁으로 때가 되면 끼니를 구걸하는 사람들이 집 안으로 들어와 서 있었다. (…) 충주에서 영남으로 가는 국도가 지나가는 속칭 용산 다리 밑에 난 약간 도톰한 퇴적지 쪽으로 가마니때기를 깔고 노숙자 가족이 터를 잡았다. 이들은 곧 푸대 같은 것을 모아 바람을 막고 아예 거기서 정주하였다. 우리 집은 용산 다리에서 가까운 거리였는데 이 다리 밑 노숙 가족이 우리 동네에서 걸식을 하는 일은 없었다. 아무래도 얼굴이 알려질 수 있으니 생판 모르는 쪽에서 구걸하는 편이 나았을 것이다. (유종호, 『나의 해방 전후』, 민음사 2004, 198~199쪽)

귀환 동포를 주축으로 큰 규모의 유민(流民) 집단이 발생했다. 농촌과 지방에는 유민들을 위한 일거리가 없었고, 그들은 생존을 위해 걸식밖에 할 일이 없었다. 그에 비해 대도시에는 질 나쁜 일거리라도 일거리를 찾을 여지가 있었으니 유민들이 대도시로 몰릴 수밖에 없었다. 1930년생으로 평양에서 자라고 1946년 8월 단신 월남한 채병률의 회고를 1945년 12월 16일자 일기에 소개한 바 있는데, 다시 한 번 옮겨 놓는다.

> 서울에 와서도 돈이 없으니까 막막하잖아요. 그래서 시작한 것이 찹쌀떡, 메밀묵, 아이스케키 장사, 그리고 서울역과 염천교 앞에서 담배꽁초 주워 까서 팔고, 공책 장사, 연필 장사, 양초 장사 등 안 해본 게 없습니다. 생전 해보지도 못한 일이라 힘들었지만 방법이 없었어요. 밥은 먹고 살아야 했으니까. 그러다 48년에는 남대문시장 서북여관에서 가짜 담배 장사를 했어요. 용산동 2가가 그때는 해방촌이라는 데였어요. 이북 사람들이 넘어와 형성된 동네죠. 거기서 만든 가짜 담배를 받아서 팔았던 겁니다. 살기 위해 발버둥 쳤어요.
> 지금 장충동 부근에 그 당시 이북에서 넘어온 학생들이 많이 모이니까 이북학련 천막을 쳐줬어요. 그때부터 반공 투쟁이 시작된 거예요. 이북에서 넘어온 어른들은 서북청년회, 학생들은 이북학련회. 우리의 활동은 좌익 세력을 쳐부수는 행동 부대로서의 역할이었어요. 예를 들어, 그 당시에는 남로당이니 뭐니 다 합법 정당이었기 때문에 경찰관들이 우리에게 지도를 갖다 주고는 어디어디 있는 놈들이 악질 빨갱이들이니까 가서 혼 좀 내주라고 했어요. 그러면 밤에 가서 숨었다가 그들을 흠씬 두들겨 패는 거예요. 패다가 우리도 힘이 달리면 뒤지게 맞고요. (『8·15의 기억』, 351~352쪽)

"뭉쳐야 산다"는 것은 유민들이 절실하게 느낀 생존 원리였다. 정치적 동원의 손길이 뻗칠 때 그들은 생존의 의지를 가지고 호응했다. 이런 유민이 인구의 3분의 1에 달하는 도시 서울은 주민들의 정치적 표현이 정상적으로 이뤄질 수 없는 곳이었다.

1946. 6. 22.

북핵 문제, 장택상에게도 책임이 있다

대학 등록금을 도화선으로 한국 교육제도에 대한 맹렬한 반성이 일어나고 있다. 막상 사람들의 관심이 쏠림에 따라 교육제도의 문제점과 그로부터 파급된 현상들이 다각적으로, 그리고 심층적으로 파헤쳐지는 것을 보고 그동안 문제를 지적해온 사람들도 놀랄 지경이다. '총체적 난국'이 아니라 '총체적 망국'을 향한 구조적 문제가 이토록 방치되어 있었다니.

한국 근대화의 '기형(畸形)'이라 할 만한 구조적 문제가 가장 명확하게 나타나는 분야의 하나가 교육제도다. 식민지 근대화론에는 두 개의 큰 허점이 있다. 그 하나는 근대화가 일어났다는 사실만을 놓고 그것이 식민 지배 '덕분'인 것처럼 무조건 주장하는 것이다. 실제로는 시대적 조건 때문에 식민 지배에도 '불구하고' 근대화가 진행된 것으로 봐야 할 측면이 크다.

또 하나의 허점은 근대화를 '양적'으로만 파악하고 '질적' 문제를 무시하는 것이다. 사회의 필요와 국가의 정책이 부합할 경우 근대화가 순조롭게 진행된다. 국가 정책이 사회의 필요를 잘 따르지 않을 경우 산업화를 비롯한 근대화가 진행되기는 하지만 건전한 구조를 이룰 수 없게 된다. 일본의 조선 지배에는 이런 문제가 있었다.

조선 식민 지배의 교육 부문은 양적인 기준부터 수준 미달이었다. 그 사실은 의무교육 시행 범위에서 단적으로 드러난다. 그리고 고등교육의 규모와 구조에서는 식민지 예속성의 유지·강화 목적을 위해 교육의 근대화가 억제된 사실을 쉽게 알아볼 수 있다. 근대 지식인의 표준적 자격이라 할 대학 졸업생이 식민지 조선에서 배출된 숫자가 불과 3백여 명이었다. 경성제대가 졸업생을 배출한 1929~1945년의 기간 중에도 일본의 1퍼센트 수준이었다. 일본은 조선에서 '근대인 없는 근대화'를 추진한 것이었다.

해방된 조선의 독립 건국 과업에서는 식민지 교육제도의 구조적 문제점의 극복이 중요한 과제의 하나였다. 이를 위해 뜻있는 조선인들도 공헌할 길을 다각적으로 모색했지만 역시 중요한 역할을 맡은 것은 행정권을 가진 미군정이었다. 그런데 미군정의 교육 정책에는 나름대로의 문제점도 있고, 군정에 대한 반감 때문에 오해를 쉽게 사는 면도 있어서 많은 반발을 불러일으켰다. 1946년 7월 중순 발표된 국립서울대학교 설치 방침이 촉발한 '국대안 파동'은 미군정에 대한 조선인의 가장 격렬한 저항운동의 하나였다.

국대안 논의는 의학 교육에서 시작되었다. 서울의 의학 교육기관으로 경성대학(경성제대의 이름을 1945년 10월에 바꿈) 의학부와 경성의전이 있었는데 경성의전은 시설 등 제반 여건이 열악했다. 더구나 1945년 12월 경성의전에 불이 나 일부 건물이 소실되어 군정청에 시설 확충 지원을 요청하게 되었다. 이 요청에 대한 응답이 몇 달 후 경성대학 의학부와의 통합 방침으로 나타났다. 1946년 4월 30일 러치 군정장관의 기자회견 중에 이런 문답이 있었다.

(문) 경성대학 의학부와 경성의전의 합병 문제가 있다고 하는데 어

1926년에 세워진 경성제국대학 의학부 건물.

떻게 된 셈인가?

(답) 문교부장 핏텐거 중령의 말에 의하면 합병 문제에 대해서 경의전의 학교 시설과 병원 시설의 불충실한 점과 서울대학 병원 시설이 현재 전부 사용되고 있지 않기 때문에 이런 것을 생각했다. 현재 미육군 중위 한 명, 조선인 의사 두 명으로 조직된 위원회가 양교 시설을 조사 중인데 동 위원회의 목적은 사실 그대로를 조사해서 보고를 제출하는 데 있을 뿐이고 아무런 결재권도 없다.

(「러치, 미곡 수집 및 배급·경성대학의 합병 문제에 대해 언명」 중에서, 『서울신문』·『동아일보』 1946년 5월 1일)

의과대학 통합 방침에 이어 여러 전문학교를 경성대학과 통합해 종합대학을 만드는 방침이 만들어졌는데, 통합 대상 학교에서는 교수와 학생이 모두 반대하는 것이 보통이었다. 학교의 전통에 대한 애착도 있고, 군정청의 통합 정책을 필요한 지원을 회피하려는 의도로 보는 의심도 있었기 때문이다. 6월 18일에 러치 군정장관과 오천석(吳天錫, 1901~87) 문교부 차장이 대학 통합설을 부인했다.

서울 안에 있는 각 전문학교, 즉 경의전 경제전문 법전 등을 비롯한 여러 전문학교는 오는 9월 신교육제도 개혁에 따라서 단과대학으로 승격되는 것이 아니고 이를 전부 경성대학에 합병시키려는 계획을 문교에서 세우고 있다는 풍설이 돌고 있는데, 18일 러치 군정장관은 이 문제에 대하여 "지금까지 내가 아는 대로는 그러한 계획이 있다고는 듣지 못했다"고 말하며 문교부로 조사해보겠다고 답변하였다. 문교부 차장 오천석 또한 절대로 그러한 계획을 세운 일이 없다고 언명하였다.

(「경성대학 합병안에 대해 러치 부인」, 『서울신문』 1946년 6월 19일)

그러나 불과 이틀 후 통합설의 실체가 드러났다.

관립전문학교를 서울대학에 전반적으로 편입시키지나 않나 하는 문제에 대하여 문교부 당국에서는 아직 이 문제를 방금 편입시키는 것이 좋을지 어떨지 각 학교에 참고 자료를 모으고 있는 중인데 그 결과가 좋으면 실시할 것이라고 다음과 같이 말하였다.
문교부로서는 편입하는 정책으로 각 학생을 수용할 수 있는지 질적으로 향상할 수 있는지 또 학부형의 부담과 학교 당국의 경비를 감소할 수 있을지 고려 중이다. 그래서 문교부 밑에 있는 여러 학교에 대하여 참고 자료를 수집하고 있는데 그 결과로서 편입되는 것이 좋으면 군정장관의 허락을 얻어 실시할 터이다.

(「문교 당국, 관립전문학교의 경성대학 편입을 위해 자료 수집」, 『조선일보』 1946년 6월 20일)

의과대학 통합은 7월 5일에 확정 발표되었다. 경성대학 의학부와 경성의전 양쪽에서 항의가 계속되었지만 군정청은 아랑곳 않고 통합을 강행했다. 문교부장 핏텐거 중령은 경성대학 의학부 학생들의 반대 진정서에 이런 회답을 보냈다.

● 경성대학 의학부 학생 제위에게

경성의전과 대학과의 합동에 관한 제위의 간절한 서간에 대답하노라. 당시에 이 건은 아직 연구 중이었으므로 논의함을 거부하였다. 지금에 이르러서는 대강에 관한 결정을 보았고 이 문제에 관해 모든 사람이 우리들이 취할 행동 이유에 찬성할 것으로 믿는다.

제위의 의견에 의하면 작은 두 학교가 한 개의 학교보다 의사를 더 많이 양성할 수 있다 하나 이 문제를 다시 한 번 검토하여 보자. 많은 사람과 많은 산업을 가진 비교적 큰 면적을 가정하자. 완전히 두 단위로 분리될 때 인민이 더 번창하고 살기 좋은 나라가 될 것인가? 혹은 큰 한 단위로 될 때 번창하고 살기 좋은 나라가 될 것인가? 가령 38선에 따라 분할이 생길지라도 제위는 두 개의 소단위를 주장할 것인가? 두 단위가 한 단위보다 더 좋으면 왜 다시 쪼개어 네 개로 만들지 않는가? 경성대학 의학부와 경의전을 각기 두 개로 분할하여 더 작은 네 학교로 할 때 더 많은 의사를 양성할 것인가?

그 대답은 명백하다. 즉, 모든 설비를 평등하게 나눌 수 없으니까 어떤 점은 편리하나 일편 어떤 점은 불편을 느낄 것이다. 현재 경의전은 그 설비에 비하여 학도 수가 많다. 그런데 대학의 설비는 학생 수에 비하여 병원·학교는 여유가 있다고 믿는다. 고로 한 학교로 합동하면 서로 분리된 것보다 더 우수한 의사를 다수 양성할 수 있을 것이다.

사실 현재 양교(兩校)는 문교부 하에 합병되어 있다. 고로 별다른 사태가 없다면 조선의 복리를 위하여서는 한 학교에서 타교에 설비를 이동할 수 있는 것이다. 양교의 시설은 조선의 것이고 어느 단체나 교수단 또는 학생에 속하는 것이 아닌 것은 새삼스럽게 말할 필요는 없는 것이다. 우리는 조선의 이익을 위하여서는 어떤 소 단체의 이익을 무시함을 주저하지 않는다. 두 학교를 한 관리 하에 두면 운용상 능률이 향상하는 동시에 문교부의 직접 처사보다 친히 여러 가지 문제를 해결할 수 있을 것이다.

그런데 불행히도 양교는 동일한 수준에 있지 않다. 이미 동일한 수준에 있었더라면 금년에라도 즉시 합병하여 많은 의사를 양성할 것이다. 그러나 양교는 수준이 동일하지 않기 때문에 경의전 현 재적자가 그 과업을 종료할 때까지 학급을 각각 별개로 유지 안 할 수 없다. 경의전이 대학에 학문적으로 동일 수준에 빨리 도달할수록 의사 양성 수는 더 속히 증가될 것이다.

재정 문제에 관하여서는 아무도 언급한 일이 없다. 이 문제가 있다 하더라도 가장 미약한 이유의 하나이다. 크고 굳세고 좋은 설비와 우수한 교수진을 갖춘 대학 의학부는 전기(前記) 불충분한 두 학교보다 일층 더 우수하고 더 많은 의사를 양성할 수 있을 것이다. 이러한 관점에서 합동은 신학기부터 시작될 것이다. 완성하기에는 3년을 요할 것이다.

(「문교부, 경성대 의학부에 의전과 합동안 취지 회답」, 『서울신문』 1946년 7월 10일)

핏텐거 중령이 "큰 단위"를 말하는 것은 '규모의 경제(economy of scale)' 얘기다. 학생과 교수들이 반발한 일차적 이유도 여기에 있었다. 경성의전은 교사 소실 등의 이유로 시설 확충 지원을 요청하고 있었는데, 미군정은 지원 대신 학교를 없애겠다는 것이었다. 학교의 전통과

정체성에 아무런 배려도 없었고 대상 학교 구성원들과 아무 협의도 없었다.

의과대학이 매우 작은 규모만 아니라면 '규모의 경제' 원리가 작용할 여지가 별로 없다. 일본인들이 의전과 대학 의학부를 따로 둔 것은 어느 쪽도 매우 작은 규모는 아니었기 때문이다. 당시 누구나 인정했듯이 의학 교육을 크게 늘릴 필요가 있다면 당장 비용이 조금 더 들더라도 별개의 의과대학으로 키울 필요가 있었다. 그런데 군정청이 통합안으로 쏠린 것은 당장의 편의만을 위한 결정이었다.

각 학교의 전통과 정체성을 무시하는 데도 자존심을 넘어서는 문제가 있었다. 경성대학과 여러 전문학교에는 상당 수준의 자율적 질서가 자리 잡고 있었다. 일본인들이 비운 자리를 채우는 데 군정청의 입김이 제일 적게 작용한 분야가 교수직이었다. 전우용은 『현대인의 탄생』(144~147쪽)에서 경성대학 의학부에서 내부 질서에 따라 교수직이 채워지던 상황을 설명했다.

1946년으로 들어오면서 미군정은 대학의 정치적 역할에 주목하기 시작했다. 1월 3일 6백여 명의 교수·교사들이 모인 집회가 있었다. 반탁 궐기를 위해 누군가가 소집한 집회였는데 참석자들이 회의 성격에 미심한 점이 있다고 유회시켰다(『동아일보』 1946년 1월 4일자). 그 자리에서 '전국교육자대회' 결성이 발의되어 2월 10일에 준비위원회가 구성되었는데,(『서울신문』 1946년 2월 9일자) 백남운, 김성진, 이태규, 도상록 등 경성대학 교수들이 중심 역할을 맡았다. 관공립학교 교수단이 독립성을 가진 오피니언 집단으로 모습을 나타낸 것이다.

백남운, 김성진, 이태규, 도상록. 나란히 적어놓고 보니 착잡하다. 백남운(白南雲, 1894~1979)이 독립동맹과 연계하여 남조선신민당을 창당한 사실은 이미 소개했고, 김성진(金晟鎭, 1905~91)은 1960년대에 민주공화당의 핵심 간부로 활약한 사람이다. 교토제대 화학 교수로 있다가 귀국했던 이태규(李泰圭, 1902~92)는 1948년 미국 유타대학으로 건너갔는데 1970년대에 핵개발을 위한 박정희(朴正熙, 1917~79)의 뜨거운 러브콜을 받은 것으로 알려졌다. 그리고 물리학자 도상록(都相祿, 1903~90). 북한에서 지금까지 핵개발의 시조로 숭앙받는 인물이다.

얘기 나온 김에 도상록이 경성대학에서 파면당한 이야기를 소개한다.

> 양자물리학계의 권위로 학도들의 흠모를 받는 경성대학 이공학부 도상록 교수는 지난 1월 교수회에서 결정하여 학생 데모에 비용으로 쓴 돈에 대하여 책임을 지라고 공금횡령이란 악명으로 며칠 전에 돌연 파면을 당하자, 경성대학은 물론 사회 각 방면의 물의를 일으키는 동시에 경성대학 교수들이 학무부에 사실 전말을 상세히 설명하고 재고를 구한 결과, 문제는 원만하게 해결될 서광이 보이는 듯하더니 돌연 4일 밤 경기도 경찰부에서 체포 유치하였는데, 아직 그 이유는 발표치 아니하나 그 추이는 극히 주목을 끌고 있다.
>
> (「도 교수 피검 각 방면서 주목」, 『자유신문』 1946년 6월 7일)

이와 관련해 경성대학 이공대학 교수단에서 6월 7일 발표한 성명을 보면 도 교수의 혐의란 교수회에서 선출된 반탁투쟁위원회의 결정에 따라 학생 데모에 경비를 지급한 일이다. 이태규 이공학부장은 부장에게 보고 없이 임의로 유용한 것이라 주장하고 도상록 본인은 지급 전에 부장에게 보고했다고 주장해서 진실 공방이 벌어졌는데, 6월 19일에 경성대학 탁치문제위원회 선전부에서 이런 성명을 발표했다.

> 금반 도 교수 파면 이유로 도 교수가 이태규 부장에게 사전 승인 없

이 시민대회 참가 비용을 사용하였다 하나 이것은 이태규 부장 개인의 주장이고 도 교수는 사전에 승인을 얻었다고 말한다. 설사 사전 승인이 없었다고 하더라도 1월 11일 이공학부 교수회에서 동 금액은 교수회에 이 부장에게서 일시 차용한 것으로 하자는 이 부장 의견대로 정식으로 결정된 것이다.

그럼에도 하필 도 교수 일인에게 처단이 내린 것은 우리로서는 도저히 이해할 수 없는 것이며 더구나 일전에 도 교수는 경찰에 구금까지 되었다가 석방되었으니만치 우리는 조선의 이공학 재건을 위하여 도 교수의 파면 취소를 당로자에게 청원하는 동시에 금반 사건에 관한 항간의 불순한 유언이 시정되기를 기다린다.

(「도 교수 문제, 경성대학에서 재성명」, 『자유신문』 1946년 6월 20일)

당대 조선의 최고 과학자들이 이런 사안을 갖고 진실 공방을 벌이다가 한 사람은 파면당하고 또 한 사람은 2년 후 한국을 떠났던 것이다. 도상록이 좌익 활동도 아닌 반탁운동 경비를 댔다는 이유로 경찰에 잡혀가다니……. 지금 북핵 문제를 걱정하는 사람들은 도상록이 남한에 발붙이지 못하게 한 장택상에게도 일부 책임을 물어야 할 것이다.

대학 통합 정책의 기본 동기는 편의주의였다. 그러나 관공립학교의 자유로운 분위기를 억누르려는 의도도 행간에 느껴진다. 통합 대상 학교 구성원들에게는 정체성의 묵살이라는 모욕감도 겹쳐져 국대안이 미군정의 어느 정책보다도 격렬한 반발을 불러오게 된다.

1946. 6. 24.

좌우합작, 불리한 싸움이지만 민족 대의를 받드는 싸움

1946년의 좌우합작 움직임은 '운동'이라 부를 만큼 큰 움직임은 되지 못했어도 매우 의미가 큰 노력이었다. 한민당의 자금력과 공산당의 조직력, 극우파에게 장악된 경찰력 등 폭력적 요소들에 지배받고 있던 당시 조선 남반부의 상황에 돌파구를 마련할 희망이 이 노력에 있었다.

좌우합작 노력이 현실의 돌파구가 될 희망은 논리적 타당성만으로 얻어질 수 있는 것이 아니었다. 미군정의 권력이 합리적 방향으로 운용되어 이 노력을 뒷받침해줄 때 비로소 현실의 여러 폭력적 요소들을 극복할 길을 찾을 수 있었다.

미군정의 지원이라는 것이 좌우합작 노력의 추동력이면서 또한 한계였다. 좌우합작 노력은 민족주의에 입각한 것인데, 미군정은 조선인의 민족주의 가치관을 무시하는 입장이었다. 미군정은 실제로 반공주의에 치우쳐 좌우합작을 통한 민족주의 발현을 가로막고 있었다. 1946년 초여름 시점에서 종래보다 합리적인 노선의 필요로 좌우합작을 지원하게 되었지만, 그 지원은 전폭적인 것도 항구적인 것도 될 수 없는 것이었다.

좌우합작은 '민족 통일 노선'의 한 길이었다. 1946년 1, 2월 민전과 민주의원의 양립을 둘러싸고 통일 노선을 모색하는 거의 모든 움직임이 봉쇄되었다. 『신천지』 1권 6호(1946년 7월)에 실린 오기영의 글 「모세의 율법」에서 당시의 분위기를 살필 수 있다.

> 이리하여 좌는 모두 극렬분자가 되어버렸고 우는 모두 반동분자가 되어버렸다. 이러한 아귀다툼에 싫증이 나서 이들의 머리가 냉정하여지고 반성하는 날이 있기를 기다리면서 하후하박(何厚何薄)의 불공평을 범하지 않으려고 조심하여 좌우를 물을 것 없이 쌍방이 하루바삐 아집에서 해탈하라고 충고하는 부류가 생겼는데 이들에게도 명예는 분배되었다. 가로되 기회주의자라고.
>
> 그러니 극렬분자와 반동분자와 기회주의자뿐인 조선은 어찌될 것이란 말인가. 우에 속한 아버지는 반동분자요, 좌에 속한 아들은 극렬분자인데 만일 시어머니와 며느리가 가만있으면 이건 기회주의자요, 부창부수로 각기 남편을 따라서 고부마저 진영을 달리하면 극렬과 반동은 뚜렷할까 모르거니와 이것이 도시 이 집안의 흥조(興兆)냐 망조(亡兆)냐. (『진짜 무궁화』, 162~163쪽)

지금도 진영 논리에 말려들지 않는 중도적 입장은 '기회주의' 비판에 시달리기 십상이다. 그런데 가만 생각하면 당시 좌우합작에 나선 중도파 인사들에게 '기회주의자'라는 지적이 전혀 부당한 것은 아니었던 것 같다. 내가 각별히 경모하는 안재홍부터 그렇다. 1월 하순 이래 그는 통일전선 노력을 포기하고 좌우 대립 격화 과정에 한몫했다. 이제 미군정이 밀어주는 상황에서 좌우합작에 나서고 있으니 '기회주의자' 아니면 무엇인가.

그런데 좀더 생각해보면 '기회주의'를 욕설처럼 쓰는 세태에 문제가 있는 것은 아닐까? '기회주의'가 마치 '도덕주의'의 반대말처럼 통하는데, 엄밀한 의미에서 그 반대말을 짚으라면 '원리주의'일 것 같다. 기회주의자 중에도 도덕적인 기회주의자가 있고 부도덕한 기회주의자가 있을 것 같다. '기회주의'가 욕설처럼 쓰이는 것은 '원리주의'가 판치는 세태 때문일지도 모르겠다.

아무튼 이 '기회주의자'들은 어떤 마음으로 좌우합작 노력에 임하고 있었을까? 안재홍의 7월 17일 방송 연설 「좌우합작의 정치적 의의」에서 중도 우파의 일반적 자세를 알아볼 수 있다.

> 좌우합작이 어찌해서 필요하고 또 긴급한가. 그것은, 임시정부를 빨리 만들어야 우리의 건국 사업이 비로소 궤도를 타고 나아가게 되는 까닭입니다. 고쳐 말하자면, 이렇게 긴급한 임시정부를 만드는 데는 좌우합작에 말미암아 민족 총의를 한데 묶는 것이 선결 요항으로 된다는 것입니다.
>
> 그러면 좌우합작은 어찌해서 임시정부 건설에 선결문제로 되는가. 이것은, 국제적으로 미·소 양국이 현실적으로 중대한 관계를 가지고 있다는 것 외에, 국내적으로도 민족 대중의 총의를 골고루 표현시켜서 어느 한편 사람들의 독점적인 이익만을 주장케 하는 것이 아닌 만민공화(萬民共和)의 새 나라를 만들고자 하는 데 있는 것입니다.
>
> 이상적으로만 말한다면, 한편 사람들끼리만 만든다고 하더라도 나라를 사랑하는 공평된 마음에서 균등 사회와 평권 국가를 만들지 못할 것도 아니나, 실제로는 역시 각 계층의 의사와 이익을 몸으로써 대표하는 모든 세력을 잘 합쳐놓아야만 아무 폐해가 없도록 될 것이고, 그것이 민주주의 원칙에도 걸맞은 일입니다.

(…) 이 모든 대사업을 하루바삐 성취시키겠다는 소원에서 좌우합작을 하자는 것입니다. 올봄 2월까지 노력하여 오던 좌우합작이 일단 절망으로 된 후 좌우 향방의 대립은 더욱 날카로워졌고, 서로 신뢰하는 생각도 많이 엷아진 것 같으나, 그는 대립 항쟁하는 때에 항용 있는 일입니다.

그는 어찌되었든, 좌익 방면의 지도자가 여러 해 동안 일본 제국주의와 반항 투쟁을 하여 왔고, 또 그 본의가 대중의 해방을 위한 열정에서 나온 것이라고 하면 이즈음에 있어 우리는 다시 동지애로써 그들과 대할 것이고, 그들도 마땅히 허심탄회로써 건국 사업만을 위하여 좌우합작이 꼭 될 수 있는 방법을 찾아내어야 할 것입니다. 나는, 좌익 방면에 이러한 민족의 장래를 참으로 근심하는 애국적인 인물이 적지 않은 것을 믿고 있습니다.

(…) 오늘날 만일 우리 조선에서 적정 타당한 합작으로 하루빨리 통일 정부를 만들어내지 아니하면 우리의 조국에는 다시 중대한 위기가 찾아올 것입니다. 그것은 한편에서 극좌로 편향하고 있는 동안, 한편에서는 애국 운동의 틈에 휩쓸려 극우 편향으로 반동적인 세력을 암암리에 부식하여 멀지 않은 장래에 그야말로 내란적인 항쟁의 피를 흘리게 할 화근을 만들 근심이 아주 없다고 할 수 없는 것인 까닭입니다. (안재홍, 『민세 안재홍 선집 2』, 지식산업사 1983, 129~132쪽)

좌익에 대한 불신감을 애써 덮어놓고 원론적 차원에서의 신뢰감을 부각시킨 연설이었다. 좌익을 무조건 적대하는 극우파는 말할 것 없고, 당시 중도적 우익 인사들도 좌익에 대해 상당한 불신감을 품고 있었다. 불신감을 불러일으킨 가장 뚜렷한 계기가 연초의 '찬탁' 주장이었다.

맹목적 반탁은 극우의 기준이었고 맹목적 찬탁은 극좌의 기준이었다. 우익 전체가 일시 맹목적 반탁에 휩쓸린 과오가 있었지만, 그것은 조작된 『동아일보』 기사 등 정보 문제에 기인한 것이었다. 미소공위의 제5호 공동성명을 계기로 상당수 우익 인사들이 "탁치에는 반대하지만 3상회의 결정은 존중한다"는 중도적 입장을 밝히고 나왔다.

공산당의 맹목적 찬탁에는 전술적 효과를 노린 고의성이 더 분명하다. 극우의 반탁에 극단적으로 대항하여 좌익의 헤게모니를 장악하려는 것이었다. 공산당은 이 전술을 통해 통일전선의 길을 봉쇄하고 우익의 이승만·김구 영수 체제에 반발하는 상당 범위의 중도파까지 끌어들여 민전을 통한 영향력을 극대화할 수 있었다. '적대적 공생 관계'를 의도적으로 추구한 분명한 사례의 하나다.

좌우합작에 대한 미군정의 의도는 중도 우파 중심의 통일전선을 최대한 넓게 이룩하는 것이었다. 극우파를 지원해왔더니 민의 수렴이 되지 않고 미군정 자체에도 도전할 위험이 보였다. 그래서 공산당을 배제하고 극우파를 억누르며 중도 우파와 중도 좌파 사이의 합작을 추진하면 극우파는 따라올 수밖에 없을 것이므로 가장 폭넓은 주민 지지를 받는 우익 성향 통일전선을 만들 수 있으리라는 계산이었다.

이것은 주도적 역할을 제안 받은 중도 우파에게는 물론이고 공산당의 헤게모니 집착에 시달려온 중도 좌파에게도 바람직한 기회였다. 극우파가 실제로 그 누구보다 우익에게 독(毒)이고 극좌파가 좌익에게 독이라는 사실을 중도파 인사들도 인식하기 시작했다. 좌우합작 대표자들의 자세에 대한 정용욱의 분석에 나는 공감한다.

> 김규식과 여운형은 미군정이 좌우합작에 대해 확고한 입장을 유지한다면 아직 좌우합작 운동이 자리를 잡기 이전에 우익의 공격으로 좌

> 우합작이 위기에 처하는 것을 막는 데 미군정을 이용할 수 있다고 생각하였다.
> 미군정의 좌우합작 운동 지원은 처음부터 입법기구 설립이라는 뚜렷하고 구체적인 지향점을 가지고 있었지만 좌우합작의 주된 당사자인 김규식과 여운형은 미국의 구상과는 다른 목표와 지향점을 가지고 있었다. 그것은 대체로 남한의 좌우합작에 이은 남북합작으로 진정한 민족 통일을 이루고 이를 바탕으로 임시정부 수립 문제를 해결하겠다는 것으로, 무엇보다 좌우합작을 통한 민족 통일에 그 초점이 있었다.
> 김규식은 좌우합작 운동 개시 이전부터 통일 정부의 창출을 돕기 위해서는 제 정파를 대표하는 연락위원회 내지 협의위원회의 수립이 필요하고, 민주의원의 강화로는 이 목표를 달성할 수 없다는 견해를 피력하였다. 여운형 또한 이승만의 정읍 단정 발언 이후 단정 수립설이 우익을 중심으로 확산되자 미소공위 재개를 촉진하기 위해 민주의원, 민전에 관계없는 좌우의 통일 조직을 주장하고 나섰다. 양자는 모두 좌우 양측의 대표기관이 가진 제한성과 좌우합작을 위한 새로운 조직의 필요성을 절감하였다. (『존 하지와 미군 점령통치 3년』, 148~149쪽)

이런 맥락 속에서 며칠 전(6월 20일) 일기에서 언급한 김규식의 "나무에 올려놓고 흔들기" 발언 의미도 음미할 수 있는 것이다. 이승만이 김규식의 집까지 쫓아와서(좀체 없는 일이었던 모양이다) 좌우합작을 격려하는 속마음이 어떤 것인지 김규식은 훤히 꿰뚫어보고 있었다. "떨어뜨린 후에는 짓밟을 것도 안다. (…) 내가 희생한 다음에 형님이 올라서시오"라고 한 말을 나는 이렇게 해석한다. "힘을 가진 것은 이 박사 당신이요. 불리한 싸움이지만 대의를 받드는 싸움을 나는 피하지 않겠소. 그러나 조그만 허점을 보여도 당신에게 짓밟힐 것을 나는 각오하고 있소."

1946. 6. 27.

1946년 여름, 이남 주민들의 고통

20일부터 내리기 시작한 비가 일주일이 지나도록 그칠 줄을 모르고 연일연야 내리 퍼붓고 있어 전 조선은 이제 수마의 위협 앞에 떨고 있다. 경향 각지에 물바다를 이룬 곳이 한두 곳이 아니며 집 잃고 농토 잃은 동포는 부지기수다. 26일 국립중앙관상대 발표에 의하면 호우는 전 조선적이되 특히 경성의 한강은 박차적으로 증수가 되어 그 유역은 상당히 위험한 형편이다. (…)
26일 오전 10시 현재 각 지방 우량(雨量)을 소개하면 다음과 같다.
경성 174밀리미터, 인천 282밀리미터, 수원 426밀리미터, 부산 66밀리미터, 강릉 28밀리미터
이상으로 보아 수원과 안성, 평택 등이 가장 우량이 많으며 다른 곳은 대개 100밀리미터 이하다. 그리고 현재 비가 내리는 지역은 38 이남 전부와 이북 각지까지 넣어 거의 전국적이다.
경기도 경찰부에 들어온 보고에 의하면 26일 오전 8시 현재 경기도 내 수재 상황은 침수 가옥이 약 3,171호를 돌파하고 인명 사망이 75명이나 되는데, 그중에도 평택은 전읍이 물바다 속에 잠기어 시민의 안위가 매우 염려되며 평택에서만 판명된 사망자가 80명을 돌파하고 있다. (…)

> 선로의 유실과 파괴로 거의 전선이 불통이 된 철도의 피해는 24일까지의 것이 판명되었는데 유실 파손 침수된 선로의 연장거리는 실로 수십 킬로에 걸쳐 조선 철도가 시작된 이후 처음 보는 큰 손해이다. 26일의 강우로 피해는 더욱 확대될 것인데 이에 운수부 공무과에서는 전원 동원하여 복구공사에 착수하고 있으나 초미의 급무인 경부선의 공사만도 약 2주일의 시일이 걸릴 것이라고 관측된다. (…)
> 이번의 폭우로 말미암아 경성과 부산 간의 전화도 26일 아침 8시 50분경부터 고장으로 불통되었는데 복구는 언제부터 될지 아직 알 수 없다 한다.
>
> (「폭우로 많은 재해 발생」, 『서울신문』 1946년 6월 28일)

신문 기사만으로 당시의 피해 상황을 이해하는 데는 한계가 있다. 오늘까지 여러 날 내린 비가 전국적으로 40~100밀리미터, 일부 지역에 200밀리미터라 하는 것과 큰 차이가 없는 강우량이었지만, 당시의 여러 가지 상황으로 볼 때 지금보다 훨씬 큰 피해가 발생했을 것을 짐작할 수 있다.

당시 이 홍수를 "을축년 이래의 최대 홍수"라고 했다. 1925년의 '을축년 대홍수'는 7월 초순부터 9월 초순에 걸쳐 네 차례 홍수가 겹친 것이었다. 인명 피해 647명, 가옥 유실과 붕괴가 2만 3천 호, 침수가 4만 6천 호에 달했던 이 홍수 중 한때는 인도교의 한강 수위가 11.66미터까지 올라와 남대문 밑에까지 강물이 찰랑거렸다고 한다.

1946년의 홍수에서 한강 인도교 수위는 10.10미터까지 올랐었다고 한다. 기상 자료를 살펴보지 못했지만, 강우량 자체는 몇 년에 한 번 정도 겪는 수준이 아니었을까 싶다. 행정력이 약화된 상태와 주거 조건이 극히 열악한 많은 유민의 존재가 피해를 심화시켰을 것 같다. 그리고 5월 하순 확산이 시작된 콜레라가 6월 하순의 장마를 계기로 맹위를 떨치기 시작했다.

> 장마는 호열자 유행에도 큰 영향을 주어 최근 2, 3일 내로 환자 수가 부쩍 늘고 있다. 지금 가장 심한 곳은 동진강 유역인 전북의 김제, 부안, 정읍의 각 지방과 경북의 대구, 영천 지방인데 (…) 26일 현재 남조선 전부의 환자 발생 수는 지난 22일 이후 3백 명이 더 늘어 1,611명이며 그중 사망자는 48퍼센트인 776명인데 이 새 환자는 거의 전부가 전북과 경북 지방의 사람들이다.
>
> (「장마 속에 기세 얻어 호역 환자 날로 증가」, 『자유신문』 1946년 6월 27일)

며칠 후 신문에서 대구 지역의 콜레라 사태가 부쩍 심각해진 것을 알 수 있다.

> 경상북도로부터 운수부에 들어온 보고에 의하면 경북 일대는 장마 끝에 호열자가 더욱 창궐○○되고 있음으로 경상북도에서는 6월 28일부터 도지사의 명령으로 금지 구역을 설정하여 여행자들은 이 금지 구역을 통과할 수는 있으나 동 구역 내에 하차는 못하게 되었다.
> 금지 구역: 대구, 달성, 경산, 영천, 경주, 영덕, 영일, 청도, 선산, 김천, 예천, 문경.
>
> (「대구·경주 등지 호역으로 하차 금지」, 『자유신문』 1946년 7월 2일)

6월 13일자 일기에서 인용한 대구의 의사 박희명의 회고도 약품 공급 등 당국의 대처가 미흡한 문제를 보여주는데, 콜레라는 환자만이 아니라 대다수 주민의 생활을 매우 어렵게 만들고 있었다.

> 서울 시내 호열자 환자 총수의 3분의 1을 점하는 마포구의 호역 상황! 마포구에는 7일 현재로 진성, 의사를 합하여 11명인데, 호열자 환자가 발생한 집 근처는 교통 차단을 하고 있으므로 환자 아닌 사람들이 식량이 없어서 기아 상태에 빠져 있다는데 당국에서는 아직 이에 아무런 조치도 없고 또 환자가 발생하여도 즉시 환자를 처리 않고 2, 3일간이나 발병지에 내버려두는 일이 많으므로 마포구 주민은 위생 당국에 대한 불만이 날로 높아가고 있다 한다.
>
> (「차단지에 식량도 안 주고 이병자(罹病者)를 그대로 방치」, 『자유신문』 1946년 7월 8일)

민심은 생활 조건에 크게 좌우되는 것이다. 미군정 점령 정책을 정치적으로 비판할 동기와 능력을 가지지 않은 남조선 일반 민중도 인플레와 식량난을 비롯한 생활고에 시달리면서 불만을 키우지 않을 수 없었다. 게다가 6월 하순의 수해와 그에 이은 콜레라 사태로 생활 조건은 더욱 악화되었다. 미군 통치에 대한 저항이 10월에 대구에서 터져나온 데는 콜레라 피해가 가장 심한 지역이었다는 조건도 작용한 것으로 이해된다.

6월 하순의 장맛비 속에 이삿짐을 싸는 사람들이 있었다. 6월 25일자 『조선일보』 기사다.

> 〔워싱턴 17일 UP발 조선〕 소련이 남조선 미군 점령 지대에 주재하고 있는 소련 총영사를 철퇴시킨 것은 미국이 북조선 소련군 점령 지대에 미국 영사관의 개설을 요구한 데 대하여 소련이 반대의 회답을 한 것이라고 당지에서는 해석하고 있다. 얼마 전부터 소련 당국과 남조선 미군 사령관 존 알 하지 중장은 미군 점령 지대에서의 소련 영사

의 활동에 관하여 논의한 바 있었으나 하지 중장은 미국 정부에 대하여 다만 일반적 불만을 통고하였을 따름이고 그가 불만으로 여기는 점이 구체적으로 무엇인가를 지적하지 않았다고 한다.

하지 중장은 소련 영사관 당국이 미군 점령 지대에서의 좌익 운동의 중심이 되고 있다는 뜻을 말하였다 한다. 6주일 전 미국은 소련에 대하여 소련군이 점령하고 있는 북조선에 영사관 설치를 허가할 것을 요구하였다.

미국은 그때부터 고려는 하고 있으나 아직 미군 점령 지대에도 영사관을 설치하지 않았다. 미국의 소련에 대한 요구는 현재 그대로 있으나 회답은 없다. 이리하여 소련이 미군 점령 지대에 있는 영사관을 폐쇄하기로 결정한 것은 소련이 간접적으로 "노"라고 대답한 것으로 관측된다.

● 소련 영사관원의 담

미소공위 재개를 촉진하고자 오랫동안 분열 상태에 있던 좌우 정계도 요즈음 합작의 기운이 농후해져 정계가 명랑화하고 있는 차제에 돌연 외전은 24일 소련 서울영사관 철퇴설을 전하여 일대 센세이션을 일으키고 있는데 영사관원은 방문한 기자의 질문에 대하여 다음과 같이 대답하였다.

(문) 철퇴설이 있는데 사실인가?

(답) 사실이다.

(문) 이유는?

(답) 미 주둔군 당국에 물어보라.

(문) 언제 가는가?

(답) 23일에 우리 철퇴를 원조해주기 위하여 군인 수 명이 와서 철퇴

준비를 하고 있으니 26, 27일경에는 갈 것이다.

(문) 평양으로 가는가?

(답) 모스크바로 간다.

(문) 영사관은 언제부터 두었는가?

(답) 1925년부터 두었고 1884년부터 1924년까지는 공사관을 두었다.

(문) 관사 관리는 누가 하는가?

(답) 전부터 여기에 있던 관원은 전부 가고 새로 집 보는 사람이 본국으로부터 와서 관리하게 되었다.

(문) 미소공동위원회는 재개되는가?

(답) 틀림없이 가까운 장래에 될 것이다. 영사관 철퇴와 공동 재개와는 관련성이 없으니 염려하지 말라.

(「소련 정부, 주경 소련 영사관을 철퇴」, 『조선일보』 1946년 6월 25일)

박헌영이 해방 직후 서울에 와서 제일 먼저 찾아간 곳이 소련 영사관이었고 이후 소련 영사관의 외교적 특권은 박헌영의 활동에 큰 뒷받침이 되었다. 당시 소련 부영사 샤브신의 아내 쿨리코아가 이렇게 증언했다고 한다.

샤브신은 해방 초기부터 박헌영이 월북한 46년 10월까지 14개월 동안 서울에서 매일 한두 차례씩 의무적으로 만났습니다. 이 기간 중 샤브신은 수차례 박헌영을 비밀리에 평양에 보내 소군정과 김일성 진영과의 비밀 회동을 갖게 했고 박의 서울 집회 등에도 반드시 참석, 후견인의 역할을 했지요.

샤브신은 미군정 등의 눈길을 피해 공원 등지에서 만나 자신의 승용차 뒷좌석에 박헌영을 태운 뒤 모포로 씌워 영사관 밀실로 데리고 가

밀담을 했습니다. 이들이 주로 논의했던 사항들은 김구·이승만 등 우익 진영과 미군정의 동향, 공산당의 활동 방향, 그리고 모스크바 중앙당의 지시 전달 등이었습니다. (중앙일보사 특별취재반, 『비록 조선민주주의인민공화국』, 중앙일보사 1992, 285쪽)

공산당에 대한 소련 영사관의 지원 역할을 단적으로 보여주는 증언이다. 그런데 이 증언의 주인공 쿨리코아와 동일 인물로 보이는 파냐 이사악꼬브나 샤브쉬나의 『1945년 남한에서』에는 1946년 8월까지 서울의 상황이 기록되어 있고 미군과 조선 우익에 대한 극히 비판적인 태도를 보여주는데, 영사관 철수에 관해서는 아무 기록이 없다. 공산당에서도 이와 관련된 미군정 비난이 없었다. 6월 26일 정례 기자회견에서 박헌영의 논평만이 전해진다.

소련 당국이 그 총영사를 서울서 철수시키는 이유가 미·소 외교에 관련된 듯한 점도 UP통신이 전합니다. 그러나 무엇보다 이 문제의 중심점은 소련이 3상 결정을 충실히 실행하자 함에 있다고 보여집니다. 만약 앞으로 군정을 연장한다든가, 그것을 강화하는 방향으로 나아간다든가, 밖으로 외교기관을 신설한다든가 하는 것은 우리 민족으로 하여금 하루라도 속히 민주주의임시정부 수립을 실현시키는 사명과는 다른 노선입니다. 기존한 외교기관을 철수하더라도 이 3상 결정 실천에 모든 것을 집중하여, 우리 정부 조직을 속히 실현시키려 한 것이 소련의 이번 조치의 본의일 것입니다.

(『조선인민보』 1946년 6월 27일; 『이정 박헌영 일대기』, 343쪽에서 재인용)

공산당과 소련 측의 강한 반발을 기대했던 나로서는 뜻밖일 만큼 영사관 철수는 조용히 이뤄졌다. 샤브신 부영사 등 영사관 측의 박헌영 지지가 너무 편파적이어서 이북의 소련군 및 북조선공산당과 손발이 맞지 않는 문제가 생겼던 것은 아닐까? 석연치 않은 채로 일단 철수 사실만 확인하고 넘어간다.

1946. 6. 28.

소련군의 군표와 미군의 군표

6월 27일자 『자유신문』에 미군의 군표 발행 계획이 보도되었다.

〔도쿄 26일발 공립〕 맥아더 사령부 섭외국 발표에 의하면 일본, 조선 및 오키나와에 진주하고 있는 미국군을 위하여 거의 새로운 군표가 발행된다. 이것은 돈이 미국으로부터 유입되는 것을 막기 위함이다.

러치 군정장관은 1월 29일 기자회견에서 "절대로 군표를 발행치 않겠다"고 확언하고 2월 5일에도 담화문에서 군표 발행설을 거듭 부정했다.

(문) 조선에는 지금 86억이나 되는 통화팽창이 되어 있는데다가 이번에 군표를 발행한다는 소식이 있으니 이는 어찌된 일인가?
(답) 이는 워싱턴에서 온 소식인 모양인데 우리는 놀라서 도쿄 사령부로 즉시 물어보았더니 그 원문은 과거의 일이었다. 즉, 벌써 군표를 사용하였다는 말이고 미래에 대하여서는 아무 말이 없었다. 하여튼 조선 군정청으로서는 절대로 군표를 발행치 않겠다. 지난 정월 초순 일시적인 동요로 각 은행 저금이 조금 줄었으나 지금은 또다시

늘고 있다. 이와 같이 통화가 흡수되면 조선의 경제는 차차 안정되겠다.

(「러치, 군표 발행 문제, 미소공위 문제 등에 대해 기자회견」 중에서, 『조선일보』 1946년 1월 30일)

(…) 기초 없는 보도로 항간에 미군표 사용설이 나돌고 있는데 미군은 과거에도 군표를 사용한 일이 없으며 앞으로도 사용치 않겠다. 팽창된 통화도 흡수하도록 노력 중이다.

(「군표 발행은 낭설, 군정 기구도 개혁 않는다」, 『동아일보』 1946년 2월 6일)

해방 조선에서 통화팽창은 민생고의 근본 원인 중 하나였다. 전쟁 중의 무리한 통화정책과 전쟁 후의 혼란은 인플레이션을 일으키기 마련인데, 조선의 경우 종전 후 한 달 동안 발행된 기존 통화량의 절반이 넘는 거액의 조선은행권이 통화팽창의 가장 크고 가장 직접적인 원인이었다.

일본의 조선 지배 체제를 그대로 승계한다는 미군정의 방침은 통화제도에도 적용되었다. 이미 발행된 조선은행권을 그대로 인정한 것이다. 종전 직후 발행된 조선은행권 중에는 인쇄 품질이 불량한 것도 있어서 위조지폐 문제를 심화시켰는데, 미군정은 조선은행에서 발행한 지폐라면 언제 어떤 식으로 찍은 것이든 모두 효력을 인정했다.

대다수 주민이 궁핍에 시달리고 있을 때 일각에는 주체할 수 없이 많은 돈을 가진 것처럼 보이는 사람들이 있었다. 오기영은 『신천지』 2권 3호(1947년 4월)에 실린 수필 「모리배」에서 이 사람들을 '모리배'라고 불렀다.

> 우리는 한참 당년에 광업 브로커들이 요리점을 제 집 삼아 살고 분명코 금은 산에 가야 캐야 할 것을 서울 한복판 요릿집에 들어앉아 금광 하는 사람들을 많이 보았다. 헌데 지금은 금광 세월은 없는 때요, 월급쟁이는 예나 지금이나 월급쟁이인데다가 확실히 그 곤란한 생활 상태가 전날 월부로 견디던 시절보다 훨씬 더하니 이런 소비는 감불생심일 것이요, 지조의 성명(聲名) 없어진 것도 어제 오늘이 아니니, 이들도 요리점에 산재할 특권을 잃은 지가 오래다. 그러면 누구란 말인가.
>
> 두말할 것 없이 요새에 새로 생긴 모리배라는 특수 계급이야말로 그 장본인인 것이다. 생산자에게로 곧장 바로 흘러가야 할 물자가 이들의 손을 한번 거쳐서만 가게 된 세상이다. 이들의 손에 이것을 한번 거쳐 가도록 하기 위해서 우선 한잔 먹어야 한다. 그 다음에라도 생산 공장으로 가느냐 하면 그런 것이 아니라 이런 관문을 몇 번이고 거쳐서라야만 가게 마련된 세상이다. (『진짜 무궁화』, 20~21쪽)

1909년생의 오기영은 원래 동아일보 기자를 지낸 언론인인데 해방 후 3년간 경성전력의 임원으로 일하고 있었다. 그래서 권력에 등 대고 경제 현상을 왜곡시키는 '모리배'의 존재를 예민하게 인식하고 있었던 것이다. 부정 축재 현상은 나중에 또 살필 기회가 있겠지만, 월급쟁이는 물론, 지주나 사업가 같은 전통적 의미의 부자들까지 무색하게 만드는 고급 소비 계층의 출현을 알려주는 글이다.

요즘 '양극화' 얘기를 하지만, 해방공간에서는 현금이 엄청난 편중 상태에 있었다. 주민의 99퍼센트가 물가 앙등에 쫓기며 살아가고 있는 한편에서 1퍼센트 미만의 사람들이 통화량의 3분의 1을 쥐고 있었다. 그들은 그 돈으로 행정권과 관리권을 가진 미군 장교들을 매수해서 엄청난 폭리를 취할 수 있었다. 미군정 하의 조선은 투기꾼의 천국이었다.

38선 이북은 어땠을까? 『동아일보』는 1946년 4월 6일에서 19일까지 12회에 걸쳐서 익명의 특파원이 쓴 「북한 답파기」를 연재했다. 이북 사정을 악선전하려는 의도가 노골적으로 드러나는 내용이지만, 그 의도에 어긋나는 몇 가지 사실을 본의 아니게 담고 있다. 4월 18일자 기사 전문을 옮겨놓는다.

> 함흥 여사에서 하룻밤을 쉬고 여러 가지 사정을 듣고 이튿날 국제시장이라고까지 불러오는 유락정(有樂町)시장을 구경하니 위선 물건보다도 장사꾼이 많은 데는 놀라지 않을 수 없다. 이 시장은 소련군이 진주한 뒤로부터 활기를 띠기 시작하여 처음에는 왜놈들 옷감과 가구가 터져 나와 소련군에게 반가운 선물이 되었고 요즈음에는 조선 사람들 중에서도 과거의 부자들의 예금이 동결되고 토지는 무상으로 몰수당하고 수입은 없고 지출은 늘어가고 하여 경제적으로 몰락한 것과 38선을 넘어가 살려는 사람들의 가산 정리로 말미암아 별별 물건이 다 나오게 되어 소련군은 값의 고하를 막론하고 붉은 군표를 아깝지 않게 내어 밀어 좋은 물건을 한 아름씩 사 가지고 희색이 만면하여 돌아간다. 중년 여인들이 의복 감을 팔에 걸고 "수시수시(여보세요)" 하면서, 소련군의 팔목을 연달아 잡아낚곤 "호로쇼 호로쇼(좋은 것입니다)" 하면 또한 "니나-더(싫습니다)"라고 대답하고 또 서로 무엇이라고 떠들어대는 풍경은 해삼위(海蔘威, 블라디보스토크)를 연상케 한다.

부자들의 예금이 동결되었다는 이야기가 있다. 사유재산권 침해라는 범죄적 조치로서 고발하는 것이 『동아일보』의 뜻일 텐데, 이남의

1946년에 발행된 조선은행권. 해방 조선에서 조선은행권은 통화팽창의 주범이었다.

지나친 사유재산권 존중이 민생을 악화시키던 상황과 대비하면 범죄적 조치가 아니라 매우 바람직한 조치일 수도 있겠다는 생각이 든다. 해방 직후에 찍어낸 뭉칫돈을 가지고 있는 사람이라도 이북에서는 제멋대로 휘두를 수 없었을 것 같다.

부잣집에서도 살림이 쪼들려 별별 물건을 다 내다 팔게 되었다고 한다. 그것을 소련인들이 군표로 사들였다고 한다. 조선인의 재물이 소련인에게 넘어가는 데 독자들이 분개할 것을 필자는 기대했을 것이다. 그러나 조선인들이 '고통 분담'을 함께 하고 있었다는 사실은 이남 사회 일각에 돈을 주체 못하는 사람들이 있었던 것보다 바람직한 상황으로 보인다.

이북 지역에서 소련군은 점령 초기부터 군표를 사용했다. 조선은행권을 인정하기는 했지만 이남의 미군처럼 '절대적'으로 존중하지는 않은 것이다. 해방 직후 대량 발행된 조선은행권을 어떻게 처리했는지는 알아볼 수 없었지만, 여러 가지 여건으로 보아 거액의 신권을 자유롭게 사용할 수는 없었을 것이다. 뭉칫돈 가진 사람들은 이남으로 가져와서 이남에서 썼을 것으로 보인다.

1947년 12월 9일 조선민주당 담화문에서 이북 지역의 군표 문제를 지적한 것이 있다. 조선민주당은 원래 평양에서 조만식(曺晩植, 1883~1950)을 영수로 결성되었다가 1946년 초 신탁 문제로 조만식이 연금 상태에 들어간 후 간부 대부분이 이남으로 내려와 명맥을 유지하면서 이북 체제 비판에 앞장서고 있었다. 지적의 타당성 여부는 판단하지 못하겠지만, 군표 시행에 따르기 쉬운 문제임은 분명하므로 옮겨둔다. 조선은행권의 완전 퇴출이 눈에 띈다.

● 군표 문제

소군이 진주하자 자기네들이 사용할 목적으로 발행한다는 군표는 현재 그 발행고가 70억 원에 달하며 일반 민간에도 사용되고 있는데 최근에는 동 군표와 조선은행권을 강제 예금시키고 신화폐 중앙은행권을 매월 한 세대에 8백 원씩 지불한다. 그리고 소군은 재목, 식량, 연금 등을 북조선에서 군표로 대가를 지불하고 반출하여왔는데 결국 군표를 북조선 중앙은행권으로 교환한다면 군표 70억 원에 대한 책임은 소군이 져야 할 것인데도 불구하고 결국 북조선 인민이 그 책임을 지고 있다.

(「조선민주당, 북조선의 전력 문제와 군표 문제에 대해 담화 발표」 중에서,
『동아일보』 1947년 12월 10일)

미군은 일본에서는 일본은행권을, 조선에서는 조선은행권을 유일한 통화로 인정했으나 인플레이션 심화에 따라 달러 표시 군표를 사용하

게 되었다. 맨 앞에 인용한 『자유신문』 기사는 며칠 후 군정부의 공식 발표를 통해 사실로 확인되었다.

> 29일 군정청 공보부의 특별 발표에 의하면 머지않아 발행될 미군표는 조선에 주둔해 있는 미국인과 미국 육군성 군속에게만 한하여 사용하도록 되어 있다. 즉, 미군으로서 직접 조선 내 각 은행·상점·개인과 군표를 교환 혹은 거래할 때는 무효가 되고, 다만 군정용 매점이나 기타 미군 시설 내에서 미군인 군속 사이에 교환할 때에만 한하여 사용되리라 하며 부득이 미국으로서 조선인 상점 혹은 개인과 거래하고자 할 때에는 군 경리장교가 조선은행권과 엄중한 규칙 아래 교환해주게 되어 있다. 그러므로 군표가 민간에 통용되지 않으며 또한 최초에 발행된 대상자 이외에는 조선은행권이나 미국 화폐로 상환할 수 있다 한다. 따라서 조선인은 물품 혹은 보수에 대하여 군표로 지불될 때는 여하한 이유를 불문하고 받을 필요가 없다 한다. 그런데 이 군표를 발행하게 된 근본 이유의 하나는 조선과 조선에 주둔해 있는 미군 당국을 원조하여 암취인(闇取引)을 없애어 조선 경제 안정에 공헌하기 위한 것이라 한다.
>
> (「공보부, 미군 군표의 사용 한계에 대해 특별 담화」, 『서울신문』 1946년 6월 30일)

통화팽창이 심각한 문제로 떠올라 있었기 때문에 5개월 전에도 군표 발행 가능성을 극력 부인했던 것이고, 이제 시행에 들어가면서도 국내 통화와 철저하게 격리시키겠다는 방침을 강조한 것이다. 그러나 하나의 사회 안에서 두 개의 통화를 떼어놓는 것은 행정 규제만으로 완벽하게 될 수 없는 일이다. 미군표는 금과 함께 돈 있는 조선인들이 재산 가치를 보전하는 수단이 되었다.

1946. 6. 30.

좌우합작 노력에 시동을 걸어준 미군정의 지원

6월 30일 하지 사령관은 특별 담화를 통해 좌우합작 지지 입장을 공표했다.

"나는 김규식 박사와 여운형 씨가 남조선에 있는 중요한 정당 간에 배전(倍前)의 협동과 통일을 위하여 진력하시는 것과 그 노력의 진전이 있다는 보고를 매우 흥미 있게 보고 있습니다. 진정한 통일과 성실한 협력은 외계에서 부과될 것이 아니고 조선 지도자들이 인류 4대 자유의 윤곽 내에서 활동 노력하는 그것으로만 완성되리라고 믿습니다.
이런 의미에서 췌언(贅言)을 불요하고 나는 미군 사령관으로 김 박사와 여 씨의 노력을 할 수 있는 데까지 전적으로 시인하고 지지합니다. 나는 벌써부터 조선 민중이 점점 더 정치 논쟁과 당파 힐책에 권태를 느끼고 있는 줄 알고 있습니다. 모든 정보를 합쳐 보면 조선 민중은 자기네 지도자들 간에 충분한 협동이 있기를 간망하고 있는 줄 믿습니다.
나는 김 박사와 여 씨가 정당 간의 불화목을 일소하고 남조선 민중이 다 한결같이 동경하며 필요하고 또한 정당 지도자에게 보상을 받아야 할 친화를 지래(持來)함에 성공하리라고 확신해 마지않습니다."

(「하지, 김규식·여운형의 좌우합작 추진 적극 찬동 특별 성명 발표」,

『서울신문』 1946년 7월 2일)

정용욱은 『존 하지와 미군 점령통치 3년』 「공작 차원의 좌우합작 운동」이란 제목의 절(122~131쪽)에서 미군정의 좌우합작에 대한 태도를 '정치 공작'으로 설명했다. 정확한 설명이다. 좌우합작은 미군정에게 그 자체의 가치를 가진 목적이 아니라 전술 전략 차원에서 채택한 수단이었다.

그러나 전술 전략에도 수준과 층위의 차이가 있다. 미소공위 개회를 앞두고 민주의원을 만들 때의 천박하고 노골적인 공작으로부터 큰 발전이 있었다. 그때는 우익의 공고한 통합에 주력하며 여운형 등 좌익 일부를 개별적으로 포섭하는 '끼워 넣기' 전술이었다. 그래서 이승만과 김구의 '영수' 체제를 만들었고, 이 체제는 좌익뿐 아니라 중도파도 용인하기 어려운 것이었다. 비상국민회의와 민주의원을 등진 김원봉(金元鳳, 1898~1958), 성주식(成周寔, 1891~1959) 등 임정 요인들은 '좌익'으로 이름붙일 입장이 아니었다고 나는 생각한다.

1946년 봄 조선 정계에 대한 미군정의 의도를 정용욱은 이렇게 설명한다.

하지는 여운형을 민주의원에 끌어들이기 위해 적극적으로 영입 공작을 펼쳤다. 또 하지는 미소공위 개막에 즈음해 이승만의 노골적인 반탁 태도가 미국 측을 난처하게 만들자 이승만 대신 김규식으로 하여금 민주의원 의장직을 맡아보게 하였다. 이러한 대응은 우익의 지지·육성이라는 이면의 의도에도 불구하고, 우익의 노골적인 반탁 태

> 도가 하지의 입장을 난처하게 하자 이를 모면하기 위해 취해진 조치였다.
>
> 하지만 이러한 하지의 의도는 성공할 수 없었다. 우선 '중간적 외양'이라는 구색 맞추기에 급급한 미군정의 태도가 중간파의 민족통일전선에 대한 열망을 포섭할 수 없었다. 여운형을 민주의원에 참여시키려는 미군정의 노력은 실패로 돌아갔고, 김규식은 민주의원에 참여하였지만 미소공위 개회 이전부터 민주의원의 제한성을 들어 새로운 민족통일전선 결성의 필요성을 제기해놓고 있었다. 하지의 행동 또한 중간파 노선에 대한 전적인 지지 위에서 나온 것이 아니었다. (…) 이때만 해도 하지는 중간파에 속하는 인물들을 개별적으로 활용한다는 차원에 머물러 있었다. (『존 하지와 미군 점령통치 3년』, 123~124쪽)

미소공위의 진행을 통해 중간파의 역할이 부각되었다. 극좌(공산당)는 미국 측의 비토 대상이었고 극우(절대 반탁 세력)는 소련 측의 비토 대상이었다. 미군정 입장에서 볼 때 이승만·김구 영수 체제가 이남 정치계를 주도할 경우 미소공위의 성과는 아무것도 기대할 수 없었다. 하지에게는 미소공위에 대한 절대적 애착도 없지만 그 파탄을 절대적 목표로 세울 자신감도 없었다. 미소공위에 더 효과적으로 대응할 다른 방안이 필요했다.

이 단계에서 버치 중위의 제안이 구체적으로 어떤 내용이었는지는 확인할 수 없어도 대충 짐작은 간다. 중도 우파 중심의 우익 확장.

극우파 중심의 영수 체제는 좌익은커녕 중도 성향의 일부 우익조차 포용할 수 없는 편협한 노선이었다. 민전을 앞세워 중도파를 폭넓게 포섭한 좌익과의 경쟁에 불리한 체제였다. 극우파를 뒷전으로 빼놓고 중도 우파를 앞세우면 민전으로 넘어갔던 중도파만이 아니라 공산당

1946년 5월 미소공동위원회에서
미국 대표들과 함께한 여운형.

의 극좌 노선에 반발하는 좌익 일부의 협조까지 얻어 현실적으로 가장 넓은 폭의 통일전선을 바라볼 수 있는 길이었다.

중도파에게는 조직력이 약하다는 문제가 있는데, 미군정의 지원으로 그 약점을 메워줄 수 있었다. 이것은 반공주의자 하지에게도 '우익의 승리'라는 목표를 이뤄줄 수 있는 길이었다.

6월 30일 하지의 특별 성명은 이런 맥락에서 나온 것이었다. 우익에게는 사령관의 의지를 보여주며 함부로 방해할 생각하지 말라는 엄포였다. 중도 우파에게는 군정청의 뒷받침을 보장하니 마음 놓고 나아가라는 격려였고, 좌익에게는 합작의 성과를 미군 측이 보장하겠다는 다짐이었다.

이 단계에서도 하지의 의도가 '정치 공작'을 벗어나지 않았다는 점을 정용욱은 지적한다.

> 하지는 중도 좌파를 좌익으로부터 분리함으로써 좌익 세력을 전반적으로 약화시키고자 하였다. 또 중도 우파를 우익의 관리자로 내세움으로써 우익 블록을 강화하고자 했고, 동시에 우익에 대한 대중적 지

> 지를 확보하여 군정의 통치 기반을 안정시키고자 했다. 그리고 하지가 이러한 목적을 추구하면서 구사한 것은 철저한 분할 통치 방식이었다. 하지는 한국인 자신에 의한 민족통일전선을 해체하거나 그 결성을 방지하고, 합작에 각 정당이 개별적으로 참여하는 것만 허용하고자 했다. 하지가 의도하였던 것은 미국의 주도에 의한 정치적 통합의 관철이었고, 그러한 구도에서는 우익의 우위가 예상되었다. (『존 하지와 미군 점령통치 3년』, 131쪽)

하지 개인의 의식이 공작 차원에 매여 있었으리라는 점은 나도 동의한다. 이 의식이 좌우합작 노력의 전개에 수시로 이런저런 제약을 가할 것도 예상한다. 그러나 "정치는 살아 있는 물건"이라고 하지 않는가. 좌우합작은 극좌와 극우의 조직력과 물리력에 묶여 생명력을 잃고 있던 남반부 조선의 정치가 모처럼 살아날 수 있는 길이었다.

이 길이 '하지의 의도에 힘입어' 비로소 열렸지만, 정치의 생명력이 살아나는 데 따라서는 '하지의 의도에 불구하고' 계속 발전해나갈 가능성도 있는 길이었다고 생각한다. 강만길과 심지연은 중도파의 주체적 의지에 더 큰 방점을 둔다.

> 이처럼 정국이 좌우로 나뉘어 양 진영이 대립과 반목을 나타내는 것과는 반대로 일부에서는 미·소 양국의 협조와 내부적인 단결만이 한반도의 통일을 기할 수 있으며 임정을 수립하는 선결 요건이라고 생각하고 있었다. 중도 진영이라 불리는 이들은 좌우가 당파를 초월하여 합작해야 한다는 생각에서 미군정의 도움을 받아 우선 중도 세력이 주축이 되어 좌우 양 진영의 협력을 얻은 다음, 통일 정부를 수립할 것을 계획했다.

이와 같은 흐름의 중심에 선 것이 우사(김규식)와 몽양 여운형이었다. 우사는 좌익 진영과 우익 진영의 합작으로 미소공위의 재개를 요구하고 공위가 성공하여 임시정부를 수립하도록 하는 것만이 한반도 문제를 해결할 수 있는 유일한 방안이라고 생각했기 때문에 좌우합작의 길에 나선 것이다. 몽양의 경우도 "민족 분열주의와 국제 고립주의는 우리의 적"이라고 주장하고, 탁치 수용으로 민족을 분열시킨 좌익 진영과 반탁으로 국제적 고립을 자초한 우익 진영을 동시에 비판함으로써, 양 진영과 거리를 두며 중도적인 노선을 취해나갔다.
(『우사 김규식의 생애와 사상 1: 항일독립투쟁과 좌우합작』, 189~190쪽)

중도파의 주체적 의지는 분명히 있었고, 이것이 앞으로 몇 달 동안 좌우합작 노력을 끌고 나가는 동력이 되었다. 그러나 시동을 거는 단계에서 미군정의 힘이 결정적 작용을 했다는 사실은 김규식의 비서였던 송남헌의 회고에 나타나 있다.

미군정 당국자들과의 친선 도모와 일상적인 정보교환을 위한 사교적인 모임은 1차 미소공위가 무기 휴회되고 나서부터 그 성격이 변하기 시작했다. 1946년 5월 하순 버치 중위가 자신이 주최하는 파티에서 좌우의 합작으로 정체된 시국을 돌파하는 것이 바람직스럽다는 견해를 제시했기 때문이다. 버치 중위의 이러한 알선에 힘입어 여운형과 원세훈 사이에 교감이 이루어져 좌우합작을 위한 논의가 이루어지게 되었다.
김(규식) 박사는 좌우합작이 성공하리라는 확신을 갖고 있지 않았기에 처음에는 합작에 나서는 것을 주저했다. 그러나 누군가는 반드시 해야만 하는 과업인데다가 미군정에서 그가 해주기를 원했기 때문에

> 합작에 임하게 된 것이었다. 합작에 나서면서 김 박사는 이승만 박사가 좌우합작을 달가워하지 않고 있다는 것을 알고 있었기에 합작을 추진하는 데 대해 반대는 하지 말아달라는 부탁을 하기도 했다.
>
> 합작을 알선한 이후 미군정은 이를 실현시키기 위해 많은 노력을 아끼지 않았는데, 그 한 가지 예로 좌우합작을 추진하는 데 드는 경비를 지원한 것을 들 수 있다. 미군정은 국고에서 한번에 3백만 원씩 두 차례에 걸쳐 모두 6백만 원을 하춘식 명의로 된 조선은행 가명 통장에 입금시켜주었다. 하춘식이라는 이름은 '하'는 하지 사령관의 첫 글자이고, '춘'은 원세훈의 호인 춘곡에서 첫 자를 딴 것이고, '식'은 김규식 박사 이름의 끝 글자를 따서 합성한 일종의 가명이었다. (『송남헌 회고록: 김규식과 함께한 길』, 75쪽)

돈이 어떤 데 들었을까? 송남헌은 "이 돈은 좌우합작을 추진하는 데 쓰였을 것이라고 짐작될 뿐, 구체적으로 누구에게 얼마가 쓰였는지 나로서는 전혀 아는 바 없다"고 회고하면서, 꼭 한 차례, 1946년 10월경 50만 원을 김성숙(金星淑, 1898~1969)에게 주는 것을 보았다며 "좌익 측 파트너인 몽양의 주도 하에 진행되는 사회노동당 결성을 지원하기 위한 것이었으리라"는 추측을 붙였다(같은 책, 76쪽). 자금과 조직력이 큰 몫을 하던 당시 정계에서 무슨 일이든 추진하려면 방어적 목적을 위해서라도 자금이 필요했을 것 같다.

하지의 특별 담화가 나가자 우익의 주축을 이루고 있던 한독당과 한민당도 뒤이어 지지 입장을 밝혔으나 그 사이에는 온도 차이가 있었다. 7월 2일의 한독당 담화문은 확고한 지지를 보였다.

> 좌우합작이 지금 순조로이 진척되어 가므로 우리는 이 일이 재차 실

패 없이 꼭 성공되기를 간망하고 이를 전적으로 지지하는 바이다. 그러나 이때에 있어 무용한 시의로써 유언을 조출하거나 또는 무조건으로 반대하는 것은 금물이다. 통일을 자력에 구하지 아니하고 외력에서 구하려 하며 심지어 외력에 의존하여 우리 동포의 총의를 무시하고 자가의 입장만 유리하게 하려는 일이 있었다 하면 이것은 어느 쪽을 물론하고 민족의 치욕을 더할 뿐이다. (…)

(「한독당, 좌우합작 지지」, 『서울신문』 1946년 7월 4일)

이에 비해 한민당은 5일에야 여러 사안을 언급하는 가운데 끼워 넣었고 은근히 꼬투리 잡으려는 기색이 엿보이는 언사를 내놓았다.

좌우합작은 결국에 국민 전체가 승복할 수 있는 조건으로 낙착될지며 교섭하는 한두 개인의 사견으로 좌우될 것이 아니다. 그러므로 각 단체 혹은 개인이 합작의 원칙 또는 조건을 발표 또는 제시함은 좋으나 그것으로서 타방에서도 합의한 것처럼 인상을 주게 하는 것은 대중을 현혹케 하고 합작을 방해하는 것이다.

(「한민당 선전부, 좌우합작 조건 및 입법기관 설치 등에 대해 언급」 중에서, 『동아일보』 1946년 7월 7일)

안재홍
선생에게
묻는다

미군정, 좌우합작에 방해나 안 했으면…….

김기협 5월 하순부터 여운형·김규식 선생을 중심으로 시작된 좌우합작 논의가 이제 좌우익 대표를 정해 본격적인 '회담' 단계를 바라보고 있습니다. 선생님도 우익 대표로 참여를 결정하셨다고 들었습니다.

선생님은 여 선생과 함께 해방 당일 건준 사업을 시작하면서부터 통일전선 결성에 앞장섰던 분입니다. 그런데 지난 1월 4당 코뮈니케가 불발로 끝난 후 비상국민회의와 민주의원에 참여하면서 좌익과의 합작을 포기하고 지냈죠. '중앙당'을 지향하던 국민당도 우익 정당인 한독당에 통합시켰습니다.

지금 펼쳐지고 있는 좌우합작도 통일전선을 향한 노력입니다. 반년 가까이 통일전선 결성 사업에서 손을 떼고 있다가 다시 시작하시는 것은 새로운 희망이 떠올랐기 때문인가요?

안재홍 지난 1월 방송 강연에서 "해방은 남의 손으로 되었지만, 민족전선의 통일조차 만일 또 남의 손을 빌려야 한다면, 그야말로 우리에게 자주독립의 자격이 없다고 하더라도 변명할 입이 없을 것"이라는 말을 한 일이 있습니다. 미소공위를 앞두고 통일전선을 이루려는 4당 회의, 5당 회의가 무위로 돌아가는 것을 보며 안타까운 마음에서 나온 말입니다.

지금 좌우합작이 버치 씨의 주선과 하지 사령관의 지지 덕분에 출범하는 것을 보며 마음이 착잡합니다. 민족전선의 통일조차 남의 손을 빌리는 셈 아닙니까. 정말 부끄러운 일입니다.

그러나 부끄럽다 해서 마다할 일이 아닙니다. 솔직히 말해서 지금까지 민족전선의 실패는 우리 민족주의의 결함 때문이 아니라 외부적 조건 때문입니다. 미·소 점령군의 존재가 극우와 극좌의 발호를 뒷받침해주고 있는데, 양심적인 민족주의 세력이 무슨 힘으로 그들의 폭력에 대항할 수 있습니까? 우리가 똑같이 폭력적인 힘을 키워야 되겠습니까?

미군정의 좌우합작 지원은 현명한 결정입니다. 미군정의 성공을 위해서도 필요한 일입니다. 극우와 극좌의 폭력을 차단해주는 것은 남반부 조선의 '합법 정부'를 자임하는 미군정의 의무입니다. 이 의무를 이제야 수행하겠다고 나서는 것이 만시지탄이 있기는 하지만, 지금부터라도 '우리 손으로' 민족전선을 이룩하기 위해 최선의 노력을 기울일 때입니다.

김기협 1월 말 방송 강연에서(「중앙당으로서의 건국이념」, 『민세 안재홍 선집 2』, 83~87쪽) 선생님이 '극좌'와 '극우'의 존재를 강조한 점이 인상 깊었습니다. 그 전에도 그런 '성향'에 대한 경계심을 나타낸 일은 있지만, 그 강연에서는 극좌와 극우를 분명한 '실체'로 지목했습니다.

좌익과 우익은 '사회혁명'에 대한 태도에 따라 갈라집니다. 그런데 선생님은 개인적으로 우익을 표방하지만 사회혁명의 궁극적 필요성은 인정하시지 않습니까? 다만 이제 막 식민 지배를 벗어나 나라를 세우는 단계에서는 사회혁명을 서두를 일이 아니고, 민족국가를 세운 뒤에 주체적으로, 그리고 차분하게 진행하자는 것이지요. 여운형 선생도 거의 똑같은 생각을 가지고 좌익을 표방하는 것 아닙니까?

그런 중도적인 생각이 대다수 조선인의 지지를 받으리라는 것은 굳이 여론조사를 안 해봐도 이치로 빤한 일입니다. 그런데 즉각적이고 전면적인 사회혁명을 주장하는 극좌와 일체의 사회혁명을 거부하는 극우가 위세를 떨쳐온 것은 자연스러운 일이 아닙니다.

이 강연에서 극좌와 극우의 득세를 "외국에 대한 의뢰심이나 의존사상"으로 풀이한 것을 저는 주목합니다. 그 점을 더 설명해주시겠습니까?

안재홍 | 문제는 공산주의자들에게서 시작된다고 나는 봅니다. 그들은 코민테른의 '세계혁명' 지원 노선을 철석같이 믿고, 마침 소련이 조선에 발을 들여놓았으니 조선의 공산화를 전심전력으로 지원해줄 것이라고 기대하는 모양입니다. 미군정이 오른쪽으로 많이 치우치게 된 것은 이에 대한 자연스러운 반발이라고 나는 생각합니다.

그런데 그들이 소련의 국가 성격을 잘못 이해한 것이라고 나는 봅니다. 소련도 원론적 공산주의만을 지키는 나라가 아닙니다. 이미 1920년대에 레닌도 자본주의 요소를 다분히 가미한 '신경제 정책'을 시행한 일이 있습니다. 스탈린(Stalin, 1879~1953)은 소련의 국익을 위해 독일, 일본과 불가침조약을 맺는 등 공산주의 원리에 어긋나는 외교 정책을 구사했고, 독일과의 전쟁에서도 공산주의 원리보다 러시아 민족주의에 의지했습니다. 지금도 '일국사회주의' 원칙에 따라 세계혁명의 추진보다 소련의 국익을 앞세우고 있습니다.

이북의 공산주의자들은 소련의 입장을 잘 이해하고 있는 것 같습니다. 그러니까 소련군의 무력에 직접 의지할 필요가 없는 통일전선 전략을 추진해왔겠지요. 그래서 공산당이 주도권을 장악하면서도 상당 범위의 민족주의 세력을 포용할 수 있었습니다. 이남의 공산당이 시종일관 통일전선에 성의를 보이지 않는 것은 소련에 대한 잘못된 이해와 지나친 의존심 때문이라고 나는 생각합니다.

김기협 | '극좌'의 범위를 대략 이남의 공산당으로 보시는군요. 신탁통치에 대한 태도에서 이남 공산당의 유별난 점이 눈에 띄기는 합니다. "절대 지지"라고 하잖아요? 3상회의 결정에 대한 지지인데, 대충 지지가 아니고 절대 지지라면 한 글자 한 글자를 모두 지지한다는 뜻이고 그렇다면 신탁통치도 지지한다는 뜻이죠. 당원들에게 민족주의와 등질 것을 강요하는 노선 아닙니까? 공산주의가 빠지기 쉬운 교조주의 성향을 보여주는 일 같습니다.

그런데 우익의 "절대 반대"에도 똑같은 틀의 문제가 있는 것 아닙니까? 이승만 박사와 한민당의 '절대 반대'에는 연합국의 협조를 배척하고 미국에만 의지하는 '단독정부' 획책의 의도가 있는 것으로 보입니다. 신탁통치는 3상회의 결정 중 하나의 세부 사항, 그것도 가변성이 있는 사항일 뿐인데 그것을 빌미로 3상회의 결정 전체를 거부하는 주장이니까요.

식민지 시대의 기득권을 지키기 위해 진정한 민족국가 수립을 회피하려는 한민당 주류 세력의 속셈은 세상이 다 아는 것입니다. 그리고 그런 속셈을 정략적으로 이용하려 드는 이승만 박사의 자세도 그동안 드러날 만큼 드러나 왔습니다. 그런데 김구 선생이 '절대 반대' 대열에 앞장서는 이유가 무엇일까요? 모든 민족주의자에게 존경받는 그분이 어째서 그런 편협하고 극단적인 노선에 집착하시는 것일까요?

안재홍 "절대"라는 말이 너무 쉽게, 너무 많이 쓰이는 것은 정말 문제입니다. 임정 지지도 그렇죠. 나는 임정을 내내 지지해왔지만 한민당에서 내세운 '절대 지지'와 '임정 직진론'은 이해하기 힘들었습니다. 그 본심이 두 달 전 한민당이 한독당과의 통합을 반대한 데서 드러났죠. 한민당의 임정 '절대 지지'는 임정을 이용하려는 속셈이었습니다.

김구 선생께서 신탁통치 '절대 반대'에 나선 것이 한민당의 임정 '절대 지지'에 현혹된 결과가 아니었나 하는 생각이 듭니다. 군정청 관리들과 경찰서장들까지 좇아와 충성을 맹세하니까 연합국 협조 없이도 임정 중심의 자주독립이 가능하다는 환상을 품으신 것이 아닐지. 조선인민공화국(이하 '인공'으로 줄임)과의 교섭을 거부한 것도 지나친 자신감 때문이고, 비상국민회의와 민주의원 결성 과정에서 좌익에 대한 배려가 없었던 것도 일을 너무 쉽게 생각한 때문인 것 같습니다.

그래도 이번에 한독당이 좌우합작 지지를 표명한 것은 다행입니다. 근래 불거지고 있는 '단독정부' 설에 그분도 경각심을 일으키지 않을 수 없겠죠. 앞으로 좌우합작 과정에서 그분은 앞에 나서지 않으시겠지만, 어른답게 무게를 지키고 계시면 그분 역할이 필요한 단계가 있을 겁니다.

김기협 좌익에서 강경 노선을 주장하는 이들은 우익의 '파쇼'를 배격 대상으로 삼고 있습니다. 극우파의 폭력적 행태를 지목하는 것이죠. 그런데 선생님은 1월의 방송 강연에서 "민족주의 진영에서 파쇼를 꿈꾸는 자 있다면 꿈으로서도 그는 허망한 꿈에 지나지 않는다"고 '민족 파쇼'의 가능성을 부정했습니다.

하지만 현실 속에서 우익 청년 단체의 폭력은 갈수록 늘어나고 있지 않습니까? 3·1절 때도 그렇고, 5월 12일 독립전취국민대회 뒤의 신문사 연쇄 습격도 그렇고요. 심지어 경찰마저 국군준비대와 학병동맹 탄압에서 파쇼의 전형을 보였습니다. 좌익 인사들이 신변의 위협을 느끼지 않을 수 없는 상황입니다.

선생님께서는 그런 폭력 단체와 폭력 경찰이 진정한 민족주의 세력이 아니라고 말씀하시겠죠. 그러나 그 폭력배들이 모두 '민족주의'를 입에 걸고 날뛰는 것 아닙니까? 민주주의적 대의(代議)제도가 마련되어 있지 않으니 집회와 언론이 민의 표출의 통로입니다. 좌익 신문사와 좌익 집회가 계속해서 폭력에 노출된 상황을 '우익 파쇼'로 규정하지 않을 수 없습니다.

안재홍 | 폭력이 정상적인 정치를 가로막는 현상은 지난 반년 동안 매우 심해졌습니다. 지금 미군정의 좌우합작 지원을 내가 반갑게 받아들이는 제일 큰 이유도 거기에 있습니다.

나는 우리 조선인이 평화를 아끼는 품성을 믿습니다. 그러나 그 품성을 제대로 발휘하기 위해서는 최소한의 조건이 필요합니다. 지금 너무나 많은 사람들이 너무나 불안한 상황에 처해 있습니다. 지금 서울 주민의 3분의 2가 굶주림을 걱정하고 있고, 3분의 1이 집 없는 신세입니다. 당장의 불안과 걱정에 몰린 사람들은 세상이 확 뒤집어지기를 바라며 극좌로 쫓아가기도 하고 몇 푼 돈에 팔려 극우 파쇼에 동원되기도 합니다.

사람들이 정상적인 생각을 하고 정상적인 행동을 하기 위해 최소한의 질서가 필요합니다. 질서 유지는 미군정의 책임인데, 그동안 미군정이 그 역할을 제대로 못해 왔습니다. 그 제일 큰 이유가 조선 사정을 제대로 파악하지 못한 데 있었습니다. 이제 좌우합작을 지원하고 나서는 것이 이제야 사정을 올바로 파악한 결과라고 봅니다. 좌우합작은 조선 사람들끼리 하는 것이지만, 그를 위한 여건을 마련하는 데는 미군정의 역할이 있습니다.

일지로 보는 1946년 6월

- **1일** 민전, 중국 정부의 재중 동포 재산 몰수에 관해 담화 발표
- **3일** 이승만 '정읍 발언', 남한만의 단독정부 수립 주장
- **4일** 조공, 남조선 단정설 반대 담화
  한독당, 남조선 단정설 반대 담화
- **5일** 이승만, 이리에서 남한 단정 수립에 대해 사견 피력
- **6일** 서울중앙방역본부, 지역별 콜레라 사망자 수 발표
- **8일** 하지, 미소공위 무기 휴회와 그 대책에 대해 특별 방송
- **10일** 독촉국민회 전국 대회 개최, 총재 이승만, 부총재 김규식 취임
- **11일** 러치, 이승만의 단정설 등 당면 문제에 대해 기자회견
  조봉암 미군 방첩대(CIC)에 검속
  만담가 신불출, 태극기 모독으로 군중에게 구타당함
- **14일** 김규식·여운형·원세훈·허헌 등 좌우합작 구체화 논의
- **16일** 조선건민회 창설, 위원장 이극로
- **17일** 대법원장 김용무, 법령 72호 정지에 관해 담화
- **18일** 남한 콜레라 환자가 1,335명에 달함
  맥아더 사령부, 재일 조선인 귀국 계획 발표(1946년 5월 106만 명 귀환, 50여만 명 미귀환)
- **22일** 조봉암 석방
- **23일** 남북의 정당, 사회단체에서 미소공위 재개 청원서 제출
- **26일** 43년만의 호우로 많은 재해 발생(26일 오전 10시 우량, 경성 172밀리미터, 인천 282밀리미터, 수원 426밀리미터)
- **27일** 『자유신문』에 미군의 군표 발행 계획이 보도
- **30일** 하지, 김규식·여운형의 좌우합작 추진 적극 찬동 특별 성명 발표

5

좌우합작 회담과 원칙

1946년 7월 1 ~ 28일

1946년 좌우합작 노력에서 중심이 된 인물이 좌익의 여운형과 우익의 김규식이었다.

1946. 7. 1.

처음으로 '힘'을 가지게 된 중도파

좌우합작 노력을 지원하는 미군정 측의 입장을 살펴보았는데, 1946년 여름에 이남 정치 세력들은 어떤 자세를 취하고 있었는가? 서중석은 좌우합작 노력의 배경으로 국내 정국을 이렇게 분석했다.

> 미소공동위원회가 휴회로 돌아가자 남한 정국에는 세 가지 현상이 나타났다. 첫째, 중경 임정 추대 운동을 폈던 일부 극우 세력은 테러 활동과 반소·반공 선전을 강화하면서 분단을 촉진하게 되는 단독정부 수립 운동을 폈다. 이승만의 6·3 정읍 발언은 이면에서만 펴오던 남한 단독정부 수립 운동이 일반에 공표되었다는 점에서 역사적 의의가 있다.
>
> 둘째, 미군정은 좌익에 대한 분열·탄압 정책을 강화하고 좌우합작을 권유하였던바, 좌익 중심의 임시정부 수립을 요구하였던 박헌영-조선공산당은 신전술을 채택하여 좌우합작을 반대하면서 좌경 노선으로 선회하였다. 미군정의 좌익 억압 정책과 이에 대한 좌익의 대응은 조선정판사사건, 국대안 파동 등을 낳았고, 좌익의 좌경 노선은 민중의 누적된 불만과 얽혀 9월 총파업, 10월 항쟁으로 나타났다.
>
> 셋째, 좌우합작에 의한 민족국가 건설을 최우선적인 과제로 삼는 통

> 일전선 세력은 미소공동위원회의 휴회와 그 직후의 단정 수립 운동을 국토 분단과 민족 분열을 가져오게 하는 민족적 위기로 파악하였다. 이 시기에는 미·소 양군이 남북을 점령한 상태에서 미·소 양군을 내보내고 민족국가를 건설하려면, 좌익 중심의 정권 수립 형태도, 우익 중심의 중경 임시정부 추대에 의한 정권 수립 형태도 지양하고 좌우가 합작하여야만 한다는 여론이 전보다도 더욱 고조되었다. (『한국현대민족운동연구』, 387쪽)

글 끝에서 합작을 향한 여론이 고조되었다고 하는데, 나는 조금 다르게 본다. 합작을 바라는 여론은 늘 있었는데, 이제 그 표현이 활성화되었다고 봐야 하지 않을까? 미소공위의 성공을 바라는 여론이 바로 합작을 바라는 여론이었다. 미소공위 무기 정회로 위기감을 느꼈기 때문에 그 여론이 적극 표출되기 시작한 것으로 나는 이해한다.

합작을 바라는 중도파(중간파)에게는 현실적인 힘이 없었다. 조직력을 가진 공산당과 자금력을 가진 한민당은 중도파에게 끊임없이 양자택일을 요구했다. 자기편이 되지 않으면 무조건 '적'으로 몰아붙였다. 2월에 민주의원과 민전이 결성될 때 거의 모든 중간파 인사들이 한쪽을 택하지 않을 수 없었다.

미군정이 좌우합작 지원에 나섬으로써 중간파가 비로소 현실적 힘을 갖게 되었다. 공권력은 미군 진주 이래 극우파에게 유리한 쪽으로 내내 작용해왔는데, 6월 30일 하지의 특별 성명을 계기로 공권력이 중간파를 뒷받침해주게 된 것이다.

극좌도 극우도 좌우합작을 정면으로 반대할 명분은 없었다. 그리고 이제 군정청의 지원을 받게 된 좌우합작 노력을 힘으로 찍어 누를 수도 없게 되었다. 그래서 지지하는 시늉은 하면서도 뭐든 트집 잡고 싶은 심정을 감추지 못한다.

어제 소개한 한민당 성명에서 "각 단체 혹은 개인이 합작의 원칙 또는 조건을 발표 또는 제시함은 좋으나 그것으로써 타방에서도 합의한 것처럼 인상을 주게 하는 것은 대중을 현혹케 하고 합작을 방해하는 것"이라는 말도 그런 것이다. 한편 공산당과 민전은 '입법기관'을 만들려는 미군정의 의도에 의혹을 표했다. 7월 3일 박헌영의 기자회견과 이튿날 민전 의장단의 기자회견에서 그런 의혹이 표출되었다.

● 박헌영 기자회견

(문) 여운형, 김규식 양씨의 좌우합작 공작에는 어느 정도 기대되는가?

(답) 이 문제에 대하여는 양씨의 통일에 대한 원칙이 얼마나 서로 접근되었느냐가 중심 문제이다. 아직 이 점이 발표되지 않은 만큼 그 기대의 정도를 말할 수 없다. 원칙 없는 통일은 있을 수 없다. 그러면 그 통일의 원칙은 무엇인가? 첫째 3상 결정을 총체적으로 지지하여 미소공위 속개 운동을 대중적으로 강력히 전개할 것. 둘째 친일파, 민족반역자, 반소·반공적 파쇼 분자를 제외할 것. 셋째 테러 행동을 즉시 중지하고 테러 단체를 즉시 해체하며, 테러 희생자를 즉시 석방시킬 것.

(문) '입법기관'에는 참가하여 옳지 못한 경향과 싸울 의사는 없는가?

(답) 우리는 통일적 민주주의 정부가 조직되기 전에 입법기관이 조직된다 함은 사실이 있을 수 없다고 생각한다. 조선 문제는 3상 결정에 의하여 우리의 정부 조직의 길이 명료한데, 이러한 군정 연장 강화의 기관을 만들 필요가 없다고 생각한다.

(『독립신보』 1946년 7월 4일; 『이정 박헌영 일대기』, 349~350쪽에서 재인용)

● 민전 의장단 기자회견

(문) 입법기관 설치안에 대한 소견 여하?

(답) 그 제안의 주지와 성의에는 감사하나 정치적으로 지금 이러한 기관을 설치할 시기가 아니다. 이 안을 그대로 강행한다면 민주의원의 전철을 밟게 될 것이다.

(문) 민족통일총본부를 어떻게 보는가?

(답) 민족분열총본부로 본다.

(문) 홍명희 씨 제3당 출현설에 대한 견해 여하?

(답) 아직 무어라고 말할 수 없으나 잡음과 혼선을 청소하고 통일 공작에의 그 활약을 우리는 기대하는 바이다.

(「민주주의민족전선, 입법기관 설치 반대」, 『서울신문』 1946년 7월 5일)

미군정의 좌우합작 지원이 '입법기관' 설치를 목적으로 하는 것이라는 사실이 6월 30일 하지 특별 성명 때부터 널리 알려졌던 것이다. 그에 대한 군정청의 공식 발표가 7월 9일 하지의 성명서로 나왔다.

"나는 러치 장군이 제의한 조선 미군 점령 지대에 입법기관을 설치하자는 안을 많은 관심을 가지고 받았다. 나는 군정장관과 차안(此案)에 관하여 토의하였는데 우리는 이 제안이 조선인을 위한 자주독립 조선의 장래에 진심으로 관심을 가지고 있는 남조선 주민과 각 정당의 진정한 통일을 기할 수 있다는 조건 하에서 남조선 주민의 복리를 위한 것이라는 점에 동의하는 바이다.

모스크바협정에 따라 조선에 임시정부가 수립될 때까지 남조선에 대한 최고의 권력과 최고의 책임을 가지고 있는 것은 나의 합법적 의무인 한 나는 이 제안이 조선인의 복리를 위한 것이며 또 입법기관을 설치할 1계단이라고 확신하는 바이다. 기관은 남조선 단독정부 수립의 1계단이라고 보지도 않을 것이며 또 볼 수도 없다.

이러한 입법기관은 군정청이 남조선에 존속하는 동안에 한하여 존재할 수 있으며 남북조선이 조선 임시 민주주의 정부 하에 통일될 시에는 이 임시 입법기관은 임시정부에 이관되어 그 존속이 정지될 것이다. 나는 이것을 기초로 조선의 민주주의 정부 발전에 강력한 조치를 취할 수 있을 것이라고 확언하는 바이다.

그리고 나는 이 기관 설치가 진심으로 조선에 관심을 가지고 있는 모든 사람의 전체적 지지를 받기를 간절히 바라는 바이다. 물론 일부 사리를 도모하는 분자들이 통일을 방해하고자 만반 수단을 취할 지도 모르나 만약 이러한 분자가 있다면 모든 사람은 그들을 비국민(非國民)으로 인정할 것이다."

(「하지, 입법기관 설치에 찬의를 표명하는 성명서 발표」, 『동아일보』 1946년 7월 10일)

하지는 입법기관 설치안을 러치 군정장관이 제출했다고 했다. 이 성명서가 나온 직후 러치가 기자회견에서 이에 관한 문답을 나눴다.

(문) 입법기관을 정당 통일 운동의 대행 기관으로 생각하는가?

(답) 절대로 아니다. 이 기관은 정당 융화의 결과로서 될 것이요, 결코 정당을 융화시키려는 대행 기관이 아니다. 이 기관은 각 정당이 이곳에서 회합하여 각자의 의견 대립을 원만히 해결하고 서로 융화하게 될 것이다.

(문) 이 기관을 임시정부의 대행 기관으로 보는가?

(답) 그렇지 않다. 이 입법 단체는 임시정부 수립까지의 단계이어야 할 것이며 미소공동위원회 재개에 노력하여 임시정부 수립의 위대한 사업을 성취하도록 위원회를 원조할 것이다.

(문) 입법기관은 현 군정을 연장하기 위하여 설치하는 것인가?

(답) 전연 그와는 반대이다. 즉, 이 기관은 군정기관의 종료를 촉진토록 하며 임시정부 수립의 발전을 목적으로 하는 것이다.

(문) 이 입법기관은 군정청 현재 직원의 직위를 영구화시키자는 것인가?

(답) 그렇지 않다. 이 기관은 각 정당의 대표를 될 수 있는 데까지 광범위로 참여케 하여 행정관 선발 조치에 대한 광범한 역할 기능을 가지게 될 것이다.

(문) 조선 정당 지도자들이 서로 합작할 것이라고 믿는가?

(답) 이 질문에는 정당 지도자 자신이 답할 수 있을 것이요, 나는 답할 수 없다. 일반적 협조의 광범한 수단이 있기를 희망할 뿐이요, 조선의 정당 지도자들이 우리의 기대에 벗어나지 않게 하여 주리라고 믿는다.

(문) 입법기관의 성능은?

(답) 미국의 국회와 같다. 그러나 최고 결재권이 하지 중장에게 있는 것이 다를 뿐이다.

(「러치, 입법기관과 적산관리심사위원회의 성격 등에 대해 언급」 중에서,
『동아일보』 1946년 7월 10일)

좌우합작을 지원하면서 그 성과로 미군정 당국자들이 바란 것이 이 '입법기관'이었다. 그들은 1945년 11월 20일 랭던이 제안한 '정무위원

회'(1945년 11월 19일자 일기) 이래 미군정의 통제를 받으면서 남조선 주민을 대변하는 기구를 만들려고 노력해왔다. 모스크바 3상회의 전에 독촉을 그렇게 만들려고 했고, 미소공위 개막 전에 민주의원을 그렇게 만들려고 했다.

그런데 '미군정의 통제'를 받고 '남조선 주민을 대변'한다는 두 가지 조건이 상치되기 때문에 이 시도는 실패할 수밖에 없었다. 민의를 제대로 살피지 않고 자기네가 상대하기 쉬운 극우파에게만 일을 맡겼기 때문이다. 민주의원의 실패를 보고 극우파의 한계를 깨달았으니 좌우합작 지원은 그런대로 민의에 한 발짝이나마 접근하는 정책이라 할 수 있다.

그러나 가시적 성과에 대한 미군정의 집착은 좌우합작 노력에 제약을 가하는 굴레가 되었다. 미군정의 독촉과 민주의원 지원이 실제로 극우파 지원이었다는 사실을 사람들은 보아왔다. 좌우합작 노력에 대한 극좌의 저항에는 '입법기관 반대'가 가장 손쉬운 명분이 되었다. 그리고 몇 달 후 입법의회 선거 결과는 이 명분을 정당화시켜 주게 된다.

1946. 7. 4.

김일성과 박헌영의 입장 차이

7월 1일자 일기에 소개한 박헌영의 7월 3일자 기자회견 문답은 서면으로 이뤄진 것이었고, 다른 간부(이주하)가 대신 발표한 것이었다. 7월 3일에 박헌영은 모스크바에 있었다.

1992년에 나온 중앙일보사 특별취재반의 『비록 조선민주주의인민공화국』은 공산권 붕괴에 따라 접근이 가능하게 된 자료와 증언을 활용한 다큐멘터리로서 해방공간의 여러 사실에 대해 풍부한 새 시각을 제공해주는 자료다.

이 책의 출판은 '자료 확보' 측면에서 매우 중요한 성과다. 예컨대 전 노동당 간부 서용규(가명)의 많은 증언을 담아놓았는데, 확인 가능한 다른 자료와 상치되는 점이 별로 없기 때문에 비록 가명의 개인 증언이지만 높은 신뢰도를 가지게 되었다. 그의 증언이 높은 신뢰도를 얻게 된 것은 빠른 시점에 출판·공개된 덕분이다.

1945년 10월에서 1946년 10월까지 1년 사이에 있었던 김일성과 박헌영의 여섯 차례 만남을 둘러싼 내용이 이 책에서 큰 비중을 차지하고 있다. 1946년 6월 27일에서 7월 12일까지 박헌영의 평양 방문(그 기간 중 일부는 모스크바 방문)이 김·박의 네 번째 만남으로 226~240쪽에 소개되어 있다.

김일성과 박헌영이 허가이(許哥而, 1890~1953)와 함께 모스크바로 떠난 날짜는 7월 1일로 밝혀져 있는데, 돌아온 날짜는 명시되어 있지 않다. 방문 기간이 10여 일이라 하므로 박헌영은 모스크바에서 돌아오자마자 바로 서울로 돌아온 것으로 보인다. 그렇다면 북조선공산당 지도자들과의 토론은 6월 27일에서 7월 1일 사이에 이뤄졌을 것이다. "김일성 측은 박헌영의 얘기를 주로 듣기만 했습니다. 협의회에서는 박헌영이 주로 이남의 정세를 설명하고 나머지는 듣기만 하는 식이었습니다"라고 서용규는 증언한다(『비록 조선민주주의인민공화국』, 229쪽).

5월에 터진 정판사사건과 6월 중에 부각된 좌우합작 움직임이 중요한 화제였다. 정판사사건 토론에 관해 서용규는 이렇게 증언했다.

> 정판사사건을 놓고 조직위 간부들이 박헌영에 대해 비판적으로 말을 했습니다. 김책·허가이·주영하 등은 "미군정이 정판사사건을 만들 만한 빌미를 조선공산당 측에서 제공한 꼴이 아닌가"라고 지적했습니다.
> "일제 때 근택 빌딩에 있던 인쇄소에서 총독부가 지폐를 찍어냈던 것은 쉽게 알 수 있는 일이 아니냐. 그렇다면 만약의 사태에 대비하여 기계 같은 것들은 미리 다 치워버렸어야 하지 않느냐"는 것이었지요. 질책에 가까웠습니다.
> 허가이는 "박헌영 측이 미군정의 경제를 혼란시키기 위해 정말로 위조지폐를 발행했던 것이 아닌가"라는 의심을 갖고 있었고, 북조선공산당 내에서도 그런 의심을 가진 사람이 일부 있어서 사건의 본질을 놓고 쉽게 결론을 내리지 못했습니다. (『비록 조선민주주의인민공화국』, 230쪽)

이 증언을 내놓을 때 서용규가 한국 정부와 어떤 관계를 맺고 있었

1949년 3월 모스크바를 방문한 박헌영, 김일성.

는지 나는 알지 못하고, 상황에 따라서는 박헌영을 깎아내리려는 동기가 있었을 수도 있다고 생각한다. 그러나 서용규가 내놓은 많은 분량의 증언이 전체적인 신빙성으로 보아 전혀 없는 얘기를 만들어낸 것은 아니라고 믿어진다. 지금까지 더듬어온 상황으로 보아 박헌영이 북조선공산당 지도자들에게 큰 신뢰를 받지 못하고 있었을 것으로 이해되기도 한다.

좌우합작에 관해서는 서용규의 이런 증언들이 인용되어 있다.

> 좌우합작 문제에 대해 박헌영과 김일성의 입장 차이는 컸습니다. 박헌영은 좌우합작 운동을 "야심가 여운형이 미군정을 등에 업고 새 국면을 주도해나가려는 음모"라고 봤어요. 미군정은 정판사사건을 구실로 공산당을 탄압하면서 동시에 좌우의 통일전선을 분열시키기 위해 여운형을 끌어들인다는 분석이었죠. 아무리 좋게 봐준다 해도 여운형은 이남만의 단독정부 수립을 노리는 미군정에 이용당할 뿐이라는 입장이었어요. 그러나 김일성은 조금 달랐어요. 여운형의 좌우합작을 도와줘야 한다는 입장이었어요. (같은 책, 231~232쪽)

이남 정세가 복잡해지고 여운형과 박헌영의 관계가 좌우합작을 둘러싸고 미묘해지기 시작한 46년 6월 중순 김일성은 밀사를 이남에 파견했습니다. 당시 북조선공산당 중앙위의 통일전선부 부부장인 성시백이 대남연락실 실무자 두 명과 함께 서울로 잠입했습니다.

그 전달인 5월에도 정황 파악을 위해 북조선임시위원회 위원장 김일성의 비서실장이 서울로 밀파됐지만 그때만 해도 좌우합작 운동이 없었기 때문에 상황이 바뀜에 따라 다시 밀사를 보낼 필요가 생긴 거죠. 성시백은 5~6일 서울에 머물면서 좌우합작 운동을 집중적으로 조사했습니다. 박헌영, 김규식, 엄항섭, 조소앙, 백남운, 허헌 등 좌우를 막론하고 여러 인사들을 두루 접촉했죠.

그런데 좌우합작에 대한 박헌영의 조선공산당과 여운형의 인민당의 얘기가 정반대였습니다. 성시백이 여운형을 직접 만나지는 못했지만 여운형 주변 인사들의 얘기는 "여운형의 입장은 좌우합작이 시급하고 미소공위 재개도 중요한 만큼 미군정을 등에 업지 않으면 안 된다"는 것이었습니다. 그러나 박헌영은 "이 상황에서 미군정을 업자는 것은 자신의 정치적 야심을 채우려는 것밖에 안 된다"는 정반대의 주장을 폈습니다.

성은 평양으로 귀환하면서 여운형의 기자회견 내용이 담긴 신문을 가져왔지요. 그때부터 이북 지도부의 여운형에 대한 평가는 긍정적으로 바뀌기 시작했습니다. 이 기자회견을 본 김일성은 "신문 자체의 내용으로 보아서는 여운형의 견해가 옳다"고 입장을 피력한 것으로 당중앙에서 얘기가 돌았습니다. (같은 책, 233~234쪽)

7월 하순 박헌영이 다시 평양에 가서 김일성과 다섯 번째 만났을 때도 좌우합작과 여운형에 대한 두 사람의 시각차가 계속되고 있었다고 서용규는 증언했다.

> 먼저 김일성은 "신문을 보니까 여운형의 생각이 미군정을 따라가는 것만은 아닌 것 같다"고 지지성 발언을 했지요.
> 그러자 박헌영은 여운형에 대한 인신공격에 가까운 비난을 퍼부었습니다. 박은 이런 말을 했습니다. "김일성 동지는 여운형을 잘 모른다. 여운형은 대중 선동을 좋아하는 야심가이고 철저한 친미주의자며 부르주아 민주주의자다. 여운형이 좌우합작 운동을 끄집어내면서 3대 원칙을 제시했는데 첫 번째로 부르주아 민주주의 공화국을 세운다고 하지 않았느냐. 또 그는 출신 자체가 양반 지주 출신이다."
> 북조선공산당 내의 일부 간부들도 박의 견해에 동조했었습니다. 박헌영의 태도에 대해 난감해진 김일성은 할 수 없이 속생각을 비쳤죠. "내가 석 달 전 여운형을 만나봤는데 박헌영 동지의 평가가 근거 없는 것만은 아니라 해도 동의하기는 어렵다. 여운형은 일제 때 건국동맹을 만들어 독립운동을 했고 해방 후에도 인민공화국을 만들려 했고 지금은 민전 의장직을 수행하고 있지 않느냐.
> 그가 우리와 함께 통일전선을 만들어 임시정부를 만들려 하는데 그만하면 된 것이 아니냐. 이 양반의 기자회견 내용을 보더라도 공산당과 인민당이 같은 민족통일전선에 들어가야 된다고 밝히고 있지 않느냐. 당이 서로 다르더라도 당면 강령과 투쟁 목표가 같은 게 증거 아니냐." (같은 책, 244~245쪽)

1945년 10월 초순 두 사람이 개성에서 처음 만날 때 박헌영은 김일성보다 우세한 위치에 있었다. 김일성은 입국한 지 한 달도 안 되었고 대중 앞에 얼굴도 내놓기 전이었다. 반면 박헌영은 공산당 최고 지도자로 자리를 굳히고 있었고 소련 영사관의 지원을 받고 있었다. 이북의 공산당원 중에도 박헌영 지지파가 우세한 상황이었다. 그런 상황에서 북조선분국 설치 승인만 해도 박헌영 입장에서는 크게 선심 쓴 것이었다.

그런데 반년 동안 사정이 바뀌었다. 김일성은 1945년 연말까지 북조선분국의 주도권을 장악한 후 통일전선 수립에 성공해서 임시인위를 만들었다. 임시인위는 남조선의 군정청에 상응하는 행정 기구였다. 임시인위를 이끄는 김일성은 군정청의 탄압에 시달리고 있던 박헌영과 비교할 수 없는 큰 실권을 장악하고 있었다.

명목상으로는 박헌영의 공산당이 큰집이고 김일성의 북조선총국은 그 산하 기구였지만, 북조선총국의 실력이 차츰 이남의 '당중앙'을 압도하게 되었다. 1946년 들어 북조선총국의 자금 등 당중앙에 대한 지원이 늘어남에 따라 노선 설정에서도 주도권을 가지게 되었다. 북조선총국은 1946년 3~4월부터 '북조선공산당'으로 불리며 당중앙의 감독과 지휘를 받기는커녕 오히려 박헌영 공산당의 정책에 영향력을 가지게 되었다.

좌우합작과 여운형에 대한 태도의 차이는 두 사람의 성격과 취향 차이에 기인한 면도 있지만 입장 차이로 설명할 여지가 크다. 김일성은 북조선공산당의 지도자이면서 또한 북조선 통일전선의 지도자 위치에 있었다. 그 위치는 남조선 통일전선이 어서 이뤄져 북조선 통일전선과 합작 작업에 들어가기를 바랄 입장이었다. 남조선의 공산당이 좌우합작 노력에 호응하도록 압력을 가할 입장이었다.

한편 박헌영은 남조선의 통일전선이 이뤄질 경우 주변부로 몰려날 입장에 처해 있었다. 군정청이 지원하는 합작이라면 중도 우파가 중심이 될 터인데, 그렇게 되면 좌익 안에서도 공산당보다 여운형과 인민당의 위치가 더 부각될 것이었다. 박헌영은 공산당이 주도권을 확보해놓은 민전을 통해 좌익 내의 헤게모니를 지키고 싶었기 때문에 민전을 대신할 통일전선이 좌우합작을 통해 만들어지는 데 반대할 입장이었다.

"김일성 동지는 여운형을 잘 모른다"면서 여운형을 비방한 것은 당장의 좌익 헤게모니 경쟁에서 자신의 맞상대였기 때문이다. 이남 사정을 잘 모르는 이북 사람들이 이남 일에 끼어들지 말라는 것이었다. 남쪽 공산당의 노선에 대한 북조선공산당의 영향을 차단하려는 안간힘으로 보인다.

박헌영이 이끄는 공산당은 미군정에 대해 강경 투쟁에 주력하는 '신전술'을 1946년 7월에 들고 나왔다. 6월 말 김일성과 박헌영의 네 번째 모임 때는 아직 신전술이 공식화되기 전이었지만 박헌영은 그 방향의 노선을 이미 주장하기 시작했다고 서용규는 증언했다.

> 박헌영과 김일성의 밀담에서는 자유로운 의견 개진이 있었습니다. 정판사사건, 좌우합작, 미군정 탄압 공세에 대한 대응 방안 등이 주제였지요. 미군정 탄압에 강력히 맞서겠다는 구상을 박헌영이 이때 처음으로 언급했습니다. 후에 발표되는 '신전술'이 그것이었습니다. 박헌영은 "이제 미군정에 대해 비합법 투쟁을 강력하게 전개해야 할 시점이 됐다"고 역설했습니다. '신전술'에 대해서는 박헌영과 김일성의 견해차가 두드러졌다고 합니다. "아직은 합법적인 투쟁을 해야 할 때"라는 것이 김일성의 의견이었습니다. (같은 책, 234~235쪽)

서용규의 이어진 증언에 따르면(같은 책, 253~254쪽) 김일성 등 북조선공산당 지도자들은 박헌영의 신전술에 시종일관 반대했다고 한다. 박헌영은 그 의견을 존중할 것에 합의하고도 그 합의를 실천하지 않고

9월 총파업과 10월 대규모 군중 투쟁을 일으켰다고 한다. 좌우합작에서 공산당을 배제하는 미군정의 태도에 어찌 보면 영합하는 노선을 박헌영의 공산당은 걸었던 것이다. 그 노선을 통해 박헌영의 헤게모니는 지켜졌지만, 좌우합작에서 좌익의 입장은 치명적인 제약을 받는 결과가 빚어졌다. 적대적 공생 관계의 전형적 양상이었다.

1946. 7. 5.

간첩 혐의를 불러온 박헌영과 하지의 '비밀'

1953년 3월 21일 북한 외무상 박헌영이 체포되었다. 이승엽(李承燁, 1905~53) 등 관련 인물들은 그해 7월에 기소되었는데, 수괴로 지목된 박헌영은 1955년 12월에야 기소되었다. 죄목은 "조선민주주의인민공화국 정권 전복 음모와 미 제국주의자들을 위한 간첩 행위"였다. 기소장에 기록된 그의 '진술' 가운데 간첩 행위와 관련하여 이런 대목이 있다.

> 1945년 11월 초순에 나는 남조선 주둔 미군 사령관 하지를 서울 반도호텔에 있는 그의 사무실에서 만났습니다. 그 사무실에는 하지와 그리고 이미 오래전부터 나하고 간첩 연계를 맺고 있던 언더우드가 있었습니다. 이때 하지와 언더우드는 나를 반가이 맞이하여주었습니다. 언더우드는 자기의 사령관인 하지에게 향하여 나에 대하여 말하기를 "이 사람은 1939년 10월부터 알게 되었는데 그때에 이미 친미적으로 나아가겠다고 언약한 바 있습니다"라고 소개하는 것이었습니다. 이때 하지도 나에 대하여서는 이미 잘 알고 있다고 말하면서 나의 활동에 대하여 큰 기대를 가지고 있음을 말하였습니다.
>
> 나는 이 석상에서 정식으로 하지의 간첩으로 될 것을 약속하고 난 다

음 하지에게 다음과 같은 과업을 수행할 데 대한 지시를 받았습니다. 즉 하지는 나에게 앞으로 "당신의 세력을 규합하고 남조선공산당 내에서 지위를 튼튼히 하기에 노력할 것이며 북조선 지역 공산당 조직 내부에 당신의 세력을 적극 부식시킬 것, 공산당 내에서의 일체 활동에 대하여 중요하다고 보는 것은 사전에 알려줄 것이며 공산당 내에서 호상 분열 사상을 조성시킬 것, 우리와의 관계가 나타나지 않도록 조심하면서 공산당을 합법적인 방법으로 타협적으로 나아가도록 지도하며 친미 방향으로 인도할 것이다. 조선 사람은 일본 시대에 비합법적 투쟁과 폭동 파업 등의 방법으로 나아가서 분쟁을 많이 일으켰는데 미국 사람들 앞에서는 그러하지 못하도록 하여야 한다." 이렇게 앞으로의 활동 방향에 대하여 강조하였습니다. 나는 이에 대하여 그렇게 하겠노라고 언약하였습니다.

마지막으로 언더우드는 나에게 앞으로 자기는 나와 더 만나지 않을 것이니 그렇게 알아달라고 말하기에 나도 좋다고 대답하고 나의 이러한 관계에 대하여 비밀에 붙여주기 바란다고 제의하니 그는 그에 대하여서는 안심하라고 하였습니다. 이 비밀 회견은 한 시간 이상 계속되었으며 통역은 언더우드가 직접 하였습니다. (김남식·심지연 엮음, 『박헌영 노선 비판』, 세계 1986, 463~464쪽에서 재인용)

여기 나오는 언더우드는 원두우·원한경·원일한 3대(代) 선교사의 중간인 원한경(元漢慶, 1890~1951)이다. 1930년대에 연희전문 교장을 지내고 미·일 전쟁 발발로 쫓겨 갔다가 군정청 고문으로 임명받아 1945년 10월 26일 조선에 돌아왔다.

박헌영의 재판은 권력투쟁의 산물이므로 공정한 재판일 수 없는 것이었고, 그의 혐의나 '진술'도 곧이곧대로 믿을 수 없는 것이 당연한 일

언더우드 부자. 연희전문학교 교장과 미 군정청 고문을 지낸 원한경(왼쪽).

이다. 그러나 그럴싸하게 만들기 위해 애를 썼을 것도 또한 당연한 일이다. 1945년 11월 초의 만남도 그 자체가 조작된 것일 리는 없고 실제로 있었던 비밀 회동의 내용을 어느 정도 윤색한 것으로 볼 수 있다.

위 기소장에는 박헌영이 1939년 10월 "당시 서울 연희전문학교 교장이었으며 선교사로 가장한 미국 정탐 기관의 노련한 탐정인 언더우드"와 연계를 맺고 미국의 고용 간첩으로 전락되었다고 했다. 출옥 직후의 박헌영이 항일운동에 동정적이던 언더우드에게 경제적 도움을 받을 수도 있던 상황이었다. 그리고 언더우드가 군정청 고문 취임 직후 공산당 총비서 박헌영과 하지의 비밀 회동을 주선한다는 것도 있을 법한 일이다.

임경석의 『이정 박헌영 일대기』(225~227쪽, 239~240쪽)에 따르면 박헌영과 하지의 첫 번째, 두 번째 만남은 1945년 10월 27일과 11월 15일이었다고 한다. 기소장에서 말한 11월 초순의 모임이 10월 27일의 모임을 가리킨 것 같지는 않다. 언더우드가 바로 그 전날 입국했는데, 그렇게 빨리 움직였을 것 같지 않기 때문이다. 첫 만남이 큰 성과 없이 끝난 것을 언더우드가 나중에 알고 보완을 위한 비밀 회동을 주선한 것이 아닐까 생각된다.

이 자리에서 간첩 고용계약이라도 맺은 것처럼 주장하는 기소장 내용은 터무니없는 것이지만, 비밀 회동이라면 뭔가 비밀 거래는 있었음 직한 일이다. 군정청과 공산당 사이의 거래가 아니라 그 관리자인 하지와 박헌영 사이의 거래가 가능했다. 두 조직의 관리권(executive power)을 가진 두 사람 사이의 양해 관계는 두 사람 모두에게 이득을 줄 수 있었다. 정보의 공유만 하더라도 관리자의 역할에 큰 보탬이 되는 것이었고, 행동의 조율을 통해서는 더 큰 이득을 바라볼 수 있었다.

박헌영이 공산당에서 강한 지도력을 유지하는 데는 하지와의 비선(秘線)도 한몫하지 않았을까 생각된다. 기소장의 주장처럼 공산당을 팔아먹는 짓은 아니었다 하더라도, 나름대로는 당을 위한 행동이었다 하더라도, 이런 비밀 거래는 편의주의에 빠질 위험이 크다. 자신의 이익이 곧 당의 이익이라는 믿음을 가지면 당의 이익보다 자기 개인의 이익을 앞세우기 쉽다는 말이다.

김남식과 심지연은 1946년 9월 6일의 체포령(박헌영 등 공산당 간부들에 대한 미군정의 체포령)을 계기로 박헌영의 미국에 대한 태도가 전반부의 '우의적 친선 방향'에서 후반부의 '적대적 대립 방향'으로 옮겨간다고 본다.

> 미국과 미군정에 대해 박헌영은 일관된 견해를 갖고 있지 않았을 뿐만 아니라 중도에 정반대로 태도를 바꾸어 많은 관심을 불러 모으고 있다. 즉, 46년 9월 체포령을 계기로 그의 견해는 우의적 친선 방향에서 적대적 대립 방향으로 바뀌게 되는데, 이는 체포령을 내린 군정

> 당국에 대한 보복 심리에서 나온 조치라는 인상을 주기도 한다. 그러나 기본적으로는 미국을 진보적 민주주의 국가로 호칭하는 등 마르크스-레닌주의적 이론 무장에 미흡해 "객관 세계를 분석함에 있어서도 공산주의적 관점과 시각에서 일탈할 수 있었다는 것"을 나타내는 증거가 되기도 한다. (『박헌영 노선 비판』, 76쪽)

1946년 봄까지 박헌영과 공산당은 미국과 미군정에 대한 직접 공격을 삼가고 미군정의 조선인 관리들과 경찰만을 비난했다. 미군정과의 정면충돌을 피하려는 전술적 고려로 이해할 수도 있는 것이지만, 미군정의 이미 드러난 의도에 대해서까지 너무 눈을 감은 느낌이 든다. 지나치게 유화적인 태도가 공산당의 활동 노선 설정에까지 지장을 준 것으로 많은 비난을 모았다. 박헌영이 진짜 간첩 노릇까지는 아니더라도 당보다 개인의 이익을 위해 미군정과 비밀 관계를 갖고 있었으리라는 의심을 일으키는 점이다.

공산당과 미군정 사이의 관계는 5월 초순 미소공위 정회와 함께 결정적인 악화의 길에 들어섰다. 5월 6일 정판사사건 수사가 벌어졌고 이튿날 미군 방첩대(CIC)가 조봉암의 편지를 공개했다. 미군정이 좌우합작 지원 방침을 결정하고 있을 때의 일이었다. 미군정이 원하는 방향으로 좌우합작을 진행시키기 위해 공산당이 좌익의 주도권을 쥐고 있던 상황을 깨뜨리려는 의도로 볼 수 있다.

정판사사건으로 수배되었던 공산당 재정부장 겸 총무부장 이관술이 7월 6일 체포되었다. 이를 계기로 사건 처리가 빨라져 7월 9일에 이관술을 제외한 12인이 검찰로 송국되었고, 7월 19일 9인이 기소되었다. 김용린 검사장은 '사건 전모'를 이렇게 발표했다.

● 조선정판사사건 관계자 및 범죄 사실

조선정판사 사장 (조선공산당원) 박낙종, 동 서무과장 (조선공산당원) 송언필, 동 인쇄주임 (조선공산당원) 신광범, 동 창고주임 (조선공산당원) 박상근, 동 평판과장 (조선공산당원) 김창선, 동 평판부과장 (조선공산당원) 정명환, 동 인쇄 직공 (조선공산당원) 김상선, 동 (조선공산당원) 김우용, 동 (조선공산당원) 홍계훈.

박낙종·송언필·신광범은 작년 9월에 부내 장곡천정 74번지 근택 빌딩을 접수하여 동소에서 경영하던 근택 인쇄소를 조선정판사라 개칭하고 인쇄업을 경영하였는데 김창선 외 수명은 일정 시대 근택 인쇄소 직공 재직 시 관헌의 명령으로 조선은행권을 인쇄한 사실이 있고 또 동 인쇄 원판을 절취 소지함을 기화(奇貨)로 하여 이들 전원이 공모하여 공산당비 및 정판사 경영비에 사용하기 위하여 작년 10월 하순부터 금년 2월 상순까지 수회에 걸쳐 정판사 내에서 조선은행권 백원권 1,200만 원을 위조하여 조선공산당 본부 재정부장 이관술에게 교부 사용케 하여서 경제를 교란케 (…)

(「조선정판사 위조지폐 사건에 대해 진상 발표」 중에서,

『동아일보』 1946년 7월 20일)

용의자들이 검찰로 송국된 직후 7월 11일자 『동아일보』는 「해방 후 최대의 범죄 공당원 위폐사건 1부 송국」이란 제목의 사설에서 공산당의 혐의를 기정사실로 인정하고 맹렬히 규탄했다. 그러나 이 사설의 마지막 문단을 보며 쓴웃음을 금할 수 없다. 뒷골이 당기기는 당긴 모양이다.

(…) 지금까지 알려진 내용은 경찰의 활동에 의한 군정 당국의 발표

를 중심으로 한 사실뿐이다. 그러나 이것만으로도 이상의 논단을 내리기에는 충분한 재료가 됨을 믿어 의심치 않는다. 자못 일부의 ○○ 추측과 같이 사건이 어떠한 정치적 작위 하에서 경찰이 강작(强作)하였거나 위작한 사실이 판명된다 할진대 우리는 경찰을 과신한 우리의 불명과 군정 당국의 발표에 의거한 우리의 불찰을 천하에 사죄하는 동시에 그 사건의 중추를 해부하여 이 붓이 꺾일 때까지 규명할 것을 엄숙히 공약하는 바이다.

1946. 7. 7.

좌우합작 분위기를 보여준 3의사 국민장

7월 7일 오후 2시에 효창공원에서 이봉창(李奉昌, 1900~32), 윤봉길(尹奉吉, 1908~32), 백정기(白貞基, 1896~1934) 3의사의 국민장이 거행되었다. 한민당, 공산당, 한독당, 민전, 독촉국민회, 전평 등 주요 정당 및 단체들이 좌우 구별 없이 참가한 이 국민장에 5만여 군중이 참례했다고 한다. 이날 조성된 삼의사묘가 효창원 독립운동가 묘역의 출발점이 되었다.

3의사 유해는 해방 후 일본에서 결성된 민족주의 단체 신조선건설동맹이 일본 각지의 형무소 묘지에서 수습해 5월 15일에 국내로 봉환한 것이었다. 4월 하순에 유품을 먼저 가져온 이 단체 관계자들은 유해 수습 과정을 이렇게 설명했다.

> 재일 동포는 220만 있었는데 해방 후 귀국한 게 약 백만이요 현재 돌아오지 못하고 멀리 조국의 정세를 염려하고 있는 게 120만 명가량 된다. 이 사람들의 생활은 매일 2홉 1작의 배급을 가지고 근근이 살아가나 일본 전체에 배급미가 쌀 부족으로 5월 말경에는 배급이 없을 것으로 대단 걱정이다. 더구나 우리 동포의 실직자가 반수 이상이나 되어서 하루빨리 조국이 완전 독립하여 귀국 후 건국 대업에 참가

3의사 유해 봉환식에 참석한 김구.

할 날을 목이 마르게 기다리고 있다.

그래 이 사람들을 참된 노선으로 지도하려고 조직된 것이 신조선건설동맹인데 이 동맹은 22년 만에 아키다(秋田) 형무소를 출옥한 박열을 중심으로 민족 단결, 생활 안정 등 여러 가지 운동을 활발히 전개하고 있다. 우선 전기 3의사의 유골과 유품을 눈물로 찾은 이야기를 하자.

우리는 제일착수로 윤봉길 의사의 유골을 찾아 가나자와(金澤)로 갔다. 그러나 공동묘지라 알 수가 없어 며칠을 묵고 부근 왜놈들이 입을 합하여 모르겠다고 가르쳐주지 않기에 하는 수 없이 "그러면 이 부락의 묘를 전부 파보겠다"고 말하였더니, 놀랐는지 우리가 자고 있는 밤중에 패를 꽂아 가르쳐주기에 기쁨에 넘쳐 우리는 한숨에 파본 즉, 목제 십자가와 자색 양복 검정 구두 중절모자와 유골을 발견하였다.

고 이봉창 의사는 우라와(浦和) 형무소 묘지에 계신 것을 알고 사법대신을 만나 이야기하고 우라와 형무소에 가서 물은즉 소장은 모른다고 회피한다. 그러면 최후의 수단을 쓰겠다고 강경하게 나섰더니 교무관을 불러 가르쳐주도록 하여 겨우 모시게 되었고, 다시 나가사키(長崎)로 백정기 의사를 찾은 우리는 그곳 형무소장의 독장(獨葬)이 아니고 딴 시체와 합장을 한 것 같다는 말에 놀랐다. 분개한 우리는 한 나라의 열사를 이름 모를 추한 딴 시체와 합장을 하는 모욕이 어느 나라에 있느냐고 끓어오르는 분노에 피를 억지로 참고 반문한 즉, 우리의 기세에 놀랐는지 잠깐 기다리라고 하고 매장 장부를 조사하더니 '독장입니다. 장소도 알겠소' 하고 사과하며 가르쳐주었다.
이리하여 우리는 옥사하신 백 의사의 유골을 이·윤 양 의사와 같이 동경 육군대학(陸大) 우리 본부 사무소에 모시고 지난 2월 19일 간다(神田) 공립 강당에서 유골봉환회를 거행하고 요번 귀국에는 우선 윤 의사의 유품, 양복, 모자, 구두 당시 윤 의사의 사건을 기재한 신문의 복사진만을 모시고 왔다."

(「재일신조선건설동맹, 윤봉길 등 3의사의 유해 봉안에 대해 언명」, 『동아일보』 1946년 4월 27일)

그런데 5월 15일에 봉환된 유골은 3의사의 것만이 아니었다.

광복 해방을 위하여 목숨을 바치고 적지에 유골을 묻고 있던 윤봉길·이봉창·백정기·김청광·김석영·홍성주·박상조 등 7의사의 영령은 15일 상오 9시에 해방된 조국에 첫발을 들여놓았는데 무언의 개선을 한 영령은 부산항에 도착하자 대창정 남선고녀에 봉안되었다.

(「윤봉길 등 7의사의 유해가 일본에서 돌아옴」, 『중앙신문』 1946년 5월 16일)

3의사 외의 4인은 누구일까? 『한국민족문화대백과사전』에도 보이지 않는 이름들이다. 일본 형무소 묘지에서 3의사의 유해를 찾는 과정에서 수습된 조선인들의 유해가 아닐지……. 일본 형무소에서 옥사한 사람들일 것 같은데, 어떤 죄목으로 수감된 것인지 확인되어 있지 않다. 당시 '7의사'의 이름으로 유해가 봉환된 인물들인 만큼 일본 재판 기록을 통해 실상이 밝혀지기 바란다.

1932년 1월에 도쿄에서 천황을 향해 폭탄을 던졌던 이봉창, 4월 상하이 훙커우(虹口) 공원(지금의 루쉰 공원)에서 일본 요인들에게 폭탄을 던졌던 윤봉길에 비해 백정기는 덜 알려진 인물이다. 그는 윤봉길의 거사에 동참하려다가 입장권을 못 구해 실패하고 이듬해 중국 주재 일본 공사 암살 계획을 추진 중 체포되었다. 나가사키로 이송되어 무기수로 복역하다가 이듬해 옥사했다. 세 사람 모두 김구의 지도와 지원을 받아 테러 항쟁에 나선 사람들이었다.

유해 봉환에 앞장선 신조선건설동맹은 후에 재일조선인거류민단■으로 재편되었는데, 그 지도자들도 테러 항쟁 투사들이었다. 위원장 박열(朴烈, 1902~74)은 아나키즘 운동가로 천황 암살 계획을 추진하다가 1923년 체포되어 무기수로 22년간 복역하고 해방 후 출옥했다. 부위원장 이강훈(李康勳, 1903~2003)은 백정기와 함께 체포되어 15년형

■ 해방 후 고국에 돌아오지 못한 일본 내 한국인들이 조직한 재일 교포 단체. 해방 직후 재일 동포의 대동단결을 위해 결성한 재일본조선인연맹이 좌우 대립의 과정에서 주도권이 공산주의자들에게 넘어가자, 이에 대항하는 반공 청년 조직인 조선건국촉진청년동맹과 신조선건설동맹을 중심으로 이듬해 재일본조선인거류민단을 결성했다. 1948년 대한민국 정부가 수립된 직후 유일한 재일 동포 공인 단체로 인정받은 재일본조선인거류민단은 '재일본대한민국거류민단'으로 명칭을 바꾸었다. 1994년 재일본대한민국민단으로 개명하여 현재까지 이르며 재일 교포의 권익 옹호를 위해 힘쓰고 있다.

아나키스트 동지들과 중국 주재 일본 공사를 암살하려고 모의하다가 체포되어 옥사한 백정기.

을 선고받고 12년 복역한 후 해방 후 출옥했다.

항일 투사 추모는 민족의식 고양을 위한 중요한 정치 사업이었다. 그동안 가장 큰 추모 행사로 1945년 12월 23일 서울운동장에서 열린 순국선열추념대회가 있었는데, 실질적으로 임정 귀환식의 의미를 가진 행사였다. 민영환, 이준, 박승환, 안중근, 손병희, 강우규, 윤봉길 등을 함께 추모했던 이 대회에 비하면 7월 7일 효창원 행사는 추모 범위가 좁은 것인데도 더 성대하게 치러졌다. 6월 30일로 예정된(폭우 때문에 7월 7일로 연기되었다) 국민장을 앞두고 주최 측은 이런 방침을 발표했다.

> 윤봉길·이봉창·백정기 3열사의 유해는 시내 수송정 태고사에 안치되어 있는데 3열사봉장위원회에서는 전 국민의 애도를 모아 30일에 국민장을 집행하기로 되었다. 그런데 일반 국민은 이날을 기하여 다음의 주의 사항을 실행해야 한다.
>
> (1) 3열사 국민장일인 30일은 가가호호에 조기를 달 것.
>
> (2) 애도의 뜻을 표하며 자숙하는 성의에서 보통 음식점을 제하고 그

외 일체 환락장은 휴무할 것.

(3) 30일 장의일을 기하여 각 지방에서는 지방마다(군·읍·면) 추도식을 거행하되 서울은 29일에 시행할 것.

(4) 국민장이니만치 국민 각자의 성의에 따라 능력껏 부의금을 제출하도록 권장할 것.

(5) 추도식 절차는 지방 형편에 따라 적당히 할 것.

(6) 3열사 약력은 인쇄 중이므로 인쇄되는 대로 즉송하기로 함.

(「3열사봉장위원회, 국민장 실시 일자와 일반의 주의 사항 발표」, 『동아일보』 1946년 6월 20일)

요인 암살은 좌익보다 우익에서 많이 채용한 투쟁 방법이었다. 3의사 모두 김구와 연계된 인물들이었으므로 3의사 추모는 특히 김구의 정치적 권위를 높여주는 행사였다. 그런데 이 행사에 좌익이 대거 참여한 데서 좌우합작을 지지하는 당시의 분위기를 느낄 수 있다.

3·1절 기념식을 준비하던 2월에는 민주의원과 민전의 발족으로 좌우 대립이 극심할 때였기 때문에 기념식을 양쪽에서 따로 열어야 했다. 4개월이 지난 지금 '우익의 잔치'라고도 할 수 있는 3의사 국민장에 좌익이 참여한 것은 음미할 만한 일이다.

1946. 7. 11.

박헌영 노선, 무엇이 문제인가?

좌우합작의 목표는 민족통일전선이었다. 해방을 독립으로 이어가기 위해서는 민족의 화합이 꼭 필요한 일이었다. 민족은 다양한 많은 사람들의 집합이므로 그 안에 불화의 요소가 없을 수 없다. 그러나 독립건국의 과제 앞에서 불화의 요소를 가능한 한 억누르고 공유하는 이념부터 실현하려는 노력이 필요했다. 각자의 서로 다른 이념과 이해관계를 놓고 다투는 일은 건국 뒤로 미루자는 것이 중도파의 일반적 주장이었다.

해방 당일부터 중도파는 건준을 통한 통일전선 결성 노력을 시작했다. 중도파의 의도는 건준으로 국내 기반을 만들어 귀국할 임정과 협조·보완 관계를 이룩하는 데 있었다. 극우와 극좌의 협공이 이 의도를 무산시켰다. "임정 절대 지지"를 명분으로 건준을 묵살한 것이 극우의 전략이었고, 건준을 장악해 임정과 경쟁할 인공을 세우는 것이 극좌의 전술이었다.

극우가 건준을 외면하고 극좌가 건준에 참여한 것이 겉으로 보면 반대되는 입장이다. 그러나 실질적으로 중도파의 의도를 무산시키는 데는 양측 입장이 겹쳐졌다. 극우가 건준을 외면하지 않았다면 극좌가 건준을 장악하기 어려웠을 것이다. 그리고 극좌의 건준 장악은 극우의 건준 외면을 위한 명분이 되어주었다. 극우·극좌 간 공생 관계의 첫 단계였다.

극우파가 통일전선을 회피한 동기는 명백하다. 친일파 처단을 피하고 식민지 시대의 기득권을 지키기 위해 '민족국가' 건설을 꺼린 것이다. 민족국가보다 외세에 의지하는 분단국가를 그들은 원한 것이다.

그에 비해 극좌파의 동기는 확연히 이해하기 힘들다. '극좌'의 사전적 개념대로 이념 편향성이 강한 것뿐이라면 통일전선을 굳이 회피할 필요가 없다. 전술·전략 차원의 회피라면 일시적 회피는 가능하지만, 박헌영 일파와 같은 시종일관 회피는 이해할 수 없는 일이다.

그래서 나는 박헌영 중심의 극좌파를 이념적 의미에서의 극좌파가 아니라 현실 정치 속의 헤게모니 획득을 위한 정략 차원의 투쟁 노선으로 보는 관점을 떠올리게 되었다. 입증하기가 참 어려운 관점이다. 실제로 그런 노선이었다면 정체를 감추기 위한 은폐와 분식의 노력이 많았을 것이 당연한 일이다. 입증이 완전치 않으면서 그런 '의혹'을 앞세운다는 것은 참혹한 박해를 받은 '패자'에게 미안한 마음에서도 내키지 않는 일이다.

그러나 아무리 생각해도 그 관점을 배제할 수 없다. 박헌영 일당의 행동이 민족의 진로에 불리한 영향을 끼쳤을 가능성을 철저히 검토할 필요를 패자에 대한 값싼 동정심 때문에 접어놓을 일이 아니다. 지금 당장 단정할 수는 없더라도 유력한 가능성으로 세워놓고 앞으로 전개되는 상황에 계속 비춰보려 한다.

박헌영에 대해서는 극단적 찬양에서 극단적 매도까지 많은 논평이 있어 왔다. 지금 시점에서 나는 『박헌영 노선 비판』의 편저자 김남식과 심지연이 그 책 후기에 적은 비판 내용이 비교적 객관적이라는 인상을 가지고 검토의 출발점으로 삼는다.

첫째, 1945년 9월에 출현한 조선공산당에 대한 평가의 문제가 제기될 수 있다. 일제하의 공산주의자들은 1928년 4차 조공의 와해를 끝으로 당 재건이라는 과제를 끝내 이루지 못한 채 1945년을 맞이하게 되었다. 따라서 1945년 9월에 박헌영을 중심으로 조직된 조선공산당은 일제하의 당 조직 활동을 통해 축적된 운동 역량을 토대로 한 실천적 결과물은 아니었으며, 1945년 당이 일제하 조선공산당의 정통성 및 활동을 계승하고 있다는 주장은 어느 정도 자의적인 것이라 평가할 수 있다. (…)
원래 공산당은 마르크스-레닌주의에서 제시하는 원칙에 따라 민주주의 중앙집권제를 근본 원리로 하여 창건되어야 하는 것이다. (…) 그러나 박헌영을 비롯한 당시의 당 지도부는 이러한 기본적인 조직 원칙을 끝내 무시한 채, 콤그룹이라는 자신의 파벌 중심으로 당을 이끌어갔다. 이 점은 대다수의 당원으로부터도 비판을 받았으며, 당원들로부터 당이 유리되는 결과를 낳았다. (…)
둘째, 대중정당으로의 전환에서 나타난 편파성의 문제이다. (…) 당시의 사회 성격과 계급 관계로 볼 때 좌익계 정당들을 통합하여 하나의 대중정당으로 발전시키는 문제가 가장 절박하고 중요한 전략적 과제로 주어지고 있었음에도 불구하고, 박헌영을 비롯한 당 지도부는 이를 제대로 실현하지 못했다. 여기에서는 공산당 지도부가 대중정당에 대해 가졌던 인식의 오류, 콤그룹의 편파성 및 자신들에 의한 당 헤게모니의 장악이라는 몇 가지 복합적인 요인이 작용하고 있다. (…)
셋째, 박헌영의 지도 노선이 낳은 극좌모험주의적 전술 문제를 지적할 수 있다. 공산당은 원칙에 있어 무엇보다도 조직을 최우선으로 삼으며 조직의 확대·강화 문제를 가장 중요시한다. (…) 만약 당 조직

> 의 파괴를 예상하면서도 당 지도부가 계속 모험주의적 폭력 투쟁을 강요했다면 이는 가장 치명적인 과오를 범한 것이라 하지 않을 수 없다. 중국 혁명에서 모택동이 이립삼 노선을 비판하고 그와 비타협적인 투쟁을 전개한 것도 바로 그 같은 문제 때문이었다.
>
> 박헌영과 남로당 지도부는 당의 조직을 보존하고 조직을 핵심으로 혁명 역량을 축적해나가지 않고, 무모한 모험주의적 투쟁만을 계속 지시하였던 것이다. 이는 오직 투쟁을 위한 투쟁으로밖에 볼 수가 없다. (…) 이러한 박헌영 노선의 좌경모험주의적 오류는 그들의 혁명 이론과도 부합할 수 없었던 것이었다. (『박헌영 노선 비판』, 537~540쪽)

민족통일전선의 기초가 될 이념은 민족주의와 민주주의였다. 민족주의에 중점을 두는 것이 우익이었고, 민주주의에(형식적 민주주의에 그치는 것이 아니라 사회경제적 불평등의 시정에 목표를 둔다는 의미) 중점을 두는 것이 좌익이었다. 중점을 둔다 뿐이지, 우익이 민주주의를, 좌익이 민족주의를 무시한다는 것이 아니었다.

한민당 주류를 이룬 극우파가 민족주의와 민주주의를 모두 배격하는 반민주·반민족 세력이라는 사실은 시간이 지남에 따라 밝혀질 만큼 밝혀졌다. 그렇다면 좌익 쪽에서는 한민당을 배제한 '민주주의민족전선'을 지향하는 것이 지당한 일이었고, 실제 그 이름대로 민전이 결성되었다.

그런데 문제는 민전이 그 이름대로 폭넓은 통일전선을 이루지 못한 사실에 있다. 공산당이 민전 장악력에 지나치게 집착해서 폭넓은 연대를 가로막은 사실은 조봉암의 편지에도 나타나 있었다(5월 10일자 일기). 공산당이 "3상회의 절대 지지" 명분으로 중도 우파의 참여를 차단, 민전 장악을 손쉽게 했기 때문에 민전에 참여한 중도파 인사들은

제1차 미소공동위원회 환영 시민대회 집회에 참석한 김원봉, 허헌, 박헌영 (왼쪽부터).

공산당의 선전 전략에 이용당하는 입장이 되고 말았다.

서중석은 민전 조직 방법에 대해 이렇게 아쉬움을 표했다.

> 민전은 처음 준비위원회 구성에서나 준비위원회에서의 사무국 부서 결정에서, 전국인민위원회대표자대회, 전평, 전농, 청총 등의 경우에서와 마찬가지로 북한 측 인사들이 배치되었었다. (…) 즉, 북한의 지도적 조직과 함께 위와 같은 조직 또는 회의를 이끌어갈 수 있도록 하였어야 할 일이었고, 이것은 좌익만이 가능했던 일로서, 민족국가를 세우는 데에 실질적으로도 중요한 의미를 가질 수 있었다. 그러나 북한 측 인사의 소수 참여 또는 명단 발표는 북한의 지도적 조직과의 관련 없이 남한 측이 임의로 '끼워 넣기'에 머문 감을 주었다. 이것은 조선공산당 간부 측의 종파적 헤게모니 의식이 작용한 것으로 간주되어 오히려 북한의 지도적 조직과의 관계를 악화시키는 결과를 가져올 수 있었다. (『한국현대민족운동연구』, 347~348쪽)

김남식과 심지연의 비판 중 역시 당의 조직 방법에 대한 첫 번째 지적이 제일 심각한 문제로 보인다. '재건'된 지 근 1년이 지나도록 상향식 조직 방법의 아무런 시도도 없이 박헌영 '독재' 체제가 유지된 것은 그동안 북조선공산당(북조선분국)의 발전과 대조되는 현상이다. 지도력의 조그만 우위를 통해 공산당을 장악하고 공산당의 힘을 통해 민전을 장악한 것은 정치 공학적 책략일 뿐이지, 인민을 위한 정치를 펼치는 길은 아니었다.

민전에 대한 박헌영과 공산당의 장악력이 좌우합작 움직임 앞에 흔들리게 되었다. 민전 의장단은 박헌영, 여운형, 허헌, 김원봉, 백남운의 5인이었고, 박헌영과 허헌(許憲, 1885~1951) 외의 3인은 통일전선을 지지하는 중도파였다. 중도파가 수적으로 우세한데도 공산당의 장악력이 지켜진 것은 중도파에게 우익에게 대항할 다른 방도가 없기 때문이었다. 그런데 미군정의 지원 아래 우익 중도파가 손을 내밀자 상황이 달라졌다.

7월 10일 민전 의장단의 기자회견에서 이런 문답이 오갔다.

> (문) 좌우합작 공작과 입법기관과의 관계 여하?
>
> (답) 양자는 완전히 별개 문제이다. 이에 대한 찬부는 조선 현실의 판단에 의하여 결정되는 것이며 입법기관 설치를 위하여 좌우합작이 문제되는 것도 아니다.
>
> (문) 입법기관에 관한 하지 중장의 성명에 대하여 견해 여하?
>
> (답) 조선 인민의 복리를 위하여 이러한 기관의 설치를 고려하게 된 그 성의에 우리는 오직 감사할 뿐이다. 그러나 문제는 성의로서만 해결되는 것이 아니다. 이는 현재의 행정 사법기구의 구성 같은 것을 근본적으로 변혁하는 처리 조건이 선결되어야 하는 것이니 우리가 이미 그 부적당함을 지적한 이유도 여기에 있다. 이에 반대하는 것은

마치 통일을 방해하는 것 같은 인상을 주는 표현은 합작 공작과 입법기관 문제를 혼동하여 현혹을 일으킬 우려가 있다고 생각한다.
(문) 합작 공작은 개인 자격에서 표면화할 단계에 아직도 도달치 않았는가?
(답) 양방의 성의에서 적극적으로 추진되고 있으며 여운형 씨와 김규식 박사와의 접근에서 더욱 광범하게 진전될 것이다. 옳은 원칙 밑에서 실천되어나간다면 우리 민전은 이 공작을 적극적으로 지지할 것이다.

(「민전의장단, 입법기관 설치와 좌우합작은 별개라고 역설」, 『서울신문』 1946년 7월 12일)

민전 지도부는 좌우합작에 호응하는 분위기로 돌아서 있었다. 그러나 같은 날 공산당 중앙위원 이주하(李舟河, 1905~50)가 기자들에게 밝힌 공산당의 입장은 훨씬 조심스러운 것이었다.

一. 좌우합작에 있어서는 3대 원칙이 있다. 즉, 첫째 친일파 파시스트를 제거할 것. 둘째 테러 중지와 민주주의자를 석방할 것. 셋째 삼상 결정을 총체적으로 지지할 것 등이다. 만약 행동의 원칙을 승인하고 그 실천이 보장되면 우리 당은 기뻐 합작할 것이다.
一. 좌우합작 문제와 입법기관과의 관계에 대하여서는 좌우합작 문제는 순 민족 내부 문제이며 입법기관은 대(對) 군정 문제라고 생각되므로 이 두 가지는 별개 문제라고 본다.

(「조공 중앙위원 이주하, 좌우합작 3대 원칙 제시」, 『서울신문』 1946년 7월 11일)

공산당은 아직도 "3상회의 결정의 총체적 지지"라는 기준으로 우익의 좌우합작 참여에 제약을 가하고자 하고 있었다. 그러나 좌우합작 움직임은 대세가 되고 있었다. 7월 10일에 양측 대표가 발표되었다.

우익: 김규식, 원세훈, 김붕준, 안재홍, 최동오.

좌익: 여운형, 허헌, 정노식, 이강국, 성주식.

우익에서는 임정 요인이 3인으로(김규식, 김붕준, 최동오) 다수인데, 좌익에서는 박헌영 계열이 3인이라는(허헌, 정노식, 이강국) 점이 눈에 띈다. 순조로운 진행을 예고하는 인적 구성이 아니다. 어떻게 진행되는지, 이제부터 살펴보자.

1946. 7. 12.

언론의 자유에 관심 없던 『동아일보』

신문 기사 조사를 국사편찬위원회 한국사데이터베이스(http://db.history.go.kr)에 의존하고 있다. '한국근현대신문자료'에는 여러 신문 지면이 PDF 파일로 제공되는데, 내가 조사하는 기간을 포함하는 것은 『동아일보』와 『자유신문』뿐이다. 한편 '자료대한민국사'에는 여러 신문 기사 중 일부가 입력되어 있다. 그래서 '자료대한민국사'로 먼저 윤곽을 파악한 다음 필요할 경우 '한국근현대신문자료'로 확인·보완하고 있다.

그런데 오늘은 '한국사데이터베이스' 이용의 한계와 문제점을 분명히 느낀 일이 있었다. '자료대한민국사'의 7월 12일자 기사 목록(게재 일자가 아니라 발생 일자로 묶여 있다) 중 「러치, 신문의 허위 기사나 보도 책임은 발행인·주간에 있다고 언명」이란 제목의 기사가 눈에 띄었다.

> 군정청 출입 기자단에서 제출한 언론계 탄압에 대한 진정서에 관하여 러치 군정장관은 다음과 같이 답변하였다.
>
> "나는 7일 기자단이 제출한 진정서를 수리하고 관심을 가지고 연구하였다. (…) 나는 과거에도 귀단의 전(全) 질문을 취급하였고 금후도 동일한 태도를 계속할 것이다.

기자 및 신문에 관한 사건이 있을 때는 경찰 행동으로 옮기기 전에 공보부와 상의할 것을 공보부와 경찰 당국 간에 동의하였다. (…) 나는 기자들은 이 기자 회의에서는 최대한도의 자유가 부여되도록 희망하는 바이다. 주간 및 발행인을 그 신문에 보도된 허위 기사로 공보부에 호출하는 데 관하여는 비록 한 기자가 그 기사를 취급하였으므로 최초 책임이 있다 하더라도 발행에 대한 최후의 책임은 주간 및 발행인에 귀결한다는 것을 명심하기 바란다. 그러니 그 책임은 대리를 파견할 수 없는 것이다. 장래에는 신문 사원이 공보부에 호출할 때는 그 호출에 대한 이유를 통지할 것이다."

(『동아일보』 1946년 7월 16일)

그런데 러치의 답변 대상인 기자단 진정서는 '자료대한민국사'의 7월 13일자 기사 목록에 들어 있었다. 원인이 결과보다 뒤에 일어난 것으로 정리된 것이다. 내용을 들여다보니 위 기사와 같은 『동아일보』 7월 16일자에 신문협회가 군정장관에게 보낸 건의서 기사가 실려 있었고, 거기에 기자단 진정서 기사가 붙어 있었다. 신문협회 건의서는 7월 13일에 보낸 것으로 명기되어 있고, 기자단 진정서는 날짜가 표시되어 있지 않았다.

확인을 위해 '한국근현대신문자료'에서 『동아일보』 기사를 찾아보니 인용문 중 밑줄 친 "7일"은 "7월 10일"의 오타였다. '자료대한민국사'에는 오타가 많고, 그중에는 내용을 크게 바꿔놓는 심각한 것도 꽤 있다. 『해방일기』 작업 초기에 '자료대한민국사'만을 보고 인용했던 내용도 다시 검증할 필요가 있다. 뜻하지 않은 실수도 있었을 것으로 생각하고 자료 확인이 철저하지 못했던 점 독자들께 사과드린다.

『자유신문』을 뒤져 7월 13일자의 「언론계 위축시키는 지나친 간섭을 배격」(기자단 건의서)과 「최대한 자유의 확보」(러치 답변) 기사를 보고 상황을 비로소 파악할 수 있었다. 7월 16일자 『동아일보』 기사에는 생략된 부분이 너무 많아서 상황 파악이 힘들었다.

'자료대한민국사'에 『동아일보』 기사의 비중이 너무 큰 것도 중대한 결함으로 생각된다. 당시 『동아일보』의 정치적 편향성은 1945년 12월 29일자의 신탁통치 관계 허위 기사(1945년 12월 28일자 일기)는 말할 것도 없이 일상적으로 나타나는 현상이었다. 10일의 기자단 건의서를 보도하지 않고 있다가 13일의 신문협회 건의서 보도에 곁들여서 '6하 원칙'조차 지키지 않고 부실하게 전한 것 역시 그 편향성의 한 모퉁이일지 모르겠다.

기자단의 건의서에 관한 『자유신문』 기사는 이런 내용이었다.

> 반세기의 질식 상태에서 소생하여 사상 처음 당하는 건국의 대업을 지고 민족의 뜻을 받들어 발족한 조선의 언론계가 초창 당초에 처한 중첩한 난관과 다단한 실정은 귀하도 잘 양해할 것으로 믿는 바이다. 창간 또는 속간된 지 주년도 맞이하지 못한 조선의 각 신문의 발전의 도정에서 범하여지는 다소의 과오는 또한 작은 것을 돌볼 사이 없이 신속을 요하는 건설도상의 언론으로서 불가피한 것이었다. (…)
> 근일 조선 언론계가 당한 군정 당국으로부터의 몇몇 간섭은 그 당연히 있을 바 양해와 원조의 결핍은 고사하고 오히려 언론계의 활발한 발전을 저해하고 자유로운 민중의 여론을 위축시키는 탄압적 경향을 보이고 있는 것은 그 의도의 여하를 불구하고 본 기자단으로서 최대의 유감으로 생각하는 바이다. (…)
> ● 기자단이 기자회 석상에서 문의를 하고 답변을 받는 것은 군정에 협조하고 서로 이해하여 나가자는 데 의의가 있을 것인데 누차 동회

석상의 질문 내용에 대해서 제3자 또는 경찰의 용훼가 있음은 사실을 정당히 귀하에게 제시할 수 없게 된다.

● 9일에 『자유신문』·『인민보』의 사장 주필 등 간부를 마포 호열자 기사 관계로 구금하였는데 기사의 게재 경위에 대해서 충분한 조사도 없이 더욱이 신문사의 간부를 구인, 유치한 조치는 그 기사의 진위 여부를 불문하고 언론기관에 대한 일대 모욕이라고 생각하는 바이다.

● 『해방통신』 송 기자의 사건은 그 질문 내용의 시비를 떠나서 우리는 이 사건이 우리 출입 기자와 관련이 있는 공보부에서 충고한 단계조차 없이 곧 경찰이 유치 취조까지 하게 된 일을 심히 유감으로 아는 바이다.

● 신한공사 농지 소작 계약 내용에 관한 질문자를 동사(同社) 책임자가 호출하여 "그런 사실을 질문하면 우리 입장이 곤란하다"고 힐문한 사실은 우리 기자단의 질문에 대하여 지나친 외부 간섭이라고 생각한다.

● 기사에 대한 사소한 문의 건으로 건명도 말하지 않고 매일 오는 출입 기자를 통해서나 문서로도 당국의 의도를 전달할 수 있을 것인데도 일일이 각 신문의 주간을 공보부에 호출하는 것은 정도가 지나친 것이라고 본다.

『자유신문』, 『인민보』, 『해방통신』 등 좌익 내지 중도 언론사들이 구체적 탄압 사례로 거명된 것을 보면 군정청의 언론 탄압이 편향적으로 이뤄진 것이라는 느낌이 든다. 『동아일보』가 기자단 건의서 보도를 소홀히 한 것도 그런 맥락에서 이해되는 일이다.

그런데 러치의 답변으로 돌아가서, 러치는 주간과 발행인의 "최후의 책임"을 들먹이면서 저도 모르게 언론 탄압의 의지를 드러냈다. 군정청에서 납득 못할 기사가 나왔다면 어떻게 그런 기사가 나오게 되었는지 '경위'를 알아보는 것이 우선 할 일이다. 그런 계제에 '책임'을 얘기하고 있는 것이다. 마음에 안 드는 기사가 보이면 경위를 알아볼 필요도 없이 책임을 묻겠다는 것이 아닌가. 미군정이 주장하는 '언론의 자유' 수준을 단적으로 드러낸 답변이다.

기자단 건의서 첫 항목에서 "경찰의 용훼(容喙)"를 언급했다. 학병동맹 습격 사건을 둘러싼 기자들과 장택상 사이의 공방(1월 27일자 일기)에서 본 것처럼 경찰이 언론, 특히 좌익·중도 언론을 적대시하는 일이 많았다. 당시 경찰의 문제점을 밝히는 데 나름대로 노력을 기울여왔는데, 이 문제를 멋지게 풍자한 글이 있어서 옮겨놓는다. 1948년 3월에 발표된 글이지만 군정기 내내 계속된 문제이므로 이 대목에서도 참고가 될 것이다.

> UN 임시 조선위원단 메논 의장이 소총회에서 행한 연설 가운데 경찰국가라는 문구가 있어서, 그렇다 안 그렇다 하는 말이 많았다. 그러나 그 말이 옳거나, 그러거나 간에 실제에 있어서 지금 남조선은 어느 행정 부문보다도 경찰의 존재가 뚜렷한 것만은 감출 수 없는 사실이다.
>
> 그만큼 현하 정세로서는 치안 유지가 가장 중대한 문제인 것이다. 경무부장 발 앞에 수류탄을 던지고 수도청장 피습이 거듭되며 경찰서 습격, 방화, 경관 살상 사건이 빈발하는 상태하에서는 경찰의 존재가 또한 뚜렷하지 않으려야 않을 수 없는 것도 사실이다.
>
> 따라서 경찰 당국으로서 가끔 성명서를 발표하는 것도 예전에는 볼 수 없던 현상이되 이것이 또한 비상 상태하의 경찰 책임자로서는 그

심정을 민중의 심정에 연결시키려는 노력이라는 점에서 충분히 이해할 수 있는 사실인 것이다. 그러므로 경찰 당국의 성명서 발표 혹은 포고문의 첩부가 빈번하다 해서 비난할 이유는 추호도 없는 일이다.

가령 병이 나지 않으면 의사의 존재쯤 무관심할 수 있듯이, 질서와 평화를 누리는 사회에서는 실상 그 질서와 평화를 위하여 치안을 확보하고 있는 경찰의 존재쯤 범법자나 피해자 아닌 보통 사람으로서는 신뢰적인 의미에서 무관심할 수도 있을 것이다. 그러나 오늘과 같은 혼란한 중에서는 경찰 자신이 항상 긴장한 그만큼 일반 민중으로서는 경찰의 동향에 긴장한 관심을 가지게 되고 그래서 경찰 당국의 성명서 혹은 포고문은 문맹만을 빼고서는 누구나 주의 깊게 읽게 되는 것이다.

그런지라, 이 성명서나 포고문을 작성함에 있어서는 당국으로서도 일언일구에 주의를 가하여 민중의 긴장한 관심을 선용할 필요가 있다고 본다.

(…) "전가(傳家)의 보도(寶刀)를 뽑겠다"는 문구를 읽은 기억이 있는데, 일본에는 '사무라이' 전통이 있었고 그래서 정말 문무의 별(別)이 없이 웬만한 사람이면 대대로 나려오는 '전가의 보도'가 있었으니까 이런 문자가 있지마는 조선에는 없는 말이다.

더구나 일본에서도 경찰 자신이 이 말을 쓰는 법은 없었고 신문이 경찰의 비상수단을 표현하는 말로 써온 줄 생각한다. 그런데 이제 겨우 삼 년의 짧은 역사를 가진 조선의 국립경찰은 지금이 바로 시초라, 앞으로 전해줄 보도는 있어야 하겠지만 선대가 없었음에도 불구하고 누구에게서 전해 받은 보도가 있는가.

그는 또 그렇다 하고 "보호의 은전(恩典)"이란 무엇인가. 은전이란 말은 천황이 적자(赤子)에게 내리는 것이었다. 일본의 천황 그 존재부터가 비민주적인데 하물며 은전이라는 용어의 정의상 비민주적 본질은 재론의 여지가 없다.

민주주의 조선의 국립경찰은 국가의 공복이다. 봉사와 질서의 표어가 가슴 위에 빛나고 있는 이 민주적 공복이 무슨 말을 못 써서 저 비민주적 일본 제국의 군국제도에서 사용되던 군주적 용어를 쓰는가. 모르거니와 일본에서도 지금은 이러한 용어가 말살되었을 것이다.

이보다도 더 놀라운 용어로서 '보복(報復)'이라는 문구를 읽은 일이 있다. 국가의 공복으로서 국민 앞에 보복을 선언한다 하면 이는 괴변이거니와 물론 이것은 살인, 방화를 자행하고 평화한 질서를 파괴하는 '적비(赤匪)'에게 대한 보복인 줄을 잘 알고 있다.

그러나 이 '적비'라는 용어의 유래가 무엇인가? 일제가 일찍 우리 독립단을 비적(匪賊)이라 하였던 것이다. 일제가 다시 만주를 침략한 뒤에 반만군(反滿軍)이 봉기하자, 그들은 '비적'을 분류하여 조선독립단을 '선비(鮮匪)'라, 반만군을 '만비(滿匪)'라 불렀던 것이다.

선비도 만비도 혁명 투사로 된 오늘날 적비라는 새 용어가 생겼으니 가령 우익 폭도는 백비(白匪)라 불러야 하나? 다행히 아직 백비라는 용어는 사용된 일이 없었다.

(…) 물론 나는 당국이 용어 선택에 소홀하였다는 점은 지적하는 바이나 그 이상의 어떤 정신적인 점을 곡해하거나 비난은 하지 않으려 한다. 같은 글자라도 개념이 다르다 하지마는 당국은 이 점에 주의를 소홀하였을 것일지언정 고의로 이런 용어를 선택했다가 민중의 긴장한 관심을 자극하였다고 생각한다면 이는 가혹한 오해일 것이다.

그러나 이런 용어로 인하여 민중 간에는 어떤 심리 현상이 일어나고 있느냐 하는 것까지는 대담히 지적할 의무가 있다고 믿는다. 그것은 다른 것이 아니라 민중의 경찰을 무서워하는, 위압을 느끼는 심리현상이다. 어쩐지 친근한 신뢰감보다는 소원한 위압감을 일으킬 우려가 있다. 그러한 현상이 발전하면 무엇이 되느냐 하면 경찰과 민중은 유리하게 되기 쉬울 것이다.

민주주의 제1장 제1과는 무서운 경찰이 없는 사회, 위압과 혐오가 없이 경민(警民) 간의 따뜻한 신뢰감을 말하는 것이라 한다면 용어의 선택에서부터 세심한 주의가 필요함을 여기에 역설하는 바이다. 나는 이러한 충정으로써 충고를 달게 받는 당국자의 아량에 기대하여 수사학(搜查學)과 동시에 수사학(修辭學)도 틈틈이 연구하여 두기를 바라는 것이다.

(「경찰과 수사학(修辭學)」, 『진짜 무궁화』, 133~138쪽)

이 글을 쓴 오기영은 1909년 황해도 배천 출생으로 1928~1937년까지 『동아일보』 기자를 지냈고, 해방 후 『조선일보』에 「팔면봉」 등을 집필하다가 1949년 북쪽으로 건너갔다.

1946. 7. 14.

'국대안 파동'의 출발점

7월 13일 군정청 문교부에서 '국립서울대학교' 설립 취지문을 발표했다.

> (1) 해방 이후 문교부의 첫 일은 우선 닫혔던 학교를 재개하는 일이었다. 국민학교를 열고 순차로 중등학교와 전문대학을 열었다. 이것은 일정시대부터 있어 온 학교가 완전하여서보다도 백여 만 학생의 학업을 중단할 수 없어 임시 응급조치로서 기설 학교를 그대로 열은 것이다.
>
> (2) 기설 학교를 재개한 뒤 문교부는 조선 교육제도와 그 내용을 전면적으로 검토하기 시작하였다. 이것은 교육기관이란 것은 물건을 제조하여 내는 공장과 달리 이것을 그대로 접수하여 무비판적으로 운영할 수 없는 까닭이다. 그리하여 문교부는 부내 직원은 물론 널리 사회에 지혜를 구하기 위하여 교육계와 저명한 인사를 초빙하여 교육심의회를 열어 교육제도를 고치고 그 내용을 개선하기에 노력하여 왔다.
>
> (3) 문교부에서는 고등교육기관의 중요성에 감하여 교육심의회 이후에도 계속하여 수개월을 두고 신중히 전반적 검토와 연구를 하여 왔다. 이 동안에 문교부의 행동을 지도하는 유일한 원칙은 어떻게 하면

우리 고등교육기관이 국가에 대하여 최대한 봉사를 할 수 있을까 하는 것이다.

문교부로서는 일정시대의 유물인 기존 고등교육기관을 그대로 존속시켜야 할 아무런 의무감도 느끼지 않았다. 이는 기존 고등교육기관은 일정시대에 일본이 우리나라를 예속화하려는 식민지 정책의 잔재요 우리 민족을 위한 교육기관이 아닌 까닭이다. 우리는 반드시 우리가 이상으로 생각하는 신국가에 적합한 고등교육기관을 건설하여야 할 것은 물론이다.

(4) 이러한 정신과 원칙에 따라 신중히 연구해본 결과, 기존 고등교육기관을 그대로 두어서는 도저히 우리의 목적하는바 이상적·능률적 교육을 실시할 수 없음을 발견하였다. 이미 일정시대의 고등교육기관에는 일관한 교육안도 계획도 없이 조선의 진정한 복리를 무시하고 그때그때의 형편과 사정에 따라 만들어진 잡연한 산물에 불과한 것을 보았다.

거기에는 무용한 중복과 경쟁이 있어 국가의 재정을 낭비한 흔적이 심하고 나아가서는 적은 독립한 기관들이 각기 소왕국을 형성하고 군웅할거 하여 피차간에 아무런 연락도 협조도 없음을 알았다. 이상과 같은 불행한 현실을 발견한 문교부로서는 마침내 경성과 그 부근에 있는 관립전문대학을 전부 폐지하고 새 이념과 새 구상 아래 우리 국가의 전 학계를 대표할 만한 거대한 종합대학교를 신설하기로 결정한 것이다. 이 신고등교육기관은 국립서울대학교라는 명칭으로 출발할 것이고 하기 9대학과 1대학원으로 조직된다. 문리과대학, 사범대학, 법과대학, 상과대학, 공과대학, 의과대학, 치과대학, 농과대학, 예술대학 대학원.

이상과 같이 재조직함으로써 현재 각 학교가 분립하여 수용할 수 있는 학생 수효보다 수배를 수용할 수 있는 동시에 그 교육적 질을 수단 높일 수 있다고 생각한다.

(「문교부, 국립서울대학교 설립 취지문 발표」, 『동아일보』 1946년 7월 14일)

6월 18일에 러치 군정장관과 오천석 문교부 차장이 '대학 통합설'을 부인했으나 이틀 뒤 문교부 당국이 통합설을 시인했다는 보도가 있었다(1946년 6월 22일자 일기). 그리고 이제 유억겸(兪億兼, 1896~1947) 문교부장이 나서서 국립대 설립 취지문을 발표한 것이다.

서울대학과(경성대학의 공식 명칭이 1945년 10월 16일 군정청 법령 15호에 의해 서울대학으로 바뀌었다) 경기도 내 9개 관립전문학교(경성치과전문만은 사립)를 합쳐 종합대학인 국립서울대학교로 만든다는 것이었다. 그 운영은 문교부의 부장, 차장, 고등교육국장(미군과 조선인 책임자 각 1인) 6명으로 조직될 이사회에 맡기고 그 아래에 총장·부총장 사무국을 둔다고 했다.

이것이 '국대안 파동'의 출발점이었다. 이듬해 2월까지 계속된 파동 기간 중 대상 학교들은 격렬한 좌우 대립의 현장이 되어 재학생 8,040명 중 4,956명이 제적당하고 429명의 교수·강사 중 380명이 교단을 떠났다(『한국 현대사 산책: 1940년대편 1』, 277~278쪽).

국대안에 대한 본격적 반발은 8월 22일 "국립서울대 설립에 관한 법령"의 공포 이후에 거세게 터져 나왔다. 그러나 7월 13일의 설립 취지문 발표 때부터 대상 학교의 교수와 학생 대다수는 군정청의 의도에 의혹을 품고 있었다.

취지문 안에 의혹을 부추기는 요소들이 있었다. 무엇보다, 이 방침이 교육심의회 이래 꾸준한 모색의 결과라는 문교부의 주장이 그때까지의 고등교육 관계 조치와 부합하지 않는 것이었다. 교육심의회는

1946년 2월부터 전문학교의 대학 승격을 권장하는 정책을 추진하고, 국대안에 포함된 전문학교들도 대학 승격 절차를 밟고 있었다.

최근까지 학교 통합은 서울대 의학부와 경성의전 사이의 문제만이 거론되고 있었다. 6월 18일까지도 군정청과 문교부는 국대안 방향의 통합설을 극력 부인하고 있었다. 의과대학 통합 문제를 놓고 씨름하고 있다가 뒤늦게 전면적 통합 방침이 떠오르고 서둘러 추진한 것이 분명했다.

문교부 간부들을 포함한 교육심의회의 인적 구성도 의혹을 부추기는 하나의 요인이었다. 조선교육심의회는 1945년 11월 14일 교육제도와 정책의 심의를 위해 구성된 조직이었다.

> 군정청에서는 조선교육심의회를 조직하였는데 그 제1회위원회가 14일 오후 2시부터 군정청 제1회의실에서 열렸다. 이날 학무국장 락카드 대위의 인사말이 있은 다음 협의로 들어가 아홉 분과위원회를 두고 각 분과회에는 전문적 지도자가 있어 금후에 새로운 조선 교육 건설에 힘쓰기로 되었는데 그 분과회와 위원은 다음과 같다.
>
> 교육이념위원: 안재홍, 정인보, 하경덕, 김활란, 백낙준, 키퍼 대위, 홍정식.
>
> 교육제도위원: 김준연, 김원규, 이훈구, 이인기, 유억겸, 에렛 소령, 오천석.
>
> 교육행정위원: 최두선, 최규동, 현상윤, 이묘묵, 백남훈, 그랜드 대위, 사공환.
>
> 초등교육위원: 이활성, 이규백, 이강원, 이극로, 파라 대위, 이승기, 정석봉.
>
> 중등교육위원: 조동식, 고황경, 송진하, 서원출, 비스코 중위, 이홍

종.

직업교육위원: 장면, 조백현, 정문기, 이규재, 박장렬, 로즈 대위, 이경선.

고등교육위원: 조병옥, 백남운, 유진오, 윤일선, 크로프스 소령, 김성수, 박종홍.

사범교육위원: 장덕수, 장리욱, 김애마, 신기범, 손정규, 파리 대위, 허현.

교과서위원: 조진만, 조윤제, 김성달, 피천득, 황신덕, 월치 중위, 최현배.

(「조선교육심의회, 9개 전문분과위원회 결정, 신교육의 근본 방침 심의」, 『중앙신문』 1945년 11월 16일)

조선인 위원 51명의(위 명단의 53명 중 유억겸 부장과 오천석 차장을 제외한 듯) 수학 배경을 전우용은 이렇게 분석했다.

위원 중 미국 유학생 출신은 10명, 일본에 유학한 사람이 17명, 유럽·중국에 유학한 사람이 2명이었다. 일본 유학 출신자의 반 이상이 도쿄제국대학과 와세다대학을 나왔다. 미국 유학 출신자의 40퍼센트는 컬럼비아대학을 졸업했다. 경성제국대학 출신은 3인이었는데, 그 중 둘은 기독교계 학교인 세브란스의전과 이화여전 교수로 재직 중이었다. 연전과 이화여전, 세브란스의전을 졸업했거나 이들 학교에 재직한 사람은 10명이었다. 일제하 '관립 우위'의 원칙 아래 구축되었던 식민지 교육의 위계는 이 위원회에서 완전히 붕괴되었다. 서울대학과 관립전문학교 교직원, 학생들이 이 심의회에 의혹의 눈길을 보낸 것도 무리가 아니었다. (『현대인의 탄생』, 149~150쪽)

1928년 세브란스의학전문학교.

전우용은 군정청의 문교와 의료 분야 정책 개발과 집행에 세브란스 등 선교 학교 출신들이 중용된 사실을 민감하게 포착한다. 이것은 두 방향의 의미를 가진다. 한쪽으로는 군정 당국자들이 미국 냄새가 조금이라도 나는 집단에 지나치게 의존한 '통역정치' 풍조의 일환으로 볼 수 있는 것이고, 또 한쪽으로는 식민지 시대 학술·교육계의 권위주의 전통에 대한 도전으로 볼 수 있는 것이다(같은 책, 142~166쪽).

'권위주의'는 나쁜 것이라는 통념에 따르면 이에 대한 군정청의 도전이 좋은 정책처럼 보일 수 있다. 그러나 학술과 교육은 '권위'가 필요한 분야다. 기존의 권위를 무너뜨리고 그것을 무엇으로 대치했는지 살펴볼 필요가 있다. 전우용은 자체 질서를 가진 학계와 교육계가 미군정에 순종적인 태도를 취하지 않은 데 문제의 발단이 있다고 본다.

> 군정청은 대학과 전문학교, 중학교와 소학교 교사 인선 과정에 거의 아무런 영향력도 행사하지 못했다. 1945년 겨울과 이듬해 봄, 학생들이 스트라이크로 자신들의 정치적 의사를 표명하기 시작했을 때, 군정청은 새삼스럽게 교수와 교사들의 정치적 성향을 조사했고 각급 학교에 좌익이 '광범위하게' 침투해 있을 뿐 아니라, 일부 학교는 아

1918년 초창기의 연희전문학교.

> 에 '좌익의 소굴'이 되었다는 점을 발견했다. 그들은 사태를 '바로잡으려' 했지만, 이미 자리 잡은 사람들을 쫓아내는 일은 쉽지 않았다. 군정청은 '일제 식민지 잔재의 청산'이라는 대중의 요구를 우군으로 삼아 교육제도 전반을 미국식으로 개편하고 학원 내의 좌익을 제거하려 했다. 믿을 만한 사람들은 주로 미국에서 교육받은 한국인들이었다. 그런데 이들은 일제강점기에 대개 교육계의 '외곽'에 있었다. 교육계와 학계의 '중심'에 있던 한국인들은 이들을 쉽게 용납하려 하지 않았다. 일제하 교육계와 학계에 잠류(潛流)하던 일본계와 미국계의 헤게모니 다툼이 공공연해졌다. (같은 책, 147~148쪽)

국대안이 가장 널리 반발을 불러일으킨 문제는 이사회 제도였다. 교수단이 갖고 있던 운영권을 이사회로('참의원회'라는 이름이었다) 넘기는 방침은 지난 2월에 결정되었던 것인데 이것이 통합될 서울대학에 처음으로 적용되었고, 또 서울대 이사회를 미군과 조선인 3인씩의 군정청 관리들로 구성한다는 방침이 나온 것이었다. 정치적 편향성이 없는 대다수 교수와 학생들도 미군정의 학교 '접수' 정책에 반발하지 않을 수 없었다.

종합대학 설치 방침도, 식민지 시대 권위주의의 척결도 모두 바람직한 정책 방향이었다. 그러나 좋은 방향이라도, 제대로 성과를 내기 위한 충분한 주의와 노력이 따르지 않았기 때문에 오히려 폭넓은 반발을 불러일으켰다. 당시 국대안에 반발한 사람들이 품었던 의혹, 군정청이 소수 친미파를 앞세워 조선의 학술·교육계를 장악하려 한다는 의혹에는 충분한 근거가 있었다.

1946. 7. 15.

전승국도 패전국도 아니었던 조선

소련이 북한에서 공장 시설을 반출하고 있다는 증언이 몇몇 월남민의 입에서 나왔고, 이것이 1946년 3월 미소공위 출발점에서 하나의 걸림돌이 되었다(3월 18일자 일기). 미군 측은 이 의혹의 즉각 확인을 요구했고, 소련군 측은 근거 없는 의혹이라며 자기네 점령 지역의 관리 상황에 대한 개입을 거부했다. 그 후 이북 지역을 시찰한 미국의 배상특사가 7월 15일 기자회견에서 그 의혹이 근거 없는 것이었다는 사실을 확인했다.

> 〔워싱턴 15일발 AP 합동〕 당지에 귀환한 미 대통령 배상특사 에드윈 폴리는 신문기자회견 석상에서 다음과 같이 말하였다.
> "(…) 조선 시찰에서 느낀 바는 철벽같은 38도선이 철폐되어야 한다는 것이었다. 북조선의 소련 점령군은 그들의 가족을 이 지구에 초래하고 있는데 이것만을 보더라도 소련인은 분명히 북조선에 정주하려는 것 같다. 현재 소련인은 북조선 전 공장에서 조선인과 일본인 노동자를 사용하고 있는데 이들에게는 급료를 지불하고 있다 한다. 소련이 만주지구에서는 시설품을 반출하였으나 조선에서는 반출치 아니하였는데 이것은 매우 주목되는 바이다." 이에 대하여 신문기자로

부터 그 이유는 "소련인이 북조선에 영주하려는 의사에서 기인한 것이 아닌가?"라는 질문에 대하여 폴리는 "그 결론은 제군이 추단할 것이다"라고 대답하였다."

(「배상조사위원 폴리, 조선 시찰 소감 피력」, 『동아일보』 1946년 7월 26일)

근거도 없는 의혹이 왜 그렇게 그럴싸하게 떠돌았을까? 직접 원인은 소련군의 만주 지역 공장 시설 반출이었다. 그에 앞서 동부 독일 소련군 점령 지역의 공장 시설 반출이 있었다.

공장 시설 반출의 명분은 전쟁배상이었다. 패전국에 막대한 배상 책임이 부과되었지만 전쟁으로 피폐한 패전국에 현금 배상 능력은 없었고, 공장 시설이 현물 배상의 중요한 대상이었다. 소련뿐만 아니라 영국, 프랑스 등 다른 연합국들도 독일에서 공장 시설을 반출했다. 이 반출을 합리화하기 위해 독일을 농업 사회로 되돌려놓는다는 방침까지 정해졌다(1945년 8월 4일자 일기).

일본 항복 때 연합군사령부의 일반명령 제1호에 따라 한반도 북부와 만주 지역을 점령한 소련군은 만주 지역의 공장 시설을 대거 반출했다. 소련군은 그 지역을 중국 국민당 정부에 반환할 예정이었다. 그런데 그 지역은 일본이 대륙 침략을 위해 군사 시설과 산업 시설을 십여 년간 키워놓은 곳이었다. 미국에 의존하는 장제스(蔣介石, 1887~1975) 정부에 그 시설을 그대로 넘겨주는 것은 소련에 위협이 될 일이었다. 소련군의 만주 지역 공장 시설 반출에는 안보상의 필요도 있었던 것이다.

중국이나 조선이나 일본인이 두고 간 재산을 몰수한 것은 전쟁배상의 의미였다. 일본과 직접 교전이 없었던 조선의 경우에는 배상을 받는 쪽이 아니라 거꾸로 일본과 함께 배상 책임을 지는 쪽이 될 수도 있다는 이야기가 1945년 말 한때 떠돌기도 했다. 미국 배상대사 폴리(Edwin Pauley, 1903~81)는 12월 10일 이 소문을 잠재우기 위해 성명서를 발표했다.

> 맥아더 사령관의 고문으로 일본 배상 문제를 처리하러 유일(留日) 중인 폴리 대사는 조선 내에 있는 일본 재산을 배상에 보충하겠다 하여 큰 충동을 주어 각계에서 이에 대한 반대 성명을 한 바 있었는데 10일 동 대사는 도쿄에서 미국으로 귀국하면서 전언(前言)을 부정하는 다음과 같은 성명을 발표하였다고 군정청에서 발표하였다.
> "12월 7일 일본 배상 문제에 관한 성명서를 발표한 이래 그것이 조선에 여하한 영향을 미치겠느냐에 대하여 질문을 받았다. 배상사절단의 사명은 해방된 국가로부터 물자를 걷어 가려는 것이 아니다. 도리어 나는 이전에 일본이 조선의 물적·인적 자원을 착취하기 위하여 설치한 일본인의 공장과 시설을 독립된 조선 경제를 건설하기 위하여 일본에 유리하게 수출할 방침을 세워야겠다는 것을 트루먼 대통령에게 진언할 작정이다. 그리고 남북조선을 미·소가 점령한 것은 잠정적이다. 연합국의 정책에 의하여 전 조선은 결국 단일체의 국가로 취급될 것이다. 그러므로 어떤 특권 단체의 이익을 위함이 아니오 전 조선 국민의 전체적 이익을 위하는 의미에서 조선에 대한 배상으로서 일본 본토에 있는 시설을 조선에 전출하게 할 터인데 그 수송 할당 문제는 조선을 단일체 국가로 볼 수 있게 될 때까지 연기하는 것이 양책이라고 생각하고 있다."
>
> (「폴리, 조선 관계 배상 문제에 관한 성명 발표」, 『자유신문』 1945년 12월 11일)

중국의 배상 요구권은 조선과 달리 분명했다. 1945년 10월 29일자

『자유신문』에 전쟁배상에 대한 중국 정부의 분위기를 보여주는 기사가 하나 있었다.

● 중국 최고 국방 회의서 결정한 대일 배상 계획 내용

〔충칭 26일 중앙사발 동맹〕 중국 국방 최고 회의 비서처에서는 일본에서 15년간 매년 56톤의 금괴를 연합국에 지불할 조항을 포함한 6개 조의 배상 계획안을 제출하였는데 배상안 내용은 다음과 같다.

1. 일본은 연합국에 지불하기 위하여 금후 15년간 연간 56톤의 금을 산출하라. 일본은 일본의 국립·사립 은행의 준비금, 외국위체(外國爲替) 및 외국에서 약탈한 금을 인도하라.

2. 금광업 건설을 연합국에 인도하라. 일본은 금후 15년간 동, 연, 아연, 알루미늄 및 유황을 포함한 금광업의 생산을 정지하라.

3. 일본은 양호한 상태에 있는 전 공업을 즉시 연합국에 인도하라.

4. 금후 15년간 일본은 석탄 생산액의 8할을 인도하라.

5. 일본은 100톤 이상의 모든 선박을 연합국에 인도할 것. 또 모든 대형 기범선, 내연기관 부 어선, 기타의 선박을 인도하라. 일본의 전 통신 시설 인도를 요구한다.

6. 일본은 목재 생산액을 배가시켜 그 5할을 연합국에 인도하라. 일본 정부는 20만 인으로 된 봉사대를 조직하여 연합국에 제공하라.

그리고 비서처에서는 일본의 연합국에 대하여 지불할 배상의 처분에 관하여서는 중국이 우선권의 부여를 받아야 할 것이라는 의견을 표시하였는데, 그 이유로 중국은 다른 연합국보다 오랫동안 싸웠으며 또 더 많은 손해를 입었을 뿐 아니라 연합국의 주요 국가 중 중국이 공업 방면에서 제일 뒤떨어지기 때문이라고 부언하였다.

아무리 일본 놈들이 나쁜 짓을 많이 했더라도 이건 좀 심하다는 느낌이 든다. 모든 생산 시설을 다 내놓고 나서 해마다 금 56톤은 무슨 재주로 생산하란 말인가? 현실적인 기준 없이 피해 의식과 적개심만으로 빚어낸 요구다. 명색이 4대 연합국의(프랑스까지 넣으면 5대 연합국) 일원이라지만 중국 국민당 정부는 전후 세계 질서를 이끌어간다는 책임감을 별로 느끼지 못하고 있었던 것 같다.

유사 이래, 아니, 문명 발생 이전부터 약탈은 모든 투쟁과 전쟁의 중요한 동기였다. 국가의 제도화와 그에 따른 전쟁의 제도화로 약탈도 제도화의 길을 걸은 결과가 '배상'이었다. 승리자가 패배자의 소유물을 빼앗아오는 데 그치지 않고 패배자의 잠재적 생산력까지 예속시키는 정교한 방법이 '배상'의 이름으로 발전해왔다.

약탈의 의미를 가진 전쟁배상 제도는 제1차 세계대전 때까지 이어졌다. 그런데 산업화 시대 전쟁의 파괴력이 엄청나게 커지면서 패배자의 모든 것을 빼앗아도 저질러진 파괴를 보상할 수 없는 지경에 이르렀다. 1919년 베르사유 조약■에서 독일은 영국, 프랑스, 러시아 3국에 1,320억 마르크의 배상금을 약속했다. 이 비현실적 수준의 배상금이 독일에서 바이마르공화국의 몰락과 나치의 득세를 가져온 것이라고 많은 사람들이 인정한다. 케인스(John M. Keynes, 1883~1946)는 대공황의 주요 원인의 하나로 이 배상금을 꼽기도 했다.

제2차 세계대전이 끝났을 때 연합국 일각에서는 과도한 배상금이 독일과 세계 경제의 불안을 가져왔던 경험을 의식하며 배상 요구를 절제하려는 노력이 있었다. 그러나 실제 결정은 분노와 복수욕이 넘치는

■ 1919년 6월, 베르사유 궁전에서 제1차 세계대전의 전후 처리를 위하여 연합국과 독일이 맺은 평화 조약. 파리강화회의 중에 이루어진 이 조약은 국제연맹의 탄생과 독일 제재를 규정하는 독일의 영토 축소, 군비 제한, 배상 의무, 해외 식민지의 포기 따위의 조항을 담고 있다.

1919년 6월 28일 베르사유 궁전 거울의 방에서 체결된 평화 조약 조인식을 담은 영국 화가 윌리엄 오펜의 작품.

분위기에 지배당했다. 이 분위기를 되돌린 것이 냉전이었다. 미국과 소련의 경쟁이 현실을 지배하게 되면서 '자기편' 패전국에 대한 태도가 완화되었다.

1953년 런던에서 체결된 독일 대외부채 협약도 그런 완화 조치의 하나였다. 제1차 세계대전 배상금까지 포함한 독일의 배상금을 대폭 줄여주고 장기간 분할 상환의 길을 열어준 것이었다. 이 협약에 따른 독일의 배상금 지불은 2010년 10월 3일에 끝났다고 한다.

대형 전쟁배상의 최근 사례로 1990~1991년의 걸프전쟁을 들 수 있다. 이라크의 쿠웨이트 침공에 대한 배상 요구는 3,500억 달러에 달했고, 이 문제를 처리하기 위해 유엔에 보상위원회(UNCC, United Nations Compensation Commission)가 설치되었다. 이라크 석유 수입의 30퍼센트를 배상에 충당하는 등 지불 방안을 마련했지만, 2010년 7월까지 지불된 배상금은 184억 달러로 전 요구액의 5.3퍼센트에 불과하다(『위키피디아』, 'War Reparations' 참조).

근대 세계에서 전쟁이 많아진 이유가 전쟁이 '수지맞는 사업'이 된 데 있었다고 설명한 일이 있다.

> 18세기까지 전쟁은 그리 수지맞는 사업이 아니었다. 근세 잉글랜드 경우를 보면 웬만한 전쟁에 경상수지보다 더 큰 비용이 들었고, 전리품을 충분히 얻을 만한 확실한 승리를 거두지 못하면 정권이 위기에 처하곤 했다. 전쟁 비용을 귀족 영주들에게 빌렸다가 왕의 직할지를 떼어서 갚는 일이 다반사였다. 17세기부터 귀족 영주들 대신 상업 자본가가 전쟁 비용 담당의 역할을 넘겨받기 시작했다.
>
> 1756~1763년의 7년 전쟁에 투자한 잉글랜드 자본가들은 엄청난 배당으로 거부가 되기도 했다. 그러나 이겼을 경우의 이득이 졌을 경우의 손해보다 그리 크지 않았다. 당사자 모두를 놓고 보면 제로섬이나 마이너스섬 게임이었던 셈이다. 그런데 19세기 들어와서는 차츰 플러스섬 게임의 양상이 나타났다. 이길 때의 이득이 질 때의 손해보다 훨씬 큰 경우가 많아진 것이다.
>
> 군사적 케인스주의가 타당하게 적용된 것으로 볼 수 있는 일이다. 대량생산기술이 급속도로 발달하고 있는 상황이었는데, 이것은 자원 활용도가 낮은 상태에서 소비 촉진으로 경제 활성화의 길을 여는 케인스주의 정책 노선이 효과를 가지는 것과 같은 상황이었다. 전쟁 수행을 위한 소비와 파괴 복구를 위한 수요가 생산력 증대를 촉구했고, 그에 따른 기술 발전으로 생산비 자체를 대폭 줄일 수 있었기 때문이다. (김기협, 『망국의 역사, 조선을 읽다』, 돌베개 2010, 287쪽)

19~20세기에 전쟁이 수지맞는 사업이 된 까닭은 산업혁명으로 인해 자원 공급이 폭발적으로 늘어나는 상황이었기 때문이다. 그런 상황에서 큰 전쟁을 자주 유발하는 '원교근공책'이 선호되는 경향을 이렇게 설명한 일이 있다.

> 기원전 3세기의 중국, 그리고 19~20세기의 세계에서 원교근공책이 위세를 떨친 데는 어떤 조건이 작용한 것이었을까? 플러스섬 게임의 상황이었다는 공통점을 우선 들 수 있다. 새로운 기술 체계가 광대한 영역으로 퍼져 나가는 단계였기 때문에 자원 공급이 무제한으로 보일 만큼 순조롭게 늘어나고 있었다. 늘어나는 자원의 적정한 소비를 위해서도 장기간의 대규모 전쟁이나 군비 확장이 바람직한 상황이었다. 원교근공의 세상은 매우 역동적이면서 위험한 세상이었다. 전체 시스템을 기준으로 보면 원교근공은 불합리하고 낭비가 많은 정책이다. 가까운 상대와의 싸움은 전면적이고 지속적인 것이 되기 쉽다. 팽창 중인 세계가 아니라면 비용을 감당할 수 없는 정책이다. (김기협, 『밖에서 본 한국사』, 돌베개 2008, 328~329쪽)

산업혁명 이래 자원 공급이 급격히 늘어나던 대호황기는 20세기 들어와 차츰 가라앉기 시작했다. 이제 전쟁은 결코 수지맞는 장사가 아니라는 사실이 제1차 세계대전에서 걸프전쟁에 이르기까지 거듭 확인되어왔다. 불과 몇 달에 걸친 걸프전쟁의 배상액이 이라크 같은 석유부국이 감당할 수 없을 정도다. 더구나 이 배상액은 이라크 자신이 입은 피해를 넣지 않은 것인데도.

전쟁배상의 규모가 비현실적으로 커지면서 배상의 우선권 문제가 두드러지게 되었다. 걸프전쟁 경우 UNCC가 개인의 배상 요구에 국가와 법인보다 우선권을 준다는 원칙을 세웠다. 만주에 있던 일본인 재산에 대해서는 소련과 중국의 우선권 주장이 서로 부딪쳤다. 일본 항복 전의 만주국 영역에 대해서는 중국의 절대적 우선권을 인정할 수 없다는 입장에서 소련은 만주의 시설을 서둘러 반출했던 것이다.

해방된 조선이 패전국(의 일부)으로서 전쟁 책임을 추궁당하지 않은 것은 천만다행한 일이다. 제2차 세계대전 종결 시점에서 승리자의 패배자에 대한 태도는 가혹했다. 비록 전쟁에 참가해서 당당한 전과를 거두지 못했고, 그로 말미암아 외세에 억눌리는 연약한 입장에 빠지기는 했지만, 전쟁 책임까지 뒤집어쓰지 않은 것은 정말 다행이었다.

'내선일체'를 외치며 전쟁 노력에 모든 것을 바치자고 악쓰던 친일파가 소수에 그쳤던 덕분이다. 친일파 중에서도 이런 '전범(戰犯)형' 친일파에게 비판을 집중할 필요를 느낀다.

1946. 7. 18.

여운형 습격, 역시 극우의 소행이었다

7월 17일 밤 여운형이 테러 습격을 받았다. 9시 반경 신당동 버치 중위 집에서 합작위원 몇 사람의 모임이 끝난 뒤 입원 중인 김규식에게 보내는 편지를 맡기기 위해 김규식의 아들 김진동의 집으로 가는 길이었다. 김진동의 집은 버치의 집에서 40미터 거리였다고 한다.

권총을 든 몇 명의 괴한이 여운형을 붙잡아 부근의 산골짜기로 끌고 가서 백지에 서명을 요구한 다음 서명을 받자 다시 더 깊은 산속으로 끌고 올라가 죽이려 했다고 한다. 여운형은 순간적으로 괴한들을 뿌리치고 높은 산비탈을 굴러 내렸다가 찾아 나온 측근들에게 발견되어 목숨을 건졌다고 한다. 『서울신문』 기자가 며칠 후 여운형과 나눈 문답에 백남운의 논평을 붙인 기사를 내보냈다.

> 17일 불의의 봉변을 당한 여운형은 시내 모처에서 가료 중인데, 기자는 20일 오후 2시 그를 병상으로 방문하여 다음과 같은 문답을 하였다.
>
> (문) 경과는 좀 어떠한지요?
>
> (답) 잠을 자지 못하고 음식을 먹지 못하여 곤란할 뿐 대단치 않다.
>
> (문) 사건 발생 당시의 경위를 간단히 말씀하여주셨으면?

(답) 김진동 씨 집에 가는 도로 상에서 키가 큰 청년이 다정스러운 어조로 나를 부르더니 악수를 청하였다. 그래서 악수를 하니 손을 잡으며 피스톨을 겨누고 옆에서 다시 두 사람이 나타나 피스톨로 위협하며 산골짜기로 끌고 가서 "수차 경고를 하였는데 왜 이러는 것이요? 여기다 서명을 하시오" 하고 존칭을 쓰며 매우 침착한 어조로 한 청년이 말하였다. 그래서 나는 그것은 무엇이냐고 물었더니 "자기의 죄악을 인정하고 국가 민족에 죄를 많이 범했으니 앞으로 다시 정계에 나오지 않겠다는 것을 당신 스스로 맹서하는 것이요"라고 하매 나는 불가불 우선 서명하지 않을 수 없었다. 이러자 다시 눈을 가린 채 상당히 먼 거리를 끌고 어느 지점에 이르더니 세 청년이 돌연 나의 허리를 껴안고 나의 가죽 혁대를 풀어서 양쪽 다리를 둘러매기 시작하며 다시 노끈으로 목을 졸라 매기 시작하였다.

이때 나는 위급함을 느끼고 전력을 써서 반항하던 중 바로 머지않은 곳에 전등불이 희미하게 켜 있는 것을 발견하고는 더욱 힘과 용기를 얻어서 최후의 힘을 다하여 반항한 끝에 산비탈로 굴러 떨어지게 된 것이다.

(문) 이번 조난 사건으로 말미암아 앞으로 좌우합작 운동에 미치는 영향은?

(답) 이번 사건은 좌우합작을 방해코자 한 계획적 행동인 것은 틀림이 없으나 이는 어디까지라도 나 개인이 당한 일이니 이로써 민족 통일 운동이 방해될 리도 없으며 방해되지도 않을 것이며 앞으로 좌우합작 공작은 그대로 추진해야 될 줄로 생각한다.

(문) 이번 사건을 어떻게 보십니까?

(답) 어느 방면 혹은 어느 측에서 한 것이라고 의심하고 싶지 않다. 건국 공작이 시급한 이때 이와 같은 일은 도움보다 해밖에 없을 것이

니 앞으로는 없기 바란다. 경찰 혹은 미군에서도 나 개인의 보호나 이번 사건의 범인 체포에 노력하는 것보다 이와 같은 테러를 전반적으로 박멸시켜서 사회가 명랑하도록 하여 주기 바란다. 그런데 오늘 아침 여섯 시경 우리 집(계동)에 어떤 청년이 자전거를 타고 와서 다시 협박장을 던지고 갔는데 그 내용은 "만약 또 출두하면 다시 용서치 못하겠다. 더욱 앞으로는 너의 가족까지도 해치겠다"는 것이었으나 이런 것은 염두에 두지 않고 초지대로 나갈 것이다.

신민당 남조선 중앙위원회 백남운은 20일 출입 기자단과 회견하고 좌우합작 문제에 언급하여 다음과 같은 요지의 말을 하였다.
"좌우합작은 여 씨 피침 문제로 인하여 진전이 일시 중단되지 않나 하는 의혹이 있는 것 같은데 이 합작 문제는 중단되어서는 안 될 문제이며 일층 더 노력하여 좋은 성과가 있도록 힘써야 할 것이다. 지난 19일 한민당 선전부에서는 막부삼상회의 결정 지지 연합국 원조를 아직까지 반대하며 민전 측 제 정당의 성의 있는 노력으로 좌우합작이 진전을 보게 된 것을 실제로 목도하고 있음에도 좌익 측이 합작을 방해하여 성의가 없다는 등 사실을 왜곡하여 선전함은 그 의도가 어디에 있는지 의심치 않을 수 없다. 그리고 나로서는 좌우합작에 대해서 이때까지 우익에 대한 인식을 금반 여 씨 조난 사건을 계기로 하여 수정할 필요를 스스로 느끼는 바이다."

(「인민당의 여운형과 신민당의 백남운, 좌우합작에 초지 관철 다짐」,
『서울신문』 1946년 7월 21일)

이 습격은 극우 아니면 극좌의 소행일 것이다. 그때까지 여운형에 대한 흑색선전도 그 두 방면에서 나온 것이기 때문이다.

백남운이 논평 끝에 "우익에 대한 인식을 수정할 필요"를 느낀다 한 것은 극우의 소행으로 본다는 것이었다. 한민당이 좌우합작에 부정적인 태도라는 점을 그 앞에 말하기는 했지만, 한민당 쪽을 의심할 근거는 그밖에도 이런저런 것이 있었을 것이다. 그 근거가 충분한 것이었는지를 검증할 수는 없지만, 적어도 그가 좌익 입장에서 우익에게 뒤집어씌우려고 마음에 없는 소리를 한 것이 아님은 믿을 수 있다. 그는 정파적 입장에 가장 얽매이지 않은 정치가의 하나였으니까.

7월 19일 경기도 경찰부장 장택상의 논평은 백남운만이 아니라 당시 많은 사람들에게 이 사건이 경찰과 통하는 세력의 소행이라는 인상을 주었을 것 같다.

> 여운형에 대한 테러 사건에 대하여 장 경기도 경찰부장은 다음과 같이 말하였다.
> "여운형씨 불의의 봉변 사건은 식자로 하여금 통탄을 금치 못하게 한다. 아직 아무런 정식 보고가 없으니 자세히는 알 수 없으나 확실하다면 경찰은 전력을 들여 그런 무뢰한을 여지없이 포착하여 일반의 불안한 공기를 일소하겠다. 아무리 교묘한 무뢰배라 하여도 경찰의 수사망을 피하기 어려울 줄 믿는다."
>
> (「제1관구 경찰청장 장택상, 여운형 피습범 체포에 최선 다짐」, 『서울신문』 1946년 7월 19일)

체포하겠다고 큰소리는 치는데, 수요일의 사건 '정식 보고'가 금요일까지 없다니 어떻게 된 일인가. 시내 한복판에서 벌어진 주요 정치인의 테러 사건 '정식 보고'가 이틀 후까지 없었을 리가 없다. 장택상이 보지 않았을 뿐일 것이다. '비공식 보고'를 받기 바빠서.

7월 25일에 독촉국민회 회장 이시영(李始榮, 1869~1953)이 민전 간부들을 경찰에 고발했다. 아마 무고죄 고발이었던 것 같다.

> 이시영은 25일 민전의장 장건상, 이강국 등 6명을 상대로 종로서에 고발한 일이 있어 다난한 정계에 화제를 던지고 있다. 그 이유는 19일 민전 의장단에서는 인민당수 여운형 피습 사건에 대하여 하지 중장을 방문하고 진정한 일이 있었는데 그중 대한독립촉성국민회를 테러의 근거로 지적하고 해산을 요구한 일이 있었다. 이에 대하여 독립촉성국민회장 이시영은 25일 민전 의장 장건상과 민전 사무국장 이강국 외 5명과 시내 모 신문사 편집국장을 상대로 하여 시내 종로서에 고소장을 제기하여 그들의 모략과 부당성을 법에 비추어 해결을 구한 것으로 귀추가 주목된다.
>
> (「독촉국민회 회장 이시영, 여운형 피습과 관련 민전 간부들 고소」, 『동아일보』 1946년 7월 27일)

7월 19일 군정청에 대한 민전 의장단의 요구는 『자유신문』 7월 20일자에 보도되었다.

> 민전에서는 그 의장 여운형 씨의 조난에 대하여 그 대책을 강구하고자 18일 오후 긴급 의장단 회의를 소집하고 장시간에 걸쳐 토의하였는데 여운형 씨 조난이 우연한 폭행이 아니요, 민족 통일과 좌우합작을 방해하려는 조직적이며 계획적인 소행인 점은 각지에서 발뒤꿈치를 따라 일어나는 '테러'와 관련하여 가볍게 볼 문제가 아니라 하여 이 문제의 중대성에 비추어 의장단에서는 허헌, 김원봉, 백남운, 유영준, 장건상, 이여성, 제씨가 19일 하지 장군과 러치 소장을 방문하

고 다음과 같은 요구 조건을 제출하였는데 그 내용은 다음과 같다.

1. 이러한 불상 사건이 속출하는 것은 치안에 당하는 경찰이 편당적이어서 무력한 까닭이다. 우리는 경찰의 공정과 민주주의화를 부르짖는 동시에 그 최고 책임자인 조병옥 경무부장, 최능진 수사과장, 장택상 경찰부장, 3씨의 인책 파면을 요망한다.

2. 광범하게, 그리고 조직적으로 행하여지는 테러는 고식적 수단으로 거절할 수 없는 것이니 그 근원을 발본색원하지 않으면 안 된다. 그러므로 각종의 테러 단체를 해산할 것은 물론이거니와 그 총 책원지인 (…)회를 해산하지 않으면 안 된다.

3. 우리 민주주의민족전선 및 그 산하 제 단체는 이러한 현실에 있어서 어디까지나 그 폭행 파괴에 감내할 수 없으므로 자위 대책을 수립하지 않으면 안 된다.

(「치안 당국의 책임 추구: 민전 의장단에서 하지 중장, 러치 장관에 요청」, 『자유신문』 1946년 7월 20일)

요구의 제2항에 "(…)회"란 표시가 눈에 띈다. 독촉국민회에 고발당한 신문은 그런 편법을 쓰지 않고 "대한독립촉성국민회" 이름을 당당하게 올려줬던 모양이다. 『해방일보』는 벌써 문 닫았으니, 『조선인민보』였을까?

1년 전 『해방일기』 작업을 시작할 때 나는 해방공간 안에 좌익의 폭력과 우익의 폭력이 대등하게 얽혀 있었으리라 생각하고 있었다. 그동안 그 생각이 바뀌었다. 해방 후 1년 동안 좌익의 폭력은 수동적인 성격을 띠고 있었다.

우익 폭력의 근거는 자금력이었고, 좌익 폭력의 근거는 조직력이었다. 그런데 조직력은 자금력처럼 맹목적일 수 없는 것이었다. 박헌영

박헌영과 여운형. 좌우합작 문제는 박헌영이 이남 좌익의 헤게모니 경쟁자로 여긴 여운형과의 관계를 더욱 불편하게 했다.

일당은 분명히 좌익 활동을 폭력적 방향으로 끌고 가려는 경향이 있었고, 그래서 그들을 나는 극좌로 본다. 그런데 그들의 영향력에는 한계가 있었다.

1946년 1월 국군준비대와 학병동맹이 경찰과 군정청의 탄압을 받았다. 그들을 좌익 단체로 흔히 설명하는데, 나는 이에 동의할 수 없다. 두 조직에 좌익 요소가 약간 강했다 하더라도 극우 폭력에 대항하는 활동에서 자연스럽게 일어난 현상이었을 뿐이다. 두 단체는 중도적 이념에 입각해 자발적 참여를 끌어 모은 것이므로 돈으로 동원한 우익 폭력 단체처럼 정략적 폭력 활동을 구성원들에게 강요하는 힘이 없었다.

여운형 습격이 극좌의 소행일 가능성을 조금이나마 생각하는 것은 여운형과 박헌영 사이의 불편한 관계 때문이다. 7월 4일자 일기에서 『비록 조선민주주의인민공화국』에 수록된 전 북한 고위 관리 서용규의 증언을 인용해 그 관계를 밝힌 바 있다. 같은 책 248~249쪽에 그 관계를 더 구체적으로 보여주는 증언이 실려 있다.

> 역시 미군정의 공작을 둘러싼 일입니다. 박헌영은 "미군정이 자신과 여운형의 사이를 떼어놓으려는 움직임을 시작하고 있다는 정보를 입

수했다"고 말했습니다. 내용은 이랬습니다. "미군정이 적당한 방법으로 몽양이 아베 총독과 밀약을 했다는 사실을 폭로하여 몽양을 정치적으로 매장시키고 이를 박헌영이 한 짓으로 꾸민다는 것"이었지요.

박헌영은 이를 여운형과의 사이를 나쁘게 하려는 미군정의 정치적 음모라고 봤습니다. 자신과 여운형을 갈등 관계에 빠뜨려 공산당과 인민당을 분리시키고 종국적으로 좌익 세력 결집체인 민주주의민족전선을 와해시켜 여운형을 미군정 쪽으로 끌어당기려 한다고 분석했습니다.

박헌영은 미군정이 여운형에게 귀띔을 하기 전에 이 같은 정보를 사람을 놓아 여운형에게 전했습니다. 메시지 내용은 "미군정이 적당한 방법으로 일제 때 아베 총독과 당신이 조선을 팔아먹기 위한 밀약을 했다고 공산당이 폭로한 것으로 만들어 당신을 모해하고 정치적으로 매장시키려 한다는 정보가 있다. 아마도 미군정이 우리와 당신을 갈라놓기 위해 수작을 하는 것 같으니 부디 오해가 없었으면 좋겠다"는 것이었습니다.

이 메시지가 여운형에 전달된 뒤에 미군정이 여운형에게 "공산당이 당신의 비행을 폭로하고 다닌다"는 귀띔을 한 모양입니다. 그렇지만 이미 그런 정보를 알고 있던 여운형은 전혀 개의치 않았다고 합니다.

대단히 복잡한 책략인데, 서용규의 증언은 박헌영 자신의 말을 그대로 인용한 것이다. 전반적인 상황을 놓고 볼 때, 미군정은 이런 얕은꾀를 쓸 필요가 없는 입장이었다. 강한 힘을 가진 쪽에서 왜 힘 싸움 대신 꾀 싸움을 하겠다고 나서겠는가? 여운형에게 흑색선전을 해온 박헌영이 그 책임을 모면하기 위해 미군정 쪽에 책임을 미루려고 둘러댄 이야기 같다.

이런 이야기를 박헌영이 꺼낸 것은 김일성을 위시한 이북 지도자들이 여운형의 좌우합작 지지를 표명했기 때문이었다. 박헌영은 김일성과 여운형을 이간시키려 애썼지만 김일성은 사람을 보내 여운형과 접촉하고 있었다. 명목상 조선공산당 총비서지만 실력에서 북조선공산당 책임자 김일성에게 밀리고 있던 박헌영이 여운형에 대한 자신의 적대 행위를 변명하기 위해 미군정을 끌어댄 것으로 보인다.

박헌영이 이남 좌익의 헤게모니 경쟁자로 여긴 여운형을 이 시점에서 습격한다는 것은 있을 수 없는 일로 보인다. 여운형에 대한 적대 행위가 이북 실력자들에게 비판의 대상이 되어 있는 판에 그런 모험은 그의 모험주의 노선에도 들어갈 수 없었을 것이다. 설령 그런 의도가 있었더라도 이북 실력자들의 눈까지 속이면서 테러에 동원할 인력이 없었을 것이다.

1947. 7. 19.

3상회의 결정 '총체적 지지'의 의미는?

1946년 2월 말 미 국무부로부터 육군부를 통해 맥아더 사령부로 보낸 정책 지침이 몇 달 후 미군정의 좌우합작 지원의 출발점이 된 것으로 서중석은 중시한다.

> 이 워싱턴으로부터의 특별 충고는 미군정이 "김구 일파와도 연결되지 않았으면서 소련의 조종을 받는 세력과도 연결되지 않은 그러한 지도자들을 남한에서 물색해내기 위해 모든 노력을 경주하여야 한다"라고 권고하였다. 그리하여 새로운 지도자들이 루스벨트의 4대 자유를 강조하고, 근본적인 토지 및 재정의 개혁을 강조하는 내용의 진보적인 강령을 만들어내야 한다고 제안하였다. 그래서 공산주의 강령만이 가장 희망을 주고 있다고 믿는 군중을 끌어내야 한다는 것이었다.
>
> 이 메시지는 김구 그룹의 망명자로서의 배경과 그들이 명백히 중국 국민당의 지지를 받고 있다는 사실 때문에, 그리고 국무성이 수년 동안 이승만과 접촉했을 때 가졌던 불만스러운 경험 때문에, 김구 및 이승만 일파에 대해 결코 어떠한 호의도 표시해서는 안 된다고 충고하였다. 이 특별 충고는 당시에는 받아들여지지 않았으나, 미소공동

위원회 개막 직전 이승만은 민주의원 의장직을 물러나야 했다. (『한국현대민족운동연구』, 394~395쪽)

1946년 6월 6일 국무부 차관보(점령지구 담당) 힐드링이 육군성으로 보낸 정책 각서 역시 위 정책 지침의 연장선 위에 있는 것으로 서중석은 보고 그 일부를 인용하면서 "한마디로 미군정은 극우 세력을 지지한 정책을 거두고 중간노선의 정치인을 중심으로 정치적 자문 회의를 구성하라는 것"이었다는 논평을 붙였다.

한국에 자치 독립 정부의 수립, 유엔 가입, 경제 건설, 교육의 강화는 미국의 기본적 대한 정책이다. 한편 당면한 정책으로는 소련과의 협상에서 미국이 유리한 입장을 강화하기 위해서 미국 정책에 대한 한국인의 적극적인 지지 기반을 강화하는 데 있다.
그러기 위해서 미군정은 부득이 해방 후 귀국한 정치 지도자들의 자발적인 정계 은퇴를 유도하고, 가급적 일본 통치 기간 중 한국에 남아 있던 사람 가운데 새로운 지도자를 선택하도록 해야 한다. 만약 한국 정계에 태풍의 눈이며, 말썽의 근원인 몇몇 정객들을 임시로 정계에서 은퇴케 한다면, 미·소 간에 원만한 합의를 모색하는 것은 물론, 남한 안의 각 정치 세력을 매우 고무하게 될 것이다. 그들이 정계에 남아 있다는 것은 소련과의 합의를 점점 어렵게 할 것이며, 소련이 반소적인 그들을 모스크바 결의에 따른 임시정부에 참여하지 않도록 하려는 것은 일리가 있다. (『한국현대민족운동연구』, 395~396쪽에서 재인용)

2월 말의 정책 지침도, 6월 초 힐드링의 정책 각서도 국무부 쪽에서 나온 것이었다. 미국 정계 분위기가 국제주의에서 국가주의 쪽으로 옮겨가는 과정 중에도 국무부에는 국제주의 노선이 관성을 갖고 있었음을 이 문서들은 보여준다. 소련의 비토 대상인 극우파를 퇴진시키는 좌우합작 지원 정책은 국제주의 노선이 뒷받침해준 것이다.

정책 지침이나 정책 각서 형태로 나타나던 국제주의 노선이 1946년 중반 시점에서 조선의 미군정 정책을 결정하는 강한 구속력을 갖고 있지는 않았을 것으로 생각된다. 하지를 비롯한 담당자들이 지난 연말의 격렬한 반탁운동 이래 극우파의 움직임을 지켜보면서 그 지도력과 군정의 협력 전망에 한계를 느끼고 대안으로서 좌우합작 카드를 꺼내 본 것이라고 이해된다.

1946년 여름 이후의 좌우합작 노력에 대한 미군정의 태도는 기본적으로 국제주의 노선에 입각한 것이었으나 국가주의 요소도 섞여 있었다. 공산당에 대한 극단적 탄압과 입법기관 설치 의도가 그 대표적인 예다.

정판사사건은 앞으로 재판 진행을 따라가며 더 살펴보겠지만, 설령 전면적인 조작이 아니더라도 심한 침소봉대(針小棒大)였다는 인상이 우선 든다. 경찰보다도 군정청이 더 앞장섰다는 사실에서 공산당 탄압의 정치적 의도가 분명히 드러나는 일이다.

좌우합작을 지원한다면서 공산당에 대해 이런 탄압을 했다는 것이 좌익의 분화에 목적을 둔 것이었다고 흔히 해석하는데, 원론적 의미의 좌우합작에는 맞지 않는 일이었다. 안정성 있는 좌우합작을 이루기 위해서는 좌익의 분화가 자연스럽게 이뤄질 기회를 줘야 했다. 미군정은 어쩔 수 없는 대안으로 좌우합작을 지원하면서도 반공을 위한 정치 공작의 자세를 거둘 수 없었던 것이다.

7월 1일자 일기에서 미군정의 입법기관 설치 의도를 언급했다. 그때

인용했던 하지의 7월 9일자 성명서(『동아일보』 7월 10일자에 게재) 내용 일부를 다시 옮겨놓는다.

> 나는 러치 장군이 제의한 조선 미군 점령 지대에 입법기관을 설치하자는 안을 많은 관심을 가지고 받았다. 나는 군정장관과 차안(此案)에 관하여 토의하였는데 우리는 이 제안이 조선인을 위한 자주독립 조선의 장래에 진심으로 관심을 가지고 있는 남조선 주민과 각 정당의 진정한 통일을 기할 수 있다는 조건하에서 남조선 주민의 복리를 위한 것이라는 점에 동의하는 바이다.
>
> 모스크바협정에 따라 조선에 임시정부가 수립될 때까지 남조선에 대한 최고의 권력과 최고의 책임을 가지고 있는 것은 나의 합법적 의무인 한 나는 이 제안이 조선인의 복리를 위한 것이며 또 입법기관을 설치할 1계단이라고 확신하는 바이다. 기관은 남조선 단독정부 수립의 1계단이라고 보지도 않을 것이며 또 볼 수도 없다.

입법기관 설치를 좌우합작의 목적으로 명언하지는 않았다. 그러나 시기적으로 보아 그 관계는 명백한 것이었다. 좌익뿐 아니라 중간파에서도 입법기관 설치와 좌우합작 사이에 직접 관계가 없어야 한다는 견해가 쏟아져 나왔다.

입법기관이건 뭐건 정치기구를 현실적 필요를 넘어 만든다는 데는 분단 고착의 위험이 있기 때문에 통일을 바라는 세력에서는 모두 경계심을 품은 것이었다. 미군정은 모스크바 3상회의 이전부터 소련과의 교섭에 유리한 위치를 확보하기 위해 조선 전체, 또는 남반부를 포괄하는 정치기구를 자기네 영향 아래 만들려고 거듭거듭 시도했다. 그 시도가 극우 세력 육성의 방향으로 나타났기 때문에 더욱 불신의 대상이 된 것이었다.

하지의 위 성명서에서 입법기관 설치가 러치 군정장관의 제안이라는 사실을 명시한 점이 눈길을 끈다. 서중석은 러치가 미군정에서도 극우파를 대표하는 인물로서 버치 중위의 활동을 못마땅하게 여긴 것 같다고 했다(『한국현대민족운동연구』, 397~398쪽). 버치는 입법기관 설치를 앞세우는 데 반대하고 있었고, 하지는 러치와 버치의 주장 중 어느 쪽이 옳은지 확신이 없었던 것이 아닐까 짐작된다. 원세훈이 합작 논의 시작을 처음 공개한 5월 28일 러치가 성명서를 낸 데도 좌우합작을 견제하는 의미가 있었던 것 같다.

> "내가 들은 바에 의하면 어떠한 정치적 회합이 불일간 개최되리라고 하는데, 나는 이 회합에 모이는 각 단체가 이와 같은 회합에서 비법적 성명을 하거나 또는 그와 같은 성명으로 인하여 일어나는 모든 혼란에 대하여 절대적 책임을 져야 할 것을 거듭 경고하는 바이다."
>
> (「러치, 모종의 정치적 회합이 개최된다는 소문에 대해 경고 성명」, 『서울신문』 1946년 5월 29일)

입법기관 문제보다도 더 예민한 것이 역시 신탁통치 문제였다. 공산당에서는 미소공위 협의 대상 신청 때와 같이 좌우합작에 참여하기 위해서도 3상회의 결정 지지를 전제 조건으로 해야 한다고 주장했다. 한민당은 7월 19일 담화문으로 이를 비판했다.

> "좌우합작 문제에 관하여 조공에서 삼상회의 결정 총체적 지지를 원칙의 하나로 세우고 개인적 의사라고는 하나 인민당·신민당에서도 조공 제언을 지지한다고 발표하였는데, 이것은 합작할 의도가 없다

는 것을 표명한 것과 마찬가지다. 민족진영에서 탁치 반대를 주장해 온 것은 지금 새삼스러이 번복하자는 것도 아니요, 오직 좌우합작에 대한 타협점을 발견하기에 노력할 뿐인데 좌익에서 이것을 내세우고 대중으로 하여금 우익에서 이것을 찬성하고 합작하려는 것처럼 인상을 주는 선전을 하는 것은 합작을 방해하며 합작에 성의가 없는 것이다. 신중한 태도를 바란다."

(「한민당, 좌우합작과 생필품 통제 문제 등에 대해 담화 발표」 중에서,
『동아일보』 1946년 7월 20일)

3상회의 결정에 대한 '총체적 지지'라는 말은 7월 10일 공산당 중앙위원 이주하의 기자회견에서 나온 말이다. '테러 중지', '친일파·파시스트 배제'와 함께 좌우합작의 '3대 원칙'이라고 했다(『서울신문』 1946년 7월 11일자). 이 3대 원칙은 그에 앞서 7월 3일 박헌영의 서면 인터뷰를 이주하가 대신 발표하는 중에도 있던 것이다(『이정 박헌영 일대기』, 349~350쪽. 당시 박헌영은 모스크바 방문 중이었다).

서중석은 이 '총체적 지지'란 말이 종래의 '전면 지지' 요구에서 완화된 표현이므로 우익과 협상의 여지가 있었다고 본다(『한국현대민족운동연구』, 406쪽). '절대 지지'보다 온건한 표현임에는 틀림없다. 그러나 한민당은 '총체적'이란 표현에도 반발하고 나섰다. 사실 '총체적'이란 말에는 애매한 점이 있다. 부분적으로는 이의가 있어도 '전체적'으로 지지한다는 뜻인지, 어느 부분도 빠짐없이 '전면적'으로 지지한다는 뜻인지…….

신탁통치는 모스크바 3상회의 결정의 핵심 내용이 아니다. 부수적 요소일 뿐이며 확정적인 내용도 아니다. 그런데 극우에서는 그런 내용이 들어 있으니 3상회의 결정을 전면 반대해야 한다고 주장했고, 극좌

에서는 그것까지 포함해서 3상회의 결정을 전면 지지해야 한다고 주장해왔다. 전체적으로는 지지하되 이 부분에 대해서만은 입장을 보류하겠다는 중간파를 양쪽에서 기회주의자, 회색분자라고 몰아쳤다.

중간파가 전면에 나서는 좌우합작 단계에서 이런 좌우협공이 계속될 것인가? 계속하고 싶어 하는 자들이 극우파에 있었다는 사실은 '총체적'이란 애매한 단어를 서둘러 걸고넘어지는 한민당의 성명에서도, 그리고 이틀 전의 여운형 습격 사건에서도 확인된다. 공산당에서 '총체적'이란 말을 쓴 것은 어떤 의미일까? 좀더 두고 봐야겠다.

1946. 7. 21.

이북에서 남녀평등법을 내놓는 동안

일기 내용이 38선 이남의 상황에 너무 치우치는 것이 늘 마음에 걸린다. 65년이 지난 지금까지도 이북 상황에 관한 자료와 연구 성과를 충분히 접하지 못하고 있다는 것이 안타까운 일이다.

그러나 사실 해방 후 1년이 지나는 동안 이북보다 이남에서 새로운 일이 더 많이 일어났다. 두 가지 큰 이유가 있었다. 조선의 중심지인 서울이 이남에 있었다는 사실이 그 하나고, 소련보다 미국의 정책에 가변성이 컸다는 사실이 또 하나였다.

1946년 여름까지 이북 지역의 정치적 변화를 요약한 대목을 찰스 암스트롱(Charles K. Armstrong)의 『북조선 탄생』에서 뽑아 보았다.

> 북한에서 당과 국가는 대중적인 방법으로 등장하였다. 특히 토지개혁은 북한 사회의 가난한 농민 대다수가 공산당의 강력한 지지 기반이 되는 데 도움을 주었다. 김일성은 전형적인 레닌주의 방식인 소수 엘리트의 전위정당을 통한 활동보다 사회의 빈곤하고 소외된 계층 사이의 지지를 모으는 방식을 선호하였다. 이는 김두봉으로 대표되는 연안파 공산주의자들과 그가 주도하는 신민당도 선호하는 방식이었다. 이것은 소련식 표준이 아니라 중국에서 수년간 대중적 반일 투

쟁을 위해 활동한 조선 공산주의자들의 경험을 반영한 방법이었다. 그런데 인민 대중들은 새로운 정치체제에 대한 정치적 협조로 얻는 이익뿐만이 아니라, 정치 동원과 조직화를 통해 정체성을 획득하고 자각하면서 매우 새로운 차원의 집단 정체성을 가지게 되었다. 몇 개월이 지나지 않아, 북한의 대중들은 법률 문서, 구직 원서, 학력 기록, 그리고 정치·사회적 조직 가입 기록 등과 같이 다양한 형태로 드러난 정체성, 즉 새로운 사회 분류에 의해 재규정되었다. 이는 여성, 빈농, 노동자 및 청년 등이 단순히 이미 존재하는 것이 아니라, 정치적으로 행동하기 위해 대기 중인 자각 집단임을 의미한다. 즉, 근대 국가가 그들에게 정치적 목소리를 부여하고 그들의 지지를 구한다는 의미에서 이들은 '구성된' 범주에 속하였다.

예를 들어 여성은 조선 역사 전반에 걸쳐 명백하게 존재하였으나, 스스로의 권리를 가지고 또한 '해방'되어야 할 사람의 범주로서의 '여성'이라는 개념은 단지 19세기 이후에 정립된 생소한 것이었다. 노동자들 역시 식민지 시기에 계급의식을 발전시키기 시작하였다. 심지어 특정한 집단 이해를 가진 집단으로서의 빈농의 경우도 새로운 개념이었으며, 이는 러시아와 중국 혁명에 의하여 부분적인 영향을 받았다. 그리고 청년층이라는 어린이와 성인 사이의 모호하고 폭발력 강한 범주는 대중 교육의 새로운 대상이었고, 또한 반식민지 운동, 우익 정치조직, 그리고 공산주의 동원을 위한 힘의 근원이었다. (…) 이와 같은 각각의 집단들은 새로운 정치체제에 의해 '해방'되었으며 광대한 사회조직 속으로 흡수·동원되었다. (찰스 암스트롱, 『북조선 탄생』, 김연철·이정우 옮김, 서해문집 2006, 121~123쪽)

이남 지역에서 두드러진 정치적 변화가 신탁통치 반대의 명분, '영수' 중심의 정치조직, 미군정의 지원, 군중 동원과 흑색선전 등 피상적인 요인들에 의해 지배되는 동안 이북 지역에서는 소외 계급의 정치적 자각을 촉진하는 사회혁명을 통해 정치의 대중적 기반이 확충되고 있었다는 것이다. 그 과정에서 김일성이 장악한 공산당과 중국에서 돌아온 독립동맹이 손잡고 여타 정파를 압도하는 변화의 주체를 형성했다는 것이다.

소련군이 공산당의 주도권 장악을 지원하기 위해 다각적인 노력을 기울인 것은 분명한 일이다. 그러나 이남에서 미군이 한민당과 극우파의 득세를 위해 군정청과 경찰 요직을 일방적으로 임명한 것과는 차원이 달랐다. 소련군은 공산당이 인민위원회에서 우세를 차지하도록 배경 조건을 만들어주었을 뿐이지, 우격다짐으로 빼앗아준 것이 아니었다. 공산당도 통일전선을 통해 협조 세력을 확보함으로써 가급적 소련군에 의지하지 않고 자력으로 주도권을 확보해나갔다.

1945년 10월 8~10일에 5도 인민위원회 연합 회의가 열리고 뒤이어 5도행정국이 출범했다. 이북 지역 정치조직의 출발점인 이 단계에서 소련군은 조선민주당과 공산당의 통일전선을 지원했다. 이 연합 체제가 1946년 초 조만식의 반탁 고집으로 좌초했다고 하는데, 그 실상을 나는 아직도 정확히 이해하지 못하고 있다.

지금까지 내가 본 모든 자료에 소련군이 조만식에게 '찬탁'을 요구했다고 되어 있는데 정황에 맞지 않는 것이다. 3상회의 결정에 대한 전반적 지지만을 요구하며 신탁통치에 대한 의견은 보류할 것을 부탁했을 정황이기 때문이다. 소련군과 공산당 쪽의 통일전선에 대한 필요가 컸기 때문에 통일전선을 희생시키면서까지 신탁통치에 대한 명확한 입장을 서둘러 요구하는 강경한 태도를 취했을 것 같지 않다. 3상회의 전체에 대한 찬부와 신탁통치에 대한 찬부가 혼동되는 일이 많았

1946년 5월 1일 평양에서 열린 노동절 기념 행진.

기 때문에 정확한 판단을 하기 힘들다.

아무튼 조만식과의 충돌 외에는 크게 두드러진 문제없이 이북 지역의 정치조직이 진행되어 1946년 2월 8일의 북조선임시인민위원회(임시인위) 결성에 이르렀다. 신민당을 창당할 독립동맹 세력과 김일성을 중심으로 정비된 북조선공산당(조선공산당 북조선분국)의 통일전선을 주축으로, 기존의 인민위원회 외에 조선민주여성동맹(1945년 11월 결성), 직업동맹(1945년 12월 결성), 농민동맹(1946년 1월 결성)과 북조선민주청년동맹(1946년 1월 결성) 등이 그 기반이 되었다.

임시인위 결성 바로 다음 달에 시행된 토지개혁에서 임시인위의 정책 집행 능력을 확인할 수 있다. 토지개혁은 해방 조선의 개혁 과제로서 광범위한 합의의 대상이었지만, 방대한 사업인 만큼 시행 방법에 논란의 여지가 엄청나게 많았다는 사실을 나중에 이남 지역의 논의 과정에서 확인할 수 있다. 이북 지역에서 이 방대한 사업을 불과 한 달 내에 이뤄낸 것은 대단한 집행 능력이었다.

토지개혁은 해방 조선에서 널리 관심을 끌던 문제였기 때문에 이남 지역에도 큰 반향을 불러일으켰고, 이후 연구자들의 큰 주목을 받아왔

1946년 6월 24일 발포된 노동법령 실시를 경축하는 시위대.

다. 그러나 이에 못지않게 큰 정치적 함의를 가진 개혁 조치들이 임시 인위에 의해 속속 집행되었다. 1946년 6월 24일 발포된 '노동법령'과 7월 30일 발포된 '남녀평등권법령'이 대표적이다.

찰스 암스트롱은 노동법령을 이렇게 설명했다.

> 새로운 노동법은 8시간 노동, 정해진 1일 식량 배급, 표준화된 임금표, 2주간의 유급 휴가, 단체 협상 권리, 그리고 위험한 작업장에서의 야간 노동 금지 등을 요구했다. 간단히 말해, 새로운 법률은 노동운동이 투쟁했던 요구들, 그리고 식민지 산업화 과정에서 부정되었던 요구들의 전부는 아니지만, 많은 부분을 노동자들에게 제공했다. 노동 개혁에 대한 정권의 강조가 비록 물질적 혜택이 즉각적으로 뒷받침된 것은 아니었지만, 북한 정부에 대단히 비판적이었던 자료들조차 "북한 주민들의 눈에 노동계급의 지위를 어느 정도 제고했다"는 점을 인정했다. (『북조선 탄생』, 144~145쪽)

이남에서는 이 시점에서 노동문제에 관해 어떤 조치가 취해지고 있었던가?

> 상무부 노동국장 이대위(李大偉) 발표에 의하면 군정청 요청으로 재일본연합군최고사령관의 노동정책 고문으로 있는 노동고문사절단 중 2명이 2일 경성에 도착하였는데 이 2명은 전시 동원 사무국에서 노동력 노동문제 상담역으로 있던 파울 스텐지필드 단장과 국립전시노동위원회 조선위원장으로 있던 윌리엄 H. 모파산 박사라고 하는데, 이들은 노동계의 제반 문제, 특히 노동관계, 노동자 보호 제도에 중점을 두고 조사할 것이라 한다.
>
> (「노동국장, 노동계 문제 조사차 맥아더 사령부 노동 고문 입국 발표」, 『동아일보』 1946년 6월 14일)

이북에서 임시인위가 틀 잡힌 노동법을 내놓은 시점에서 미군정은 노동문제 조사를 위해 전문가를 불러오고 있었다. 임시인위와 직업동맹 사이의 협력 관계와 달리 군정청이 전평을 대결 상대로 여기고 있던 관계도 이 진도 차이에 일조했을 것이다.

여성 문제는 농지 문제나 노동문제처럼 부각되어 있지 않았던 것인데, 잠재적 의미가 큰 이 문제에 적극적으로 착수했다는 것은 당시의 이북 정치체제를 높이 평가할 일이다. 남녀평등권법의 주요 내용은 이런 것이었다.

> 제1조. 국가 경제 문화적 사회 정치적 생활의 모든 영역에 있어서 여성들은 남자와 같은 평등권을 가진다.
> 제2조. 지방 또는 국가 최고 기관에 있어서 여성들은 남자들과 동등으로 선거 및 피선거권을 가진다.

제3조. 여성들은 남자와 동등의 노동 권리와 동일한 임금과 사회보험 및 교육의 권리를 가진다.

제4조. 여성들은 남자들과 같이 자유결혼의 권리를 가진다. 결혼할 본인들의 동의 없는 비자유적이며 강제적인 결혼은 금지한다.

제5조. 결혼 생활에서 부부 관계가 곤란하고 부부 관계를 더 계속할 수 없는 조건이 생길 때에는 여성들도 남자와 동등의 자유이혼의 권리를 가진다. 모성으로서 아동 양육비를 전 남편에게 요구할 소송권을 인정하며 이혼과 아동 양육비에 관한 소송은 인민재판소에서 처리하도록 규정한다.

제6조. 결혼 연령은 여성 만 17세, 남성 만 18세부터로 규정한다.

제7조. 중세기적 봉건 관계의 유습인 일부다처제와 여자들을 처나 첩으로 매매하는 여성 인권유린의 폐해를 금후 금지한다. 공창 사창 및 기생제도를 금지한다.

제8조. 여성들은 남자들과 동등의 재산 및 토지 상속권을 가지며 이혼할 때에는 재산과 토지 분배의 권리를 가진다.

제9조. 본 법령의 발포와 동시에 조선 여성의 권리에 관한 일본 제국주의 법령과 규칙은 무효로 한다.

본 법령은 공포하는 날로부터 효력을 발생한다.

1946년 7월 30일 북조선인민위원회

(박현선, 「반제반봉건민주주의혁명기의 여성정책」, 『해방전후사의 인식 5』, 한길사 2006, 419~420쪽에서 재인용)

남쪽에서 여성 문제 논의는 어떤 차원에서 진행되고 있었을까? 1946년 5월 27일 '부녀자 매매금지령'이 군정청 법령 제70호로 발포되었는데, 6월 2일자 『동아일보』에는 이런 관련 기사가 실렸다.

● 다시 뻗는 포주의 마수, 대책 강구가 절대로 긴요

법령 제70호로서 부녀자의 매매 행위가 일소되고 기왕의 계약도 무효로 되어 노예와 같이 취급받던 불우한 부녀들은 해방의 기쁨을 갖게 되었다. 그러나 이 법령의 혜택을 가장 먼저 받아야 할 유곽의 창기들 앞에는 아직도 그 거취에 확연한 길이 터지지를 않는 모양이다. 즉, 이번 공포된 법령만으로는 아직 공창(公娼)이 폐지되는 것도 아니어서 포주와 창녀 사이에 특수한 사정은 법령 제정의 근본 취지와 어긋나는 말 못할 심정을 빚어내고 있다.

법령으로 공창제를 금지하는 것이 아니니 계속하겠다는 포주가 있는가 하면 해방되어도 오도 갈 데도 없는 창녀를 다시 머무르게 유인하려는 경향도 있다. 또한 이와 반대로 공창을 폐지하면 사창이 늘게 되므로 폐지하는 것은 불가하다는 등 공창 문제를 싸고 파생하는 문제는 지나칠 수 없는 사회문제를 제기하고 있는 터이다. 어쨌든 공창제도 그 자체가 세기적인 죄악으로서 인육매매를 공공연히 인정한다는 것은 문명국가로서 도저히 있을 수 없는 제도로 이를 단연히 철폐할 새로운 대책 강구가 절대 긴요하다.

● 최 경무부차장 담

경무부 최 차장은 이 공창제도 문제에 대하여 다음과 같이 말한다.

"법령의 문면을 통해 보면 노예 대우를 받던 여성 매매를 금지하고 이에 유사한 폐풍을 일소하는 데 있으니 장차는 공창 폐지까지도 염두에 두고 일해야 할 줄 안다.

어쨌든 불우한 여성들도 이 기회에 기운을 얻어 자기의 인권을 찾고 자유민으로서 생활 방책을 강구하여야 할 것이다. 한편 이런 방면의 영업을 하는 업자들도 법령의 좋은 취지를 이해하여 되도록이면 해방되는 여성들의 앞길에 지장이 없도록 온정으로서 처결하여주기를 바란다. 공창을 전연 안 둔다든가 존속시킨다든가 업자의 직업 보도에 대하여서는 따로 그때 협의하여야 할 줄 안다."

● 조선여자국민당수 임영신 담

"공창제 또는 이에 유사한 제도를 설치시켰다는 것은 사회적 책임이 큰 동시에 여성의 자각이 부족하였던 만큼 이 기회에 온 여성의 자각을 촉진하는 바이다. 따라서 금후는 법적으로 공창제도를 단연 폐지하기로 주장하는 바이다.

공창제가 나쁜 이유로는 성병으로 사회의 해독을 끼치고 나아가 가정생활을 파괴하며 나아가서는 자녀교육에 큰 지장이 있을 뿐 이로운 점은 하나도 없다. 따라서 금후는 이 제도로서 해방된 여성에는 직업을 주도록 하여 다시금 마굴과 같은 인육시장으로 여성이 나오지 않게, 나올 수 없게 사회의 힘으로 방지 선도하여야 할 것이다. 이리함으로써 저절로 공창과 사창은 조선 사회에서 자취를 감추게 될 줄 안다."

(「공창 폐지와 사후 대책에 관한 경무부차장과 임영신의 담화」, 『동아일보』 1946년 6월 2일)

여성의 적극적 권리는커녕 최소한의 보호 문제를 놓고 옥신각신하는 판에 경찰 고위 간부는 "업자들의 온정"을 바라고 있다. 게다가 이승만의 최측근으로 여성 정치 참여에 앞서 나선다는 임영신(任永信, 1899~1977)은 "여성의 자각"을 촉진하기에 바쁘다. 이북의 임시인위가 개혁의 일거리를 열심히 찾아 나선 시점에서 이남의 군정청은 닥치는 일거리도 제대로 처리하지 못해 쩔쩔매고 있었다.

1946. 7. 22.

출발선에 선 좌우합작

좌우합작 회담 대표 10인이 7월 10일경까지 정해져 있었다. 그 구체적 선출 과정은 확인하지 못했다. 아마 이 대표들이 공식 선출을 통해 특정 기관을 대표하는 것이 아니라 우익은 비상국민회의와 민주의원, 좌익은 민전 지도부에서 비공식 논의로 적당한 인물들을 뽑은 것이 아닌가 생각된다. 이 인물들이 형식상으로는 개인 자격으로 참여하는 것이고 회담 결과는 대외적 구속력을 가지지 않았을 것 같다.

우익 대표로는 민주의원에서 김규식, 원세훈, 김붕준(金朋濬, 1888~1950), 비상국민회의에서 안재홍, 최동오(崔東旿, 1892~1963)가 선출되었고, 좌익 대표로 민전에서 여운형, 허헌, 정노식(鄭魯湜, 1899~1965), 이강국(李康國, 1906~53), 성주식이 결정되었다. 백남운과 김원봉이 좌익 대표로 보도되기도 했는데, 합작에 열성적이고 비중도 큰 두 사람이 결국 빠진 것은 공산당의 좌우합작 견제 의도가 개재된 때문이 아닌가 서중석은 추측했다(『한국현대민족운동연구』, 409쪽).

7월 13일 결정된 대표들의 첫 모임이 있었지만 김규식, 원세훈, 허헌 3인이 결석했고 22일에야 정식 예비회담이 열렸다. 닷새 전 험한 테러를 당했던 여운형과 막 퇴원한 김규식의 회담에 대한 열의를 느낄 수 있다. 김규식의 사회로 진행된 이 회담의 결정 사항은 이튿날 김규식, 여운형 양인 명의 공동성명으로 발표되었다.

(1) 회의 장소는 덕수궁으로 할 것

(2) 회의는 매주 2회로 할 것

(3) 의장에는 김규식·여운형 양씨를 선거함

(4) 미·소 양방의 연락장교 1인씩 파견하기를 요청함

1946년 7월 23일 김규식·여운형

(「좌우합작위원회 양측 대표, 예비회담 공동성명서 발표」, 『서울신문』 1946년 7월 24일)

제4항의 연락장교 파견 요청이 눈길을 끈다. 하지의 6월 30일 지지 성명이 아니라도 이번 좌우합작이 미군정의 지원으로 진행되고 있다는 사실은 천하가 다 알고 있었다. 미군 연락장교 역할은 버치 중위가 이미 맡고 있었다. 그런데 이제 정식 회담에서는 소련군의 연락장교도 참석시켜 균형을 잡겠다는 것이다.

독자들 중에도 미군정의 지원 사실을 알고 "그것도 자주적인 움직임이 아니었구나" 하고 실망감을 표출하는 이들이 있을 것이다. 출범 과정만 갖고 지레 판단할 일이 아니라고 생각한다. 대치 상태에 변화를 일으키는 실마리는 어느 쪽에서라도 나올 수 있다. 그 실마리를 키워나가는 과정이 공정하게 진행되면서 민의를 충실히 반영한다면 그 노력이 성공을 거둘 수 있는 것이다.

한국여론협회에서 7월 12일 서울 시내 통행인 7,709인을 상대로 실시한 조사에서 이런 결과를 얻었다고 한다.

(1) 신탁 논의는 정권 수립 후에 하고 우선 좌우합작 하자는 데 어떻

게 생각하는가?

절대 찬성	3,825(50퍼센트)
실효가 없을 것이다	196(2퍼센트)
모르겠다	3,688(48퍼센트)

(2) 3상 결정을 총체적으로 지지하는 원칙을 세워야 한다는 데 어떻게 생각하는가?

탁치는 천만부당	2,726(35퍼센트)
탁치 지지	704(9퍼센트)
김·여 양씨에게 일임	591(7퍼센트)

(「좌우합작에 대한 설문 조사 결과」, 『동아일보』 1946년 7월 16일)

제1문에서 신탁 논의를 앞세울 필요 없다는 의견은 극우파의 탁치 '절대 반대'를 불신하는 민의를 보여주는 것이다. 제2문에 대한 응답자의 3분의 2 이상이 "탁치는 천만부당"이란 의견을 보였지만, 그것 때문에 좌우합작 내지 임시정부 수립을 외면해서는 안 된다는 생각이 당시 민의의 주류였음을 알아볼 수 있다.

조사 방법을 정확히 모르기 때문에 얼마나 큰 의미가 있는 일인지 알 수 없어도 제1문에서 48퍼센트가 "모르겠다"는 대답을 하고, 제2문에 49퍼센트가 응답하지 않은 사실이 눈길을 끈다. 1945년 연말 이래 신탁통치 문제는 좌우 대립을 격화시키는 뇌관이었다. 극우파는 신탁통치가 식민지 시대로 돌아가는 것처럼 선전해왔다. 그런데 민의는 그와 거리가 있었다.

조선인의 대다수가 신탁통치보다 독립을 바라고 있었으리라는 것은 굳이 여론조사 필요도 없이 빤히 짐작되는 사실이다. 그런데 "천만부당" 응답이 35퍼센트에 그쳤다는 것이 놀라운 일이다. 애초에 신탁통치 '절대 반대' 민의에 거품이 있었던 것일까? 아니면 동원 깡패들이 '반탁' 깃발을 휘두르며 사회질서를 짓밟아온 지난 반년 간의 행태에 염증을 느낀 것일까?

『서울신문』 1946년 7월 14일자 기사 「좌우합작에 대한 각계 견해 여론조사 결과」에서 몇몇 정치인들의 좌우합작에 대한 견해가 소개되었다. 먼저 중도 우파라 할 수 있는 이극로의 견해를 본다. 한글학자이자 민족주의자인 이극로는 신탁통치 반대 국민총운동본부 위원으로 반탁 운동에 참여했다. 그러나 이승만의 반민족적 노선에 반발, 1948년 4월 남북협상 위원으로 평양에 간 길에 그대로 눌러앉은 인물이다.

> "불행히 좌우가 나누어져 있는 만큼 합작할 필요가 있으므로 이번 합작 운동을 대찬성한다. 이번 합작 운동이 성공하리라고는 아직 단언할 수 없으나 다만 도탄에 빠진 민중이 좌우합작으로 말미암아 임정이 수립되기를 갈망하고 있는 것은 사실이다. 그러므로 성공 여부는 불문하고 민의를 좇아서 합작 운동을 하는 것은 지극히 당연한 일이다. 그런데 현금 합작의 암(癌)은 무엇인가 하면 솔직히 말하면 내부적인 것보다도 외부적인 관계라고 생각한다. 합작의 원칙 문제는 조선 민족의 양심만 발로되면 된다.
>
> 친일파 민족반역자에 대해서는 지금이라도 위원회 같은 것을 조직해서 곧 처단하는 혁명 정신과 수단이 필요할 줄로 안다. 다시 말하면 한 번은 혁명적인 숙청 공작 없이는 건국이 될 수 없다. 그리고 신탁이니 후견이니 하는 문제는 별문제로 조선 민족은 완전 자주독립할 실력이 충분히 있다. (…) 최근 떠드는 입법기관은 이 좌우합작과는 아무 관계가 없다고 생각한다."

내부 문제보다 외부 문제를 중시한 점이 눈에 띈다. 민족 분단에 대해 아직도 내인론과 외인론이 맞서고 있거니와, 나는 이번 『해방일기』 작업을 통해 외부 문제를 압도적으로 중시하게 되었다. 당시 정치인들은 책임감 때문에도 내부 문제를 강조하는 경향이 있었을 것 같은데, 이극로가 외부 문제를 중시한 관점은 길이 있다면 더 상세히 살펴보고 싶다.

의심의 여지없는 민족주의자였던 만큼 소신을 거침없이 밝힐 수 있었던 것으로 보인다. 친일파 처단을 미룰 일이 아니라는 주장, 독립의 실력이 충분한 민족이므로 신탁 문제에 너무 집착할 필요가 없다는 주장, 모두 한민당 극우파의 주장에 대해 정통 우익 입장에서 맞서는 것이었다.

남조선신민당 백남운은 좌우합작의 열렬한 지지자였다. 경제사학자로서 유물사관의 최고 권위자였던 백남운은 이북에서 공산당과 연합해 임시인위를 이끌고 있던 독립동맹(신민당) 노선을 이남에서 대표하고 있던 인물이다.

> "좌우합작에 대해서는 물론 찬성이다. 그리고 현재 진척 중에 있는 합작 공작을 지금 곧 성공하리라고 믿는다는 것보다도 우리는 그것이 성공되도록 노력하지 않으면 안 될 것이다.
> 그러나 여기에 합작 공작을 방해하는 친일파 민족반역자 반동적 파쇼 분자들이 있는 것을 우리는 엄중히 경계하지 않으면 안 된다. 그들은 현재의 좌우합작이 성공되어 조선에 민주주의임시정부가 수립되는 것을 무엇보다도 두려워하는 만치 어떻게 하여서라도 이를 파괴하려고 준동하는 것을 우리는 민족적 거족적 압력으로 단연코 이를 배격하지 않으면 안 될 것이다.

(…) 좌우합작과 삼상회의 결정과의 관계는 가장 중요한 문제인데 이는 아놀드 소장의 언명과 같이 조선 독립을 위한 불변의 법률인바 삼상회의 노선대로 합작을 하여야 할 것이다. 그런데 최근 새로이 문제되는 입법기관 설치와 좌우합작과는 별개 문제로 아직 그 시기가 아니라고 생각한다."

"친일파 민족반역자 반동적 파쇼 분자"를 묶어서 극우파에 대한 경계심을 앞세웠다. 그리고 입법기관 문제를 좌우합작과 별개로 보는 것은 이극로와 마찬가지다. 이것은 공산당의 이승엽, 인민당의 장건상(張建相, 1883~1974)도 마찬가지이며, 3상회의 결정을 존중한다는 점도 백남운과 함께하는 것이다. 전쟁 중 서울시 임시인민위원장을 지낼 이승엽은 박헌영계의 핵심 인물이었고, 임정 국무위원이었던 장건상은 지난 1월 비상국민회의와 결별한 후 여운형의 인민당에 합류해 있었다.

● 이승엽(조선공산당)

"좌우합작 문제는 민주주의 원칙 아래에서 논의되는 한 물론 찬성하는 바이다. 그러면 우리가 항상 강조하고 있는 그 원칙이란 것은 동일 목표를 향하여 공동의 행동과 실천을 취하는 것인데 그에는 다음의 세 가지 원칙이 있다.

첫째로 친일파 파시스트 분자를 제외할 것, 둘째 테러 중지와 민주주의자를 석방할 것, 셋째 삼상 결정을 총체적으로 지지할 것 등인데 오늘날 조선에서 이 원칙을 떠나서는 좌우 양익을 불문하고 정치적 행동이 있을 수 없을 것이다. 여기에서 만약에 우익 진영이 이 행동의 원칙을 승인하고 그 실천이 실제로 보장된다면 좌우합작 공작은 반드시 성공할 것이다. 그러나 여기에 이를 방해하는 암(癌)이 있으니 즉, 친일파 친파시스트 분자의 준동이다.
이들은 민족의 이익보다도 삼상 결정에 의한 민주주의 정부 수립으로 말미암아 파괴되는 자기들의 특권적 지위 옹호가 무엇보다도 중요한 것이다. 이들의 제외 없이는 조선 문제의 해결은 바라기 어렵다. 그리고 입법기관 설치 문제는 좌우합작과 별개 문제로 취급하지 않으면 안 된다."

● 장건상(인민당)
"좌우합작 문제에 대하여 이를 찬성치 않는 조선인은 없을 것이다. 그리고 3천만은 다 같이 이를 성공의 충심으로 희망할 것이니 만치 우리는 반드시 이번 기회에 성공해야겠다고 희망하는 바이며 이는 성공할 가능성이 다분히 있다고 본다. 그러나 합작 공작에 있어 좌익 진영 내부에서는 완전히 의견 일치를 보고 일사불란한 태세를 갖추고 있으나 듣건대 우익 진영 내부에서는 합작 공작을 반대하는 일부 요소가 있어 우익의 의견이 완전히 일치되지 못하고 있다는 것은 합작 공작의 하나의 암적 존재로서 매우 유감이다.
합작에서는 반드시 원칙이 있는 것이니 조선공산당에서 발표한 세 가지 원칙을 우리 좌익 진영의 공통된 원칙으로서 제시하는 바이다. 그러니만치 좌우합작은 반드시 삼상회의 원칙에 따라 진척되어야 할 것은 췌언을 요치 않는다. 그러나 여기에 한 가지 현혹을 일으킬 문제가 생겼으니 그것은 입법기관 설치 문제인데 우리로서는 이 양자를 전연 별개 문제로 생각한다. 즉, 먼저 좌우합작부터 성공해놓고 연후에 입법기관 문제를 토의해야 한다."

우익 인사로는 독촉국민회의 신익희, 비상국민회의의 조소앙, 그리고 한민당의 김약수가 눈에 띈다. 신익희(申翼熙, 1894~1956)는 임정 출신이지만 독촉국민회 출범 과정에서 김구와 결별하고 이승만과 밀착 관계를 맺었다. 장준하(張俊河, 1918~75)의 충칭 시절 회고에서 임정 내의 파당적 활동이 제일 극심한 인물로 지목된 바 있다.

> "대한독립촉성국민회로서는 목적이 항상 전체적 국민운동이므로 이에 물론 관심을 갖는 바이다. 그러나 좌우 양 요인은 특히 자기 선입주견의 고집을 포기하고 전 민족의 요구와 전체적 입장을 위주로 하는 통일 공작을 도모할 것이다. 여기 잡음의 파생은 절대로 불필요하다. 합작의 조건이니 원칙이니 하는 것은 타당치 않다고 생각하는 바이므로 합작이란 명칭부터 나는 시정할 필요성을 느낀다.
> 우리는 합작이 아니라 단결이다. 그러므로 여기에 원칙론 운운 설과 친일파 민족반역자 배제 등을 논하는 것은 경중을 모르는 행동이다. 그리고 입법기관설과 합작 문제와는 별다른 의도가 없는 것이라고 생각하며 입법기관은 러치 장관의 성명문과 같은 의도에서 구성한다면 동 기관이 성공되기를 희구하는 바이다."

친일파 우선 배제에 반대하고 입법기관을 지지하는 점이 눈에 띈다. 이 기사에 소개된 인물 중 김구와 제일 가까운 입장에 있던 조소앙은 '절대 반탁'의 입장을 보였다.

> "좌우합작에서도 결국은 반탁성이 보장되느냐 안 되느냐 문제이다. 이 반탁성의 승리가 보장된다면 좌우합작에 물론 찬성한다. 현재 진행 중인 좌우합작은 성공할 가능성도 있으나 가능·불가능의 문제는

좌우합작에 대한 견해를 밝힌 우익 인사. 왼쪽부터 신익희, 조소앙, 김약수.

그 시비 문제와는 다르다. 현재 진행 중인 좌우합작이 성공된다 하더라도 그것은 옳다고 말할 수 없다.

지금 좌우합작은 고름을 짜고 합창(合瘡) 제일주의로 출발하는 것으로 나는 보고 있다. 고름이란 곧 찬탁성을 이른다. 합작은 다만 민족적 자주성을 양심적으로 실행할 결심을 보증하는 조건으로서 출발해야만 될 것이다. 반탁성을 갖고 자주독립을 찾으려는 합작만이 우리 민족의 과제를 옳은 길로 해결할 수 있을 것이다."

김구의 한독당에서 좌우합작보다 반탁을 중시하던 관점을 조소앙의 견해에서 읽을 수 있다. 한편 한민당의 김약수는 좌우합작이 "지상명령"임을 인정하면서도 그 진행에 의구심을 표하고, 3상회의 결정 자체를 배격하는 견해를 밝혔다. 입법기관에 대해서는 신익희와 마찬가지로 지지 입장이었다. 좌우합작에는 부정적이면서 입법기관에는 눈독을 들이던 한민당의 입장을 대변한 것으로 보인다.

"일반 대중은 여론을 일으켜 좌우합작이 성공되기를 희망하고 있으며 좌우 양 진영에서도 정도와 성질상 차이는 있을 것이나 그 필연성을 내포하고 있어 합작은 지상명령이라고 할 것이다. 그런 만큼 김규식·여운형 양씨를 중심으로 진행 중에 있는 합작 공작에 대하여 좌우 양익에서 표면으로 위장한 태도를 갖지 않을 것이다.

공산당 간부가 어떠한 태도를 취할 것인가가 문제이다. 그리고 미소공동위원회가 무기 휴회된 것은 모스크바 3상회의 결정이 조선 현상에서 실천이 잘 안 되는 것을 말하는 것이므로 그 불완전한 것이 무엇인가를 구명하지 않으면 안 될 것이다. 그런 만큼 지금 삼상회의 결정 이행을 맹세하는 것은 불가하다고 본다.

(…) 그리고 남조선에서의 입법기관은 좌우가 완전히 합작이 되어 완전 독립을 이루어낸다면 문제시되지 않을 것이다. 그러나 만일에 합작이 되지 않고 현상대로 모호하게 나간다면 그러한 기관이 필요하다고 생각한다."

김약수(金若水, 1890~1964). 그 기구한 시대 속에서도 가장 기구한 행적을 그린 인물의 하나다. 김원봉과 절친한 사이로 김원봉이 '약산(若山)'을 가명으로 취할 때 함께 취한 '약수(若水)'란 이름을 본명 김두전 대신 썼다. 일제시대에 공산당 활동으로 6년간 복역했고 해방 후 건준에 참여해 좌익 활동을 하려다가 앙숙인 박헌영 세력이 건준을 장악하자 이에 반발해 한민당 설립에 참여하여 조직부장을 맡았다. 그러나 1946년 10월 한민당이 좌우합작을 등지자 원세훈 등과 함께 한민당을 탈당하고 좌우합작 사업에 나섰다. 1947년 말 좌우합작 사업이 좌절된 후에는 1948년 5·10 선거에 참여해서 국회부의장에 선출되었다. 국회에서는 미군 철수 요구, 정부 불신임, 반민특위 등 이승만이 미워할 짓만 골라서 하다가 1949년 6월 국회프락치사건■으로 체포당했다. 전쟁 중 풀려나 북한으로 가서 정치 활동을 하다가 반(反)김일성 활동으로 말미암아 1959년 숙청되었다고 한다.

■ 1949년 4월 '남로당 프락치(공작원)'로 제헌국회에 침투하여 첩보 공작을 한 혐의로 김약수 등 13명의 의원이 체포된 사건. 당시 국회 부의장이던 김약수를 비롯하여 13명 전원에게 국가보안법을 적용하여 실형을 선고했다. 한국전쟁이 일어나 서대문형무소에 수감되어 있던 관련자들은 서울을 점령한 조선인민군의 정치범 석방에 따라 모두 풀려났다.

1946. 7. 25.

박헌영 일당의 좌우합작 좌초 시도

7월 25일에 좌우합작 제2차 예비회담이 열리고 이어 제1차 본회담이 열렸다. 미군 연락장교로 버치 중위가 참석한 반면 소련군 연락장교는 아직 나타나지 않았고, 그보다도 눈에 띄는 것은 허헌의 결석이다. 허헌은 사흘 전의 예비회담에도 참석하지 않았었다.

> 좌우합작 제1차 정식 회담이 25일 덕수궁에서 개최되어 의사 진행의 원칙 규정이 통과되었다고 한다. 그리고 대변인으로 우익 측 김붕준 좌익 측 이강국 양씨가 선임되었고 회담 결과에 대한 공동 코뮈니케는 동 대표 회의에서 결의된 안건을 각기 민주의원과 민전에 보고하여 쌍방의 동의를 얻은 후에 발표하기로 되었다.
>
> ● 좌우합작위원회 발표
>
> 좌우합작위원회는 7월 25일 오후 2시 반 덕수궁에서 김규식 씨 사회로 우측 대표 김규식, 원세훈, 안재홍, 최동오, 김붕준 5씨와 좌측 대표 여운형, 성주식, 정노식, 이강국 4씨 참석으로 정식 회담이 개시되었다. 의사 규정이 통과되었고 미군 연락장교로 버치 중위가 출석하였다.
>
> (「좌우합작위원회 1차 회의 상황 발표」, 『서울신문』 1946년 7월 27일)

허헌은 5월 하순 좌우합작 논의가 떠오르기 시작할 때부터 여운형과 함께 좌익 대표로 널리 기대를 모은 인물이었고, 본인도 상당한 열의를 보였다. 5월 23일 러치가 여운형과 그를 초청해 우익의 김규식, 원세훈과 함께 4인 회담 권유를 받고 6월 14일과 6월 22일 실제로 그 회담에 참석했다. 10인 대표가 정해진 후 7월 16일 버치 중위 집에서의 모임에도 참석했다. 그러나 그 후 합작 회담에 다시 출석하지 않았고 좌우합작에 관한 견해를 공식적으로 표명하지는 않았지만 합작 진행에 실제로 반대한 것으로 분석된다.

좌우합작에 대한 일부 극우파의 반대는 공공연히 알려진 사실이었거니와, 극좌파의 태도에도 보이지 않는 문제가 있었던 것으로 판단된다. 7월 중 허헌의 태도 변화는 이 문제가 반영된 것이었다. 허헌이라는 인물을 한 차례 살펴보겠다. 심지연의 『허헌 연구』(역사비평사 1994)에 잘 정리되어 있다.

1945년 11월 27일, 막 귀국한 김구가 국내 정치 세력을 대표하던 안재홍(국민당), 송진우(한민당), 여운형(인민당), 허헌(인공) 4인을 연쇄 접견했는데, 접견을 앞두고 비서 장준하가 4인의 프로필을 정리했다. 허헌의 프로필에는 이런 내용이 들어 있었다.

> '허헌' : 건준의 확대위원회에서 부위원장으로 선출된 인물. 사회주의 좌파 경향의 변호사 출신으로 날카롭고 강한 의기의 소유자라는 중평. 부위원장 당선으로 안재홍은 저절로 물러나고 여운형과 좋은 콤비가 되었지만 그 역시 공산주의자들에게 포위된 상태. 9월 6일 경기여고 강당에서의 '인민대표회의'에서 '임시정부 조직 법안'을 통과시키고 그 법에 의한 '인민공화국'을 탄생시킴.

허헌은 좌우합작 논의가 시작될 무렵부터 기대를 모은 인물로, 공산당에는 가입하지 않았으나 박헌영의 충실한 추종자였다.

허헌은 식민지 시대에 김병로(金炳魯, 1887~1964), 이인(李仁, 1896~1979)과 함께 민족주의 진영을 대표하는 거물 법조인이었다. 1929년 6월 신간회를 장악한 좌익 계열이 그를 중앙집행위원장으로 추대했기 때문에 좌익과의 친연성이 나타났지만 그 자신이 적극적인 좌익 활동을 한 일은 없었다. 1929년 12월 신간회 민중대회 사건으로 구속되어 2년간 복역하고 변호사 자격을 박탈당한 후 별다른 대외 활동 없이 지내다가 1943년 단파방송 사건■으로 다시 구속되어 1년 남짓 복역한 후 해방 몇 달 전에 출옥했다.

황해도 신천에서 은둔 중 해방을 맞은 허헌이 8월 말 서울로 올 때는 건준의 좌경화로 인해 부위원장 안재홍이 물러날 마음을 먹고 있을 때였다. 위원장 여운형과 부위원장 안재홍이 모두 사표를 낸 상황에서

■ 1942년 일제가 금지한 해외 단파방송을 들었다는 이유로 방송 관계자와 일반인들이 체포·구금된 사건을 말한다. 일제는 1941년 12월 태평양전쟁이 일어나자 방송 전파를 감시·통제하는 한편 단파수신기로 본국 소식과 국제 정세를 청취하던 외국인 선교사를 추방했다. 그러나 일제의 극심한 통제 속에서 경성방송국(지금의 한국방송공사)에서 일하던 한국인 기술자들은 미국 샌프란시스코에서 송출되는 미국의 소리(VOA)와 중국 충칭(重慶)의 임시정부 단파방송이 전하는 우리말 방송을 통해 해외 동정을 알 수 있었다. 이러한 소식은 입에서 입으로 퍼져 나갔고 결국 일본 경찰에 발각되어 관련자들이 체포 고문당했다.

9월 4일 건준 전체 회의는 두 사람의 사표 반려와 함께 부위원장에 허헌을 추가할 것을 결정했다. 안재홍은 사임을 강행했으므로 결과적으로는 허헌이 안재홍의 자리를 넘겨받은 셈이었다.

이 시점에서 허헌의 좌익 관계를 심지연은 이렇게 설명했다.

> 일제 시기 그는 독립운동가를 포함하여 어렵게 지내는 사람들을 많이 도와주었는데, 그중에는 공산주의자들도 포함되어 있었다. 공산당 사건 변호 이후에도 마찬가지로 그는 많은 사람들을 물심양면으로 도와주었는데, 이 중 공산주의자들과의 관계가 오래 지속되었다. 일제 시기 공산주의자 또는 사회주의자들이 독립운동이나 이념 문제로 재판을 받는 일이 많아 그가 변론에 나서는 일이 잦아질 수밖에 없었으며, 그의 딸 또한 공산주의를 신봉하고 있었기에 그의 주위에 공산주의자들이 많이 있었던 것은 어쩌면 자연스러운 일이기도 했다.
> 허헌을 둘러싼 이러한 인간관계는 해방된 다음에도 단절되지 않고 그대로 지속되었다. 그리고 그 자신이 어렵게 살고 고난받는 사람들을 위해 봉사하는 것을 사명으로 알고 그대로 실천했으며, 해방된 조국에는 이러한 불평등이 없어져야 한다고 생각하고 있었기에, 주변에서 그를 좌경적인 인물로 낙인찍었던 것이다. 허헌 자신이 결코 자신의 이념을 표방한 적이 없었음을 생각할 때 그는 해방 정국에서 다른 많은 사람처럼 타의에 의해 좌익이 된 인물이라고도 할 수 있다.
> (『허헌 연구』, 95쪽)

본인이 이념을 표방한 적이 없다면 "타의에 의해 좌익이 된 인물"로 보는 것도 가능하다. 아마 해방 시점에서 많은 사람들이 허헌을 좌익에 동정적일 뿐, 본인이 좌익 이념을 가진 사람은 아니라고 봤을 것 같다. 그러나 건준 부위원장을 맡은 후 그의 행적은 '골수 박헌영계'의 모습을 보여준다.

건준 일을 맡자마자 인공을 출범시킨 데서부터 시작한다. 인공 수립에는 여운형도 찬성했지만, 여운형 등 중도파는 건국 노력의 상징적 출발점을 만드는 목적이었다. 부서를 만들고 책임자까지 일방적으로 지명해서 귀국할 임정과 정면으로 충돌하게 한 것은 박헌영의 전략이었고, 이것을 허헌이 앞장서서 수행했다.

허헌은 공산당에 가입하지 않았다. 그러나 인공과 민전 등의 활동에서 박헌영에게 협조적인 태도로 일관했다. 박헌영을 위한 허헌의 최대 공헌은 1946년 가을 남조선노동당(이하 '남로당'으로 줄임) 결성에 적극적으로 참여해 위원장을 맡은 것이었다.

공산당, 인민당, 신민당의 합당을 바라본 남로당 결성 과정은 8월 초 인민당의 합당 제안부터 시작해 진행을 살펴보겠거니와, 이 과정에서 허헌은 "박헌영의 충실한 추종자"로서 평판을 얻는다. 신민당의 백남운 위원장이 비민주적 진행 방법에 반발하자 허헌이 느닷없이 신민당에 입당, 박헌영계의 힘으로 당권을 장악하고 일방적으로 합당을 추진했다. 반대파들을 쫓아내고 억지로 만든 남로당의 위원장을 맡은 것은 박헌영의 대리인 역할이었다.

박헌영의 모험주의 노선에 충실히 협조하고 추종한 행적을 보면 "타의에 의해 좌익이 된 인물"이라는 관점이 매우 어색하다. 이념 없이 양심의 기준만을 추구한 사람으로 보기에는 극단적이고 정략적인 역할을 적극적으로 맡은 대목이 너무 많은 것이다. 심지연은 여러 차례 허헌의 오류를 인간적인 이유로 이해하려 애쓴다. 예컨대 『허헌 연구』(135~136쪽)에서 허헌이 좌우합작을 등진 이유를 "국제 정세가 냉전의 방향으로 나아가고 있음을 간파하지 못한 결과"로 설명한다. 그러나 전후 사정을 볼 때 박헌영의 전술 전략에 집착한 이유가 더 컸던 것으로 생각된다.

허헌이 7월 16일 모임 이후 좌우합작 회담에 참석하지 않은 것이 박헌영의 좌우합작 반대 입장에 따른 것으로 심지연은 보았다.

> 평양을 방문하고 7월 22일 밤에 귀경한 박헌영은 좌우합작 반대 의사를 밝혔다. 이러한 박헌영의 견해에 대해 허헌과 홍남표, 이주하가 동조했고, 여운형과 김원봉은 반대했으며, 백남운은 태도를 결정하지 못하고 있었다. 의견 불일치로 결론이 나지 않자 박헌영은 5원칙을 제시하고, 민전 의장단 회의를 소집하여 이를 민전의 기본 정책으로 채택하게 했다. 그러나 이 회의는 여운형에게는 통보되지 않았다.
>
> (같은 책, 130쪽 주 141 내용(『미군정보보고서』 제12권, 158~159쪽))

> 후일 박헌영은 「폭력하에 강제 합작은 절대 반대」라는 글에서 좌우합작이란 반동적 친일파 영도하에 있는 우익의 주장을 실현하기 위한 것으로 인민들은 이러한 관제적인 강제 통일을 절대 반대할 권리를 당당히 갖고 있다고 주장하며 합작을 반대했다.
>
> (『조선인민보』 1946년 8월 5일)

박헌영과 허헌이 좌우합작의 실패를 바라는 생각을 7월 하순부터 갖고 있었다는 것은 확실한 사실로 보인다. 그런 생각을 갖고 회담에 한 차례 출석도 안 하면서 형식적인 대표 자리를 허헌이 지키고 있었다면 참 야비한 행동이라는 생각이 든다. 김원봉과 백남운은 합작에 열의를 가진 좌익 명망가들이었다. 허헌이 7월 16일 모임에 참석한 것도 김원봉과 백남운을 배제하고 대표 자리를 지키기 위해서가 아니었을까 하는 생각까지 든다.

위 자료에서 박헌영이 주도했다고 하는 '민전 5원칙'은 이런 내용이었다.

> (1) 조선의 민주 독립을 보장하는 3상회의 결정을 전면적으로 지지함으로써 미소공동위원회 속개 촉진운동을 전개하여 남북통일의 민주주의임시정부 수립을 매진하되 북조선민주주의민족전선과 직접 회담하여 적극적 행동 통일을 기할 것
> (2) 토지개혁(무상몰수 무상분여), 중요 산업 국유화, 민주주의적 노동법령, 정치적 자유를 위시한 민주주의 제 기본 과업 완수에 매진할 것
> (3) 친일파·민족반역자·친파쇼 반동 거두들을 완전히 배제하고 테러를 철저히 박멸하여 검거 투옥된 민주주의 애국지사의 즉시 석방을 실현하여 민주주의적 정치운동을 활발히 전개할 것
> (4) 남조선에서도 정권을 군정으로부터 인민의 자치기관인 인민위원회에 즉시 이양토록 기도할 것
> (5) 군정고문기관 혹은 입법기관 창설에 반대할 것
>
> (「민전, 좌우합작 5원칙 발표」, 『서울신문』 1946년 7월 27일)

다 좋은 얘기다. 그런데 이런 좋은 내용을 좌우합작의 목표로 삼자고 하는 것은 좋은 일이지만, 합작 회담의 전제로 하자는 것은 무리한 요구 아닌가. 이에 우익 쪽에서는 이런 비판이 나왔다.

> 제1조에서 저들은 임시정부 수립을 전제로 하는 미소공위 재개 촉진운동의 근거로서 3상회의 결정을 전면적으로 지지하자는 기왕에 있어 좌우 분립을 가져왔던 슬로건을 또다시 그대로 걸고 있으나 이는

먼저 임시정부를 수립시킨 후 정부와 공위가 우리 민족의 자주독립 정신에 의해서만이 해결할 문제가 아닌가. 그럼에도 불구하고 그들이 전연 불필요한 슬로건을 되풀이하는 것은 분명히 합작 운동을 파괴하는 것이다.

제2조 토지개혁, 중요 산업 국유, 민주주의 노동법령 제정, 제3조 친일파·민족반역자·친파쇼 반동 거두의 배제 처벌 문제, 애국지사의 석방 문제, 제5조 군정고문기관 및 입법기관 창설 반대 등의 3조항 역시 임시정부 수립 후에 결정되고 처단되고 해소될 문제이지 지금부터 떠들어댈 문제는 아닌 것이다. 안건 처리상의 전후를 망각한 여상 3개 조의 불필요한 제의와 절규는 부질없이 혼란과 분립을 조장할 뿐임을 우리는 지적하는 바이다.

그리고 제4조에서 저들은 군정을 인민위원회에 즉시 이양하라 하고 있으나 이는 무지와 후안무치를 겸한 자라 아니할 수 없다.

(『조선일보』 1946년 8월 2일; 『우사 김규식의 생애와 사상 1: 항일독립투쟁과 좌우합작』, 199쪽에서 재인용)

제1조에 대한 지적은 극우 쪽으로 치우친 감도 있지만, 2·3·5조에 대한 지적은 객관적 입장에서도 타당한 것으로 보인다. 특히 제4조는 그저 좌우합작을 어렵게 만들기 위해 하나마나한 이야기를 억지로 꺼낸 것으로밖에 보이지 않는다.

더구나 이 5원칙을 민전에서 결정, 발표하는 과정에서 좌우합작 회담의 좌익 측 의장이자 민전 의장단의 일원인 여운형에게 알리지도 않았다면 참 한심한 일이다. 회담의 원칙으로서 좌익이 제기할 것이 있다면 여운형을 통해야 할 것 아닌가.

공산당도 민전도 좌우합작 지지를 표명했다. 그런데 박헌영 일당은 실질적으로 회담을 좌초시키기 위해 온갖 애를 쓴 것으로 보인다. 극우파와 극좌파가 좌우합작 실패를 위해 이렇게 뜻이 맞은 것이 무엇 때문이겠는가? 좌우합작이 그들의 '적대적 공생 관계'에 대한 위협이기 때문 아니었겠는가.

1946. 7. 26.

좌익 5원칙과 우익 8원칙

좌우합작 제1차 본회담이 7월 25일 열리기까지의 과정을 정리해본다.

5월 25일 김규식, 원세훈, 여운형, 황진남 모임. 버치와 아펜젤러 배석. 원세훈이 공개.
6월 14일 김규식, 여운형, 허헌 모임. 약간의 합의 도달. 원세훈이 공개.
6월 22일 김규식, 원세훈, 여운형, 허헌 모임. 버치와 아놀드 배석.
6월 30일 하지, 좌우합작 지지 성명.
7월 10일 합작위원회 구성. 좌우 각 5인 대표와 2인 비서.
7월 17일 여운형 피습.
7월 22일 제1차 예비회담. 우익 대표 전원과 좌익의 여운형, 정노식, 이강국 참석.
7월 25일 제2차 예비회담에서 바로 본회담으로. 허헌 외 전원 참석.

7월 25일까지 진행이 순조로웠다. 매주 2회씩 회담을 열기로 했다. 그런데 7월 29일과 8월 2일 예정되었던 회담이 좌익 대표들의 불참으로 유회되면서 정돈 상태에 들어가고 말았다. 이런 사태를 초래한 직접 원인은 민전이 7월 26일 발표한 '합작 5원칙'이었다.

민전의 5원칙 발표에는 세 가지 문제가 있었다. 첫째, 합작 회담의 모든 발표를 김규식, 여운형 두 의장의 공동 발표를 통해 한다는 의사 규정을 어긴 문제. 둘째, 좌익을 대표하는 5원칙의 결정과 발표 과정에서 좌익 측 의장인 여운형을 배제한 문제. 셋째, 내용상의 문제.

첫째 문제에 대해 우익 대표 원세훈이 7월 27일 기자회견에서 불만을 표시했다. 개인이나 소속 단체에서 개별적 담화를 발표하지 않기로 약속했는데 좌익 측이 이를 어겼다는 것이었다. 이에 대해 좌익 대표 이강국은 합작위원회의 규정이 다른 정당이나 사회단체를 구속할 수 없는 것이라고 반박했다.

둘째 문제에 대해 여운형이 직접 불만을 표시했다는 기록은 없다. 그러나 5원칙의 결정과 발표 과정에서 그가 배제된 것은 확실한 일로 보이고, 그것은 좌익 측 의장으로서 감당할 수 없는 상황이었을 것이다. 7월 29일과 8월 2일 예정되었던 회담에 그는 병을 칭하고 결석했다.

셋째 문제인 내용상의 문제를 살피기 위해서는 민전의 5원칙에 대한 대응으로 우익에서 내놓은 8원칙과 비교해보겠다. 8월 2일 우익 측 비서 송남헌이 좌익 측 비서 김세용(金世鎔, 1904~?)에게 건네준 것이다.

> 좌우합작위원회는 29일 하오 3시부터 덕수궁에서 제2차 정식 회담을 개최할 예정이었으나 여운형이 미양(微恙)으로 출석치 못하여 좌익 측에서 정례 회의 연기를 요청해왔으므로 부득이 다음 정례 회합일인 8월 2일(금) 회담을 연기키로 되었다고 한다. 이날 회합 장소인 덕수궁 석조전에 우익 대표 전원 5씨만 출석하였고 좌익에서는 비서 김세용이 연락차 출석하고 우익 측 원칙 제시를 요구하여 이를 우익 측 비서 송남헌이 휴대하고 동반하여 여운형에게 전달하였다. 그런

데 우익 측에서 발표한 합작 기본 대책 8대 조항은 다음과 같다.

● 우익 합작의 대책

본 위원회의 목적(민주주의임시정부를 수립하여 조국의 완전 독립을 촉성)을 달성하기 위하여 대내·대외의 기본 대책을 아래와 같이 의정함

(1) 남북을 통한 좌우합작으로 민주주의임시정부 수립에 노력할 것

(2) 미소공동위원회 재개를 요청하는 공동성명을 발표할 것

(3) 소위 신탁 문제는 임정 수립 후 동 정부가 미소공위와 자주독립 정신에 기하여 해석할 것

(4) 임정 수립 후 6개월 이내에 보선에 의한 전국국민대표회의를 소집할 것

(5) 국민대표회의 성립 후 3개월 이내에 정식 정부를 수립할 것

(6) 보선을 완전히 실시하기 위하여 전국적으로 언론 집회 결사 출판 교통 투표 등 자유를 절대 보장할 것

(7) 정치 경제 교육의 모든 제도 법령은 균등 사회 건설을 목표로 하여 국민대표회의에서 의정할 것

(8) 친일파 민족반역자를 징치하되 임시정부 수립 후 즉시 특별 법정을 구성하여 처리케 할 것

(「좌우합작위원회 우익 측의 8대 기본 대책 발표」, 『동아일보』 1946년 7월 31일)

좌우합작에 관한 기초 조사를 할 때 나는 좌익 5원칙과 우익 8원칙을 놓고 그 정당성을 비교할 마음이 들었다. 예컨대 좌익 5원칙에서는 친일파 배제를 앞세웠는데 우익 8원칙에는 임시정부 수립 후로 미뤄 놓은 차이가 있다. 이런 차이에서 좌익 5원칙이 더 정당한 원칙이라는 인상을 받지 않을 수 없었다.

그런데 그동안 상황의 진행을 면밀히 살펴보다 보니 '정당성'보다

'타당성'을 더 중시하는 마음이 든다. 궁극적인 옳고 그름보다 당장의 상황에 도움이 되느냐 여부를 말하는 것이다. 5원칙 중 제4조가 극단적인 예다. 군정 종식은 두말할 나위 없이 정당한 원칙이지만, 그 시점에서 그 원칙을 드러내 말하는 것이 합작 회담 진행에 무슨 도움이 되는가?

그런 기준으로 다시 살펴보니, 민전 5원칙은 실제적인 효용성보다 선전용이라는 느낌을 여러모로 준다. "3상회의 결정을 전면적으로 지지"한다는 말을 꼭 명시할 필요가 있는가? 극우파의 반발을 유도하기 위해 일부러 넣은 말로 보인다.

친일파 문제도 그렇다. 주체적 처리가 가능하게 될 임시정부 수립 후로 미루자는 우익의 주장이나, 임시정부 수립 과정에서 친일파의 입김을 배제하자는 좌익의 주장이나, 어느 쪽도 일리가 전혀 없는 것이 아니다. 우익 대표들 중에도 아주 악질적인 친일파는 미리 배제하는 것이 좋다고 생각하는 이들이 있었지만 앞장서서 주장하기 어려운 사정이 있었다. 배제할 범위를 좌익이 구체적으로 주장하면 못 이기는 척하고 그보다 조금만 더 줄이자는 쪽으로 절충할 일이었다. 그런데 좌익은 "친일파 전면 배제"만을 거듭 외칠 뿐, 친일파 처리의 구체적 방법을 제시한 일이 없었다. 공산당이 여운형, 안재홍까지 친일파로 흑색선전을 벌인 것을 보면 '친일파' 문제를 진지하게 생각하지 않고, 그저 정적을 때려잡는 '도깨비방망이'처럼 생각한 것 같다.

회담에 '원칙'이란 것이 왜 필요한가? 이런 원칙을 인정해주지 않으면 회담에 응할 수 없다고 회담 성립 전에 주장할 수는 있다. 그러나 특별한 상황 변화도 없는데 일단 성립된 회담장에서 내가 원하는 것을 '원칙'으로 받아들여 달라고 떼를 쓰면 그게 회담인가? 원하는 것을 서로 의제로 내놓고 절충을 하는 것이 회담 아닌가?

'박헌영의 사람들'은 합작 회담 좌초를 위해 최선을 다한 것으로 보인다. 어제 본 것처럼 허헌은 대표 자리만 하나 꿰차고 있으면서 예비 회담 이후 회담장에 나타나지 않았다. 민전 사무국장을 맡고 있던 이강국은 5원칙의 결정과 발표를 주도했다.

이런 상황에서 여운형이 움직이지 못하게 한 결정적인 문제가 또 있었다. 이북에서 공산당과 신민당을 합치는 북조선노동당(이하 '북로당'으로 줄임) 창당 작업이 이미 궤도에 올라 있었고, 이남의 좌익 3당(공산당, 인민당, 남조선신민당)의 합당 과제도 떠오르고 있었다. 이 과제는 8월 3일 인민당 중앙집행위가 다른 두 당에 합당을 제안하기로 결정하면서 표면화되었는데, 아마 7월 중순부터 논의가 시작되었던 일로 보인다.

여운형은 결국 이 남조선노동당 창당 과정에서 빠져나가게 되지만, 논의 시작 단계에서는 합당을 진심으로 바라고 있었던 것으로 보인다. 그 단계에서는 비록 좌우합작 저지를 꾀하는 박헌영 일파의 치사하고 악랄한 술수에 불만을 품었어도 당을 함께할 사람들을 등질 수 없었다. 박헌영 일파의 방해공작을 무릅쓰고 좌익을 대표해서 합작 회담을 끌고 갈 인물도 없었다. 그래서 좌우합작 노력은 꼬박 석 달 동안 마비 상태에 빠져 있게 되었다.

우익 8원칙에 대해 7월 31일 민전 사무국에서 반박 성명을 발표했다. 이승만의 이름 석 자를 반동 노선의 대명사처럼 쓴 것이 흥미롭다. 그런데 8원칙 내용을 아무리 들여다봐도 이승만과 같은 수준으로 몰아붙인 것은 그 작성자들에게 억울한 일 같다. 정말로 반동과 대결하고 싶다면 '덜 반동'을 편으로 끌어들여야 할 텐데, 자기보다 오른쪽을 '모두 반동'으로 몰아붙이는 것을 보면 자기보다 왼쪽을 모두 '빨갱이'로 몰아붙이는 대한민국 극우파와 참 닮았다.

"우익에서 제시한 합작 기본 대책의 8개 조건에는 행동 통일의 원칙이 표명되어 있다고 볼 수 없다. 8개 조건의 합작 기본 대책은 이승만 박사의 정치 노선에서 일보도 전진하지 못한 것이다. 우리 동포의 가장 시급한 사활 문제에 관한 개혁은 그대로 덮어두고 모든 문제의 해결을 정부 수립 후로 미루어 정부 수립에만 급급한 것 같이 보이는데 이는 일견 민중의 요망에 영합하는 듯하나 이 8개 조건은 상술한 바와 같은 의도를 내포한 반동적 강령이다."

(「민전, 좌우합작위원회 우익 측 8개 기본 대책은 반동적 강령」, 『서울신문』 1946년 8월 1일)

1946. 7. 27.

"아직도 폭력은 우익의 것"

정판사사건과 뚝섬 위폐사건의 공판을 법원 4호 법정에서 개정할 예정이던 7월 29일 9시에 수천 군중이 몰려들어 큰 소동을 빚었다. 이 때문에 개정은 몇 시간 뒤로 미뤄졌다. 법정에서 벌어진 일은 내일 설명하기로 하고, 오늘은 법정 밖의 소동을 먼저 살펴본다.

군중의 폭력에는 투석 외에 아무 무기도 사용되지 않았다고 한다. 그런데 경찰의 발포로 청년 한 명이 죽고 한 명이 부상했다. 경기도 경찰부장 장택상은 '공포'를 쏘았을 뿐이라고 주장했다. 장택상에게 '공포(空砲)'의 개념이 무엇이었는지 참 의아하다. 실탄이 나가지 않는 공포탄을 넣고 쏘는 것이 공포라고 나는 알고 있는데, 그는 "살해할 의사"만 없으면 실탄을 쏘더라도 '공포'가 된다고 생각한 것일까?

● 장 부장과의 문답

30일 장(택상) 경찰부장과 기자들은 다음과 같은 문답을 하였다.

(문) 무장 안 한 민중에게 발포한 것이 옳다고 생각하는가?

(답) 어제 같은 상태에서는 옳다고 생각한다. 공포를 발한 것은 살해할 의사와는 다르다.

(문) 공포에 의하여 살해된 것은 경찰의 책임이 아닌가?

(답) 경찰은 추호의 책임도 없을 뿐만 아니라 오히려 경찰의 훈로를 표창할 생각이다.

(문) 당신이 현장에서 지휘하였다는데 그것은 사실인가?

(답) 그날 여러 가지 사건이 많아서 잘 기억하지 못하나 그런 말을 하였다면 이는 상당한 이유가 있을 것이다.

(「편파된 재판의 우려 농후하다」, 『자유신문』 1946년 7월 31일)

진짜 엽기적이다. 조현오보다 더하다. 투석 정도 군중의 폭력에 발포로 대응한 것이 옳단다. '공포'가 사람 죽인 데 대해 경찰은 "추호의 책임"도 없단다. 게다가 자기가 현장에서 지휘한 사실도 잘 기억하지 못한단다. 이 기사는 '자료대한민국사'에 수록되어 있지 않은 것을 '한국근현대신문자료'에서 찾아낸 것이다. '자료대한민국사'의 정판사 사건 관계 기사는 거의 모두가 『동아일보』 기사뿐이다. 어찌된 일인지 모를 일이다.

7월 30일자 『동아일보』 기사에는 "군중 속에서 쏜 일탄"이 경관 머리에 맞았다는 내용도 있는데, 천하의 『동아일보』가 사실무근의 내용을 냈을 리는 없을 것이다. 아마 '돌멩이 일탄'을 맞은 일이 있었던 모양이다. 이 기사는 『동아일보』 기사인데도 '자료대한민국사'에 없어서 '한국근현대신문자료'에서 찾은 것이다.

이날 상오 6시부터 소관 서대문서에서는 60명의 경찰대가 출동하여 경성지방법원 내외를 비상 경계하는 중 이른 아침부터 몰려든 군중은 시간이 갈수록 늘어서 8시 30분경에는 수천 명이 둘러싸고 그중에는 적기가(赤旗歌)를 부르고 조선공산당 만세를 고창하는 사람들도 있는 중 상오 9시 10분 전 피고들이 트럭 한 채로 들어오자 후문에서 돌팔매가 들어오고 정문에서는 순경의 발포 사건이 일어나 성동중학생 한 명이 총에 맞아 생명이 위독하고 한 명이 다리를 맞아 방금 대학병원에 입원 중이다.

그리고 군중 속에서 쏜 일탄은 경관 머리에 맞아 소동을 일으켰는데 급보를 받은 경기도 경찰부에서는 시내 각서 무장 경관대를 출동시켜 겨우 하오 1시경에 군중을 해산시키고 그 후부터는 교통을 차단한 후 공판을 계속하였다.

(「정판사위폐사건 범인 공판 방해범 검거 단행」, 『동아일보』 1946년 7월 30일)

군정청 경무부장 조병옥은 죽은 청년이 하늘을 향해서 쏜 유탄에 맞은 것이라고 주장했다. 아니, 사정거리가 얼마나 짧은 총이기에 하늘을 향해 쏜 총알이 같은 법원 구내에 있는 청년을 죽였을까? 90도 각도로 쏜 총알인가? 7월 30일자 『자유신문』 기사 중 대학병원 의사를 인용한 상처 묘사를 보면 하늘에서 떨어진 총알은 아니었다.

● 유탄으로 빈사의 중상

법정 밖에 소란 중의 유탄으로 인하여 시내 경동중학 3학년 3반 전군(이름은 아직 불명)은 탄환이 얼굴을 뚫어 빈사의 중상을 입고 경대병원에 입원하였다.

● 생명은 위독, 경대 문외과(文外科) 담

경대 부속병원 문외과 한격부 씨는 환자 상태에 대하여 다음과 같이 말한다. "현재 인사불성이다. 탄환은 아래턱뼈를 부수고 후경부(後頸部) 근육에 남아 있다. 지금 응급치료를 하고 있으나 생명이 위험하다."

● 이신생 군 담

중상당한 전 군을 업고 온 이신생 군은 다음과 같이 말한다. "앞에 있는 전 군이 피를 흘리며 넘어졌으므로 이를 떠메고 가까운 적십자병원으로 가려 했으나 경관이 통행을 일체 용서치 않아 다시 반대편 길로 떠메고 갔더니 상부 명령 없이는 통과를 못시킨다 하며 거절하므로 죽어가는 사람을 데리고 망연히 있다가 겨우 자동차로 성대병원으로 달려왔습니다."

당시에 그 총알을 요새 CSI 드라마에서 보는 것처럼 조사했을까? 내 상식으로는 턱과 목을 맞춘 총알이 하급 경관들의 카빈총으로 쏜 것이라면 관통을 못 했다는 사실이 이해가 가지 않는다. 간부들이 갖고 있던 권총탄이 아니었을까? 혹시 장택상 본인이?

이 사건을 계기로 극우파에서는 좌익이 폭력에 나섰다는 선전을 펴는 데 진력했다. 사건 직후 하지 사령관의 발언에서 그런 징조가 나타나기 시작했다. 이 시점까지는 하지도 좌익을 테러의 주체가 아니라 피해자로 인식하고 있었다는 사실을 알 수 있다.

"그리고 하지 중장은 이와 같이 교사를 받은 폭도군을 취급하는 데 있어서 경찰이 보여준 견인한 태도를 칭찬하며 소수의 상해만으로 이 난경(難境)을 선처한 것은 모두 경찰관의 인내와 관용에 의한 것이라 하였다. 그리고 당국의 한 가지 과오는 어떤 선동적 단체에서 테러에 대한 대대적 반대 선전의 진의를 믿었던 것이다. 정의를 요란스럽게 부르짖고 테러 행위를 비난하던 그들 자신이 갑자기 그런 술책을 쓸 것이라고는 예상하지 못하였던 것이다."

(「위폐사건 공판을 방해하는 행위에 대한 하지의 발표」, 『서울신문』 1946년 8월 1일)

『동아일보』는 8월 6일자와 7일자 2회에 걸쳐 모처에서 입수했다는 공산당의 '선동 계획' 전문을 게재했다. 실제로 공산당에서 이 비슷한 문서가 만들어진 것은 사실이었을 것 같고, 『동아일보』에서 양념을 얼마나 쳤을지 알 수 없는 일이다. 긴 내용이고 상세한 설명을 붙일 여유가 없지만, 당시 공산당의 전술 전략(적어도 우익 일각에서 공산당의 전술 전략으로 선전하고 싶어 하던 내용)이 상당 부분 반영된 내용으로 보고 전체를 붙여놓는다.

예민한 내용이기 때문에 8월 6일자 게재 내용은 '한국근현대신문자료'와 대조해 일부 수정했는데, 8월 7일자는 이 기사가 실린 제2면이 나오지 않아 '자료대한민국사'에 실린 내용을 그대로 올린다.

과연 전율할 일이었다. 저 정판사위폐사건이 어째서 허구한 사건이었던가? 다만 관계자의 전부가 공산당원이었기 때문에 그들 좌익 진영은 이번 위폐사건의 공판을 깨트려 없애려고 했던 것이 아닌가!

관계자가 좌든 우든 위폐사건은 독립 전야의 국민경제를 최대한도로 혼란시킨 범죄 사상 큰 기록이다. 그런데 보라! 소위 "729캄파를 중심으로 한 긴급 선전 선동 방침"이란 모종의 서류가 7월 29일의 위폐사건 공판을 전후하여 전달되어 무서운 파괴 행위의 채찍을 들고 당원을 호령했던 것이다. 이하는 모 방면에서 전달된 선동 계획의 전문이다.

(1) 투쟁 성과와 자기비판

(A) 성과

1) 공판의 연기를 위한 방침이 관철되어 당의 위신을 굳게 지킬 수 있었고 조직된 대중을 더욱 공고한 지반에 놓게 되었다. 더욱이 노동자 학생이 제일 용감하게 선두에 나선 것은 큰 성과였다.

2) 반동 진영의 야만성을 더욱 날카롭게 폭로하여 더 많은 대중을 우리당 주위에 집결 조직할 계기를 만들었다.

3) 경찰의 반동성과 아울러 그의 반동적인 상부와 비교적 순직한 하부(일부 악질분자를 제외)의 격리를 민중 앞에 노정하였다.

(B) 자기비판

1) 소위 위폐사건에 대한 해결 사업의 부족이 드러났다. 그것은 미조직 소시민 대중의 부족으로 알 수 있다.

2) 대체로 보아 동원 부족과 투쟁에 대한 계획성이 부족하였고 명령 계통이 불충분하였다.

3) 선전 활동이 동원 활동과 연락되지 못했다.

4) 아지프로 활동은 그 내용이 추상적이었다. 당 서기국 발표의 예증을 활용할 줄 몰랐다. 아지 내용에 생활 문제를 첨부시키지 못한 것

5) 삐라 제작이 부족했다. 그리고 부족한 삐라를 유효하게 철포할 줄 몰랐다.

6) 투쟁의 편향

● 좌경

경관에게 투석한 것

데모에 그룹성을 나타낸 것

미조직 군중의 계급성을 무시하고 공산주의 만세를 호창한 것

데모에 미조직 군중을 보장하려고 하지 않고 유리하는 경향이 있는 것

경관의 상부 하부를 일률적으로 욕한 것

● 우경

경관이 총을 발포하자 한꺼번에 후퇴한 것

민주 경찰 만세를 부른 것

(2) 금후 선전과 선동 활동

1) 소위 위폐사건의 허구성과 모략성을 더욱 날카롭게 과학적으로 폭로 해설할 것(특히 서기국 발표의 문건을 더욱 깊이 인식하도록 노력할 것)
2) 7·29 학살 사건의 진상을 널리 해설하고 경찰 상부(특히 조병옥, 장택상)의 야만성을 폭로할 것. 공판정에서 조병옥은 반말로 민중을 모욕하고, 발언하는 사람을 체포한다고 대중을 공갈하였다.

(「좌익계의 긴급 선전 선동 방침 알려지다」, 『동아일보』 1946년 8월 6일)

● 장택상은 자기 부하를 대중 앞에서 구타하여 그의 광견성을 더욱 명백히 노정하였다.
● 살상한 시체를 곧 병원에 보내는 것을 거부하였고 시체 하나는 암장하였다.
3) 7·29 사건 폭로는 민생 문제와 연결시켜(비컨대 장택상은 은닉미 적발은 게을리하여도 사람 죽이는 것에만 흥미가 있다는 등) 남조선의 물가고 혼란의 책임을 규탄하도록 할 것
4) 좌우합작에 대한 민전의 5대 원칙을 항상 결부시켜 이것을 반대하는 반동 거두와 위폐 날조의 모략을 직접 연결시킬 것
5) 민주주의적 방법에 의한 재조사를 강조 해설하고 편당적인 판검사의 기피 운동을 연달아 일으킬 것
6) 이관술 동지의 무조건 석방을 아울러 주장하여 반동 거두의 발견 조병옥, 장택상의 즉시 파면을 요구할 것
7) 북조선의 민주주의적 발전(토지개혁·노동법령·남녀동권 등)을 선전함으로써 남조선의 혼란을 더욱 깊이 인식케 하고 남조선을 북조선화하자는 슬로건을 내걸고 남북통일의 민주정권 수립에 모든 민중을 동원하는 방향으로 나아가 8·15 기념의 민족적 행사에 총연락시킬 것
(3) 선전의 구체적 방법

1) 야체이카 선전부의 기초를 더욱 튼튼히 하기 위하여 동 선전부 책임 동무는 더욱 열성적으로 선전에 대한 학습을 하고 선전에 유능한 동무들을 발견하여 선전부를 강화할 것

2) 선전 지시 첨부 삐라 원고를 참작하여 각 분야에서는 최대한도의 능력을 발휘하여 삐라의 발행 배부를 할 것

3) 간단한 전단을 끊임없이 붙이도록 할 것

4) 벽서 활동(변소, 장벽, 전주 등)에 백목으로 쓰는 것은 전연 없다시피 하니 이것을 더욱 장려하며 이번에는 꼭 실행할 것

5) 집합 활동은 전부터 해오던 약식으로(대집회·소집회 등) 하되 기계적으로 하지 말고 창의성을 발휘하여 타방면으로 계속할 것

6) 슬로건은 첨부 삐라에 의거할 것

(「좌익계의 긴급 선전 선동 방침 알려지다」, 『동아일보』 1946년 8월 7일)

1946. 7. 28.

공산당의 정판사사건 '공판투쟁' 전략

연초에 있었던 국군준비대와 학병동맹 탄압은 미군정의 양해하에 경찰이 앞장섰던 일로 생각된다. 두 단체가 치안과 질서를 명분으로 경찰과 경쟁하는 입장이었기 때문이다.

정판사사건은 이와 달리 미군정이 꾸민 일이고, 경찰은 그 지시를 받아 움직인 것으로 보인다. 5월 4일 뚝섬 위폐사건을 적발한 것은 경찰의 일이었겠지만, 그 범인 중 하나가 정판사 직원이라 해서 5월 8일 근택 빌딩의 정판사를 수색하는 데는 미군정의 의지가 작용한 것이었다. 그리고 5월 15일의 사건 발표는 장택상 제1관구(경기도) 경찰부장의 보고 내용이라면서도 군정청 공보과에서 발표했다.

경찰 수뇌부가 이 사건 처리에 자체 방침을 갖지 않고 있었다는 사실을 발표 직후 장택상과 본정서장의 발언에서 알아볼 수 있다.

● 장(張) 경찰부장 기자단과 일문일답

(문) 지폐 위조 사건에 관하여 상세한 발표를 바란다.

(답) 이 사건에 관하여는 상부로부터 함구령을 받았으므로 옳다 그르다 일체 말할 수 없다.

(문) 그러나 그 사건 발표는 귀관의 명의로 되지 않았는가?

(답) 공보부에서 내 이름으로 발표한 것이지 내가 한 것은 아니다. 내가 자세한 보고를 하였으니 자세한 보고는 역시 공보부에 가서 물어보기 바란다.

(문) 뚝섬에서 검거된 지폐 위조단과의 관계는 어떤가?

(답) 이것이 뚝섬 사건인지 다른 별개 사건인지 나는 모르겠다.

그리고 공보부 발표에 대하여 조선공산당에서 발표한 삐라를 읽은 장 부장은 '정판사 지하실' 운운은 내 보고서에는 없는 사실이라고 부언하였다.

● 본정서장 이구범 담

"위조지폐 사건에 대한 공보부 특별 발표는 상부의 발표라 무엇이라고 말하기 어려우나 나의 의사로는 잘되지 못하였다고 생각한다. 첫째로 이 사건은 아직 취조가 끝나지 않은 것을 발표한 것은 경솔하였다. 둘째로 지폐를 정판사 지하실에서 인쇄하였다는 발표는 무근한 사실이다. 셋째로 이관술·권오직이 사건에 관련해 있는지 없는지는 취조하여 보지 못한 이상 분명치 않다. 넷째로 이번 사건은 뚝섬 사건과 관련이 있음에도 이번 발표에서 빠진 것은 이번 발표가 사건의 전모가 아닌 것을 말한다."

(「조공, 공보부의 정판사 위조지폐 사건 발표에 대해 성명 발표」 중에서, 『중앙신문』 1946년 5월 17일)

이 사건은 두 달 동안 경찰이 맡고 있다가 7월 9일 검찰로 송국했고, 검찰이 그 열흘 후에 기소했으며, 다시 열흘 후 첫 공판이 열렸다. 검찰과 법원의 기민한 처리는 경찰 마음대로 되는 일이 아니었다. 여기에서도 미군정의 의지를 느낄 수 있다.

사건의 표적이 공산당이라는 사실은 명약관화한 일이었다. 당연히 공산당은 즉각 반발했다. 발표 이튿날 아침 박헌영이 군정청을 찾아갔으나 러치 장관도 뉴먼 공보부장도 만나지 못하고 의견서만을 제출하고 돌아와야 했다.

이에 대해 미군정 당국자들은 이 일이 정치적 조치가 아니라 범죄수사일 뿐이며, 피의자는 공산당이 아니라 개인들일 뿐이라고 계속 주장했다. 사건의 정치화를 차단하려 한 것이다. 그러나 실제로는 5월 18일에 근택 빌딩에 있던 공산당 기관지 『해방일보』를 정간시키고 며칠 후에는 적산 건물인 근택 빌딩에서 공산당을 쫓아내는 등 노골적 탄압 조치를 통해 정판사사건을 공산당의 범죄로 본다는 입장을 분명히 했다.

이 사건으로 공산당의 타격이 컸던 중요한 이유가 그 폐쇄성에 있었던 것으로 보인다. 당시 일본에서 '사랑받는 공산당'이 떠오르고 있던 것과 대조되는 모습이다. 해방 전 조선과 일본의 공산당원들은 비슷한 처지에서 지하활동에 익숙해 있었다. 그런데 중국공산당과 함께 다년간 활동하던 지도자 노사카 산조(野坂參三, 1892~1993)가 1946년 1월 귀국하면서 제창한 "사랑받는 공산당"이 당 내외의 호응을 받으면서 일본 공산당이 대중정당의 성격을 띠게 되었다.

'공산당' 하면 '음모'를 떠올리는 존재였다. 극우파의 공산당 비방도 이 점에 집중되었다. 정간 전날인 5월 17일자 『해방일보』 사설은 위폐사건이 군정 당국의 무고라고 주장하면서 공산당을 향한 중상모략의 대표적 사례로 "공산당은 조선을 소련에 예속하기를 음모한다", "공산당은 방화를 계획한다", "공산당은 무기를 은닉하였다", "공산당은 공처(共妻)를 주장한다" 등을 열거했다. 게다가 5월 초순에 공개된 조봉암의 편지에도 공산당 지도부의 독단성에 대한 비판이 있었다.

정판사사건을 빌미로 한 미군정의 공격은 적어도 당시까지 공산당의 운영 방식에 대해서는 유효한 타격을 줄 수 있었다. 그렇다면 타격 대상은 공산당 자체에 앞서 박헌영의 위신과 지도력이었다. 6월 말 방북 때 박헌영이 이북 지도자들에게 "미군정이 정판사사건을 만들 만한 빌미를 조선공산당 측에서 제공한 꼴이 아닌가?" 하는 질책을 받고 심지어 실제로 위폐를 발행한 것이 아닌가 하는 의심까지 받았다고 하는 서용규의 증언(『비록 조선민주주의인민공화국』, 230쪽)도 이 타격의 효과를 보여주는 것이다.

서용규의 다른 증언에 따르면(같은 책, 243~244쪽) 7월 20일경 다시 방북한 박헌영을 참석시킨 북조선공산당 조직위원회 상무위원회의에서 정판사사건을 조작으로 규정하고 그 진상을 널리 알리기 위해 '공판투쟁'을 벌이기로 결정했다고 한다. 이 '공판투쟁'에는 언론 활동과 시위 활동도 포함되는 것으로 이해된다.

7월 22일 공산당이 하지에게 보낸 청원서가 이 '공판투쟁'의 성격을 여실히 보여준다.

> 조공 중앙위원회에서는 29일 위조지폐 사건으로 기소된 동 당원 박낙종 이하의 공판을 앞두고 22일 다음과 같은 요지의 청원서를 하지 장군에게 제출하였다고 한다.
>
> (1) 현 담당 검사 양인을 파면하고 가장 공명정대한 인격자로서 검사를 신임하며 이 신임 검사는 좌우 양익의 대표자 3인씩과 법조인 6인으로 조직한 옵서버 하에서 피의자들의 재취조를 진행하여 그 기소 여부를 결정할 것
>
> (2) 재판은 반드시 공개적으로 할 것
>
> (3) 변호인은 귀국의 지명의 변호사를 초청하여 조선의 변호사와 동

석하여 재판을 진행토록 할 것

(4) 귀국의 유수한 여론 기관 대표자를 초청하여 재판의 정확한 기사를 귀국민에 보도하기를 허가하여 줄 것

(5) 미소공위는 현재 휴회 중이나 양 대표가 조선 문제에 비상한 관심을 가지고 있으니 미소공위의 대표를 초청하여 재판에 임석토록 허가하여 줄 것

(「조공, 하지에게 정판사위폐사건의 재판 공개 및 보도 자유 등을 요망」, 『서울신문』 1946년 7월 23일)

기본 취지는 두 가지다. 한 가지는 재판을 길게 끄는 것이고, 또 한 가지는 노출을 최대한 크게 하는 것이다. 공산당은 이 '청원서'를 하지에게 보내고 즉각 언론에 공표했다고 하니 실제로는 '선언서'라고 하는 편이 성격에 더 맞을 것 같다. 하지는 신문에 발표된 여러 시간 후에야 이 '청원서'를 접수했다고 7월 26일 러치 군정장관의 성명서를 통해 불평했다. 공산당의 언론 플레이로 본 것이다.

지난 화요일 신문기자회견 석상에서 신문기자로부터 조선공산당이 하지 중장에게 진정서를 제출하였다는 데 대한 질문을 받았었는데 나는 그때에 그 문제를 알지 못한다고 대답했었다. 나는 25일 이 문제에 관하여 하지 중장으로부터 서신을 받았는데 그 내용은 다음과 같다.

"내가 지금 귀관에게 보내는 진정서는 그것이 일간신문에 발표된 지 수 시간 후인 25일 정오경에야 비로소 조선공산당으로부터 접수한 것입니다. 그 진정서는 수 주 전에 발각된 위폐단의 관계자를 재판하는 데 관한 것입니다. 이 진정서는 상당히 호한한 것으로 여러 가지

의 놀랄 만한 성명과 청원이 기재되었는데 그것은 조선공산당이 확실히 착오된 생각을 가지고 있다는 것을 표시하는 것으로 이 대규모의 위폐사건에 관한 피고의 재판을 공산당의 재판으로 만들려는 의도라고 보는 것입니다.

이 기회에 나는 나의 이전 지령을 귀관에게 재언하는 바이거니와 피고의 다수가 우연히 공산당원이었다고 하더라도 재판의 공정에는 아무 관계가 없는 것, 이번 사건은 국가와 국민에 대하여 중대한 범죄를 한 차등 개인을 재판하는 것으로 할 것. 이 사건은 다른 모든 범죄사건과 꼭 같이 취급할 것 등입니다.

나는 이 재판이 예의와 권위로서 진행될 것과 피고의 권리가 완전히 보장될 것과 피고와 조선 국민에 대한 공정을 기하기 위하여 유능한 관리의 검토를 거칠 것을 희망하는 바입니다. 어떤 경우든지 정치적 모략이나 보복적 수단으로서 구형을 하는 것은 용인치 아니할 것입니다."

이미 여러분에게 말한 바와 같이 법정의 일부에 기자석을 준비할 것이며 재판은 현재 법규에 의하여 공개될 것이다. 나는 하지 장군의 이상 서면으로 표시한 희망이 전적으로 이행될 것을 확언하는 바이다.

(「러치, 정판사 위조지폐 사건 재판의 공정을 다짐한 하지 서한 발표」, 『동아일보』 1946년 7월 27일)

7월 24일 기자단 정례 회견에서 박헌영은 "위폐사건에 대한 귀당의 태도는?" 질문에 이렇게 답했다.

"우리 당에서는 단호한 태도를 취할 것이다. 이 사건은 출발로부터 순수한 모략인 것인 만큼 검사국 발표의 시기와 공판기일 등이 모두

嚴重警戒裏에開廷된僞幣

屋外의混亂으로開廷遲延

群衆一部는赤歌와萬歲를高唱

辯護人들은退廷

最高八年을求刑

정판사위폐사건을 다룬 1946년 7월 30일자 『동아일보』.

모략적으로 정해졌다. 기록이 2천 장이나 된다니 이 재판은 2~3개월의 준비가 필요할 터인데 기소 후 10일 만에 재판한다는 것은 공판 역사상 처음일 것이다. 재판을 이와 같이 속히 함은 우리 당의 반증의 준비 기간을 안 주기 위한 것이며 우리 민족에게 진상 인식 준비 기간을 안 주자는 데 있다. 우리는 이런 처치에 적극 항쟁하여야 한다."

(『자유신문』 1946년 7월 25일; 『이정 박헌영 일대기』, 353쪽에는 같은 날짜 『현대일보』 기사를 소략한 내용으로 인용해놓았다.)

이것이 공판투쟁의 기본 전술이었다. 7월 29일 외부 소란 때문에 늦어진 양원일(梁元一) 재판장의 개정 선언이 떨어지자마자 변호인들은 공판기일 연기, 피고들의 수갑을 풀어줄 것, 법정 내 무장 경관의 퇴장을 요구했고, 피고 대표 박낙종은 '피고 회의'를 열게 해줄 것을 요구했으나 재판장에게 모두 거절당했다. 이에 변호인단이 편파적 판결의 우려가 있다는 이유로 판사 기피 신청을 제출하고 퇴정함에 따라 공판은 연기되었다가 기피 신청이 완전히 기각된 뒤 8월 22일 재개된다. 기피 신청 제출 후 재판장과 피고들 사이에는 이런 말이 오갔다.

(판사) 피고들의 의사도 변호단과 같은가?

(피고) 그렇소.

(판사) 판사 기피를 하였다가 사실심리 결과 범죄 사실이 판명되면 피고들에게 더욱 불리하고 벌을 더 엄중하게 받게 되는 줄 아는가?

(피고) 안다.

(판사) 그래도 하는가?

(피고) 그렇소.

(판사) 그렇다면 판사 기피 신청을 접수하고 오늘의 사실 심문은 보류한다.

(「판사를 기피, 재판장과 피고의 기피 신청」, 『자유신문』 1946년 7월 30일)

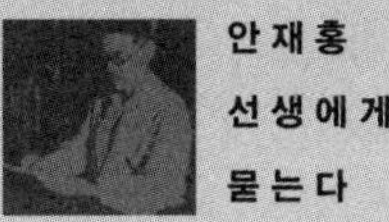

안재홍
선생에게
묻는다

"한탄은 하지만 후회는 않는다"

김기협 | 광복 1년이 되어갑니다. 참, 지금은 '광복절'이란 말이 모두 입에 붙어 있지만 그것은 정부 수립 후의 일이고, 그때는 '해방 1주년'이라고 했죠?

지금의 상황이 1년 전 갖고 계시던 희망에 크게 미치지 못한다는 사실은 굳이 말씀 안 하셔도 잘 압니다. 선생님께서, 그리고 대다수 조선인이 원치 않는 방향으로 사태가 굴러오게 된 가장 큰 고비가 무엇이었습니까?

안재홍 | 지난 연말 연초의 반탁운동 폭발이 큰 고비였습니다. 11월 말 임정 귀국 후 임정 중심으로 통일전선을 만들려는 노력이 익어가고 있을 때였죠. 임정 비주류 인사들이 나서서 만든 특별정치위원회(조소앙, 김붕준, 김성숙, 최동오, 장건상, 유림, 김원봉)가 많은 기대를 모으고 있었습니다. 좌익이 인공을 내세워 임정에 맞서고 있었지만, 이 특별정치위원회를 외면할 수는 없었으니까요. 김구 선생도 교착 상황의 돌파를 위해 특별정치위원회를 지지하고 있었습니다.

그런데 반탁운동 한 방으로 이런 노력이 모두 박살나고 말았습니다. 통일전선을 만들려면 합작과 절충이 있어야 할 텐데 "절대 반대"와 "절대 지지"가 휩쓰는 와중에 합작과 절충이 어디서 이뤄지겠습니까?

특별정치위원회를 통한 합작 노력이 1월 초 겨우 '4당 코뮈니케'를 만들어냈지만, 공산당과 한민당의 독단적인 태도 앞에 그냥 날아가 버리고 말았지요.

2월 중순 민주의원과 민전을 중심으로 양 진영이 고착되기까지 반탁운동의 격류 속에서 걷잡을 수 없이 진행되어버렸습니다. 특별정치위원회 구성원 태반이 민전으로 넘어갔고, 모두 '좌익' 딱지를 달게 되었습니다. 그분들 중에는 저와 생각이 거의 같은 분들이 있는데, 그분들은 민전에 참여했다 해서 좌익이 되고 저는 민주의원에 남았다 해서 우익이 된 것이죠. 중도파의 입장이 무너져버렸습니다.

김기협 | 선생님은 해방 당일 건준 부위원장으로 활동을 시작한 이래 독촉, 신탁통치반대국민총동원위원회, 비상정치회의, 비상국민회의, 민주의원에 이르기까지 우익 조직 활동에서 핵심 역할을 맡아왔고, 그밖에도 국민당을 이끌고 『한성일보』를 주재해왔습니다. 지난 1년간 조선 정치계에서 가장 많은 활동을 한 인물의 한 분입니다.

그런데 지금의 상황에 이르고 보면 해 오신 일에서 보람을 느끼기보다 회한을 느끼는 면이 많을 것 같습니다. 선생님 스스로 제일 후회되는 일이 무엇인지요?

안재홍 | 특정한 어느 일을 꼽을 것이 없습니다. 모든 일에서 제 능력 부족을 한탄할 따름입니다.

그러나 한탄은 있을지언정 후회는 없습니다. 욕심이 없기 때문에 후회가 없는 겁니다. 내가 아무 욕심 없는 성인군자라는 말이 아닙니다. 다만 무슨 일에 임하든, 내 욕심이 끼어들지 않도록 조심하는 거죠. 누가 하든 할 사람이 있어야 하는 일을 맡으러 나서고, 그 일을 내가 하지 않을 경우보다 좋은 결과를 얻도록 최선을 다할 뿐입니다. 그럴 자신이 없으면 맡지도 않고 나서지도 않습니다.

가장 큰 번뇌를 느낀 일이 국민당과 한독당의 합당이었습니다. 말이 합당이지, 이름도 '한독당'을 그대로 쓰고 간부진도 옛 한독당계가 장악했으니 시정의 말대로 국민당을 갖다 바친 겁니다. 반 년간 함께해 온 동지들에게 면목 없는 일이 많습니다. 그러나 국민당을 그대로 지켜서 내가, 그리고 국민당 동지들이 무엇을 할 수 있을지 냉철하게 생각하고 결행했습니다. 국민당 사람들은 고통과 좌절을 겪더라도 국민당을 통해 받들어온 뜻을 살리는 길이라고 판단한 겁니다.

김기협 | 국민·한독 합당에 이르기까지 지난 1년간 선생님의 행동을 좌우해온 가장 큰 요소의 하나가 이승만·김구 두 영수에 대한 절대적 신뢰와 충성이라고 보는 이들이 있습니다. 2월의 민주의원 참여와 4월의 합당 때까지 선생님의 행동은 그 관점에서 거의 설명이 되는 것 같아요. 그래서 우익의 비민주적 한계로 지목되는 '영수 체제' 확립에 선생님이 한몫했다는 비판도 있습니다.

그런데 좌우합작에 참여하는 지금 단계에서는 두 분을 대하는 태도가 달라진 것 같습니다. 두 분을 바라보는 시각에도 변화가 있었는가요?

안재홍 | 물론 변화가 있지요. 그러나 종래의 내 태도를 '절대적' 신뢰와 충성이라 하는 데는 동의하지 않습니다. '철저한' 신뢰와 충성이라면 몰라도.

임정 봉대(奉戴)론에서 한민당의 직진론과 내 보강론의 차이 같은 거죠. 그리고 지난번(7월 8일) 만났을 때 신탁통치를 둘러싼 '절대 지지'와 '절대 반대'를 놓고도 얘기하지 않았습니까? 나는 내 어떤 소망과 판단에 대해서도 '절대'를 내세울 자신감이 없는 사람입니다. 중요한 일의 결정에 내 욕심을 앞세우지 않도록 조심한다고 했는데, 욕심을 앞세우지 않으면 '절대'를 내세울 일이 없죠.

그러나 어떤 결정과 행동에도 '철저'하기 위한 노력은 합니다. 우리 민족사회는 큰 변화에 임해 있습니다. 큰 고통과 큰 성취가 걸려 있는 변화입니다. 고통을 줄이고 성취를 늘리기 위해 강한 영도력이 필요합니다. 강한 영도력의 형성을 위해서는 개인적인 회의감이 좀 일어나더라도 억누르고 행동을 철저하게 할 필요가 있습니다.

김기협 | 두 분 영수에 대한 시각 변화의 구체적 내용은 아직 말씀을 안 하셨습니다. 김구 선생에 대해서는 움직임이 너무 적고 정치적 태도가 유연하지 못하다는 아쉬움 정도가 얘기되는데, 이승만 박사에 대해서는 극히 부정적인 인식이 일반인들 사이에 확산·심화되고 있습니다.

선생님의 근래 방송 연설(7월 17일 「좌우합작의 정치적 의의」와 7월 19일 「민족 위기 타개의 일로」, 『민세 안재홍 선집 2』, 129~138쪽)에서 극좌와 극우에 대한 경계심이 두드러져 보입니다. 진행 중인 좌우합작에 주체로 참여할 희망이 없는, 장애물일 뿐인 세력으로 규정하고 있습니다.

좌파의 이익을 위해 민족의 장래를 도외시하는 세력으로 극좌와 극우가 일반인들에게도 인식되고 있는데, 그 가장 뚜렷한 표지가 신탁통치 문제에 대한 '절대 지지'와 '절대 반대'인 것 같습니다. 그렇다면 두 분은 민족의 영도자가 아니라 극우파의 영수 아닙니까? 선생님도 두 분을 그렇게 보게 되지 않았습니까?

안재홍 | 김구 선생에 대해서는 주변에서도 많이들 답답해합니다. 합당 후 옛 한독당계의 횡포가 너무 심하기에 한번 찾아가 말씀드리니 선선히 수긍하고 함께 정상화를 위해 진력하자고 했지요. 그러나 지금은 두드러진 행동을 하시기가 힘든 것 같습니다. 지난 연말의 반탁운동 출범 이래 그분은 태도를 크게 바꾸시는 일 없이 조심스러운 자세를 지키고 있죠. 노선을 확정 짓지 못한 점들이 있는 것 같으니 나도 더 두고 봐야겠다고 생각하고 있습니다.

한편 이승만 박사는 완전히 망가졌습니다. 3월에 불거진 광산 스캔들로 도덕적 권위가 무너져버렸죠. 그런데 그 스캔들이 그토록 치명적이었던 것은 그때까지 그분의 행보 때문이었다고 생각합니다. 너무 책략을 앞세우고 다니지 않았다면 그 정도 소문은 적당히 해명하고 넘어갈 수도 있었겠죠. 나도 2월에 민주의원 참여를 망설일 때 그분이 "이게 건국 후에 장관 자리로 이어질 거야" 하며 권하는 데 환멸감을 느꼈습니다. 관직을 미끼로 사람을 움직이는 것은 바람직한 영도력이 아니죠.

그러나 그분의 독촉 사업 도와드린 일을 후회하지는 않습니다. 그분이 결국은 극우파 영수가 되었지만, 그런 길로 빠지지 않도록 기회를 드리기 위해 나로서는 최선을 다한 것이죠. 독촉국민회 체제로 극우 색채를 분명히 한 후로는 거리를 두고 지냅니다.

좌익에서는 두 분을 '파쇼 영수'로 지목하며 배제를 주장하는데, 그것도 지나치다고 봅니다. 지금 단계에서는 그분들이 나서지 않는 가운데 좌우합작을 진행하고, 합작의 성과가 좋으면 다음 단계에서 그분들이 맡아줄 만한 역할이 있겠죠.

김기협 | 지금 좌우합작 회담 대표의 면면을 보면 우익은 모두 진심으

로 통일전선 결성을 바라는 분들인 반면, 좌익 대표는 정말로 합작을 원하는지 의심스러운 분들이 많습니다. 오늘 예정되었던 회담이 여운형 선생 몸이 안 좋다고 유회가 되었는데, 좌익 대표들은 회담장에 나타나지도 않았죠. 여 선생의 병은 핑계일 뿐이라고 누구나 생각합니다.

민전에서 일전 '합작 5원칙'을 발표했는데, 좌익 대표들 사이의 원칙이라면 몰라도 합작의 원칙이라며 회담이 이미 성립된 뒤에 일방적으로 발표한다는 것은 정말 심하군요. 게다가 민전 공동 의장이기도 한 여 선생 몰래 그 5원칙이란 걸 결정했다고 하더군요. 여 선생을 흔들어 합작 회담을 무너뜨리려는 속셈이 분명하죠. 여 선생의 몸이 안 좋은 게 아니라 마음이 안 좋을 것 같습니다.

회담의 한쪽이 이토록 무성의한데 과연 회담의 성공을 바라볼 수 있겠습니까? 회담의 성공을 위해 어떤 일을 하실 수 있겠습니까?

안재홍 | 좌익의 대표 구성에는 사실 아쉬운 면이 있습니다. 백남운 씨나 김원봉 씨처럼 대표성이 크고 합작에 긍정적인 분들이 꼭 나왔어야 하는데. 공산당에서도 김철수 씨 같은 원로 분이 나서면 좋을 텐데. 여운형 씨 입장도 어쩔 수 없을 겁니다. 공산당 박헌영계의 참여가 좌우합작의 실질을 보장하는 중요한 목표인 만큼, 그쪽 주장을 무시할 수 없겠죠.

합작에 대한 좌익의 태도가 석연치 않은 것은 회담의 계기가 미군정의 결단으로 이뤄졌다는 사실 때문에 어쩔 수 없는 일입니다. 그 태도가 돌아서도록 관계된 사람들이 모두 최선을 다해야죠. 이번 합작 회담이 통일전선을 위한 진정한 기회라는 인식을 가지는 데 따라 좌익의 태도도 보다 긍정적인 쪽으로 바뀌리라 기대합니다.

김기협 | 합작 회담 출범을 앞두고 '입법기관' 얘기를 꺼내는 것은 최선을 다하는 태도 같지 않습니다. 민주의원 만드는 데 앞장섰던 선생님마저 민주의원이 "고궁에서 한담"만 하는 존재가 되었다고 탄식했죠. 미군정이 그럴싸한 기구를 만든다고 서둘러서 극우파의 입지만 넓혀준 결과를 가져온 것이 좌익의 반발만이 아니라 일반인의 냉소를 불러오지 않았습니까?

좌우합작의 최대 목표는 미소공위의 재개와 원활한 진행을 위한 여건을 만드는 것입니다. 그런데 미소공위를 통하지 않고 미군정에 협력할 '입법기관'을 만들려는 것은 합작의 근본 목표에 배치되는 일입니다. 이런 목표를 내세운다는 것이 합작 회담의 계기를 만든 미군정의 의도를 의심하게 하는 일 아니겠습니까?

안재홍 | 지금 단계에서 입법기관 얘기가 나오는 것은 잘못된 일입니다. 그래서 우익 대표들도 합작 회담과 입법기관은 별개의 일이라고 선을 긋고 있지요.

그래도 다행인 것은 합작을 지원하는 하지 사령관의 태도가 확고하다는 사실입니다. 입법기관 얘기를 러치 군정장관이 6월 29일에 공개편지로 꺼냈고, 하지는 7월 9일에 성명서로 응답했습니다. 하지는 러치의 요구 때문에 입법기관 얘기를 하는 것이지 자기가 원하는 것이 아님을 분명히 했고, 입법기관의 성격을 제한하는 뜻을 분명히 했습니다. 그래서 우리 우익 대표들도 입법기관이 합작 회담과 별개의 일이라고 자신 있게 얘기할 수 있는 것이죠.

미국 사람들 솔직한 점은 정말 인정해줘야 합니다. 사령관과 군정장관 사이에 이견이 있다는 사실을 저렇게 스스럼없이 드러내는 것을 보면. 버치 중위도 러치 장관과 자기 의견이 매사에 부딪친다는 사실을 아무 거리낌 없이 여러 사람에게 얘기하더군요.

김기협 | 오늘 정판사사건 첫 공판이 열렸습니다. 공산당이 동원한 것으로 보이는 수천 명 군중이 몰려들어 재판에 항의하는 시위를 하다가 경찰 발포로 젊은 학생이 죽기까지 했다죠. 공산당의 시위가 예상보다도 강력했던 모양입니다.

공산당의 동원이 잘된 것은 이 사건에서 공산당이 억울하다는 인식이 널리 퍼져 있기 때문이겠죠. 선생님 보기에 이 사건의 성격이 어떤 것인지 생각을 말씀해주시죠.

안재홍 | 군정청과 공산당의 주장이 정면으로 반대되는데, 그동안 군정청 쪽 조치에 석연치 않은 점이 너무 많았기 때문에 제3자도 공산당에 동정하는 생각이 많습니다.

5월 15일에 사건의 첫 공식 발표를 군정청에서 한 것부터 이상합니다. 선진국에서는 '피의 사실 공표'를 못하게 되어 있어요. 우리 경찰은 일제시대부터의 관습으로 그런 일을 예사로 하지만, 군정청의 미군 당국자들이 그런 짓을 한다는 것은 상상도 못했던 일입니다.

경찰에서 두 달 동안이나 붙잡고 있다가 검찰로 보내자 열흘 만에 기소하고, 기소를 접수하자 열흘 만에 공판을 연다는 것도 이상한 일이죠. 검사와 판사가 검찰과 법원에 넘어오기 전부터 준비가 되어 있었던 겁니다. 경찰, 검찰, 법원을 모두 움직일 수 있는 힘이 어디 있습니까? 미군정이지요. 그러니까 모두 이 사건을 공산당에 대한 미군정의 공격으로 생각하는 겁니다.

재판 과정을 통해 진실이 밝혀질 것을 기대하는 사람들이 많지 않습니다. 사법부장 김병로 씨는 훌륭한 인격자입니다. 그러나 그분에게

법원을 통제할 능력이 없다는 것은 천하가 아는 사실이죠. 최근에도 일부 판사들을 좌익이라고 좌천하고 몰아냈는데, 그중에는 강중인 씨처럼 좌익도 결코 아니며 능력과 인품이 뛰어난 분들도 있었습니다. 1년 동안 군정청의 권위가 제대로 자리 잡지 못했는데, 이번 일로 더욱 민심을 잃을 것이 걱정됩니다.

일지로 보는 1946년 7월

- 2일 법령 94호, 제주도를 전남 관할에서 분리하는 '제주도의 설치' 공포
- 3일 박헌영, 미군정의 좌우합작 지원이 '입법기관 설치'라는 의혹에 대해 서면 기자회견
- 4일 김구, 동포에게 고하는 성명 발표
- 6일 조선정판사위폐사건으로 조공 재정부장 이관술 체포
- 7일 효창공원에서 이봉창·윤봉길·백정기 3의사의 국민장 거행
- 9일 하지, 입법기관 설치에 찬의를 표명하는 성명서 발표
- 10일 좌우합작위원회 구성, 좌우 각 5인 대표와 2인 비서
- 13일 문교부, 국립서울대학교 설립 취지문 발표
- 14일 한국여론협회, 좌우합작에 대한 각계 견해 여론조사 발표
- 17일 여운형 피습
  안재홍, 좌우합작의 정치적 의의에 관해 방송 연설
- 19일 조선정판사위폐사건 9인 기소
- 20일 인민당의 여운형과 신민당의 백남운, 좌우합작에 초지 관철 다짐
- 22일 좌우합작 제1차 예비회담. 우익 대표 전원과 좌익의 여운형, 정노식, 이강국 참석
  조공, 하지에게 정판사위폐사건의 재판 공개 및 보도 자료 등을 요망
- 25일 좌우합작 제2차 예비회담에서 바로 제1회 본회담 개최
  독촉국민회 회장 이시영, 여운형 피습과 관련 민전 간부들 고소
- 26일 민전, 좌우합작 5원칙 발표
- 29일 조선정판사위폐사건 공판
- 30일 북조선 임시인위 '남녀평등권법령' 발표
- 31일 미군정, 신한공사 해체 발표

6

해방 1주년을 돌아보다

1946년 8월 1 ~ 31일

미군정 주관으로 중앙청 광장에서 열린 해방 1주년 기념식.

1946. 8. 1.

종속과 독재의 발판이 된 민족 열등감

7월 31일 오후에 종암예배당에서 전국학생총연맹(이하 '전국학련'으로 줄임) 결성식이 열렸다. 이승만, 정인보, 김성수(金性洙, 1891~1955), 이극로 등이 내빈으로 참석했다는 이 결성식에서 고려대학의 이철승(李哲承, 1922~)이 대표 의장으로, 서울대학의 채문식(蔡汶植, 1925~2010)과 유학생동맹의 박용만(朴容萬, 1924~96)이 공동 의장으로 선출되었다. 연합국에 보내는 이런 내용의 메시지가 채택되었다고 한다.

> "존경하는 연합국 지도자 여러분! 당신들의 위대한 승리는 우리 조국을 해방하여주었으므로 무한한 감사를 표하나이다. 그러나 해방된 조선은 벌써 한 해가 지나건만 당신들이 공약한 조선의 임시정부는 아직까지 세워지지 못하고 또 38선의 장벽은 갈수록 굳어져 조선은 지금 독립의 광영은 그만두고 도리어 멸망의 비극만이 있을 뿐입니다. 우리 민족의 자유와 조국의 독립을 위하여 조선 백만 학도들은 지금 굳센 단결로써 총 기립하였습니다. 조선의 해방자인 연합국 민족 여러분! 당신들이 우리에게 와 세계에 공약한 조선의 독립이 하루바삐 실현하도록 힘써 도와주기를 충심으로 바랍니다."
>
> (「전국학생총연맹 조직」, 『동아일보』 1946년 8월 2일)

"멸망의 비극"이 누구 때문에 발생했다는 것일까? 밝혀 말하지 않았지만, 문제를 해결해달라고 연합국에 매달리는 것으로 보아 연합국 책임으로 보는 것은 아니다. 그렇다면 이 비극의 책임이 조선인에게 있다는 것인데, 누워서 침을 뱉으며 자기 얼굴에는 말고 옆 사람 얼굴에만 떨어지기를 바라는 격이다.

1년간의 『해방일기』 작업을 통해 한 가지 확실해진 생각이 있다. 민족 분단의 책임이 민족 내부에 있느냐 외부에 있느냐 따지는 내인론과 외인론의 대립이 있어 왔는데, 나는 이제 확고하게 외인론을 말할 수 있게 되었다.

한 개인에게 잘못된 일이 있을 때 그 원인을 자기 자신에게서 찾느냐, 외부에서 찾느냐 하는 것도 내인론과 외인론의 한 틀이다. '남 탓' 하기보다 '내 탓' 하는 편이 도덕적으로 나은 태도로 대개 인식된다. 자기 보호의 본능을 극복한다는 점에서 자기 자신을 비판할 줄 아는 것이 중요한 일임에는 틀림없다. 그러나 아무리 좋은 것도 지나치면 문제가 있지 않을까?

안핑 친의 『공자 평전』(돌베개 2010)을 번역하다가 안회와 자공을 비교한 대목에서 소감을 이렇게 적은 일이 있다.

> 노나라 임금이 제자 중 배우기 좋아하는 자를 묻자 공자는 안회가 죽은 후 그와 같은 성정을 가지고 그처럼 배우기를 좋아한 사람이 다시 없었음을 말했다.
> "안회는 다른 이에게 노여움을 옮기는 일이 없었고, 같은 잘못을 되풀이하는 일이 없었습니다."
> 안회에 대한 공자 최고의 찬사였다. 주석에는 "갑에게 노여운 마음을 을에게 옮기지 않는다"고 풀이했는데, 그 '갑'이란 것이 노상 자기 자

> 신이었을 것이다. 잘못된 일이 있을 때 그 원인을 자기 자신에게서 먼저 찾으니 같은 잘못을 되풀이하지 않을 수 있었을 것이다.
> 자공 같으면 잘못된 일이 있을 때 자기 허물에 아주 눈을 감지는 않더라도 상대방에게, 또는 여건에 잘못된 점이 없는지도 열심히 살폈을 것이다. 그것이 자기 자신만 돌아보는 안회보다 인격 도야에는 뒤질지 몰라도 자기 자신에게, 주변 사람들에게, 그리고 자기가 속한 사회를 위해 잘 공헌할 수 있는 측면이 있었을 것이다. (김기협, 『김기협의 페리스코프』, 서해문집 2010, 199~200쪽)

자공(子貢, 기원전 520~456년경)은 "안회는 하나를 들으면 열을 아는데 저는 하나를 들어 둘을 아는 정도"라며 겸손한 태도를 취했다. 그 말에 공자(孔子, 기원전 551~479)도 "네가 못하지. 너나 나나 안회만은 못하지"라고 화답했다. 그러면 자공과 공자가 정말 안회보다 못한 사람들이었을까?

안회(顔回, 기원전 521~490)가 공자에게 상징적 존재였으리라는 생각이 든다. 자기 내면을 파고드는 탐구심의 상징. 그 탐구심을 학문의 원리로 여겼기 때문에 안회를 치켜세운 것이었다. 그러나 공자 자신은 학문의 원리만 아니라 행동의 원리도 필요로 하는 사람이었다. 그가 "못하다"고 한 표현은 "같지 않다(不如)"였다. 자신을 낮추는 듯한 표현이지만, 사실은 길이 서로 다름을 말한 것으로 나는 이해한다.

상식 차원에서 생각해보자. 자기반성을 할 줄 모르고 남 탓만 하는 사람은 사회에 대해 파괴적 행동을 하는 반(反)사회적 인간이 되기 쉽다. 반면에 내 탓만 하며 세상을 냉정한 눈으로 바라볼 줄 모르는 사람은 자기 자신에 대해 파괴적 행동을 하는 비(非)사회적 인간이 되기 쉽다. 안회는 비사회적 인간의 전형이다. 공자와 자공은 그 자기반성 능력을 존중하면서도 그에 매몰되지 않는, 보다 균형 잡힌 인간의 모습을 보여준다.

사회도 개인과 마찬가지다. 내부 문제에 눈 감고 남 탓만 하는 사회는 파탄의 길을 걷기 쉽다. 한편 내 탓에 빠져 외부 문제를 파악하지 못하는 사회도 올바른 발전의 길을 찾기 어렵다.

한국 사회는 '남 탓'보다 '내 탓'에 너무 치우쳐왔다고 나는 생각한다. 일본인 침략자들이 조선의 역사와 민족성을 폄훼하는 데서 우리 사회의 열등감이 시작된 사실은 다들 잘 알고 있다. 그런데 일본인들이 물러간 뒤에도 이 열등감이 계속되어온 사실에 새삼 주목할 필요가 있다.

이 열등감이 어떤 문제를 일으켜왔는가? 비사회적 인간이 정치적 행동을 하지 못하는 것과 같은 문제다. 한국 사회는 외부에서 주어지는 체제에 순응하려는 경향만을 보여왔다. 냉전 체제든, 신자유주의 체제든. 더 나은 세상을 향한 적극적인 노력을 거의 보이지 않아 왔다. 뿐만 아니라 내부적으로도 권위주의 체제에 대한 저항력이 약한 문제 역시 자신감의 결여에서 나온 것이다.

일본인이 심어준 열등감을 확대 재생산해온 것이 한국 사회에서 극우파의 역할이었다. 해방공간의 극우파는 민족통일전선 성립을 반대하며 외세에 의존하려는 입장이었다. 극우파는 그 후에도 내부 문제의 자체 해결을 외면하고 '혈맹' 미국에 의존하는 자세를 지속했다. 그 입장을 편하게 하기 위해 우리 민족에게 자체 해결 능력이 없다는 관념을 키워온 것이다.

전국학련 결성식의 메시지로 돌아가 보자. 그 작성자는 조선이 "멸망의 비극"에 처해 있다고 진심으로 믿은 것일까? 미소공위가 중단되어 있었지만, 그 재개를 바라는 좌우합작 회담이 막 시작하고 있던 시점이었다. 극우파는 신탁통치를 "결사 반대" 한다고 떠들어댈 때였다. 신탁통치에 떨어질 위험을 "멸망의 비극"이라고 표현할 수 있을까? 뭔가 의도를 가진 레토릭이었다.

대외적으로는 기존의 미·소 협력 체제를 깨뜨리는 의도였고, 내부적으로는 마녀사냥의 발판을 닦으려는 의도였다. 소련의 비협조로 미소공위가 실패했으니 미국이 적극적으로 나서 달라는 주장이었고, 좌익의 발호로 엄청난 위기가 닥쳤으니 극렬 투쟁에 나서겠다는 선언이었다. 이 의도들은 이후 수십 년간 한국 사회에서 관철되었다.

1947년 가을 충주중학교에 입학한 유종호가 입학 얼마 후 겪은 일을 회고로 남긴 것이 있다. 전국학련이 방방곡곡의 학창 분위기에 어떤 작용을 하고 있었는지 알아볼 수 있다.

> 학교에서도 함부로 다룰 수 없었던 학생연맹이 기어코 일을 저질렀다. 학련의 간부 회의를 열 일이 생겨서 중학교의 간부 몇 사람이 여학교를 찾아갔다. 그들은 여학교의 학련 대표를 만나고자 했으나 수업 중이었다. 그들은 수업 중인 교실로 가서 노크를 하고 교사에게 여학교 대표를 만나게 해달라고 부탁했다. 교사는 왜 그러느냐고 물었고 학련 간부는 중요한 학련 회의가 있는데 여학교 대표가 꼭 참석을 해야 한다고 말했다. 교사는 학생에게 공부보다 더 중요한 일은 없다, 그러니 수업이 끝난 후에 만나라고 응수하였다. 몇 번 더 옥신각신이 있은 뒤 학생들은 교사를 숙직실 쪽으로 끌고 가서 장작개비로 마구 구타하였다. (…) 학생들은 보나마나 학련 활동을 방해하는 교사가 좌익이라고 자기 합리화를 했을 터였다. (『나의 해방 전후』, 248~249쪽)

류상영은 해방공간에서 우익 청년 단체의 역할을 이렇게 요약했다. 해방공간에서 형성된 그 역할이 오늘날까지 이어지고 있다는 것이다.

> 우익 청년 단체는 주요 정치 지도자의 귀국과 반탁운동의 전개 과정에 급속히 조직을 확대하고 대중적 지지 기반을 만회하면서 대좌익 실력 투쟁을 전면적으로 수행하기 시작했다. 이들은 단일 정치조직에 의해 통일적으로 지도된 것이 아니라 주요 우익 정치 지도자들의 노선 분열에 따라 복잡하게 이합집산 되어갔다. 주로 좌익 정치조직에 대한 파괴와 인민 항쟁에 대한 진압 과정을 통해 지방조직을 확대해나갔는데, 이 과정에서 군·경찰과의 합동작전을 전개하는 등 공식적·조직적 협력 관계를 이루었던 것이다. 결국 우익 청년 단체의 확대 과정은 극우 청년 단체의 헤게모니 장악 과정인 동시에 단정 세력에 의한 분단국가 형성 과정이었다.
>
> 8·15 이후 좌우익 청년 단체의 좌우 대립과 정치 활동은 우익 청년 단체와 단정 세력에 의한 분단국가 형성으로 일단락되었고, 우익 청년 단체원들은 현재까지도 분단의 확대 재생산 역할을 담당하고 있다. 분단국가 내에서 의식적으로 좌우 이념 대립의 구도를 전면에 내세움으로써 극우 파시즘의 기반을 조성하고 분단을 확대 재생산하고 있는 극우 사회단체들은 그 조직이나 성격에 있어서 이미 8·15 이후 우익 청년 단체에 그 뿌리를 두고 있었던 것이다. (「8·15 이후 좌우익 청년 단체의 조직과 활동」, 『해방전후사의 인식 4』, 한길사 2006, 100쪽)

내인론과 외인론으로 돌아가 이야기를 마무리 짓겠다. 해방 후 1년간 소련군 점령 지역보다 미군 점령 지역이 훨씬 더 심한 정치적·사회적 격동을 겪고 있었다. 이것은 미군이 군정을 실시하고 그 정책에 불

분단의 책임이 내인론과 외인론으로 대립되어왔으나 문제는 균형 잡힌 시각에 있다. 1951년 판문점에서 유엔군과 북한 장교가 휴전선 설정을 논의하기 전 지도에 38선을 긋고 있다.

안정하고 부적절한 것이 많았다는 데 근본적인 이유가 있었다. 그 과정에서 과거 일본에 의지하듯 미국에 의지하며 민족 문제의 주체적 해결을 외면하는 세력이 득세했다.

이 세력은 대결 지향적이라는 점에서, 그리고 미국 극우파의 지원을 받았다는 점에서 극우파라 할 수 있다. 그러나 미국 극우파의 종속적 존재일 뿐, 고유한 정치적 지향성을 가지지 못했다는 점에서는 정통 극우파라 할 수도 없다. 민족주의 이념을 갖지 못하는 것이 극우파다운 극우파도 되지 못하는 단적인 문제점이다. 엄밀히 말하면 하나의 매판 세력일 뿐이다.

이 세력이 대한민국을 오랫동안 지배했다. 분단 지배 상황이 이뤄지는 데 미국의 작용이 컸다는 사실을 감추고 싶은 동기가 대한민국 지배 세력에게 있었다. 그래서 교육 등 동원할 수 있는 모든 수단을 통해 분단 원인이 민족사회 내부에 있다는 내인론을 선전해왔다.

그 선전의 성과인 민족 열등감은 독재 체제 유지에도 유리한 조건으로 작용해왔다. 군사 독재도 자본 독재도 마찬가지다. 냉전 시대에는 군사 독재가, 신자유주의 시대에는 자본 독재가 매판 체제로 더 적합하다는 차이가 있을 뿐이다.

1946. 8. 2.

박헌영에게서 해방된 김일성

제2차 세계대전 종전 전의 공산당은 어느 나라에서나 다른 정당과 달리 국제적 의미를 가진 존재였다. 코민테른의 인증을 통해 공산당이 성립되었고, 인증의 기준은 레닌의 이론을 따르는 것이었다. 즉, 공산당은 노동계급의 전위정당으로서, 집권할 경우 프롤레타리아 독재의 최고 권위를 추구한다는 것이었고, 코민테른은 1국1당의 원칙을 고수했다.

코민테른의 지도하에 20여 년간 지속된 이 관행은 당시의 상황에 맞춰 빚어진 것이었다. 공산당이 집권한 국가가 단 하나 존재했는데, 그것이 매우 거대한 국가였다. 소련은 전 세계 사회주의자들에게 혁명의 모델이었고, 또한 지원의 본산이었다. 소련에게서 배우려는 열의와 소련의 지원을 받을 필요가 합쳐져 소련이 앞세운 코민테른의 지도가 막강한 권위를 가질 수 있었다.

그런데 레닌의 공산당 이론은 소련 공산당의 집권 상황을 기준으로 세워진 것이었다. 많은 나라의 공산주의자들에게는 전위정당보다 대중정당이 더 적합한 측면이 있었다. 조선, 중국, 베트남처럼 침략 대상인 나라에서는 프롤레타리아 독재라는 목표가 민족주의와의 연대에 지장을 주기도 했다. 공산주의 세력이 미약한 나라에서는 1국1당의 원칙이 그 세력의 자유로운 발전에 멍에가 되기도 했다. 그런 문제들을 묵살하고 소련의 기준을 고집했다는 점이 코민테른의 '교조주의'로서 비판받기도 한다.

공산주의가 처한 상황은 1945년에 크게 변했다. 소련 자신도 참전을 통해 고립된 위치에서 벗어났고, 동유럽 여러 나라에서 공산주의자들이 집권할 여건이 되었다. 1919년 이래 소련의 국제정책을 주도해온 코민테른도 연합국 협력 체제에 지장을 주지 않기 위해 1943년에 해체되어 있었다. 한 세대 전 소련의 상황이 아니라 지금의 여러 나라 상황에 맞추는 조정의 기회를 맞았다.

가장 일반적 추세는 대중정당으로의 전환이었다. 동독, 폴란드, 체코슬로바키아, 헝가리 등지의 공산주의자들이 '공산'이라는 이름을 버리고 외연 확장에 나섰다. 소수파로서 투쟁하던 단계에 유지하던 전위정당의 성격이 이제 정권을 담당하는 단계에는 맞지 않게 된 것이다. 멘셰비키와의 투쟁을 통해 정체성을 확보한 소련 공산당의 경험과 다르기 때문이었다. '공산' 대신 '사회주의', '민주주의', '인민', '노동', '혁명' 등의 이름을 새 집권 대중정당들이 가지게 되었다.

소련도 이 추세를 자연스러운 것으로 인정하고 지원하는 방향으로 나섰다. 1946년 7월부터 일어난 조선의 좌익 정당 움직임은 동유럽의 공산권 변화 추세가 소련의 권유를 통해 반영된 것으로 보인다. 『비록 조선민주주의인민공화국』에 실린 서용규의 증언에 따르면 7월 초 김일성과 박헌영의 모스크바 방문이 그 출발점이 되었다고 한다.

> 모스크바에서 돌아오자마자 김일성은 비밀회의를 소집했습니다. 북조선공산당 중앙위원회의 지도원급 이상이 참가했는데 주제는 합당 문제였습니다. 합당 문제는 이전에 전혀 거론된 적이 없어서 당중앙

에서 일하던 모두가 깜짝 놀랐습니다. 이 회의는 실무자들이 참석하는 내부 회의로 간주돼 박헌영은 참석하지 않았습니다.

허가이의 보고를 시작으로 회의가 시작됐습니다. 허는 합당이 필요하다는 내용의 보고를 했습니다. 보고를 마친 뒤에는 "아직은 때가 아니니까 절대로 발설해서는 안 된다"는 다짐을 두었습니다. 합당에 대해 반대하는 의견은 없었습니다. (『비록 조선민주주의인민공화국』, 238쪽)

서용규는 7월 초 김일성과 박헌영의 이 방문이 스탈린의 '지시'에 따른 것이라며 스탈린이 조선 지도자를 '낙점'한 계기였다는 증언도 했지만, 그 점은 잘 수긍이 가지 않는다. 합당 방침을 세우는 것만으로도 여행 목적은 충분하다. 나는 이 방문이 박헌영과의 관계를 한 차례 정리하기 위한 김일성의 기획이 아니었을까 하는 생각도 든다.

동유럽의 변화 추세를 따라 대중정당을 지향하는 것이 좋겠다고 김일성은 판단했을 것이고, 중국공산당의 경험과 전략에 친밀한 신민당도 쉽게 호응할 전망이었을 것이다. 그런데 합당의 주체를 조선공산당 전체로 할 것인가, 아니면 남북의 공산당이 따로 합당에 나설 것인가?

'공산당'이란 이름에는 아직도 '1국1당 원칙'이 따라다니고 있었다. 이북의 공산당은 지난봄부터 '북조선공산당'이란 이름을 쓰고 있었지만 공식적으로는 '조선공산당 북조선분국'이었다. 김일성에게는 이 형식적 종속관계를 벗어나기 위해 남북 별도의 합당을 원할 동기가 있었고, 박헌영에게는 반대로 남북을 아우른 합당을 원할 동기가 있었다.

서용규는 김일성과 박헌영의 만남과 관계에 관한 많은 증언을 남겼는데, 1946년 전반기를 통해 김일성의 실력이 박헌영을 압도해가는 과정에서 박헌영이 권위에 집착하는 모습을 한 대목씩 보여준다. 공산당의 대중정당화 방침을 두 사람이 일대일로 토론해서는 김일성의 별도 합당 주장에 박헌영이 승복하기 어려웠을 것이다. 모스크바에서 소련을 비롯한 외국 지도자들과 함께하는 토론에서라야 박헌영을 쉽게 승복시킬 수 있었을 것이다.

결과적으로 자매당의 관계를 가질 북로당과 남로당을 이북과 이남에서 별도로 추진하게 되었고, 이를 통해 '조선공산당'의 틀 속에서 북의 남에 대한 형식적 종속관계가 해소되었다. 실제로는 박헌영이 남로당의 원만한 결성에 실패하고 그 위에 미군정의 탄압이 겹쳐져 두 자매당이 서로 다른 성격과 역할을 가지게 된다.

북로당의 공식 출범은 8월 29일의 일이지만, 그 방침은 7월 말까지 이미 확정되어 있었다. 이남의 신문에도 8월 1일부터 보도되기 시작했다(「북조선노동당과 남조선신민당의 견해」, 『자유신문』 1946년 8월 1일자).

> 북조선신민당과 북조선공산당이 합당하여 북조선노동당으로 신발족하자는 북조선신민당 위원장 김두봉 씨의 제안에 대하여 북조선공산당 김일성 장군은 이에 전적으로 동의하였으므로 신민·공산 양당은 합동을 실현하게 된 것이다. 합당의 근본적 원칙은 현하 조선의 특수성과 세계 민주주의의 발전 단계에 있어서 국제적 제약성과 과도한 형식주의를 띤 '공산당'의 정치 방식에 일대 수정을 가하지 않을 수 없는 현실적 필요에 의한 것이다.
>
> 이에 대하여 남조선신민당과 공산당의 귀추는 아직 확실치 않으나 북조선노동당 신발족에 제하여 남조선신민당에서는 이를 지지한다는 담화를 이미 발표한 바 있는 만큼 동당의 의향은 능히 추정할 수 있는 바이지만 남조선노동당 출현 여부는 오로지 공산당 태도에 달렸다고 볼 수 있는바 그 귀추가 자못 주목된다.
>
> (「신민, 공산 양당 북조선에서 합당, 북조선노동당으로」, 『동아일보』 1946년 8월 2일)

북로당의 합당 주체는 (북)조선신민당과 북조선공산당의 둘인데 남로당의 합당 주체는 공산당, 인민당, 남조선신민당의 셋이었다. 남조선신민당은 세력이 크지 않았지만 이북 신민당과의 관계 때문에 주체로 참여하지 않을 수 없었다.

북로당 결성 소식이 전해지자마자 남로당 결성 방침도 공개되었다. 이북에서 신민당의 김두봉(金枓奉, 1889~1961)이 제안한 것처럼 이남에서도 인민당의 여운형이 앞장서서 다른 두 당에 제안서를 보냈다. 실질적으로 공산당이 합당의 중심이 될 것이므로 적극적 태도를 다른 당에 맡기는 모양새를 취한 것이었다. 새 당의 대표도 공산당이 양보하는 방침을 정했다. 이에 관한 서용규의 증언은 이런 내용이다.

> 실무 문제가 논의되기에 앞서 합당 후 등장할 새로운 당은 외형상 대중정당이지만 핵심은 공산당의 골격을 유지할 것임을 밝히는 몇 가지 원칙이 정해졌습니다.
> 첫째, 조직은 민주주의적 중앙집권 원칙 아래 지도되며 공산당 규약을 기본으로 한다는 것.
> 둘째, 당의 중심은 노동계급이 되어야 한다는 것.
> 셋째, 합당과 관련된 세부 사항은 남북 공산당이 각각 합당의 대상이 되는 정당과의 연합중앙위원회를 통해 논의되며 연합중앙위의 의사결정은 완전 합의제로 한다는 것. (『비록 조선민주주의인민공화국』, 251쪽)
>
> 합당된 당이 계급정당이 아니라 노동자·농민·근로 인텔리 중심의 대중정당이 되어야 한다는 합의는 이미 되어 있었습니다. 합당 자체가 당의 저변을 확대하기 위한 것이었다는 점을 모두 알고 있었기 때문이지요.

> 이는 급격한 공산주의화에 대한 우려를 겨냥한 것이기도 했습니다. 따라서 당 강령도 "계급성이나 공산주의 편향을 피한다"는 의미에서 민주주의적인 내용을 담기로 했지요. 강령에는 당의 목적을 완전 자주독립국가의 수립으로 하고 국·정체는 민주주의인민공화국, 정권 형태는 인민위원회로 규정하기로 했습니다.
> 정책으로는 토지개혁, 중요 산업 국유화, 친일파·민족반역자 숙청, 8시간 노동제, 세금제, 민주주의적 교육제도, 자주 외교 정책 전개를 명시하기로 했습니다. (같은 책, 251~252쪽)

> 당 지도부 구성은 합당 이후 정국의 주도권 장악을 위해서도 대립할 가능성이 높은 문제였음에도 결론이 쉽게 내려졌습니다. 공산당 측 인물이 반드시 당의 대표가 되어야 하는 것은 아니라는 것이었지요.
> 당의 대표 격인 위원장을 북에서는 조선신민당 출신을, 남쪽에서는 남조선신민당이나 인민당의 대표적인 인물을 추대하기로 했지요. 공산당 출신은 부위원장을 맡는 게 좋겠다는 의견이 지배적이었습니다. (같은 책, 252쪽)

인용한 끝 문장을 보면 북조선공산당 상무위원회에서 이남의 합당 방법까지 의논한 것으로 되어 있는데, 권한을 가진 사항에 대한 결정이 아니라 일반적 원칙과 전망에 대한 토론 정도로 이해할 수 있을 것 같다. 실제로 이북에서는 김두봉이 제안에 나섰다가 북로당 위원장을 맡게 되고, 이남에서는 여운형이 제안에 나섰고 후에 허헌이 신민당을 대표하다가 남로당 위원장을 맡게 된다.

인민당은 8월 2일에 중앙정무위원회를, 그리고 이튿날 중앙집행위원회를 열어 3당 합당 방침을 결정하고 여운형 위원장 이름으로 합당

제안서를 공산당과 신민당에 보냈다. 공산당은 8월 5일 총비서 박헌영 명의로 수락 회답을 보냈고, 신민당은 8월 7일 중앙위원회를 거쳐 교섭에 응하기로 한다는 백남운 위원장의 선언문을 발표했다.

> 북조선의 2대 정당 합동 실현이 전해지고 있는 차제 남조선에서도 이에 호응하듯이 좌익 각 정당 간에 활발한 움직임이 있다는 것은 작보한 바와 같거니와 2일 현재의 정세를 종합하여보면 대략 다음과 같은 전망에 도달할 수 있다. 즉 2일 오전 11시부터 광화문 본부 사무소에서 중앙정무위원회를 긴급 소집한 조선인민당에서는 당수 여운형(呂運亨) 명의로 조선공산당과 남조선신민당에 대하여 3당 합동에 대한 제의를 한 것으로 추측되며 이에 대하여 공산·신민 양당에서는 금명간으로 가부의 회답을 할 것으로 보인다.
>
> 이리하여 합당에 관한 의견이 상호 일치되는 경우에는 3당의 정식 대표가 일당에 회집하여 최후적 결정을 하리라는 바 그 시일은 2, 3일 내로 실현될 것으로 관측된다. 더욱 측문하건대 신당명은 그 정치적 강령과 민족적 혁명 과업에 비추어 북조선노동당과 동일한 노선에서 역시 남조선노동당으로 결정되리라는 설이 유력하다. 또한 일반의 난관시하는 당수 문제도 용이하게 합의될 것으로 예측되는바 남조선에서의 좌익 삼당의 합동은 수일 내로 실현될 것으로 보인다.
>
> (「인민당, 공산·신민당에 삼당 합당제안문 발송, 공산당 회답문」, 『서울신문』 1946년 8월 3일)

> 좌익 삼정당 합당 문제를 싸고 인민당·공산당·신민당에서는 근래에 보지 못하던 활기를 띠고 있는데 인민당에서는 3일 중앙집행위원회를 장건상(張建相) 사회로 개최하고 합당에 관한 최후적 토의를 한 결

과 만장일치로 합당을 결의하고 합당교섭위원으로 여운형(呂運亨)·장건상·이만규(李萬珪)·이여성(李如星)·김세용(金世鎔)·김오성(金午星)·송을수(宋乙秀)·신철(辛鐵)·도유호(都宥浩) 9씨를 선정하는 동시에 신민당과 공산당에 합당제안문을 발송한 바 있었는데 금 5일에는 공산당 중앙위원회 총비서 박헌영(朴憲永)의 명의로 삼당 합동에 대한 인민당의 제의를 전면적으로 수락한다는 회답문을 인민당 당수 여운형에게 교부하였으며 신민당에서도 이를 찬동하여 합동하기를 결정하고 2, 3일 내로 회답문을 교부하기로 결정하여 이로써 합동 문제도 일단락진 것으로 관측된다.

● 인민당 제안문 요지

(…) 노동자, 농민, 소시민, 인텔리 등 모든 근로인민의 이익을 옹호하는 신민당·공산당·인민당의 합동은 조선 민족 통일의 기초를 구축하고 민주 진영의 주도체를 완성하는 것이다.

이러한 견지에서 인민당 중앙위원회는 신민당 중앙위원회와 공산당 중앙위원회의 3개 당을 일대 정당으로 통일할 것을 제안하는 바이다.

서기 1946년 8월 3일 조선인민당 중앙위원회 위원장 여운형

● 공산당 회답문

(…) 북조선에서는 민주주의당의 합동을 우리는 정당하게 평가하는 것이며 또한 남조선에서도 근로대중의 생활의 급진적 향상과 민주주의 개혁의 실시와 완전 자주독립의 완수를 위한 투쟁의 전면적 강행 발전을 목적하고 인민당·공산당 및 신민당을 한 당으로 합동함이 필요하다는 옳은 결론을 갖게 된 것은 민주 건국을 위하여 경하하는 바이다. 이때 공산당 중앙위원회는 3당 합동에 대한 인민당의 제의를

승낙하며 접수하는 합동에 대한 교섭을 개시하기를 선언한다.

1946년 8월 4일 조선공산당 중앙위원회 박헌영

(「인민당, 공산·신민당에 삼당 합당제안문 발송, 공산당 회답문」, 『조선일보』·『서울신문』 1946년 8월 6일)

3일 인민당으로부터 제의한 3당 합동에 관한 제안문에 대하여 남조선신민당 중앙위원회에서는 신중 토의한 결과 남조선의 노동자, 농민, 소시민, 인텔리겐치아 등등의 근로대중의 권익을 대표하는 공산당·인민당·신민당은 합동함으로써 민주 역량을 총집결할 수 있는 것이며 민주 독립을 위한 해방 정치의 기동성을 일층 덜 발휘할 만한 구체적 조건을 갖추게 될 것이라는 이유로 합당 제안에 원칙적으로 찬동하기로 결정하고 동 당위원장 백남운(白南雲)은 7일 3당 합동 문제에 구체화하는 교섭에 응할 용의가 있다는 선언문을 인민당 여운형(呂運亨)에게 전달하였다고 한다.

(「인민당, 공산·신민당에 삼당 합당제안문 발송, 공산당 회답문」, 『조선일보』·『서울신문』 1946년 8월 8일)

1946. 8. 4.

대쪽 아나키스트 유림(柳林)을 생각한다

8월 3일 발표된 인민당의 3당 합당 제안에 대해 당일로 한민당의 논평이 나왔다.

> 한국민주당 선전부에서는 기자단 정례 회견 석상에서 북조선공산당과 신민당이 합당하여 북조선노동당으로 신발족한 데 대하여 이것은 국제공산당이 표면상 해체를 한 것이라고 볼 수 있으며 또 조선에서 공산당이라는 이름으로는 인망(人望)을 집중할 수 없음을 간취(看取)한 증좌라고 말하였다. 그리고 한민당에서는 남조선에 있어서 공산당과 신민당은 합당하게 될 것이나 그 외의 당과의 합당은 마찰이 있을 것이라고 관측하고 있다.
>
> (「한민당, 좌익 정당의 합당에 대해 언급」, 『서울신문』 1946년 8월 3일)

공산당과 인민당의 합당에 마찰이 있으리라는 한민당의 관측은 당시까지 두 당 사이, 그리고 박헌영과 여운형 사이의 껄끄러운 관계를 바탕으로 한 것이었으리라고 생각된다. 이 관측은 적중했다. 뿐만 아니라 공산당과 신민당의 합당도 순탄치 못했다. 심지어 공산당 자체도 엄청난 내홍을 겪는다. 그 과정은 앞으로 살펴볼 것이다.

아무튼 한민당의 이 논평은 '관측'에 그치는 것으로, 적극적 비판은 담지 않은 것이었다. 그런데 바로 뒤이어 뜻밖의 방향에서 강렬한 비판이 튀어나왔다. 임정 국무위원 출신으로 7월에 발족한 독립노농당을 이끌고 있던 유림의 담화였다.

> "금반 3당 합동 문제가 대두케 된 근본 이유는 공산당을 중추로 하는 적색 노선이 갈 바를 잃고 막다른 골목에 부딪치게 된 데 있다고 볼 수가 있다. 그들의 과거에 범한 갖은 과오와 죄상으로 인한 대중과 고립을 수습하는 동시에 공산당 내부에 모순당착에 염증을 일으킨 진정한 공산주의자들의 공산당 정화 운동이라고도 볼 수가 있다. 3당 합동의 주도력은 어디까지든지 공산당일 것이며 그중에서도 자기 비판 위에 선 공산주의자일 것이다.
>
> 조선의 실정에 맞지 않는 탈선적 행동을 뉘우치며 새로이 자기 정리를 하려는 공산당의 고충은 짐작할 수 있으나 결국 모략책을 작위하는 데 불과하다.
>
> 합동을 운위하고 있으나 공산당이 좌경 계열의 인민·신민 양당과 합동하여 해소된다는 것은 사실상 있을 수 없는 일이며 상식상으로도 이해키 어려운 일이다.
>
> 자당에 대한 불신을 회피하며 합동이라는 미명하에 일시 잠복하였다가 적당한 시기에 재현할 저의가 아닌가 생각된다. 그러나 합동 시기는 이미 늦어버린 이상 차라리 합동이란 작희(作戱)를 중지하고 지금까지의 과오를 청산하는 의미에서 진정한 공산주의자들의 손으로 조선이 실정에 적합한 공산당 재조직을 꾀하는 편이 현명할 것이다."
>
> (「독립노농당 유림, 3당 합당에 대해 합당보다 청당(淸黨) 강조」, 『조선일보』 1946년 8월 4일)

1946년 강화도 참성단에서 조소앙, 안재홍과 함께한 유림(왼쪽).

오늘은 상황 진행의 설명을 좀 접어놓고 유림(柳林, 1894~1961)이란 인물을 들여다보고자 한다. '합당(合黨)'보다 '청당(淸黨)'이 좌익의 과제라는 그의 화끈한 비판은 어떤 각도에서 나온 것인가, 비판의 입장을 이해함으로써 위 담화와 같은 주장이 품은 진짜 의미를 이해할 여지가 크다.

좌익인지 우익인지 정말 잘라 말하기 힘든 인물이다. 그는 아나키스트를 자처한 사람이다. 1942년 충칭으로 가서 임정에 참여하고 1944년 4월 국무위원에 취임할 때 그의 소속은 조선무정부주의자연맹■이었다. 그러나 그는 '무정부주의'가 잘못된 용어라고 주장했다.

> '무정부'라는 말은 아나키즘(anarchism)이란 그리스 말을 일본 사람들이 악의로 번역하여 정부를 부인한다는 의미로 통용되는 것 같은데,

■ 1920년대 중국 베이징에서 조직되었던 조선인 아나키즘 운동 단체이자 독립운동 단체로 정화암, 이회영, 이을규, 이정규, 백정기, 유자명 등이 조선 독립운동을 체계화할 목적으로 설립했다. 독립운동을 이론적으로 체계화하기 위해 기관지를 창간 보급하고, 자유연합의 조직 원리에 따른 모든 독립운동 단체들의 총력을 결집하는 데 힘을 모았다. 재중국조선무정부주의자연맹이라고도 한다.

원칙에 충실한 노선을 걷고자 했던 아나키스트 유림.

> 본래 'an'은 없다는 뜻이고 'archi'는 우두머리, 강제권, 전제 따위를 의미하는 말로서 'anarchi'는 이런 것들을 배격한다는 뜻이다. 그러므로 나는 강제적 권력을 배격하는 아나키스트이지, 무정부주의자가 아니다. 아나키스트는 타율 정부(heteronomous government)를 배격하지, 자율 정부(autonomous government)를 배격하는 자가 아니다.
> 물론 과거의 아나키스트들은 유토피아를 추구하면서 사상 면에서 큰 공헌을 하면서도 현실면에서는 패배를 거듭해왔다. 그러나 제1차 세계대전 이후부터는 현실적 조직에 관심을 기울이고 있으며, 나 역시 아름다운 꿈을 안고 임시정부라는 조직에 참가한 것이다.
>
> (『조선일보』 1945년 12월 5일; 『한국현대사의 비극』, 272쪽에서 재인용)

김재명은 "중간파의 이상과 좌절"이란 부제를 붙인 『한국현대사의 비극』에서 정치적 승리를 거두지 못했기 때문에 큰 주목을 받아 오지 못한 9인의 정치가를 부각시켰다. 중도파의 존재를 부각시키려는 『해방일기』 작업에 좋은 출발점 역할을 해준 책인데, 그중에서도 유림에 관한 설명이 특히 고맙다. 통상적 기준으로 입장을 파악하기 힘든 인물이기 때문이다.

일본 제국주의자들은 무정부주의를 공산주의보다도 더 위험한 존재로 보았다. 이론이 단순명쾌하다는 점에서 더 과격한 사상으로 볼 수도 있다. 그러나 실제로 아나키즘을 표방한 사람들의 정치적 성향은 (좌우를 구분하는 일반적 기준으로 볼 때) 아주 넓은 스펙트럼에 걸쳐 있었다. 유림은 사회적 변혁의 필요성에는 어느 좌익 못지않게 공감하면서도 신탁통치를 반대함에는 어느 우익보다 철저했다. 그는 해방공간을 통해 반탁운동 등 우익의 대열 속에 자리를 지켰지만, 좌익의 책략적 행태와 우익의 비민주적 행태를 똑같이 비판했다.

1946년 1월 하순 김원봉, 성주식, 장건상 등 일부 임정 요인들이 비상정치회의에 독촉이 합류해 비상국민회의로 선회하는 데 반발하여 탈퇴할 때 유림도 일시 회의 참석을 거부하며 항의했다. 결국 비상국민회의에 남기는 했지만 1월 28일 기자들에게 입장을 밝힌 내용을 보면 이승만이 그를 민주의원 28인에서 어떻게든 빼려고 했음을 짐작할 수 있다.

> 임정은 입국 전부터 전 민족의 총의를 집결시킬 수 있는 전제 역할을 할 수 있는 독립운동자대표대회를 열기로 예정하고 있었다. 그것은 헌법이 제정되어 있지 않아서 선거권, 피선권이 규정되지 못한 이때 인민 대표를 소집하여 국민대회를 열 수 없으므로 우선 해내외의 민족적 양심 분자를 될 수 있는 대로 총망라하자는 것이었다. 그래서 긴급 대책 14조 중 제6항에도 그것을 표시했는데 이번 개최하려던 비상정치회의의 의도는 이에 준하였던 것이고, 자기도 그런 것으로 확신하고 출석하였던 것이다.
>
> 그것이 3당 측(한민, 국민, 신한민)에서 이승만 씨가 주재하던 중협을 합

류시키자는 발론이 있고 동시에 회의의 이름을 비상국민회의로 고치자고 하게 되었다. 그렇게 되면 중협은 하등의 정치단체가 아니니 합류 여부가 없는 것이고 회의 명칭의 변경은 스스로 회의의 성질까지 왜곡하는 것이므로 함부로 국민을 참칭할 수 없다.

(「좌우 양익의 협조 필요: 회의의 성질 변경에 불만, 유림 씨 담」,
『자유신문』 1946년 1월 29일)

『자유신문』은 3월 26일자에 유림의 「시국담」을 실었다. 우익 진영에서 소외되어 칩거하고 있던 인물의 견해를 크게 보도한 것은 그 시각에 공감하는 사람들이 많기 때문이었을 것이다.

누가 무슨 말을 물어도 대답할 말이 없으니까 나는 요사이 도무지 외출을 아니 한다. 큰 기대를 안고 입국한 '임정'은 '임정' 자신이 소멸시켜 없어지고 해외에서 약속한 혁명자대회는 비상정치회의로서 소집하려다가 중도에 비상국민회의로 탈락하여 억지로 국민회의라는 명칭을 걸었다가 소위 최고국무위원회 위원의 인수와 인선을 이승만, 김구 양씨에게 전임(專任)한다는 불법을 감행하였다. 당시 나는 절대 반대하다가 중과부적으로 나의 반대는 성립되지 못하였다.
당시 비상국민회의에서 발표함과 같이 '임시정부' 수립의 최고 임무를 자부한 최고국무회의는 다시 남조선국민대표민주의원을 조직한 것은 법리상으로나 정치상으로 모순이요 과오이다. 그 잘못한 일의 결과는 금일 여러분이 보는 것과 같이 유명무실의 간판만이 있다. 현재 우익 진영은 총 붕괴다. 원래 정치 협잡성을 띠고는 실패하는 법이다.

김재명의 정리에 따르면 유림은 안동 대지주 집안 출신으로 3·1운동 후 가산을 정리하고 만주로 이주해 서로군정서에서 활동했고, 1920년 말 베이징으로 가서 신채호, 김창숙 등과 함께 잡지 『천고(天鼓)』 편집에 참여했다. 1922~1926년 성도(成都)대학에서 수학한 후 정의부, 신민부 등을 통해 독립운동을 하다가 1931년 10월 봉천에서 일경에 체포되어 국내에 압송, 5년간 복역했다. 출옥 후 1937년 다시 만주로 탈출해서 그 지역에서 활동하다가 1942년 여름 충칭으로 가서 임정에 참여했다(『한국현대사의 비극』, 273~288쪽).

유림이 남긴 논설을 보면 "목적이 방법을 정당화하는" 풍조에 엄격하게 반대하는 자세를 볼 수 있다. 1946년 봄부터 독촉국민회를 통해 이승만과 밀착 관계에 있던 신익희가 1952년 5월 부산정치파동■ 후 이승만과 결별하며 유림의 합류를 청할 때의 일화에서도 그런 면모가 보인다.

> "단주(旦洲, 유림의 아호), 우리는 과거 친한 동지 사이요, 민족과 국가를 위하여 생사를 같이한 사이 아닌가? 이제부터 같이 힘을 합쳐 독재자의 손길에서 구민(救民) 운동을 해보세."
> "그래 해공(海公, 신익희의 아호)! 자네는 이승만 앞에서 기생첩 노릇을 했던 사람이 아닌가! 그래 내가 이승만의 첩하고 타협을 해? 차라리 구국 타협이라면 이승만 하고 하지."

■ 1952년 여름, 당시 한국전쟁으로 임시 수도였던 부산에서 제2대 대통령 선거에서 재집권하기 위해 대통령직선제 정부안과 내각책임제 국회안을 혼합한 발췌개헌안을 강압적으로 통과시키려 한 이승만 정권의 폭력 행위로 일어난 일련의 정치적 소요 사건을 말한다. 헌법과 법률을 초월해서 수단과 방법을 가리지 않고 대통령직을 영속시키겠다는 이승만의 의지를 보여준 이 사건은 장기 집권을 위한 비합법적인 수단과 방법이 되풀이하여 나타나게 되는 계기가 되었다.

"단주, 과거는 어떻게 하다 보니 그렇게 되었네, 용서하시게."

"과거는 동지고 팥죽이고 간에 기생첩과 같은 사람과 타협할 수 없네." (『한국현대사의 비극』, 303~304쪽)

정치적 성장의 기회도 그런 식으로 날려버렸다. 1946년 7월 초에 결성된 독립노농당은 아무 자금력도 없는 아나키스트 유림의 명망을 바탕으로 만들어진 정당 같은데, 상당한 세력이 결집되었던 모양이다. 이 당은 1948년 5월의 남한 단선을 거부했는데, 상당수 당원이 무소속이나 다른 사회단체 명의로 당선되었다고 한다. 그런데 독립노농당은 그런 당원 5인을 제명해버렸다(같은 책, 301쪽).

잘못된 선거에 정당의 참여를 거부하는 것까지는 그렇다 치자. 다른 길로 그 선거에 참여했다는 이유만으로 이념을 함께하는 동지들을 쫓아낸다는 것은 비타협적이란 평을 많이 듣는 내가 봐도 너무했다. 아들이 일본군 장교를 지냈다는 이유로 죽을 때까지 얼굴 한 번 안 보여줬다는 양반이니……. 아무튼 첫 선거에서 교섭단체를 만들 만한 실력으로 평가되던 독립노농당은 그 이후 몰락해버렸다. 유림 본인도 1950년, 1958년, 1960년 세 차례 국회의원 선거에 출마했다가 실패했다.

8월 4일의 담화에서 유림이 "자기비판 위에 선 공산주의자"와 "진정한 공산주의자"에게 기대를 보이는 대목에 생각이 머문다. 그는 민족주의 진영을 지키면서 민족주의를 빙자한 "협잡"을 혹독하게 비판했다. 그러면서 좌익 진영의 탈선적 행동과 모략책을 비판하면서도 진정한 공산주의의 역할을 인정했던 것이다. 그처럼 원칙에 충실한 노선을 포용할 공간이 해방공간에 없었다는 사실이 아쉽다.

1946. 8. 5.

최고 원로 김철수를 배신한 박헌영

어제 이야기한 유림의 독립노농당이 당시 상당한 세력을 모으고 있었다는 사실을 아래 기사에서 알아볼 수 있다.

> 한국민주당 서울시당부 유엽(柳葉)·이동준(李東俊)·김태민(金泰民)·박세환(朴世煥) 제씨를 비롯한 127명의 당원은 얼마 전 한민당을 탈퇴하였던바 독립노농당에 가입키로 되었다.
>
> ● 한민당 총무 백관수 담
>
> 우리 당으로서는 무어라 말할 것이 없다. 유엽이 탈당한 후 독립노농당 외교부장에 취임된다고 인사를 왔으므로 알았다. 우리 당에 있을 때는 임원이 아니었으며 모두 건국을 위한 것이라면 앞으로의 발전을 빌 뿐이다.
>
> (「전 한민당원 127명 독립노농당에 입당」, 『조선일보』·『서울신문』 1946년 8월 6일, 14일)

노농당 창당 움직임은 5월 초순에 일어나 7월 7일에 정식으로 결성되었다. 국민당과 신한민족당이 한독당과 통합하면서 사라진 진보적 우익 정당의 필요에 노농당이 부응한 것이 아닌가 생각된다. 위의 백관수(白寬洙, 1889~?) 논평이 어느 시점에서 나온 것인지 확인 못했는데, 8월 5일 한민당 서울시당부 성명서는 백관수의 논평처럼 점잖은 것이 아니었다. 민심의 이반에 초조해하는 모습으로 보인다.

"8월 15일부 유엽 외 수 명이 연명으로 소위 탈당 성명서를 발표한 것은 일소에 부쳐 새삼스러이 논평할 필요조차 없다. 원래 유엽 외 수 명은 전부터 반당 행위를 한 탓으로 7월 16일에 제명 처분을 받았고 1개월이 지난 오늘에 와서 몇몇 개인의 반동 탈락자와 연서하여 사실무근의 허구적 사실 및 숫자로써 악질 모략 성명을 하는 것은 일종의 낙오라 하겠다.
특히 본 시당부 간부로서 탈당 성명에 연서한 사람의 거개는 장구한 동안 반당적 행위를 해온 탓으로 8월 5일 하오 1시 본 시당부 임시집행위원회에서 간부의 직을 박탈당하였음을 언명한다. 본당으로서는 당연한 조치임을 확인하여 둔다."

(「한민당 서울시당, 탈당 인사들의 반동적 행위 비난 성명」, 『동아일보』 1946년 8월 8일)

한민당은 말보다 행동을 중시하는 정당이었나 보다. 아니, 주먹을 중시하는 정당이었나 보다.

8일 새벽에 청년 10여 명을 태운 트럭이 독립노농당 경리부 차장 이동준 씨 집을 습격하였다는데, 이에 대하여 그 당 선전부장 양일동 씨는 다음과 같이 말한다.
"본당 경리부 차장 이동준 씨가 8일 새벽 10여 명의 청년에게 트럭으로 습격을 받아 한민당 훈련부에 감금을 당하고 무수히 구타를 당하여 전치 2주일을 요하는 부상을 입은 끝에 전자에 한민당 탈당에 제하여 성명서를 발표한 것은 잘못하였다는 사과장에 도장을 찍고 겨우 놓여나왔다. 우리는 그가 한민당 당원이었는지도 알 수 없었고 테러를 근절하려는 이때에 실로 유감된 일이어서 사회에 호소하는 바이다."

● 한민당 선전부 함상훈 씨 담

"그러한 말이 전하기에 알아봤더니 지난번 악질적 성명서가 돌아다녀서 연서한 17명이 모두 모른다 하므로 이동준 씨에게서 성명서에 한 것을 모른다는 데 서명을 받았다는 말은 들었으나 구타를 했다는 말은 못 들었다."

(「정치 테러 사건 또 발생, 한민당 탈퇴한 이동준 씨 봉변」, 『자유신문』 1946년 8월 10일)

유림과 노농당에 사람이 많이 모였고, 그래서 정계 동향도 예민하게 파악하고 있었던 모양이다. 어제 인용한 유림의 8월 4일 담화문에서 좌익의 과제가 "합당보다 청당(淸黨)"이라고 한 주장도 예민한 동향 파악에서 나온 것으로 보인다. 공산당의 내부 문제가 드디어 터져 나왔다.

한국사데이터베이스의 '자료대한민국사'에 『동아일보』·『조선일보』 1946년 8월 7일, 8일로 표시된 기사로 8월 4일의 공산당 중앙위원회에서 불만을 가진 6인(서중석, 김철수, 강진, 이정윤, 김근, 문갑송)이 이튿날 발표한 성명서를 보도한 것이 있다. 내용이 길기 때문에 여기 옮겨놓지 않는다.

이 성명서는 3당 합동의 필요성을 강조하며, 이런 중대한 일 앞에서 박헌영 일파의 파벌적 전횡을 극복해야 한다고 주장했다. 이주하, 김

삼룡(金三龍, 1908~50), 이현상(李鉉相, 1906~53) 등 박헌영 일파의 "트로츠키 경향"을 비판하고 그들의 전횡이 당내를 넘어 우당(友黨)에까지 미칠 것을 우려했다. 그리고 당원 동지들의 의견을 대담하게 표명할 것을 요청했다.

이제부터의 갈등 속에서 '간부파'로 불리게 될 박헌영 일파는 즉각 반발했다. '대회파'로 불리게 될 간부 6인의 처벌을 위해 사흘 만에 다시 열린 중앙위원회의 진행을 박헌영은 이렇게 적었다.

> 나는 중앙위원회를 7일에 긴급 소집하여 그 동무들의 출석을 구하였으나, 그 동무들은 대표로 이정윤, 문갑송 동무만이 나왔었습니다. (…) 이정윤 동무는 자기들의 주장과 태도는 끝까지 정당하므로 필연적으로 현 중앙과 싸우겠다는 것을 말하였고 (…) 문갑송 동무는 어느 정도 자기반성의 빛을 보이므로, 이정윤 동무는 눈물을 머금고 출당 처분을 내렸고, 문갑송 동무는 하루빨리 그 잘못을 청산하여 함께 다시 일할 수 있는 기회와 반성의 여유를 주기 위하여 정권 처분을 하였으며, 그 외 동무들은 회의에 출석하지 않았으므로, 일단 이정윤 동무를 ○○ 내린 다음 다시 개인적으로 충분히 의견을 들어서 적당한 조치를 하기로 한 것입니다.
>
> (「합당과 반당 분자에 대하여」, 『건국』 1946년 8월 24일; 『이정 박헌영 일대기』, 359~360쪽에서 재인용)

8월 7일 중앙위원회의 결정 내용은 이런 것이었다.

> 조선공산당 중앙위원회는 우 6인의 명의로써 발표한 1946년 8월 5일부 "합당 문제에 대하여 당내 동지 제군에게 고함"이라는 반당 문서

를 발표한 행동과 그 내용에 대하여 조사한 결과, 좌와 여히 결정함. 우 6인은 당 규율을 유린하고, 당의 조직을 파괴하고, 당의 지도 동지들에 대한 허위 중상으로 대중과 반동 진영에 당의 위신 타락을 기도하고, 당 기관지 『청년 해방일보』의 명의를 그 분열 행동에 이용코자 도용하였고, 1946년 8월 4일 중앙위원회 회의의 당의 최고 비밀을 반동 진영에 고의적으로 누설하고 그 결의를 허위 주작하여 규약 제55조 및 제9조에 의하여 일체 당기관 책임으로부터 해임하는 동시에, 이정윤은 당적으로부터 제명하고, 기타 5인은 무기 정권을 결정하여, 이에 전 당원과 각급 기관에 통고함.

(『건국』 1946년 8월 18일; 『이정 박헌영 일대기』, 360쪽에서 재인용)

8월 10일자 『동아일보』에 대회파 6인의 회견 기사가 실렸다. 공산당의 분란에 관해 『자유신문』에 비해 『동아일보』 기사가 훨씬 많고 소상하다. 8월 13일자에는 제1면의 절반을 차지하는 특집 기사까지 올렸다. 불난 집에 부채질하는 느낌까지 든다. 10일자 기사는 이런 내용이었다.

좌익 합당을 계기하여 당내 성명을 발표한 공산당 중앙위원 강진(姜進), 서중석(徐重錫) 씨 외 4인에 대하여 대표 박헌영 씨의 담화와 제명 및 정권 처분은 이미 보도한 것과 같거니와 이에 대하여 앞서 6씨는 9일 다음과 같은 일문일답을 하였다.

(문) 박헌영 씨의 정권 처분 발표에 대하여

(답) 이는 당 규약은 물론 외국 당의 전례에도 없는 연극이다. 다만 보수주의적 일파 중심주의를 완강히 관철하려는 데 불과하다. 민주주의적 발전의 비약은 각당 자색주의와 소그룹을 철저히 청산 않고

는 장래할 합동당에도 큰 지장이 될 것은 과거 1년간의 쓰라린 경험에서 명백히 증명된다. 소위 정권이란 희극은 콤그룹의 철쇄에서 해방된 데 불과하고 금후 콤그룹은 전당 군중에서 완전히 고립될 것이다. 우리는 과거 십 수 년간 지하에서 혹은 감옥에서 혁명적 투쟁을 하여온 자들이다.

(문) 어떤 조직이라도 가졌는가?

(답) 없다. 우리 6인은 소위 콤그룹 몇 개 친우들이 당 조직을 악용하여 협소한 보수주의와 종파주의로 유래된 당 사업의 마비화, 분파성을 해소치 않고 조장하는 조직 경향에 반대한다. 우리는 최고 기관을 조직할 의사도 없다. 다만 당원 대중이 요망하는 자색 편파성을 배제하여 대중의 위력으로 분쇄함으로써 민주주의 혁명 세력의 집성인 합당의 활약적 발전 실천에 적극 참가하려 하며 여하한 토의 집회에도 우리는 참가하여 토론 질문에 응할 용의가 있다.

(문) 당대회 요구의 필요는 없는가?

(답) 완고한 일파주의를 당내나 우당에 강요하는 한 민주 세력 집결은 불가능하다. 일개 분자 일파로써 당이나 모든 단체를 전횡 운영하려고 운동의 발전을 마비 저해시키고 있음은 결과에 있어 이적행위며 합당 장해물이다. 이러한 배타적 종파성 청산을 위하여 당 군중의 최후적 해결책으로 당대회(혹은 대표자대회)를 요구한다. 여기서만 당은 통일될 수 있고 합동당도 건전한 발전을 기할 수 있다.

(「조공의 강진 등 6명, 제명 및 정권 처분에 대해 비난」, 『동아일보』 1946년 8월 10일)

대회파로 나선 6인은 당대 공산 진영의 쟁쟁한 인물이요, 투사들이었다. 박헌영이 장악한 중앙위원회에 들러리로라도 앉히지 않을 수 없던 중진들이었다. 그중 가장 원로였던 김철수(金綴洙, 1893~1986)가 어

해방 당시 공산주의자 중 최고의 권위를 가진 인물임에도 스스로 나서기보다 열심히 일할 사람을 밀어주었던 김철수.

떤 인물이었는지 잠깐 살펴보겠다.

전북 부안의 대지주 집안 출신으로 1912~1916년 와세다대학에서 수학한 후 몇 해 동안 상하이에서 독립운동과 공산주의 운동을 벌이다가 귀국하여 1925년 12월 조선공산당 조직부장이 되었고, 1926년 조선공산당 검거 사건 후 제3차 조선공산당(일명 ML당)을 결성하고 책임비서가 되었다. 1929년 제3차 및 제4차 조선공산당 검거 사건으로 당이 와해된 후 당 재건에 진력하다가 이듬해 2월 치안유지법 위반으로 검거되어 징역 10년을 선고받았다. 1938년 출감하였으나 1940년 사상전향을 하지 않아 조선사상범예방구금령으로 서대문형무소에 수감되었다가 해방 때 풀려나왔다.

해방 당시 공산주의자 중 최고의 권위를 가진 인물이면서 박헌영의 지도력을 인정해준 것이 박의 득세에 큰 도움이 되었다고 한다. 그의 구술 자료 중에 이런 대목이 있다.

감옥에서 가만히 살면서 보니까 박헌영파(경성콤그룹)만 잡혀와. (공산당) 재건 운동하다가 잡혀온 것이야. 자꾸 잡혀와. 우리 파(서울상해 합동파)는, 말을 들으니까 이권 운동이야. 양조업도 하고, 정미업도 하고, 뭐 그런 거 저런 거 모두 직업을 얻어 가지고, 왜놈한테 얻어서, 아쉬운 소리 하고, (운동 일선에서) 딱 떨어져 버려. 박헌영파가 재건 운동하다가 자꾸 잡혀와. 그걸 보고 감옥에서, 내가 양심적으로 아무래도 박헌영을 (지도자로) 내세워야지(라고 생각했어). (김철수, 「구술 자료: 정진석 소장본」, 『지운 김철수』, 243쪽; 『이정 박헌영 일대기』, 198쪽에서 재인용)

와세다대학 출신에 14년 가까운 투옥, 최고의 '스펙'을 갖고도 자신이 나서기보다 열심히 일할 사람을 밀어주는 것이 해방 당시 50대 초반이던 김철수의 자세였다. 그런 그가 당대회 소집을 요구하고 나섰는데 박헌영은 당권 정지와 출당으로 응했다. 공산당에서 나온 김철수는 사회노동당 창당에 참여했다가 사회노동당이 해산하고 여운형이 암살당한 후 다시 정치에 나서지 않았다. 고향 가까운 곳으로 돌아가 30여 년간 궁핍 속에 조용히 살다가 세상을 떠났다. 2005년 광복절에 건국훈장 독립장이 추서되었다.

1946. 8. 8.

"미군정이 잘한 일이 무엇?"
98퍼센트가 "할 말 없어!"

7월 29일 정판사사건 공판정 주변의 시위 때 연행된 50인에 대한 군정재판이 8월 5일 열렸다. 치안 교란, 사법재판 진행 방해, 공무 집행 방해, 경관 공무 집행 방해, 무허가 집회 참가 등 맥아더 군정 포고령 제2호 위반이므로 일반 법정 아닌 군정재판에 회부한다는 것이었다.

군정재판은 신속하고 엄혹했다. 불과 보름 후인 8월 20일에 판결이 나왔는데, 최고 5년 징역 5명, 최고 4년 징역 14명, 최고 3년 징역 21명 등 대다수가 3년 이상 징역을 선고받았다. "베니안 알렉산그로니"라는 수석 판사 이름이 기사에 나오는 것으로 보아 '군정재판'이란 것이 미군의 군사 법정을 확장해서 사용한 것 같다. 돌팔매 이외의 무기가 동원되지 않은 시위를 이렇게 엄하게 다룬 데서 정판사사건에 대한 미군정의 단호한 의지를 다시 확인할 수 있다.

미군정에 대한 조선인의 민심이 좋지 않았을 것은 여러모로 짐작이 가는 일인데, 그 사실을 분명히 보여주는 여론조사가 이 무렵에 있었다. 한국여론협회에서 8월 11일 서울 시내 3개처(종로, 본정 입구, 노량진)에서 통행인 4,782인에게 좌익 합당과 미군정에 대한 의견을 물었다고 한다(『동아일보』 1946년 8월 13일자).

한국여론협회는 7월 3일 창립된 기구인데, 간부 중에 장덕수(張德秀, 1895~1947), 조소앙, 김준연(金俊淵, 1895~1971) 등의 이름이 보이는 것으로 보아(『서울신문』 1946년 7월 14일자) 우익 성향의 단체였던 것 같다. 좌우합작 원칙과 공판정 소동에 관한 최근의 여론조사도(『동아일보』 8월 6일자) 우익 선전 활동의 인상을 주는 조사 방법이었다.

8월 11일의 조사에서도 좌익 합당 설문의 선택지로 (1) "퇴세를 만회하기 위한 모략" (2) "부득이한 사정" (3) "당연한 노선"의 세 가지를 내놓은 것을 보면 역시 우익 선전 활동의 냄새가 난다. 좌익을 비방하는 (1), (2)항에 80퍼센트의 의견이 몰렸고, 좌익을 옹호하는 (3)항은 8퍼센트의 응답에 그쳤다.

그런데 두 번째 설문 "군정에 대하여 잘했다고 생각하는 점은 무엇?"에 대해 4,686인, 응답자의 98퍼센트가 기권을 했다는 것이다! 96인만이 "위생 시설"을 꼽았다. 반면 "잘못했다고 생각하는 점은 무엇?"에 대한 반응은 훨씬 활발했다. 53퍼센트가 "식량정책"을, 31퍼센트가 "산업 운영과 주택 관리"를 꼽았다. 기권은 16퍼센트에 불과했다.

미군정의 잘한 점에 대해 응답자의 98퍼센트가 할 말 없는 상황에 조선인의 "미군정 존속에 대한 열망"을 주장하는 맥아더의 발언이 전해졌다.

〔도쿄 3일 UP발 조선〕 남조선 군정 활동에 관한 맥아더 장군의 5월 정기 보고는 미소공동위원회의 결렬로 인하여 미군정 존속에 대한 조선의 희망이 높아가고 있다고 대략 다음과 같이 보고하였다.

"미소공동위원회의 결렬로 인하여 남조선 단독 임시정부 수립이 일반적으로 공연히 논의되었다. 그러나 다시 시일이 경과함에 따라 이러한 견해의 토의는 점차 해소되고 드디어 미군정 존속에 대한 열망으로 대치되었다.

미소공동위원회의 돌연 휴회는 각 정당 간의 제휴를 이전보다 일층 더 긴밀화하였으며 일반 여론은 조선인 자기들의 정부를 수립하는 데 발언할 수 있는 당연한 권리를 미국이 옹호하고 있다는 것을 깨달았다. 이러한 태도와 함께 일편에는 독립이 점점 요원하여진 데 대하여 실망의 기운이 떠돌고 있다.

신탁통치에 대한 반대 의견을 가진 정당의 대표는 모스크바 결정에 반대하는 것이므로 조선임시정부 수립에 참여할 수 없다는 소련의 주장에 대하여 미국은 이와 같은 해석은 의사 발표의 자유를 저지하는 것이라고 반대하였던 것이다.

남조선 민중은 미·소 회담의 결렬에 실망을 느끼고 있으나 동시에 조선 독립을 위하여 노력하고 있는 미국의 입장에 대하여는 감사하고 있는 것이다. (…)"

(「맥아더, 남조선 군정 활동 5월 정례 보고 내용 발표」, 『동아일보』 1946년 8월 4일)

조선인들이 미군정 존속을 열망한다는 사실을 맥아더가 어떻게 알 수 있었을까? 조선의 미군정 당국자들에게 의심이 돌아가지 않을 수 없는 일이었다. 8월 6일 기자회견에서 러치 군정장관은 맥아더의 보고가 어떠한 것을 기준 재료로 하였으며 장관도 그 보고와 같이 생각하는가 하는 질문에 참 난감했을 것이다. 이렇게 대답했다고 한다.

"조선인이나 미국인은 필요 이상의 군정 시행을 좋아하지 않는다고 생각한다. 즉, 모스크바 결정을 실천하는 데 필요한 이상의 군정은 필요치 않다고 생각한다. 맥아더 장군의 5월 보고는 어떤 기준 재료를 가지고 하였는지 통신이 이르지 못하였으므로 자세히 알 수 없다.

맥아더 사령부에서는 조선에 대개 대표자를 파견하고 있으며 조선 내 사정에 대하여는 매월 보고를 미국에 보내고 있다."

(「군정장관 러치, 당면 문제에 대해 기자회견」, 『서울신문』 1946년 8월 7일)

그런데 같은 기자회견에서 이런 문답도 있었다.

(문) 현재 경복궁 내에 있는 국립박물관 구내에 미군 간이 병사를 건설할 계획이 있다는데 사실인가?
(답) 장교와 하사관 가족을 위한 약 50세대의 병사를 지을 계획을 하고 있다.
(문) 근정전, 경회루, 향원정 등을 포함한 경복궁 안에는 현재 국립박물관의 구내로서 이 구역 안에는 귀중한 탑과 등롱 등이 배치되어 있는데 병사와 다수 사람이 무상출입하면 영구히 보전해야 할 국보의 원형이 훼손될 우려가 있으므로 다른 적당한 장소를 선택할 의사는 없는가?
(답) 그 문제는 충분히 고려했다. 이는 문교부 교화국과도 연락하여 보존하도록 하겠다. 그러나 지금 서울에는 주택난이 심하므로 다른 곳에서 주택을 구하게 되면 조선인이 곤란해질 것이다. 즉, 주택난을 완화하기 위한 것이다.

(「러치, 경복궁 내 미군 간이 병사 건설안에 대해 기자들과 문답」, 『조선일보』·『서울신문』 1946년 8월 8일)

'주택난 완화'를 위해 경복궁 안에다가 미군 숙소를 짓는다? 이런 엽기적 발상법을 가진 사람이 군정장관이었다. 미군 장병들 중에 러치보다 머리 좋은 사람도 양식 있는 사람도 물론 없지는 않았겠지만, 러치 같은 인간들이 꽤 있었을 것 아닌가. "군정이 잘했다고 생각하는 일"을 묻는 질문에 98퍼센트가 할 말 없다고 하는 상황이 이해가 간다.

러치 군정장관보다 머리 좋고 양식 있는 사람으로 얼른 떠오르는 인물이 레너드 버치 중위다. 좌우합작 회담 준비 과정에서 두드러진 역할을 맡으면서 여론의 주목을 받은 버치의 기고문이 『동아일보』 8월 6~7일자에 「좌우합작 교섭의 산파역 버치 중위, 조선의 현실에 대해 견해 피력」이란 제목으로 두 차례 나눠 실렸다. 그 한 대목을 소개한다. ('자료대한민국사'에는 8월 7일자로만 표시되어 있고 내용에도 오탈자가 매우 많다. 인용 부분은 8월 6일자 게재분의 일부다.)

> 조선 사람은 미국에서 무엇을 배우려고 하는가? 우리가 가지고 있는 진보된 기술을 조선이 습득하기를 희망한다. 그러나 이 기술은 미국 문화의 가장 가치 있는 것은 아닐 것이다. 무엇보다도 가치 있는 것은 미국이 자유의 나라라는 사실이다.
>
> 이 자유는 확고한 철학적 기반 아래 있는 것이다. 이 기반은 시민의 모든 자유 가운데 표시될 것이고 이 자유는 미국인이 고도의 정치적 타협술을 가지고 있다는 사실에 의거한 것이다. 미국이 조선에 주는 선물은 이 탁월한 자유라 할 것이며 조선 사람이 미국 친구들에게서 배울 가장 가치 있는 과업이라 할 것이다.
>
> 이 정치적 타협술을 달성하기 위하여 미국은 한 세기에 가까운 진화와 처참한 내란을 겪었다. 그러나 세계는 최근 10년 동안 밀접한 접촉 밑에서 성장해왔다. 그리하여 지금은 상호의 장점을 배울 수 있게 되고 과거 상호 간의 희생을 의의 있게 발전시킬 수 있게 되었다. 조선이 그 정치적 자유를 획득하기 위하여 멀고 험한 형극의 길을 걷지 않으면 안 될 이유는 하나도 없다.

> 우리의 과거를 배움으로써 더불어 조선에 혜택이 있게 하라. 우리 미국 사람이 모든 신고를 통하여 얻은바 진리를 명기할 지어다. 그 진리란 정부의 기능은 그 국민에 봉사하는 것이며 국가는 국민을 광영스럽게 하기 위하여 존재하는 것이고 국민이 국가를 광영스럽게 하기 위하여 존재하는 것이 아니며 국가의 최고 기능은 모든 인위적 제한에서 개인을 자유롭게 하여 그들에게 내재하고 있는 가장 위대한 것을 열망케 하는 데 있다.

여론조사 얘기를 꺼낸 김에 이 무렵 군정청 여론국에서 행한 여론조사까지 살펴보고자 한다. 8월 13일자 『동아일보』 제3면은 "여론 특집"으로 꾸며졌는데, 군정청 여론국에서 8,453명을 대상으로 30개 항목의 설문으로 행한 조사 결과가 소개되어 있다. 이 기사에는 7개 항목의 조사 내용이 소개되어 있는데, 정치 형태로 독재가 좋으냐 대의정치가 좋으냐, 헌법이 있으면 좋겠냐 없으면 좋겠냐 등 하나마나한 질문이 대부분이다. 그런데 눈에 확 띄는 항목 하나가 있다. "귀하의 찬성하는 것은 어느 것입니까?" 하는 질문에 대하여 아래와 같은 조사 결과가 나온 것이다.

> (가) 자본주의 1,189인(14퍼센트)
> (나) 사회주의 6,037인(70퍼센트)
> (다) 공산주의 574인(7퍼센트)
> (라) 모릅니다 653인(8퍼센트)

'사회주의'를 고른 대다수 응답자들이 갖고 있던 '사회주의'의 개념이 그리 명확한 것은 아니었을 것이다. 그러나 극우 정당인 한민당조차 주요 산업의 국유화와 토지 소유의 근본적 개혁을 겉으로나마 표방하지 않을 수 없던 당시의 여론 분위기는 여기서도 확인된다. 식민지 시대의 사회경제적 모순의 극복 필요성을 인식하되 극단적 변혁을 꺼리는 마음이 '사회주의'의 선택으로 나타났을 것이다.

참, 조선인이 미군정 존속을 갈망한다는 맥아더 발언에 대한 해명이 8월 15일 군정청 공보부장 이철원의 담화문으로 나왔다. 믿고 싶은 해명이다.

> "미국 신문지상에 8월 3일부로 게재된 보도에 의하면 미소공동위의 무기 휴회 이후로 남조선 인민들은 남조선의 단독정부를 수립하는 것보다는 차라리 당분간 미군정을 계속하는 것을 원하는 경향이 있다라고 보도되어 있다."
>
> (「공보부장 이철원, 맥아더의 5월 정례 보고 내용 보도에 대해 담화 발표」, 『동아일보』 1946년 8월 15일)

1946. 8. 9.

전평과 대한노총의 경쟁

죽은 지 30년이 지난 박정희의 공과에 대한 논란이 근래 꽤 열을 올리는 것은 양쪽으로 치우친 의견이 많기 때문일 것이다. 지나친 찬양·미화에 영웅 숭배 풍조나 승리지상주의 경향이 조심스러운 것은 물론이거니와, 지나친 폄하에도 비현실적인 기준이 많이 작용하는 것이 아닌지 불안하다.

어린아이로나마 1950년대를 살아본 나로서는 박정희의 쿠데타를 통해 대한민국 사회에 최소한의 질서가 세워진 것을 고맙게 생각한다. 아주 훌륭한 질서는 아니었다. 그러나 1950년대와 비교하면 정말 '최소한'의 질서였다. "되는 것도 없고 안 되는 것도 없는" 세상이 어떤 것인지, 초등학생의 기억으로도 생생하게 남아 있다.

식민지 시대는 살아보지 않았어도 상당히 강력한 폭력적 질서가 있었으리라고 추정된다. 해방 후 일어난 일들을 더듬어보면 폭력만 남기고 질서는 사라져간다. 식민지 시대 헌병과 경찰의 흉악무도한 짓을 우리는 즐겨 이야기해왔지만, 1940년대 말에서 1950년대에 걸쳐 경찰과 군대가 저지른 짓과 대놓고 비교하면 별로 할 말이 없을 것이다.

박정희의 쿠데타는 식민지 시대 말기의 질서를 회복한 것으로 나는 평가한다. 쿠데타를 정당화하기 위해 4·19 이후의 무질서를 들먹이는 것은 너무 편협한 시각이다. 4·19 이전에도 질서다운 질서는 없었다. 자칭 공권력의 폭력만이 있었을 뿐이다. 1년간의 무질서가 아니라 16년간의 무질서를 극복했다고 보는 것이 5·16의 질서 회복 역할에 대한 온당한 평가일 것이다.

미군정 3년은 조선 사회의 질서가 여러 층위에서 무너져가고 일본 제국주의의 폭력을 대신하는 새로운 폭력이 자라난 시기로 볼 수 있다. 1946년 여름에 많은 사람들의 이목을 끈 한 회사에서 벌어진 일을 통해 당시 세상이 어떻게 돌아가고 있었는지 들여다보았다.

> 동방 창고 쌀 사건에 대하여 검사국에서는 인천과 영등포 창고의 재고미를 조사하는 한편 그 구입 방법과 동 회사의 당초 목적인 종업원에 대한 배급 상황 또는 사건의 처리 등에 대해 조사 중인데 검사국에서 말하는 그 진상은 다음과 같다.
>
> 검사국에서 조사한 영등포와 인천 창고의 쌀은 전부 4,213가마로 이것은 군정청 공업국 방직과장의 허가로써 종업원과 그 가족에 배급하기로 하고 동 방직회사에서 생산되는 광목과 교환한 것으로 지난 4월부터 영등포 공장의 쌀을 종업원 한 사람에 4홉 또 그 가족에 3홉씩을 배급하여준 사실이 있다는데 현재의 재고미로 종업원 한 사람에 3홉씩(그 가족에는 배급하지 않기로 결정)을 금년 11월 15일, 즉 신곡이 나올 때까지 배급케 하고 나머지는 명단에 넘기어 일반 배급을 하게 한 것이다.
>
> (「동양방적 은닉미 진상이 검사 당국의 조사 결과로 밝혀짐」, 『동아일보』 1946년 8월 7일)

동양방직의 '은닉미 사건'이 면죄부를 받은 것이다. 서울지방법원 검사국이 7월 16일 동양방직 영등포 공장에서 숨긴 쌀 3,200가마를 이튿날 인천 공장에서 1,600가마를 적발했을 때 당국의 서슬은 시퍼렜다. 쌀 때문에 고초를 겪던 시민들도 분노해 마지않았을 것이 눈에 선하다. 적발 당시 『서울신문』 7월 18일자에는 「경성지방법원, 동양방직회사 영등포 공장 창고의 은닉미 압수」란 제목의 기사가 실렸다.

> 서울 시민이 식량난으로 방금 도탄에 빠져 있는 이때 최남이 관리하는 동양방직회사 영등포 공장 창고 안에 고스란히 잠자고 있는 쌀 3,200가마가 드디어 검찰의 손에서 적발되었다 함은 보도한 바이거니와 16일 서울지방법원 검사국 김홍섭 검사는 경기도 경찰부 이만종 경감과 함께 동양방직 영등포 공장으로 출동하여 쌀이 들어 있는 창고를 검색하는 동시에 동 창고에 들어 있는 3,213가마 중에서 2,913가마를 압수 봉인하고 나머지 3백 가마는 사건의 진상이 규명될 때까지 동 공장 근무 직공들의 식량으로 남겨놓고 돌아왔는데 (…) 동포는 식량난으로 길거리에서 방황하는 이때 모리를 획책하는 혐의가 농후하다 하여 경찰 당국은 경찰부와 긴밀한 연락하에 단호한 태도로 이 사건의 진상을 엄중히 규명하여 처단하리라 한다.
> 이에 대해 지방법원 검사국 김용찬 검사장은 다음과 같이 말하였다.
> "서울 시민이 방금 식량난으로 곤경에 처해 있는 이때 같은 조선 사람의 창고에서 3,000가마의 쌀이 적발되었다는 것은 중대한 사실의 하나다. 회사 측의 변명과는 별개로 당국으로서는 일반에 미치는 영향을 생각하여 엄중히 조사 처결할 터이다. 앞으로 사건을 취조하여야 모든 것이 확연하여질 것이나 조사 결과에 부정행위가 판명되는 경우에는 직접 일반 생활에 중대 위협을 주는 식량문제이므로 추호도 용서 없이 엄벌에 처할 방침이다. 그리고 방금 압수한 쌀 2,900가

1930년대 동양방직 인천 공장.

마도 사건이 끝나는 대로 식량으로 곤란을 받고 있는 일반 시민에게 적당히 배급할 의향이다."

같은 신문 7월 19일자 기사에는 인천 공장의 쌀 적발 보도에 붙여 "건국 도상의 도의심으로나 민족의 양심으로나 이러한 모리 행위를 미연에 적발한 당국의 처사에 일반은 끝없는 신뢰와 그 추이를 기대하고 있다"는 논평까지 붙어 있다.

대단히 파렴치한 범죄처럼 몰아붙여 놓았는데, 과연 그럴 만한 일이었는지 선뜻 판단이 되지 않는다. 하지만 당시의 민심으로는 용납하기 어려운 일이었을 것이 분명하다. 직원 1인에 4홉씩 준 것은 그렇다 치더라도 가족 1인당 3홉씩 줬다는 것은 믿기도 어려운 이야기다. 당시 서울 시민들은 일제 말기 전쟁기의 배급 2홉 남짓의 절반도 안 되는 배급량에 시달리고 있었다.

아무튼 7월 중순에는 검사장까지 나서서 엄중한 태도를 과시해서 일반인의 "끝없는 신뢰"를 모으던 일이 3주 후에는 별것 아닌 일로 발표되었다. 동양방직을 둘러싸고 무슨 일이 벌어진 것이었을까? 8월 10일자 『동아일보』의 짤막한 기사 하나가 눈에 띈다.

인천에 있는 동방의 종업원들은 이번 전평을 탈퇴하고 3일 대한노총에 개명 단체로 재출발을 하였는데 선임된 임원은 다음과 같다.
위원장 채경석(蔡競錫), 부위원장 김병학(金秉鶴), 최정환(崔正煥), 김정신(金正信)

(「동양방적 종업원, 전평 탈퇴하고 대한노총에 가맹」, 『동아일보』 1946년 8월 10일)

궁금증이 자꾸 커진다. '한국근현대사신문자료'에서 "동양방직", "동양방적", "동방"으로 검색을 해보았다. 몇 개 기사를 보며 어떤 그림 하나가 그려졌다. 『자유신문』 1946년 6월 14일자에 「조선 노동운동에 획시기(劃時期), 전평에 단체계약 교섭권을 인정」이라는 제목의 두드러진 기사 하나가 있었다.

조선노동조합전국평의회(전평)는 해방 후 결성된 이래 파괴된 산업시설의 부흥과 산업 재건을 위해 노력하는 한편 노자(勞資)의 대립을 조정하고 근로대중의 정당한 권리 옹호를 위해 애써 왔는데 특히 최근의 인천 동방(東紡) 쟁의 문제에서 전평이 취한 태도는 극히 타당한 것으로 인정되어 12일 오전 10시부터 오후 7시까지의 장시간 동안 군정청 상공국 노동국장 '존슨' 씨와 군정고문 'B 켄나' 씨, 섬유과장 '봅' 씨, 보조관 '할나웨이' 씨, 동방 전무 오계선 씨, 전평 한철 씨 외 3명, 쟁의단 여공 대표 김정애, 신홍례 양군이 출석하여 열린 조정위원회에서 쟁의단의 요구를 전면적으로 수락하게 되어 13일 오후 건강 상태가 관계없는 여공들만 즉시 작업을 시작하게 되었다.
동방 쟁의 문제는 군정청의 충분한 양해로 불법한 사업주를 견제하고 노동자의 정당한 요구를 인정하게 된 것이다. 그런데 이와 동시에 군정청 노동국에서는 전면적으로 전평을 노동자들의 대표 단체로 인

> 정하고 단체계약 교섭권을 인정하여 차후 일체의 근로대중 문제는 전평의 각 세포조직을 통해서 정정당당하게 군정청 노동국과 교섭하게 되리라 한다.

그 배경은 1946년 6월 10일자 『자유신문』「동방 파업공, 러 장관에게 진정」 기사에서 찾았다.

> 동양방적 인천 공장 직공 8백여 명은 그동안 (1) 일을 마친 다음에 외출을 마음대로 하게 해달라, (2) 기숙사 방과 방 사이를 마음대로 다니게 해달라, (3) 최저임금 2원 50전을 15원으로 올려 달라, (4) 후생 시설을 해달라는 등의 열 가지 요구 조건을 공장 당국에 제출하고 8·15 이전 일제시대와 똑같은 (…) 악습을 철폐할 것을 요구하였다. 그리하여 지난 5월 26일에는 군정청, 시청, 경찰서 등에도 진정서를 제출하고 해결 알선을 의뢰하였던바 회사 측은 30일 원만 해결을 약속하고 돌연 29일 공원 대표 16명을 해고한 것을 발단으로 사태가 악화하였는데 직공 4백여 명은 강제 해산을 피하여 경성 본사와 직접 교섭을 하고자 경성에 와서 회사장 최남 씨와 교섭을 하는 한편 6일에는 종업원 대표 신홍례 씨 외 12명이 사전 선처를 요망하는 진정서를 '러치' 군정장관을 비롯하여 상무국장 노동국장에게 제출하였다고 한다.

1930년대 초에 세워진 동양방직은 일본에 본사를 두고 영등포와 인천 만석동에 공장을 가진 큰 회사였다. 1920~1930년대에 유통업계에서 입지전적 기업가로 활약한 최남(崔楠)이 관리인으로 군정청의 임명을 받아 운영하고 있었다. 광목이 생필품으로 수요가 큰 품목이었기

1945년 11월 조선노동조합전국평의회 창립대회.

때문에 유리한 운영 조건을 누리고 있으면서도 해방 전 전쟁기의 노동 착취 체제를 그대로 유지하려다가 문제를 일으킨 것으로 보인다.

사용자의 입장, 특히 '적산(敵産) 회사' 관리인의 입장은 해방 전보다 약해졌는데 노동자들은 민주주의 사상에 노출되었으니 노동문제가 일어나는 것은 당연한 일이었다. 그런데 6월 14일 기사에서 군정청 관리들과 전평이 노사 양측과 함께 참여하는 '조정위원회'가 분쟁 해결의 주체 역할을 맡은 것이 놀랍다. 군정청의 노동·산업 관계 고문들 중에 진보적인 성향 인사들이 많았다고 커밍스는 본다.

> 하지의 노동문제 고문 스튜어트 미첨에 따르면 이남에서 '노동조합'은 "짧은 기간 (…) 일본인 소유였던 공장들을 거의 완전히 장악했다." 전평은 1946년 중엽까지 이남 지역의 유일한 노동조직이었으며 가을의 봉기 때까지 가장 강력한 조합의 위치를 지키고 있었다. 지방의 다른 미국인 관찰자들도 대개 그런 평가에 동의했다. 전평은 모든 산업도시에 지방평의회를 가지고 있는 것으로 보였다.
>
> 군정청의 많은 미국인들은 전평과 그 산하의 노동조합들이 조선 노동자들을 대표하고 대체로 개혁적 성격을 가진 것으로 인정했다. "노

동 부문 정책"의 어느 문서에 이런 내용이 있다.

"많은 공장에서 일본인 소유자를 쫓아낸 후 경영을 장악한 직원위원회는 무조건적인 폭압보다 틀이 잡힌 조합을 통해 통제하는 편이 낫다. 군정청의 정책은 진정한 대표성을 가진 조합을 육성하면서 예전 소유자들을 쫓아낸다는 막연한 계획 외에 공장을 제대로 조업할 아무 계획도 갖지 않은 무책임한 선동가들을 솎아내는 방향(이어야 한다.) (미국인들은) 모든 직원위원회가 공산주의자들의 지배를 받는다는 성급한 결론을 조심해야 한다. (…) 소위 공산주의 집단 중에는 상당히 온건한 것으로 밝혀진 것이 많다." (『The Origins of the Korean War』, 198~199쪽)

6월 중순까지도 군정청의 노동정책은 전평을 긍정적으로 받아들이는 진보적 전문가들의 의견에 따라 형성되고 있었던 것으로 보인다. 그런데 전평에 대항하여 4월 8일 결성된 대한독립촉성노동총연맹(이하 '대한노총'으로 줄임)의 세력이 확대되고 있었다. 5월 13일에 철도국원들이 대한노총에 가입한 기사, 7월 12일 조선 피혁에 대한노총 분회가 설립된 기사가 보인다. 그러다가 8월 초순에 동양방직이 전평에서 대한노총으로 바꿨다는 기사가 나온 것이다.

이 전환이 어떤 갈등을 거쳐 이뤄진 것인지 세밀히 파악할 수는 없다. 다만 1946년 8월 3일자 『자유신문』「이번에는 구타 소동, 동방 은닉미 사건으로 또 분규」 기사에서 한 모퉁이를 들여다볼 수 있을 뿐이다. '구사대'의 탄생 장면이 아닐까.

수천 석의 쌀을 저장하였던 동양방적회사 사건에 관하여는 일반이 크게 주목하고 있던바 동사에서는 쌀 문제를 에워싸고 또 불상사가 일어났다. 즉, 동 회사 인천 공장에는 간부와 경비원으로 신우회가 조직되어 있는데 이들은 최남 관리인을 옹호하고 앞서 당국에서 미곡에 대하여 차압 봉인한 것을 반대하는 진정서를 내자고 전 종업원에게 일일이 도장을 받았는데 이에 응하지 않는다고 채익병을 27일 밤 구타하여 중상을 입힌 외 31일 밤에 종업원 방모라는 여자를 구타한 것까지 전후 5명이 중경상을 입었는데 이에 대하여 피해자는 1일장 경찰부장에게 고소장을 내어놓았다. 그리고 전평 간부의 말에 의하면 동 회사가 현재 가지고 있는 쌀은 현 인원에게 11월까지 배급하고도 2,800가마가 남는다고 한다.

1946. 8. 11.

경찰과 『동아일보』가 꾸민 8·15 공안 정국

서울 시내는 8월 7일 밤을 기해 삼엄한 분위기로 바뀌었다. 『서울신문』 1946년 8월 9일자의 「제1관구경찰청, 극비밀리에 좌익계 인사 검거·취조」 기사가 이 사태를 보여준다.

> 제1관구경찰청에서는 7일 밤 여덟 시 장택상 지휘 아래 시내 10개 경찰서원 중 정예분자 3백여 명을 비상 동원시켜 활동을 개시하여 정계의 중요 인물 수 명을 검거한 후 취조를 개시하고 있는데 경찰청에서는 청장실, 차장실, 수사과장실, 수사계원실의 출입을 엄금하고 일찍이 볼 수 없는 엄중한 경계를 하는 한편 계원들에게 함구령을 내려 사건을 극비밀리에 부치고 있다.
>
> 8·15 해방 기념일을 앞두고 정계가 자못 긴장하여 가는 때인 만큼 경찰에서 극비밀리에 취급 중인 이 사건의 내용은 각 방면의 주목을 끌고 있는데 탐문한 바에 의하면 위폐 사건 공판 날 발포 소동 끝에 죽은 전해련(全海鍊) 군의 사회장 집행에 관련한 사람이 속속 호출되어 문초를 받고 있는 점에 비추어 이날 검거된 사람들이 도화선이 된 것이 아닌가 추측되며 또한 반일운동자구원회의 이영이 검거된 것과 좌익 요인 이강국·김오성 제씨가 7일 밤 가택수색을 당한 것과 역시

> 이날 인민당 김세용의 가족이 소환되어 문초를 받은 사실 등 이 모든 점이 이 사건과 관련된 것이 아닌가 한다.
> 그런데 이 사건에 관하여 경찰청장 장택상은 경찰로서는 지금까지 가장 중대한 사건이라고 생각하고 있으며 사건 내용은 후일 발표할 것이다. 이 사건에 관련된 자는 그대로 못 나갈 것이라고 말할 뿐 일체 함구불언하고 있는데 경찰청 내 출입금지는 2, 3일간 계속될 것이라고 한다.

이튿날의 『서울신문』「제1관구경찰청, 좌익계 모종 음모 사건 관련자 김세용 등 검거에 주력」 기사를 보면 좌익만이 아니라 독촉국민회의 신익희, 한민당의 백관수 등 우익 인사들의 가택수색도 있었다 하니 시민들의 불안감이 어떠했을지 짐작이 간다. 인민당 조직부장이자 좌우합작 회담 비서인 김세용이 경찰의 제1 표적이었는데, 본인은 피신하고 모친, 부인과 처제가 연행되었다고 한다.

8월 11일자 『동아일보』에는 장택상 경기도(제1관구) 경찰부장의 말이 실려 있다. 엄청난 사건을 적발했다는 것이다.

> "8월 15일은 조선이 해방을 한 기념일인 동시에 또한 세계의 민주주의가 결정적으로 승리를 획득한 의의 깊은 역사적 기념일이다. 이날을 이용하여 감히 모종 기관을 대대적으로 파괴하려는 것은 이날을 모욕하는 것이다. 사건은 다만 조선 자체에 한한 것이 아니고 연합국과도 관계가 있는 극히 중대하고 광범위의 사건으로 그 규모는 간단히 말할 수 없다. 그런데 사건의 중심인물인 김세용을 체포코자 방금 사복 정복 경관 3백 명을 동원 중인데 그의 체포는 시간문제일 것이다. 그리고 현재 남조선 전체에도 비상경계망을 펴고 있다."

한국사데이터베이스의 '한국근현대사신문자료'에는 이 시기의 신문으로 『동아일보』와 『자유신문』 두 가지가 수록되어 있다. "김세용"을 검색어로 이 사건 관련 기사를 찾아보았다.

동아일보 1946. 8. 10. 02 01 「모 기관 파괴를 계획, 신당정서 무기 압수 모기관 기밀 탐지」

동아일보 1946. 8. 11. 02 01 「지하실에서 튀어나온 좌계 중심의 음모 사건」

동아일보 1946. 8. 13. 02 01 「김세용 등의 대음모 사건 연루자 수사에 계속 활동」

자유신문 1946. 8. 10. 02 04 「좌익 요인들의 검거는 합작에 방해 안 될까?」

자유신문 1946. 8. 11. 01 10 「좌우회담은 당분간 불능, 원세훈 씨 담」

날짜 다음의 숫자는 면과 단을 가리킨다. 『동아일보』의 세 기사는 모두 상단 기사이고, 매우 큰 기사다. 『자유신문』의 두 기사는 하단의 작은 기사이고, 초점이 경찰 측 선전이 아니라 좌우합작의 지장에 놓여 있다. 어느 쪽 신문의 보도가 정치적으로 편향된 것일까? 양쪽 다일까?

이 사건의 낙착을 보면 두 신문의 보도 자세를 판단하는 데 도움이 된다. 『자유신문』 1946년 10월 13일자의 「현장 검증 증인 신청/김세용 씨 부인 공판」 기사와 10월 16일자 「김세용 부인 집유」 기사를 보면 불법 무기 소지죄로 기소된 김세용의 부인 김영애가 징역 6개월 집행유예 2년의 판결을 받았다. 이인환이라는 사람에게 권총 한 자루를 받아 가지고 있었다는 혐의였다. 이인환은 징역 1년, 집행유예 3년의 판결을 받았다. 『동아일보』에서는 이 판결에 관한 기사를 찾지 못했다.

단일 사건에 경찰 3백 명으로 '특별수사대'를 조직하고도 모자라 "38 이남 각도 경찰부도 이 사건 혐의자 검거에 총동원"했다니, 세상이 뒤집어질 일이 아닌가. 『동아일보』 보도는 경찰의 뜻에 완전히 부합했다. 8월 11일자 이 신문 제2면은 이 사건 관계 기사로 도배가 되었는데, 그 제목은 이런 것들이었다.

> "경찰 탐지에 총 피신/인(민), 공(산) 양당 주요 간부를 지명 수사/3백 명의 수사대를 배치"
> "선동 파괴의 지령서/합작 여의치 않을 때는 요인을 암살/전율! 압수된 서류 내용"
> "8·15 중심의 음모/김세용 검거는 시간문제/장(張) 경찰부장 담"

8월 10일자 『동아일보』 기사 중에는 김세용의 집 "찬광 지하실에서 발견된 무기는 사과궤로 한 상자나 되는 권총 기타 흉기"라고 했다. 그런데 두 달 후 재판에서 문제되는 것은 권총 한 자루뿐이다. "사과궤로 한 상자"는 『동아일보』의 작문이었을까? 그럴 것 같지 않다. 그동안 장택상의 언행으로 보아 장택상의 작품일 것 같다. 『동아일보』는 경찰 발표를 검증 없이 받아들인 것으로 보인다. 『자유신문』과 달리.

장택상이 8월 12일에 이런 담화를 발표했다고 한다. 8월 13일자 『자유신문』의 「악질 유언(流言)은 엄중 처단」 기사에서 뽑은 것이다.

> "최근 8·15, 즉 우리 해방 기념일을 앞두고 갖은 유언비어가 유포됨에 대하여 나는 가장 유감으로 생각한다. 음모니 모략이니 하여 마치

현 기구에 대한 쿠데타 밀모가 모 인물과 모 단체 가운데 있는 것같이 전파되어 내외인에게 공포심을 주고 있음은 매우 한심한 일이다. 나는 동포 시민 제위에게 거듭 선언하노니 이런 사태는 전연 없다. 여러분은 추호도 이와 같은 모략적 선전에 빠지지 않고 8 · 15를 앞둔 치안 상태는 매우 안온하다고 생각해주기를 간절히 바란다. 더구나 김원봉 · 장건상 양씨 구금설은 마치 경찰이 애국지사를 음해할 계획을 미리 입안되어 있는 것같이 허위를 양심 없이 시민에게 퍼뜨리고 유포함이야말로 악질적이요 모략적임을 굳게 믿는다.

이후로 경찰에 관한 허위 보도는 상부 승낙이 있는 만큼 취체를 엄중히 할 방침이다. 이번 김세용 사건에 관하여 모 신문에서는 연합국과 관련 운운하였으나 이 같은 말은 경찰에서 하등 발표한 일도 없는 일종의 날조 기사에 불과하니 나는 전적으로 이것을 부정한다."

3백 명의 특별수사대를 풀어 서울 시내를 발칵 뒤집어놓고는 치안 상태가 안온하다고 생각해주기 바란다니, 머리가 나쁜 건지 너무 좋은 건지 모르겠다. 끝 문단에서 "연합국과 관련" 운운은 소련을 가리킨 것일 텐데, "경찰에서 하등 발표한 일도 없는 날조 기사"라며 부정한다는 것은 믿어 달라는 뜻인지 믿지 말아 달라는 뜻인지 판별하기 힘들다.

해방 1주년을 앞두고 긴장된 분위기가 느껴진다. 3 · 1절 기념행사를 좌우가 따로 열면서 적지 않은 충돌과 혼란이 있었다. 8 · 15 기념행사도 군정청 광장의 조 · 미 합동 행사와 서울운동장의 민전 행사가 예정되어 있었다. 경찰과 『동아일보』의 합동 조작 사건은 좌익을 위축시키는 데 기본 목적이 있었던 것으로 생각된다.

그러나 왜 굳이 김세용을 표적으로 했는지는 따로 생각할 점이 있다. 그는 좌우합작 회담의 좌익 측 비서였다. 하지 사령관이 좌우합작 회담을 지지하고 있었으므로 군정청과 우익에서 아무도 좌우합작을 공개적으로 반대할 수 없었다. 그러나 반대하는 마음을 가진 사람들은 있었고, 좌익 음모 사건 하나를 조작하는 김에 그를 찍음으로써 좌우합작에 타격을 가하려는 뜻이 작용한 것은 아닐지.

몇몇 우익 인사의 가택수색과 몇몇 좌익 인사의 검거가 '김세용 사건'에 겹쳐져 민심에 큰 충격을 주었는데, 그것은 우연한 일이었다. 좌익 인사들의 검거는 7월 29일 정판사사건 재판정 시위 때 죽은 전해련 군의 사회장에 관련된 것이었다. 군정청은 정판사사건에 관련된 일에 대해서는 노이로제 수준의 격렬한 반응으로 일관하고 있었다. 그리고 신익희와 백관수 등 우익 인사의 가택수색은 경찰이 아니라 미군 방첩대(CIC)에서 행한 것으로, 한민당 탈당자에 대한 테러 사건의 조사로 보인다.

당시 신익희가 쿠데타 혐의로 CIC 조사를 받은 것이라는 사실을 이 원고를 쓴 후 알게 되었다. 그 관계를 조사해서 원고를 보완할 생각도 했는데, 그렇게 하지 않기로 했다. '신익희 쿠데타' 설은 김구와 이승만 사이에 양다리를 걸치고 있던 신익희가 자기 위상을 높이기 위해 꾸민 책략일 뿐이지, 큰 정치적 의미를 가진 사건이 아니라고 판단했기 때문이다.

1946. 8. 12.

해방 1주년의 사회상, 오기영의 탄식

8월 13일자 『동아일보』에 특이한 기사 하나가 「외안(外眼)에 비친 조선 자태」란 제목으로 실렸다. 로렌스란 사람의 『극동별견(極東瞥見)』이란 책에서 조선인에 관한 견해를 뽑은 것인데, 저자와 책에 관해 다른 자료에서 알아낼 수 있는 것이 없었다. 로렌스가 『중국인의 성격』이란 책도 썼다는 말이 기사 도입부에 있는 것을 보면 동아시아 지역에 대한 경험과 지식은 꽤 있었지만 학식은 별로 없는 사람이었던 것 같다. 책 한 권으로 '중국인의 성격'을 논하다니.

천박하건 어쨌건 이런 사람의 관점이 당시 조선을 좀 아는 서양인들의 일반적인 시각을 어느 정도 대표하는 것이라 생각해서 그 내용을 옮겨놓는다.

> 조선인의 최대 결점은 그 능감(能堪)한 허언술(虛言術)이겠다. 묘액대(猫額大, 조그만)의 이 반도가 지나와 일본 그리고 무엇보다도 북변 유목 민족의 제국주의적 행세의 대상으로 전락하자 실력의 빈곤을 구변과 아부로써 호도해온 것이다. 급박한 당면의 난관을 수습하기 위하여 나아가서는 자기 자신의 영달과 상대편의 굴복을 도모하기 위하여 허언을 토한다는 것은 결코 이해하기 곤란한 일이 아니다.

그 선미(善美)한 유교적 윤리 강령은 허언을 토하는 사람에게는 그 비도덕적 요소를 도리어 양심적 자위에까지 인도하는 동시에 허언에 넘어가는 사람에게는 가령 말하자면 교언영색에 빠지기 좋도록 성격의 '사무사(思無邪)'를 항상 훈순(訓馴)하는 것이다.

여기에 가장 비참한 사태가 발생한다. 이 사회의 자연도태는 결코 우수 유능이 열등 무지를 대사(代謝)하는 것이 아니라 휼사간계(譎詐奸計)가 순진 충실을 제압하게 된다. 그 결과 마키아벨리가 통탄하던 16세기 이탈리아 사회를 동양적 조건하에서 재연하고 있었다. 분리, 원한, 무질서 그리고 피압박 민족의 비애 (…) 이것이 이 민족의 운명 계열이었다.

실로 조선인과 접촉해보면 그 삼엄한 자기 경계는 가경(可驚)할 만하다. 일부러 성을 쌓아 상대자로 하여금 용이하게 접근 못하게 잔뜩 시침을 떼는 것 같다. 이것이 최초의 인상이다.

그러나 일차 교제가 시작되어서 왕래가 있게 되면 이번에는 그 개방성에 또 한 번 놀란다. 혼자만 알고 있어도 좋은 개인적 비밀 이야기, 할 필요 없는 사실의 제시 등등 (…) 있는 것 없는 것 모조리 다 상대자에게 보여준다. 그리하여 상대자에 대한 신뢰감을 자기 자신의 주관적 해석 속에서 우렁차게 느끼곤 한다.

그 결과는 대개 다음과 같다. 무자각한 자기 폭로가 상대자에게 혐오감을 주거나 그렇지 않으면 상대자에 대한 과신이 판명될 때 지극히 분노하며 한탄하는 것이다.

중국을 '지나'라 한 것도, 조선인을 바라보는 시각도, 일본의 입장을 떠올리게 한다. 확인할 길은 없어도 저자가 일본에서 오래 지낸 선교사라는 데 돈 만 원 걸 용의가 있다. 지금은 이런 시각의 흔적을 찾기 어렵지만, 1946년 당시에는 조선에 관심을 가진 서양인들이 가장 손쉽게 얻을 수 있는 정보였을 것이다.

해방 1주년 시점에서 조선 사회의 모습을 보여주는 수필 한 편을 소개하는 것으로 오늘 일기를 대신한다. 『신천지』 1권 7호(1946년 8월)에 실린 오기영의 글 「실업자」이다.

> 해방된 지도 어언 일 년이 가깝지마는 아직도 해방 직후 정돈된 산업기관의 부흥은 까마득하여 실업자 구제 대책은 의연히 시급하고 중대한 문제의 하나다.
>
> 이미 관중은 싫증이 났는데도 불구하고 정치 무대에서는 여전히 파쟁극만을 연출하고 있으니 이들의 눈에는 민족반역자와 반동분자와 빨갱이 극렬분자만 보이는 모양이고 그 많은 실업자는 눈에 보이지 않는가보다. 이 실업자들이야말로 일제의 잔재가 아니라 일제의 희생자요, 파쇼 분자도 아니며 민족을 반역한 일도 없는 소박하고 선량한 조선 동포들인데 어찌하여 민중을 위하노라는 애국자들인 정치가들에게서 이 가엾은 동포들이 간과되고 있는지 알다가도 모를 일이다.
>
> 가만히 생각하여보면 천만 가지 화려한 이론이 제각기 제가 옳고 남이 그르다고 주장하지마는 실상은 제가 정권을 잡아야 한다는 것이 이론의 골자인 양하다. 제가 정권을 잡는 것이 대중의 복이 되는 것이요, 남이 정권을 잡으면 대중은 불행하리라는 것이 주장의 알맹이가 되어 있다.
>
> 그럴는지도 모르기는 하다. 하지마는 그렇게 대중을 사랑하는 정치가들이면서 어찌하여 실업 대중은 몰라보며, 조국을 위한다면 그 조국이 '실업자국'이 될 지경으로 지금 인민의 대부분이 실업자가 되어 있는 현실을 광구할 역량을 발휘하지 않고 있는가 의문이다.

해방 1주년을 기념하기 위해 광주 서중학교에 모인 시민들.

하물며 이 실업자들도 정권을 맡길 사람을 선택할 권리의 소유자들이요, 이들의 투표도 인민의 의사로써 표현될 것이고 보면 이들에게 아무런 생활의 방도도 열어주지 아니하고 그저 덮어놓고 내가 잘났으니 나를 대통령으로 투표하라는 주문은 천부당만부당한 몰염치가 아니겠느냐 생각해볼 필요가 있다.

민은 식이 위천(民食爲天)이라니 먹을 것 주는 이가 우선 대통령이 되어야지 이론만으로 배가 부르지 않는 것 아닌가. 독립도 고목에 필똥말똥한 꽃인지 될 듯 말 듯한데 정치가의 극성스런 아우성 틈에 배곯은 실업자의 처지로서는 밥 주는 곳으로 쫓아가는 수밖에 없이 되어 있다.

그런데 괘씸한 것은 "내가 정치가요" 하는 점잖은 양반들이 이들 실업자를 정당한 방법으로 구제할 생각은 아니하고 밥을 미끼로 하여 자기 대신 제 욕심대로 폭력주의를 행사하는 것이다. 테러에도 색별이 자연한 듯하여 백색테러니 적색테러니 하지마는 실상은 폭력 행사자 자신에게는 이런 사상적 근거보다도 배고픈 원인이 좀더 정당한 원인이라 보아야 옳을 상 싶다. 배고픈 사람에게 한때 밥을 주니 은혜요, 게다가 동지의 명예와 애국자의 공명까지 곁들여주면서 "저놈이 나쁜 놈이다, 쳐라!" 하니, 안 치는 사람보다는 치는 사람이 많은 것도 사리에 그럴 듯하다.

이래서 이들은 실업한 탓으로 배고픈 약점에 잡혀 모략에 이용되고 저도 모르는 새에 동포상잔의 죄를 범하는데, 한 번 더 괘씸한 것은 이들을 이렇게 이용하면서도 언제 제게도 남이 이용하는 테러가 닥칠지 몰라서 테러는 금물이라고 바로 점잔을 빼는 양반들이다. 뱃속을 들여다보면 내 테러는 애국심에 불타는 의거요, 저편의 테러만은 배격하자는 것일 거니 사리가 여기 이르면 가위 언어도단이다.

이런 인물이 정치 무대에서 날뛰는 날까지는 암만 민중이 속을 태워도 통일은 무망이요, 독립도 피안의 신기루다. 이따위 정치가는 자기의 정치적 실업을 겁내서 정작 민중의 실업을 고려하지 않는 것인데, 하기는 내 코가 석자면 하가(何暇)에 남의 걱정을 하리요마는, 그런지라 이따위 정치가는 모조리 면직 처분을 하지 않으면 안 된다.

모략과 욕설과 폭력 지도에는 우등생이요, 정작 정치에는 낙제생인 자들에게 이용되고 있는 실업자가 가엾다면 이것은 조선 전체의 불행이지 결단코 한 개인 개인의 불행이 아니다. 더구나 사흘 굶어 담 넘어가지 않는 사람 없다고 절도, 강도가 부쩍 늘었는데 이것을 거저 국민의 도의심이 없어진 탓이라고 간단히 밀어버리고 바로 장탄식을 하는 도의 정치가들은 우선 자기 자신이 한 사날 굶어보란 말이다.

노예로는 36년이나 살아 견디었지만 밥을 굶고야 무슨 수로 견딜 수 있겠는가. 한번 체험해보게 되면 어시호(於是乎) 배곯은 민중에게 도덕을 요구하고 비판을 요구하고 그뿐인가, 지지를 강요하니 때는 정히 민주주의 시대로서 그도 케케묵은 옛날의 자본가적 민주주의가 아니라 가장 진보적 민주주의 시대라면서 이건 막 민중을 일종의 도구로 알지 않고는 못할 노릇이다.

그 많은 직장 그 많은 일감을 내놓고 왜놈은 쫓겨 갔으니 응당 일자리가 많아지고 사람이 귀해야 옳겠는데, 어떻게 된 심판인지 사람은 똑같이 천하고 일자리만 귀하니 무슨 요술 판인지 모를 일이다. 이만하면 아심즉하니 정치가 여러분은 제발 민족반역자, 반동분자, 극렬분자만 찾지 말고 죄 없는 실업 대중을 건져낼 도리를 차리라. (『진짜 무궁화』, 15~18쪽)

1946. 8. 15.

궁지에 빠진 김구

국사편찬위원회가 제공하는 한국사데이터베이스의 '한국근현대신문자료'에는 10개 신문이 올라 있지만, 그중 해방 이후의 일간신문은 『자유신문』과 『동아일보』 둘뿐이다. 『자유신문』은 비교적 중도적 논조로 보이는데, 『동아일보』는 극우 색채가 강하다. 1946년 8월 15일자 두 신문의 제1면 구성과 내용에서도 이 점을 알아볼 수 있다.

『자유신문』에는 꼭대기 단의 사설 밑으로 하지 사령관과 러치 군정장관의 축사가 중앙에, 그리고 이승만, 김구, 박헌영의 담화문이 그 주변에 배치되어 있다. 세 사람 담화문의 위치에 약간의 우열이 있기는 하지만 압도적인 차이는 아니다.

한편 『동아일보』 지면을 보면 사설 밑에 하지의 축사와 이승만의 담화문이 나란히 놓여 있다. 하지 축사가 오른쪽이라서 윗자리이지만 이승만 담화문의 덩치에 밀리는 느낌이다. 두 사람의 글 밑에 러치의 축사가 매달려 있다. 이승만 외 조선 지도자의 담화는 실려 있지 않다. 김구의 담화문은 이튿날에야 실린다.

그런데 8월 15일자 『자유신문』과 이튿날 『동아일보』에 실린 김구의 글이 서로 다른 것이다. 전자의 글은 '자료대한민국사'에 『조선일보』 8월 15일자에도 실린 것으로 나와 있다. 『조선일보』의 글은 『자유신문』

THE KOREAN FREE PRESS

東亞日報

1946년 8월 15일자 『자유신문』과 『동아일보』 1면 기사.

의 글보다 앞에 몇 줄이 더 붙어 있다.

> (8월 15일! 이날은 반만년 역사를 가진 우리 한국 민족에게만 영구히 기념될 감격과 흥분의 날일뿐더러 왜적의 강도적 행위와 나치스 독일의 구주 제패의 야욕이 멸망을 고함으로써 남을 정복하고 남에게 무리한 압박을 가하는 자의 말로를 전 세계 인류에게 명시하여준 의미 깊은 역사적 진리와 교훈의 날이다. (…) 그러나)(『자유신문』 게재는 여기서부터) 현하 세계정세의 복잡다단함에 생각을 미치고 과거 1주간 우리 민족의 걸어온바 건국 1년의 형극의 길을 회고하여 볼 때 이날을 맞이하는 우리에게는 무의미한 감격과 흥분과 열광보다도 냉철하게 자신을 반성하고 국제적 정세와 민주주의 대세에 순응하여 모든 파벌적 편견 개인적 오류를 하루바삐 청산하고 전 민족 통일에 기초를 둔 자주독립의 실현을 촉성함에 민족이 한 덩어리가 되어 각자의 온갖 힘을 경주하자는 굳은 결심과 각오를 새로이 함이 있어야 할 것이다.
>
> 오늘에 와서도 자주독립을 갈구하여 마지않는 민중의 기대를 만족시키지 못하고 그들을 혼란과 환멸 속에 방황케 함을 생각할 때에는 내

자신의 지도자로서의 미력함을 심각히 느끼게 되고 이날을 맞이하는 기쁨보다 슬픔이 더욱 크기도 하다. 그러나 오늘 이 의미 깊은 8월 15일을 맞이함에 있어서 우리 민족에게는 비관이나 감상이 있을 수 없고 오로지 전 민족의 각자가 조국의 자주독립을 위하여 선열의 유지를 계속하므로 분골쇄신해야 할 것을 믿고 바라며 약소민족의 해방을 위하여 분투노력한 연합국에 대하여 전 민족적 경의를 표하는 바이다.

(「김구, 해방 1주년 기념에 대한 소감 발표」, 『조선일보』·「먼저 자신 반성」, 『자유신문』 1946년 8월 15일)

나는 27년 동안 망명객으로서 금일 이 자리를 국내 3천만 동포와 같이하게 된 것은 실로 감개무량하다. 장시간을 충염정좌(衝炎整坐)한 여러분을 대할 때 심금에 찬 감회는 넘치나 장황한 번설을 피하고 이 자리에서 느낀 바의 일단을 간단히 피력하겠다.
나의 심경은 방금 김구 일신을 세분하여 삼천만 동포의 심중을 심방하여 보았다. 홀방(忽訪)한 김구께 "삼천만은 금일의 기념행사는 남의 집 연회에 춤추는 격이니 지난 1년이 허무하며 독립은 타력에 의존하여 되는 것이 아니요, 오직 자력으로서 자주성을 갖춘 독립이라야 비로소 민족의 안도와 국가의 영원한 번영을 재래할 것이다"라는 말을 한다. 이 사람 역시 동감이다.
부탁하노니 동포여, 미군정에 아유(阿諛)에 신경을 모리를 일삼는다든가 사리와 사욕에 눈이 현혹한다든가 하여 자립과 민족의 복리에 배반한다면 우리에게 공약된 독립은 안전에서 만 리 외 창해 밖으로 달음질하게 될 것이다. 뿐만 아니라 우리의 조국을 저버리고 조국을 이 강호 외에서 찾으려는 경향이 강토 내에 있는 듯하니 이는 모두

해방 1주년 기념식에서 축사하는 김구.

우리의 독립을 방해하는 장벽일 것이다.

명분과 의리에 어그러진 바를 청산하고 단결하여 독립 완수에 매진할 것이며 만일 부모형제일지라도 독립에 방해하는 바 있다면 단연 일보도 불사(不辭)하여 있는 피를 마음껏 쏟아서 독립 전선에 돌진하여야 할 것이며 서슴지 않고 정의의 발검(拔劍)이 있어야 할 것이다.

(「자력으로 조국 찾자, 김구 선생의 유루(流淚) 호소」, 『동아일보』 1946년 8월 16일)

15일자 『자유신문』의 글은 사전에 준비해서 보도 자료로 보낸 것이고 16일자 『동아일보』의 글은 기념식장에서 연설한 내용을 취재한 것이 아닐까 싶다. 앞의 글이 원론적 내용에 점잖은 표현인 데 반해 뒤의 글은 내용도 더 구체적인 것이 있고 표현도 발랄하다. "아유에 신경을 모리를 일삼는다든가" 같은 대목에서 문장이 불완전한 것도 연설을 받아썼기 때문일 것이다.

짧은 연설문이지만 셋째 문단에서 모리배와 공산주의자에 대한 적대감을 구체적으로 밝힌 점이 눈에 띈다. 미군정과의 밀착과 사리사욕 추구는 모리배를 가리킨 것이고 조국을 이 강호 외에서 찾으려 한다는 것은 공산주의자를 가리킨 것이 분명하다.

담화문에서는 나타내지 않은 적대감을 연설문에서 드러낸 것이 어떻게 된 일일까? 김구가 이 무렵에 정치적 표현을 극히 절제하고 있었다는 사실을 생각해야 할 것이다. 해방 후 1년간 김구가 담화문이든, 기자회견이든, 방송 연설이든 조선인 전체를 상대로 발언한 일을 '자료대한민국사'에서 뽑은 것을 보자.

1945년 9월 3일: 김구, 임정의 당면 정책과 국내외 동포에게 고하는 성명 발표

1945년 11월 5일: 임정 주석 김구, 환국에 앞서 담화 발표

1945년 11월 23일: 김구 기자회견

1945년 11월 24일: 김구, 귀국 인사 방송

1945년 11월 26일: 김구, 기자회견에서 정세 파악 후 구체적인 정책 수립을 언명

1945년 12월 27일: 김구, '삼천만 동포에게 고함'이란 제목으로 방송

1946년 1월 1일: 김구, 반탁운동 방법에 대하여 방송

1946년 1월 4일: 김구, 통일 정권 수립 문제에 관해 비상정치회의 소집 등 성명 발표

1946년 2월 28일: 김구, 친일파 대사면 운운은 사실무근이라는 성명서 발표

1946년 7월 4일: 김구, 동포에게 고하는 성명 발표

연말 연초까지 활발하게 입을 열던 김구가 그 후 입을 닫았다. 2월

28일의 성명서도 임정 선전부를 통해 내놓은 극히 짤막한 것이었다. 연초 이후 반 년간 침묵을 지키던 김구가 처음 입을 뗀 것이 7월 4일의 「동포에게 고함」 성명이었다. 『동아일보』 1946년 7월 7일자에 그 전문이 실렸는데, 요점만 옮겨놓는다.

> (…) 건국 강령의 요소에 있어서는 좌니 우니 하는 것은 문제도 되지 않는다. 민주주의를 원칙으로 할 것이 이미 국제 공약에서 약속된 것이다. 인류 5천년 역사를 통하여 봉건적 악폐에 시달려온 우리로서야 누가 또다시 압박자와 착취자와의 집단체인 제국주의와 자본주의를 동경하고 구가할 것이냐? 조국의 완전한 독립과 동포의 진정한 자유를 위하여서는 3천만이 단결하여 일로매진할 뿐이다. 좌니 우니 하는 것은 민족 자멸의 근원이 될지니 생각할수록 오중(五中)이 찢어질 듯하다. 중류의 풍파는 오월도 합작하였거늘 하물며 사위에 고립하여 독립을 절규하는 우리로서야 차마 동족 분열을 요연 자행할 배랴.
>
> (…) 7월 1일 공산당서기국에서 『조선인민보』를 통하여 '분열 책임자를 추방하라'는 제하에 나를 테러 괴수라 하였으니 나는 이것을 볼 때 과연 국중에 우국의 지사와 혁명의 투사가 얼마나 있는가를 십분 생각하여보았다. 적이 납항(納降)하던 전석(前夕)까지 적의 진두에 서서 성전이라고 찬양하고 적의 전승을 위하여 충을 맹서하고 청년 학도를 일으켜 전지로 내몰고 적의 주구가 되며 적의 기관에 암약하여 적을 위하고 동포를 고압하던 자와 적이 납항하고 연합군이 진주할 때까지 적의 통치기관인 총독부에 출입한 자는 모두 애국자이며 사상가이며 정치가이다.
>
> 나를 테러의 괴수라 하였으니 이것은 자신이 부정치 않는다. 금월 6일 우리 민족 전체가 경의를 다하여 봉장케 된 3열사에 윤·이 양 의

> 사의 의거에 있어서는 김구가 사주하였다는 것은 이미 세계적으로 공표된 것이다. 나는 조국의 광복을 위하여서는 이 이상의 방법이라도 취하였을 것이다. 만일 이것이 우리나라의 독립에 일분이라도 불리한 조건이 된다면 나는 오늘이라도 단(壇)에 나리여 동포 앞에 솔직히 사의를 표하려고 한다. 친애하는 동포여! 절역(絶域)에서 전전할 때에 고국의 산하를 바라보면서 그리운 동포를 연상할 때에 어찌 오늘과 같은 경우를 뜻하였으랴? 동포여 반성할지어다. 동포여! 단결할지어다.

중간 부분에서 "모두 애국자이며 사상가이며 정치가"라고 한 대목은 이해가 가지 않아서 '한국근현대신문자료'로 기사 원문을 확인해봐도 그대로 나와 있다.

공산당이 그를 '테러 괴수'로 비판하는 데 대한 항변이다. "그래, 나 테러 괴수 맞아! 난 그걸로 항일 했어. 그게 어때!" 들이받고 있다. 그런데 실제로 공산당의 김구 비판은 '테러 괴수'보다 이승만과 함께 '파쇼 영수'로 규정하는 것이 주류였다. 지난 연말의 반탁운동 시작 이래 김구의 행보에는 분명히 파쇼적인 면이 보였다.

해방 1주년을 맞아 모처럼 국민을 향해 입을 열었다. 7월 4일 "동포에게 고함"에서 말했던 것처럼 좌도 우도 없는 민족단결을 그는 계속해서 외치고 있었다. 그러나 이제 그는 1년 전과 같은 초연한 위치가 아니었다. 극좌는 그를 적대하고 있었고, 극우와의 관계는 불안했으며, 중도파의 그에 대한 신뢰는 줄어들어 있었다. 민족 지도자로서 김구의 위상은 1년 동안 크게 손상되어 있었다.

1946. 8. 19.

여운형, "박헌영과는 이제 그만……"

8월 5일자 일기에서 좌익 합당의 과제 앞에 공산당의 내부 문제가 터져 나온 상황을 이야기했다. '간부파'와 '대회파' 사이의 갈등으로 흔히 설명되는데, 이 설명에는 오해의 소지가 있다. 두 개 조직 사이의 대립이 아니었다. 간부파는 박헌영 중심의 조직을 이루고 있었지만, 이른바 대회파는 분파적 활동을 피하려고 극력 조심했다. 간부파의 독단적이고 편의주의적인 당 운영에 대한 일반 당원들의 불만이 터져 나온 것일 뿐이다. 그래서 간부파의 숙청에 아무런 조직적 반발 없이 개별적으로 떨어져 나오고 말았다.

공산당은 1년 가까이 자유로운 환경을 누렸다. 미군정은 공산당을 직접 탄압하지 않았다. 오히려 국군준비대, 학병동맹 등 비교적 중도적인 단체들이 탄압을 받았고, 좌익 신문사 습격과 흑색선전 등 극우파의 공격이 있었을 뿐이다. 본격적 탄압이라 할 수 있는 정판사사건도 위폐사건을 핑계로 한 측면 공격이었다.

이런 상황에서 공산당이 창당대회조차 열지 않고 있었던 것은 박헌영 중심 당권파의 당 운영이 얼마나 편의주의적이었는지 단적으로 보여주는 사실이다. 5월 초 공개된 조봉암의 편지는 이에 대한 불만의 한 모퉁이가 불거져 나온 것이었다. 박헌영은 이에 출당으로 대응했다. 조봉암처럼 겉으로 드러난 경우가 아니라도, 불만을 표출하기만 하면 바로 쫓겨나는 분위기에 공산당이 묶여 있었음을 알 수 있다.

그러다가 불만이 한꺼번에 터져 나오는 계기를 좌익 합당의 과제가 만들어주었다. 합당 전에 당대회를 통해 당의 정체성을 확립하고 합당 방침을 당원 총의에 따라 세우자는 것은 상식적인 요구였다. 합당 후까지도 지금까지와 같은 운영 방식이 계속된다는 것은 크든 작든 불만을 갖고 있던 사람들에게 더 이상 참을 수 없는 일이었다. 박헌영 일파는 여기에도 출당으로 대응했다. 일관성 하나는 인정해주지 않을 수 없다.

공산당의 내부 문제 돌출은 합당 상대당에도 파급되었는데, 신민당보다 인민당의 문제가 먼저 드러나기 시작했다. 8월 중순에 들어서면서 합작 '추진파'가 모습을 나타낸 것이다. 박헌영이 김세용과 김오성(金午星, 1908~?)에게 '친서'를 보내고 추진파가 14일에 현우현(玄又玄)의 집에서 별도 모임을 가진 사실이 알려지자 여운형이 위원장직 사표를 내고 지방으로 잠적했다.

인민당 지도부에 합당 반대자는 거의 없었다. 그런데 공산당 내부 문제가 불거지자 여운형, 장건상 등 주류 지도자들은 신중론을 내세웠다. 공산당 내부 문제가 정리되기를 기다려 합당 작업을 진행하자는 것이었다. 박헌영 일파가 공산당을 (그리고 민전도) 운영해온 방식에 품고 있던 의구심이 표면화된 것이라고 볼 수 있다.

중순 들어 추진파가 '무조건 합당'을 향해 움직이기 시작한 것은 박헌영 일파의 문제점이 더 드러날 기회를 주지 않기 위해서였다. 그들은 공산당 문제가 '대회파'의 출당으로 해결되었다고 주장했다. 여운형이 사표를 내고 잠적한 것은 인민당 내부 균열을 드러내지 않으면서 추진파의 움직임에 제동을 걸려는 의도였다고 생각된다.

그러나 추진파는 걸음을 늦추지 않았다. 8월 16일의 확대집행위원회에서 추진파는 표결을 요구하여 48 대 31로 무조건 합당을 의결시켰다. 사회를 맡은 장건상 부위원장이 여운형의 사임 문제 토의를 요구하고 사표를 낭독하였으나 추진파는 그것이 진짜 사표가 아니라 반동분자의 모략이라고 주장하며 토론을 거부했다. 결국 추진파 외의 위원들이 퇴장하고 장건상마저 의장 사임을 선언하고 퇴장하자 남은 위원들이 현우현을 의장으로 선출하고 합당의 구체적 방법을 토론했다. 퇴장한 위원들은 다른 방에서 긴급대책 회의를 열었다. 인민당 확대집행위원회가 둘로 쪼개진 것이었다.

이 진행을 보며 여운형의 심중이 어떠했을까. 추진파의 핵심 인물 현우현, 김세용, 김오성 모두 해방 전 건국동맹 이래의 동지들이었다. 해방 후에도 1년간 자신을 당수로 받들어온 이들이 자신을 버리고 박헌영을 따라 좌익을 망치는 짓에 나서다니. 사표를 내고 잠적할 때 그는 동지들의 반성을 바랐을 것이다. 그런데…….

여운형은 8월 19일 서울에 돌아온 직후 김규식, 장건상, 버치 중위와 잇달아 만났다. 위원장직 사임 의지를 확인하고 장건상에게 당무를 넘겼다. 박헌영 일파와의 협력을 포기하고 좌우합작에 일로매진할 결심을 다진 듯하다. 21일 『서울신문』 기자와의 회견에서는 심경을 거침없이 털어놓은 것으로 보인다.

> (문) 인민당 당수 사임설의 진상 여하?
>
> (답) 사실이다. 지난 16일 내가 사임 의사를 모 씨를 통해 표시했던 바 그 사람의 대필로 나의 사임장을 확대위원회에 제출하였다.
>
> (문) 그러면 인민당 당수를 사임한다는 것은 정계 제일선에서 물러간다는 것을 의미하는 것인가?

(답) 그렇다.

(문) 그 이유는?

(답) 정계 제일선에서 물러가겠다는 것을 전에 몇 번 비공식으로 한 바 있었는데 그 숙제를 이제 와서 푸는 것에 지나지 않는다. 그렇다고 해서 혁명전선에서 전연 이탈하려는 것이 아니라 이제부터는 늙은 병졸의 한 사람으로서 창을 끌고 대중의 뒤를 따라가겠다. 내 60 평생에 최근 같이 심경의 슬픔을 느껴본 적은 또 없었다 할 것이다.

(문) 좌익 3당 합동 문제와 귀하의 은퇴와의 관련 여하?

(답) 합당은 나의 원래부터 포회하고 있었던 지론이었으며 지난 10일 발표한 기본 테제와 같이 어디까지라도 이는 실현시켜야 할 것이다. 그리고 공산당과 인민당 내부에 여러 가지로 문제가 발생되고 있으나 이는 합하기 전에 각자 내부에 여러 가지로 문제가 발생되고 있으나 이는 합하기 전에 당연히 있어야 할 하나의 순화 작용의 표현이라고도 볼 수 있다. 그리고 합당 전야의 분열은 절대로 삼가야 할 것이다.

(문) 사임 후 다른 어떠한 정치적 세력과 다시 손을 잡을 것이 아닌가 하는 일부의 억측이 있는데 여하?

(답) 30~40년 걸어온 길을 이제 와서 바꿀 리는 없을 것이다.

(「여운형, 인민당수 사임에 대해 언급」, 『서울신문』 1946년 8월 23일)

여운형의 결단이 좌우합작의 희망을 되살린 것으로 보인다. 그가 귀경한 19일부터 우익 측 대표들이 몇 차례 회합을 하더니 22일에 우익 대표단 이름의 성명을 발표했다. 그 뒷부분을 옮겨놓으며, 그중 박헌영 일파를 합작에서 배제하려는 뜻이 나타난 부분에 밑줄을 쳤다. 우익 대표단이 이런 뜻을 밝힌 것은 이제 박헌영 일파에 구애받지 않고 합작에 임하겠다는 여운형의 의지를 확인했기 때문일 것이다.

"(…) 제1회 정식 합작 회담이 7월 25일에 있은 후 1주 2회식 회담하기로 규범을 정하였지마는 좌측은 삼당 합동 등등으로 분주함인지 오늘까지 이행을 해오지 못했다. 그리고 조공 일부가 편파적인 불합리한 소위 5원칙을 그나마 비공식으로 전달하고 일절 발표에 대한 약속과 규정이 있음에도 독자 발표한 것은 그를 책하지 아니 할 수 없으나 우리는 성심으로 기본 대책 8원칙을 제시함으로써 이것을 답하였다. 그러나 이것을 신문지상으로 반박하는 것을 일삼는 것은 그들의 합작에 대한 성의를 의심하지 않을 수 없다.
우리가 희구하는 좌우합작은 정치적 야합이 아니요, 역사적 현 단계에 의한 행동 통일을 하여 현하 국제적 관련성에서 실천 가능한 타당성에 따르자는 것이다. 물론 우리는 금후도 우리의 임무를 포기하려고는 아니 한다. 다만 어떤 일방의 지령이나 사주를 받아 국가 독립을 불원하는 반민족 비애국적 분자를 제외하고 진정한 좌측 지도자와는 본래의 우리의 종지와 기도대로 적극적으로 제휴할 용의를 가졌으며 이렇게 됨으로써 시국의 타개를 희도(希圖)하고 있다."

(「좌우합작위원회 우익 대표단, 성명서 발표」 중에서, 『조선일보』·『동아일보』·『서울신문』 1946년 8월 23일)

8월 29일자 『서울신문』 기사에서 합작 분위기의 발전 방향을 알아볼 수 있다. 여운형이 공산당 배제가 아니라고 힘주어 말하는 것으로 보아 공산당 배제가 당시의 일반적 관측(또는 구구한 억측)이었음을 알 수 있다.

지난 22일 좌우합작 우방 대표단에서 진정한 좌익하고 합작하기에 최선을 다하겠다는 요지의 성명 발표가 있은 후 이의 구체적 표현인 것 같이 좌익의 일부 인사와 우익의 중요 인물들이 빈번히 왕래하고 있음을 볼 수 있다.

그런데 28일 오전 10시에는 백남운, 장건상 양씨가 김규식 거소를 방문하여 극비밀리에 요담을 하였는데 이날 여운형도 동 회담에 참가 예정이었으나 동씨는 전일의 인민당 확대위원회 석상에서의 과로로 불참석하였다. 이에 기자는 28일 오전 11시 반경 시내 모처로 여 씨를 방문하였던바 씨는 최근의 이와 같은 좌우 요인 왕래에 대하여 다음과 같은 의견을 토로하였다.

"좌우합작 문제는 쌍방이 원칙만을 제시하였을 뿐 아직 양방에서 이 문제를 전연 포기한 것도 아니며 그렇다고 해서 지금 상태로는 정식으로 더 진전될 것 같지도 않다. 여기에서 나는 김 박사와의 개인적 친분 관계상의 이 문제를 여하히 하였으면 좋을까? 하는 데 대하여 순전히 개인적 입장에서 자주 만나고 있으며 백 씨나 장 씨 역시 나와 같은 입장에서 김 박사와 만나고 있는 것에 지나지 않을 것이다.

여기에 공산당 대표가 보이지 않는다고 해서 일반이 구구한 억측을 내리는 것은 너무 신경 과민한 탓이다. 공산당 내에 반간부파가 있다고 해서 공산당이 둘이 될 수는 없는 것이며 따라서 공산당을 제외하고서는 좌우합작을 논할 수도 없는 것이다. 최근 우리들의 움직임에 대하여 일반은 너무 각자의 입장에서 선전하고 있는 것 같으나 아직 하등의 구체적 진전도 없으며 앞으로 어떤 결과가 있게 될 시는 민전 의장단의 결의로서 여러분에게 발표하게 될 줄 안다."

(「여운형, 좌우합작 회담의 진전 상황 언급」, 『서울신문』 1946년 8월 29일)

민전 공동의장은 여운형, 박헌영, 허헌, 김원봉, 백남운의 5인이었다. 박헌영과 허헌을 제한 3인이 좌우합작을 원하는 입장이었다. 아마 그 밖의 지도부에서도 박헌영 일파는 소수였을 것이다. 소수이면서도 조직력과 책략을 통해 주도권을 행사해온 박헌영 일파에게 구애받지 않고 좌우합작의 한쪽 주체로서 민전을 지키겠다는 방침을 세운 것으로 보인다.

1946. 8. 22.

잉여 물자 '차관'에 좋아 날뛰는 이승만

국제연합구제부흥사업국 운라(UNRRA)의 피오렐로 라과디아(Fiorello La Guardia, 1882~1947) 총장이 기자회견에서 조선 구호 문제를 언급했다.

> 운라 본부 총장 라과디아는 신문기자 회견석상에서 조선에 대한 운라 구제 사업에 대하여 다음과 같이 말하였다.
> "현재까지 조선에는 운라 구제품이 수송되지 않았다. 그 이유는 우리가 조선을 일체로 취급하여 운라의 종사원 일반 구제품 및 식량 등이 미·소 양군 점령지구 내에 자유 교류될 것을 원하고 있으나 현재 상태는 이러한 조건이 구비되지 못하고 있는 까닭이다."
> 이 라과디아 성명은 제5차 운라대회 석상에서 소련 측 대표 훼노부가 기타 국가에 대한 문제는 여기서 토의되고 있으나 조선은 등한시되어왔으며 오스트리아, 이탈리아 타 국가에 운라 구제품이 수송되는 반면 조선은 차별적 대우를 받고 있다는 질문에 대한 대답이라고 일부에서는 보고 있다.

(「운라 본부 총장 라과디아, 대조선 운라 구제 사업에 대해 언명」, 『동아일보』 1946년 8월 11일)

1943년 11월 창설된 운라(United Nations Relief and Rehabilitation Administration)는 유엔 창설 후 그 기능의 상당 부분이 유엔에 넘겨졌고 이름이 'UN'으로 시작하기 때문에 유엔 산하 기구처럼 들리지만 사실은 그렇지 않다. 운라 이름의 'United Nations'는 제2차 세계대전의 연합국을 말한 것이다.

처음에는 이름대로 연합국 국민만을 구호 대상으로 활동하다가 1944년 말부터 추축국 외의 전쟁 피해자 전부를 대상으로 활동 범위를 넓혔다. 운라는 조선에 대해서도 구호 계획을 추진하고 있었다.

〔워싱턴 7일발 AP 합동〕 운라 본부 회장 라과디아는 조선에 관한 기근 구제 방책을 성명하였다. 운라의 조사사절단은 미·소 양군의 초청에 의하여 조선 식량 상태 조사와 운라의 금후 행동을 결정하기 위하여 금주 내 조선으로 향하여 출발할 것이다. 금년 1월에 운라는 조선 긴급 구제를 위하여 100만 달러를 조선에 배정할 것을 승인하였던 것이다. 운라조사사절단은 조선에 대한 이 이상 필요한 요구를 조사할 것이며 또 이미 승인된 물자의 배당 업무의 책임 수행을 할 것이라 한다.

(「운라 총재 라과디아, 조선의 기근 구제 정책 발표」, 『조선일보』 1946년 5월 8일)

운라는 회원국으로부터 37억 달러의 기금을 모아(미국이 27억 달러) 집행했는데, 효율성에 대해 일부 비판이 있을 뿐 공정성을 널리 인정받았고(장제스 정부의 횡령을 제외하고), 여러 곳에서 훌륭한 성과를 거둔 것으로 평가된다. 큰 지원을 받은 나라로 중국(5.18억 달러), 폴란드(4.78억 달러), 이탈리아(4.18억 달러), 유고슬라비아(4.16억 달러) 등이 꼽힌다.

1945년 중국 헝양 지역의 운라가 운영하는 고아원에서 어린이들이 구호 식량을 배급받고 있다.

운라의 사업 규모에 비추어보아 조선에 이미 배정되었다는 100만 달러는 '착수금'인 셈이고, 조사 후 본 예산을 편성할 계획이었다. 운라 조사단은 소련군 점령 지역까지 조사를 마쳤다(『서울신문』 1946년 7월 20일자). 그런데 8월 초순의 운라 대회에서 조선 지원 계획이 제출되지 않은 데 대해 운라 소련 대표가 항의했고, 미국인 총장은 조선에 물자 "자유 교류"의 조건이 되어 있지 않기 때문이라고 해명한 것이다.

이런 상황에서 일본과 조선에 대한 미국의 신용 차관 얘기가 나왔다. 일본에 3천만 달러, 조선에 2,500만 달러의 크레디트를 설정해 미군 잉여 물자를 매도한다는 것이었다.

> 〔워싱턴 9일발 AP 합동〕 미 정부 당국 언명에 의하면 미 정부는 5,500만 달러의 크레디트를 조선과 일본에 설정하여 이 양 국가로 하여금 미 육해군의 과잉 시설품을 구입하도록 결정하였다 한다. 이 결정은 재무성 반대에도 불구하고 맥아더 사령관 요청에 의하여 결정된 것인데, 이에 의하면 조선에는 2,500만 달러에 상당하는 크레디트가 설정될 것이라 한다.
>
> 그리고 양국은 이 크레디트를 수출에서 획득한 달러화로 반환하리라 하는데 조선에는 정부가 수립되지 않은 만치 이 크레디트로 구매되

1946년 유고슬라비아의 주민들이 운라의 구호품을 나르고 있다.

는 시설품은 일단 미 군정청이 구매하는 형식을 위하여 후일 조선 정부 수립 시에 이에 이양되리라 한다. 현재 구매할 수 있는 과잉 시설품은 수송, 도로건설, 통신 방면의 시설품이라 하며 이것은 다만 남조선에만 한하여 사용될 것이라 한다.

(「군정청, 조선에 2,500만 달러 상당의 크레디트가 설정될 것을 언명」, 『조선일보』 1946년 8월 10일)

중국에 엄청난 금액의 운라 원조가 쏟아지고 있다는 것은 세상이 다 아는 일이었다. 일본은 추축국이었기 때문에 운라 원조 대상이 아니었다. 그런데 조선은? 조선은 추축국이 아니라 피해국으로 인정받고 있었다. 그런데 분단 점령 상태를 이유로 운라 원조를 늦추는 중에 일본과 같은 조건으로 원조 아닌 차관을 국제기구가 아닌 미국으로부터 받게 한다는 것이다. 위 기사 중 미국에서도 재무성이 반대하는 것을 맥아더 요청으로 결정된 것이라 하는 데서 이 조치의 성격을 알아볼 수 있다.

당연히 조선의 각계에서 반대의 목소리가 쏟아져 나왔다. 『서울신문』은 8월 11일자에 무역경제연구소의 비판적 견해를 인용한 기사를 내보냈고, 『자유신문』은 8월 12일자 사설로 강경한 반대 의사를 표명했다. 그러자 러치 군정장관이 8월 14일 이에 관한 성명을 발표했다. 잉여 물자의 구매 가격이 "미국의 현행 가격"의 3분의 1 이하임을 강조했다.

> "정식 통지는 아직 받지 않았으나 대외청산위원회는 조선 경제 유지 및 회복에 필요한 미국 정부 과잉 재산 구입을 위하여 조선에 대하여 2,500만 달러의 크레디트를 제공하는 데 동의하였다 한다. 이 원금은 1952년 7월 1일에 시작하여 25등분하여서 반제될 것이며 이자는 1951년 7월 1일 연 2,66퍼센트의 율로 제1회 이자 지불 시에는 동일까지 적립하여 지불하게 된다. 이 제안에는 재조선 미군정이 폐지될 때 그 당시에 남은 미지불 원금과 이자 지불의 책임을 조선임시정부에 이관함은 미국 정부와 장래 조선 정부 간 조약에 포함되도록 의정할 것이라는 조항이 포함되어 있음을 주의하여야 한다.
> 나는 여러 국가가 이 크레디트에 신청하였고 이 제안의 상환 조건도 어느 타국의 그것보다도 더 후하다는 것을 알게 되었다. 이 크레디트가 벌써 대여된 국가 중에는 벨기에·인도·타이·오스트리아·이탈리아가 있다. 이 제안에는 확실히 설명되지 않았으나 이 물자 가격은 미국 현행 가격의 3분지 1 이하일 것이므로 2,500만 달러의 차관으로 조선은 3배 이상의 물자를, 즉 대가 7,500만 달러 이상의 물자를 받을 수 있을 것이므로 이 크레디트에 의하여 조선은 광범위의 물자를 공급받을 수 있을 것인데 그 가운데는 약품·외과 기구·치과 용품·병원 및 X 광선 기구와 같은 의료용품과 의류·양화 수선품·운수비품·트럭 기타 자동차 부품·타이어·건축 기구·트랙터·도로 수리차·전화 및 라디오 기구·건축 재료·전기 기구 및 용품·공구·선박 등이 포함되어 있다.

그러나 이 제안의 조건 아래에서는 조선 경제 유지 및 회복에 필요한 물자만을 살 수 있다는 것을 강조하지 않으면 안 되며 또한 조선 경제 유지 회복에 필요한 충분한 과잉 물자가 없으면 2,500만 달러를 전부 소비하지 않아도 좋다. 대외청산위원회가 각국에서 과잉 물자 처분을 속히 완료하고자 희망하므로 군정청은 이 제안을 수리 또는 거부함에 제한된 기간이 부여될 것이다."

(「러치, 미국에서 제공하는 크레디트 문제에 대해 성명 발표」, 『조선일보』·『서울신문』 1946년 8월 15일)

이 차관 문제에 대한 비판의 가장 큰 초점은 조선인의 정부가 수립되어 있지 않은 상황에서 이남 지역의 미군정이 조선인 전체의 책임으로 남을 차관 조약을 맺을 수 있느냐 하는 데 있었다. 12일자 『자유신문』 사설은 과거 제국주의 침략의 "일면에 있어서 국내의 과잉 상품의 판매를 편리하게 하며 타면에 있어서 이것을 자본으로 하여 그 나라의 산업을 통제하는 힘을 길러온 일거양득적 정책"을 떠올린다며 긴요하지 않은 물자가 들어올 것을 걱정할 뿐 아니라 설령 "구입되는 물자가 조선의 건설을 위하여 필요한 것이라 할지라도 그것은 조선 인민 전체의 의사와 전체의 입장에서 고려되어야 할 것이요, 알지 못하는 사이에 이러한 의무를 지게 된다는 것은 너무나 불합리한 일"이라고 지적했다.

하지 사령관이 8월 17일 아놀드 소장을 민주의원에 보내 이 차관의 지지를 요청한 것은 점령군이 차관 조약을 맺는 데 대한 비판을 피하기 위해서였다. 민주의원은 이 요청에 충실히 응했다.

이 언저리에서 눈에 띄는 것이 이승만의 움직임이다. 좌우합작 정국에서 비교적 잠잠히 지내던 그가 8월 12일에 차관 지지 담화를 발표한

데 이어 17일 민주의원 '통과' 뒤에도 기자들에게 차관 지지 의사를 거듭 밝혔다.

"현재까지 각 외국은 미국의 원조를 안 받은 곳이 없다. 그런데 조선만이 아직 그 자본적 원조를 받지 못하였다. 그러나 그것은 장래 무슨 대상(對償)을 바라는 것이 아니다. 전장에서 남은 물품을 세계 각국에 분배하는 것이므로 대상 문제 같은 것은 없을 것이다. 그러므로 우리는 이 기회에 많은 물품을 얻도록 해야 한다. 그리고 군정청에서는 외국인이 조선에 투자하는 것을 방지하고 있으나 이것은 군정 당국보다도 우리 한국인 각자가 주의해야 할 것이다. 그 예를 들면 일정시대 조선 각지에서 일인이 상업권을 획득하고 있었으나 개성에서는 그들의 존재가 없었다."

(「'크레디트'에 이 박사 언급」, 『자유신문』 1946년 8월 13일)

17일 민주의원에서 차관 설정을 통과시킨 후 이승만은 기자단에게 다음과 같이 말하였다.
"우리나라의 없는 물품을 시가의 4분지 1 염가로 구입하게 된 것은 대단히 유익한 것이다. 그리고 상금껏 미국으로부터 혜택을 입지 못하였는데 금반 차관이 성립된 것은 경하할 바이며 이미 이 문제는 말이 있었던 것이다. 나는 아놀드 소장에게 급속히 실현되기를 요청하였다."

(「이승만, 민주의원에서 통과시킨 차관 설정에 대해 언급」, 『서울신문』 1946년 8월 20일)

차관 문제에 대한 사회민주당, 민전과 인민당의 비판 담화문 요지가

8월 20일자 『조선일보』에 게재되었다.

● 사회민주당

"미국에서 물자를 구입한다는 것에 대하여 원칙적으로는 찬성하는 바이나 구입 물자가 우리에게 필요한 물건이어야 한다. 민주의원은 군정청의 자문기관이요, 조선 민족이 승인하는 대표적 기구가 아니다. 민주의원이 승인하였다는 것은 월권행위다. 38선의 장벽을 그냥 두고 아무리 좋은 물자를 구입하더라도 그 혜택은 38 이남의 인민에게 한하고 부담은 38 이북의 동포도 공동 책임을 져야 하는 모순이 있다."

● 민주주의민족전선

"정부가 수립되기 전에 대외무역 차관 설정 문제 등 국가 흥망의 지대한 관계를 가진 문제가 군정의 일방적 결정으로 민주의원이 이것을 심의 가결하였다는 것은 대외적으로 외국 독립 자본에 예속화를 의미하는 것이므로 이러한 식민지적 정책은 절대 반대하는 바이다."

● 인민당

"차관이란 국가와 국가 사이에 약정될 것임에도 잠정적 통치인 군정이 국가를 대표하여 차관 설정을 행할 수 없는 것이며 차관에 의하여 수입될 물자가 국가적으로 유효하게 사용되지 못하고 간상 모리배에 이용되기 쉬운 것으로 이를 장래할 우리 정부가 승인할 리가 없을 것이므로 우리는 절대 반대하는 것이다."

이에 대해 8월 20일 민주의원 함상훈 공보부장이 반박 담화를 발표했다.

"전일 본원에서 발표한 2,500만 달러 물자 구입에 관하여 일부에서는 물의가 있는데,
첫째, 물자 구입을 독점자본주의의 착취라 하여 건설적 물자를 수입하는 것이 불가하다면 재해에 의한 파괴의 재건과 금후의 생산은 불가능할 것이다. 이 물자 구입은 생산재의 구입이다. 북조선에서 소련으로부터 1억 원의 차관을 얻어 북조선농림은행을 설립한 것은 착취가 아니고 미국서 건설 물자 2,500만 달러 구입을 착취라 함은 부당하다.
둘째, 남조선에만 물자를 사용하고 북조선 주민에게 부담을 시킨다 하는데 남북통일 정부가 수립되면 그 물자는 북조선에도 균점하게 사용할지니 비난은 부당하다.
셋째, 민주의원이 정부가 아닌데 전 조선인을 대표하여 물자를 구입한 것은 월권이라 하나 정부가 수립되기 전이라도 시급한 건설을 요하는 금일 민족 총의로서 된 본원이 하지 중장의 자문에 의하여 이에 찬의를 표한 것은 하등 민족적 권한을 무시한 것은 아니다."

(「민주의원 함상훈, 조·미 간 크레디트 설정에 관한 일부 비난에 대해 반박 담화」, 『동아일보』 1946년 8월 21일)

중국이 운라에서 받은 지원의 20분의 1 금액을 미군 잉여 물자로, 그것도 원조가 아닌 차관으로 들여오는 일에 이승만은 왜 이렇게 좋아하는 것일까? 지금은 짐작만 해두자. 그것도 확인될 날이 있을 테니.

1946. 8. 23.

극렬분자, 반동분자 그리고 기회주의자

화요일은 연재를 쉬는 날인데, 내 글보다도 독자들에게 보여주고 싶은 글이 있어서 올린다. 『신천지』 1권 6호(1946년 7월)에 실린 오기영의 글에서 65년 전 정치의 양극화 현상을 알아볼 수 있다.

> 애급의 노예였던 이스라엘 민족이 그 철쇄로부터 해방되어 조국을 향해 광야로 40년의 긴 유랑을 계속할 때 영도자 모세는 동포 상잔을 최소한도로 막기 위하여 율법을 베풀었는데 "눈은 눈으로 갚고 이는 이로 갚으라" 하였다. 갑이 을의 눈 하나를 뽑았으면 을로 하여금 갑의 눈 하나를 뽑게 하는 것이다. 이를테면 처벌을 복수로써 행하였다. 살인자를 벌할 권리는 국가에 있고 피살자의 유족에게 이 권리를 주지 아니할뿐더러 복수도 범죄로 규정하는 20세기의 법률 관념으로서 비판하면 이 율법은 지극히 야만적이라 할 만한 원시적 복수 행위의 신성화에 불과하다.
>
> 그런데 우리가 차라리 이 원시적 율법을 재인식하고 모세의 재림을 이 땅에 바라야만 할 지경이라면 이것은 대단한 비극이다. 그게 무슨 소리냐 하면 모세의 율법에 의하면 눈알 하나에는 눈알 하나요, 이 한 개에는 이 한 개로 정하고 이 한계를 넘지 않기로 되어 있다. 그러

나 눈알 하나를 뽑혀서 애꾸가 된 피해자가 가해자의 두 눈알을 몽땅 뽑아서 아주 장님을 만들고도 그리고도 분해서 씨근거리는 모양을 장차 우리 조선에 진보적인 민주주의 법률을 베풀고 인민을 위하여 정치를 하여줄 큰 인물들에게서 흔히 보게 되는 것이야말로 대단한 비극이란 말이다.

대체 그게 무슨 소리냐고 아직도 못 알아듣는 이들을 위하여 한 번 더 주석을 하라면 이러하다. 갑당이 을당의 험구를 한 치쯤 하였더니 복수라면 점잖지 않지마는 을당은 한 자쯤의 욕설로서 갑당의 모략을 분쇄하였다. 한 치에 비하여 한 자는 아홉 치가 더하니 "한 눈은 한 눈으로"의 모세 율법에 어긋남이 심하다. 이번에는 다시 갑당이 분연히 을당의 아홉 치를 분쇄하기 위하여 무려 일장의 대봉(大棒)을 내두르지 않을 수 없이 되었다. 일장의 대봉을 꺾기 위하여는 다시 상대편은 십장 백장의 몽치를 들고 나서게 되니 어시호 좌우 양당의 기고만장은 정히 과장이 아니다. 이리하여 서로 게거품을 물고 욕은 욕으로 대하되 한 마디를 두 마디 세 마디로 응수하고 모략은 모략으로 대하되 응수가 거듭할수록 그 심모원려는 가히 일취월장의 진보적이라 무(無)에서 의사(擬似)로 다시 진성(眞性)으로 드디어 악질(惡疾)로 발전하고 있다.

이리하여 좌는 모두 극렬분자가 되어버렸고 우는 모두 반동분자가 되어버렸다. 이러한 아귀다툼에 싫증이 나서 이들의 머리가 냉정하여지고 반성하는 날이 있기를 기다리면서 하후하박의 불공평을 범하지 않으려고 조심하며 좌우를 물을 것 없이 쌍방이 하루바삐 아집에서 해탈하라고 충고하는 부류가 생겼는데 이들에게도 명예는 분배되었다. 가로되 기회주의자라고.

그러니 극렬분자와 반동분자와 기회주의자뿐인 조선은 어찌될 것이란 말인가. 우에 속한 아버지는 반동분자요, 좌에 속한 아들은 극렬분자인데 만일 시어머니와 며느리가 가만있으면 이근 기회주의자요, 부창부수로 각기 남편을 따라서 고부마저 진영을 달리하면 극렬과 반동은 뚜렷할까 모르거니와 이것이 도시 이 집안의 흥조(興兆)냐 망조(亡兆)냐.

항상 자기비판에 무자비한 좌익이면서 극렬분자라는 욕설이 단순한 반동분자의 욕설이라고만 고집하며, 토지 국유를 옳다고 시인하는 우익이면서야 어째서 이할 미만의 지주를 위하여 반동분자라는 불명예에 허심탄회 무관심한지 짐작은 하지마는 똑똑치는 아니하다.

탄식하거니와 좌우는 아직 각자의 아집에서 해탈하지 못하고 있다. 이들은 아직도 삼십팔도선의 한 끝씩을 붙들고 줄다리기를 하고 있다. 설마 그렇게 무식할 리는 없는데 이 줄다리기로 이 줄이 꼭 끊어지고 상대편이 앞으로 고꾸라질 줄만 믿지나 않는가.

이것은 대단한 오산이다. 삼십팔도선은 한 끝씩 붙잡은 좌우가 서로 앞으로 다가와서 걷어치울 수는 있으려니와 잡아당겨서는 끊어질 줄이 아니다. 그건 아무리 잡아당겨 보아도 끊어질 줄은 아니다.

하물며 이 줄다리기 구경에 흥이 나서 해리 트루먼 씨와 스탈린 씨가 한번 씨름을 해볼 흥미가 일어나면 이기는 편을 위하여 마땅히 상우(賞牛)를 준비하지 않으면 안 될 처지에 있는 이가 누구인가를 깊이 생각할 것이다. (물론 점잖은 트루먼 씨와 스탈린 씨가, 더구나 조선 풍속에 어두운 이 분들이 단오도 지난 이때에 씨름을 할 리 만무라 상우 자금을 갹출할 걱정은 그야말로 기우이기는 하다.)

그러나 역시 아무래도 궁금한 것은 어째서 좌는 극렬분자요, 우는 반동분자냐 하는 것이다. 좌의 심판자 우가 아니요, 우의 심판자도 좌가 아니다. 심판자는 오직 민중이거늘, 민중은 알지 못하는 새에 피차 이런 명예의 교환은 신사적이 아니다. 민중의 심판에 앞서서, 심지어 민중의 심판을 간섭하여 상대방을 거꾸러뜨리는 것은 비인민적이다. 묻노라 이 말이 과한가?(「모세의 율법」, 『진짜 무궁화』, 161~164쪽)

1946. 8. 24.

박헌영 극좌 노선의 뿌리

8월 5일자 일기에서 공산당의 내분 이야기를 했다. 그 문제의 이해를 돕기 위해 조선에서 공산당이 어떤 전통을 갖고 있었는지 개관해본다.

1920년대 들어 조선인의 항일운동에 공산주의 바람이 크게 일어난 데는 몇 가지 조건이 함께 작용했다. 고종의 죽음으로 왕조 회복의 꿈이 사라졌고, 파리강화회의의 결과 앞에서 제국주의에 대한 환멸이 깊어졌다. 3·1운동의 경험을 통해 독립운동의 이념 강화 필요가 절감되었고, 소련과 코민테른의 지원이 새로운 가능성으로 나타났다.

독립의 목표는 공화국 건설이 되었고, 그 이념으로 사회주의가 널리 고려된 것은 일본의 통치 체제와 다른 것을 추구하는 추세 때문이었다. 이 목표를 체계적·조직적으로 추구하는 방법으로 공산주의 운동이 일어났다. 코민테른의 지도와 지원을 받으며 소련의 성공 사례를 학습한다는 것이었다. 따라서 '공산당'의 이름으로 코민테른의 인정을 받는 것이 공산주의 운동의 가장 중요한 목표의 하나가 되었다.

조선공산당은 1925년 4월 서울에서 결성되었고, 이듬해 3월 코민테른 가입을 승인받았으나 몇 차례 대규모 검거의 결과 조직이 와해된 상태에서 1928년 12월 코민테른의 '12월 테제'로 그 승인이 취소되었다. 이 짧은 기간에 책임비서직은 김재봉(金在鳳, 1890~1944/1925년 12

월까지 재임)에서 강달영(姜達永, 1887~1942/1926년 7월까지 재임), 김철수(1926년 12월까지 재임)를 거쳐 안광천(安光泉, 1897~?), 김준연, 김세연(金世淵, 1898~1935) 등에게 넘어갔다. 대개의 경우 전임자의 체포에 따른 교체였다.

공산당의 가장 기본적인 조직 원리가 민주집중제(democratic centralism)다. 레닌 사상의 핵심 요소이기도 한 민주집중제는 당원 총의를 대표하는 당대회를 모든 당권의 원천으로 삼는다는 점에서 '민주'이고, 일단 다수결로 구성된 상급 기구에 모든 하급 기구와 당원들이 복종한다는 점에서 '집중제'다. 민주집중제는 코민테른이 각국 공산당을 회원으로 승인하고 받아들이는 데도 가장 기본적인 기준이었다.

그런데 조선공산당은 책임비서를 비롯한 당중앙(중앙위원회)이 3년간 여러 차례 바뀌는 동안 당대회를 열기 어려웠다. 조직의 민주적 원리가 위협받는 상황이었다. 19명의 야체이카(세포) 대표가 참석했던 1925년 4월 17일의 창당대회 다음의 당대회가 1926년 12월 6일 16명 대표의 참석으로 열렸다. 당시 책임비서 김철수가 극심한 탄압의 와중에 이 대회를 열기 위해 어떤 고초를 겪었는지 살펴본다면 1946년 8월 그의 당대회 소집 요구가 가진 의미를 더 잘 이해할 수 있을 것이다.

'신의주 사건'이라고도 불리는 제1차 공산당 사건으로 창당 중앙위원 7인의 신변이 위험에 처했던 1925년 12월 12일 남아 있던 3인의 중앙위원(김재봉, 김찬, 주종건)이 보선(補選)의 형식으로 강달영, 김철수, 이준태(李準泰, 1892~?) 홍남표(洪南杓, 1888~1950), 이봉수(李鳳洙, 1892~?) 5인의 새 중앙위원을 선임했다. 주종건(朱鍾建, 1895~?)과 김재봉은 며칠 후 체포당했고 김찬(金燦, 1894~?)은 해외로 도피했다. 그래서 강달영이 바로 책임비서에 취임했다.

1926년 6월 초 6·10 만세 사건 준비 중 터진 제2차 검거 선풍으로

위의 5인 중 김철수를 제외한 4인이 체포되었다. 그 사이에 중앙위원회에 합류한 전정관(全政琯)과 권오설(權五卨, 1897~1930)도 체포되었다. 중앙위원 7인 중 6인이 체포된 것이다. 중앙위원 후보 5인 중에도 3인이 체포되었다. 김철수는 9월 3일 검거를 면한 후보위원 원우관(元友觀, 1888~?)과 신동호(申東浩)를 중앙위원으로 맞아들이고 이들과 함께 오희선(吳羲善), 고광수(高光洙, 1900~1930)의 두 중앙위원을 보선으로 끌어들였다. 얼마 후 중앙위원 홍남표와 후보위원 구연흠(具然欽, 1883~1937)이 석방되었으나 해외 망명을 원했다. 그리고 12월의 대회 전에 안광천, 권태석(權泰錫, 1894~1948)과 김준연이 보선되었다.

'보선'이라면 일부 공석을 다음 당대회까지 채워놓는다는 뜻인데, 1년 남짓의 기간 중 두 차례 검거 선풍으로 창당대회에서 선출한 당중앙이 전원 바뀐 상황이 되었다. 책임비서를 맡은 김철수는 하루빨리 당대회를 열어 민주적 조직 원리를 회복하고 책임비서직에서 벗어나는 것을 당세 회복과 함께 지상 과제로 삼았다.

12월 6일 밤 현저동 주택가에서 열린 조선공산당 제2차 대회는 엄밀한 의미에서 민주적인 대회가 아니었다. 각 지방에서 당원들이 모여 대의원을 선출할 형편이 되지 못했다. 11월 28일의 중앙위원회에서 대회 날짜를 정하고 13인의 대의원을 선임했다. 중앙위원회가 지명한 대표들의 모임이었던 것이다.

그러나 이 문제가 당시에 심각하게 제기되지 않은 것은 당시의 엄중한 상황과 함께 대표성을 최대한 확보하려던 중앙위원회의 노력을 생각해서였을 것이다. 그리고 기존 당원 265명(후보 당원 포함)의 절반 이상이 검거된 상황에서 문호 개방을 통한 당세 확장이 진행되고 있던 점도 고려했을 것이다. 그리고 소집 주역인 김철수가 (대회 비용을 친구에게서 빌리기까지 했다고 한다) 이 대회를 통해 책임비서직을 내놓은 점도 반영되었을 것이다. 김철수는 코민테른과의 교섭을 위해 대회 열흘 후 서울을 떠났다(임경석, 『잊을 수 없는 혁명가들에 대한 기록』, 역사비평사 2008, 135~145쪽에서 제2회 당대회에 관한 내용 참조).

1928년의 12월 테제는 그해 7, 8월의 코민테른 제6회 총회가 끝난 후 조직된 조선문제위원회에서 작성한 것이다. 12월 테제는 조선공산당의 후계 조직을 불허하고 새로운 노선에 따라 재조직할 것을 지시했다.

12월 테제 작성 당시 조선문제위원회에는 조선인 위원이 없었다는 점이 12월 테제가 조선의 현실에 맞지 않는 방향으로 만들어진 한 가지 이유였다. 이후 조선의 공산주의 운동에 12월 테제가 의지가 되기보다 족쇄 노릇을 한 면이 더 크다고 서중석은 본다.

> 12월 테제는 '일제'의 식민지인 한국의 현실을 충분히 감안하지 않은 좌경 관념주의의 성격이 강하다. 일제의 이식 자본주의가 식민 경제 수탈 구조의 중핵을 이루는 가운데, (…) 노동자계급의식 또한 제한적으로밖에 성장하지 못한 상태에서, 한국의 공산주의자들은 항일·반일 의식은 강렬했지만, 아직 철저히 볼셰비키화되지 못했고 분파성이 강했다.
> (…) 국내에서 무장투쟁은 물론 장기간의 지속적인 지하조직도 갖지 못하게 한 일제 관헌의 탄압 능력을 고려해볼 때, 한국에서의 민족해방과 혁명은, 부르주아 민주주의혁명이 제기된 바 있는 차르 치하의 러시아와 같은 제국주의국가 또는 사회혁명만이 요구되는 '독립국가', 그리고 독자적인 해방구와 무장력을 가질 수 있는 중국과 같은 광대한 반식민지 국가와는 달리, 한국의 특수성에 맞게 적용되어야 했다. 그것은 농민·노동자의 사회운동이 기본적으로 뒷받침해주는 가운데, 3·1운동에서 표출된 바 있는 각계각층의 반일 민족 감정을 최

제2차 코민테른대회에서 레닌이 연설하는 광경. 저 멀리 태극기가 보인다.

> 대한 활용하여, 변혁을 수반하는 민족해방운동에 모든 민족적 역량이 결집되는 통일전선의 형성에 있었다. (『한국현대민족운동연구』, 126쪽)

『위키피디아』의 'Comintern' 조에도 1928년 제6차 총회에서 1935년 제7차 총회 사이의 '코민테른 제3기'의 극좌 노선 득세가 설명되어 있다.

> 1928년 (2월) 집행위원회 제6차 총회에서 이른바 '제3기'가 시작되어 1935년까지 이어진다. 코민테른은 자본주의 체제가 최후의 붕괴 단계에 접어들었으며, 이런 상황에서 공산당의 올바른 행보는 고도로 공격적이고 투쟁적인 극좌 노선이라고 선언했다. 특히 코민테른은 모든 온건한 좌익 정당을 "사회주의 파시스트"로 규정하고 모든 공산주의자가 온건 좌파의 파괴에 전력을 기울일 것을 촉구했다.
> 1930년대 독일의 나치 운동 흥기에 따라 이 노선에 많은 사람들이 의문을 제기하고 나섰다. 역사학자인 폴란드 공산주의자 아이작 도이처가 사회민주당을 주적으로 간주한 독일 공산당의 전술을 비판한 것도 그런 예다.

식민지 세계의 통일전선 정책도 제6차 총회에서 수정을 겪었다. 1927년 중국 국민당의 공산당 공격을 계기로 식민지에서 민족 부르주아지와 연대를 맺는 정책이 재검토의 대상이 된 것이다.

1928년은 소련과 코민테른 지도자들이 대공황을 '세계혁명의 기회'로 반기고 있을 때였다. 급속한 혁명을 위해 좌익의 결집을 강조하는 분위기에서 비타협적 극좌 노선이 나왔다. 그러나 1935년에는 파시즘 대두에 위기감을 느낀 코민테른이 극좌 노선을 포기하고 연합전선 정책으로 돌아온 것이다.

그런데 조선의 공산주의자들은 해방 때까지 코민테른 좌경기에 나온 12월 테제에서 벗어나지 못하고 있었다. 1935년 이후의 바뀐 노선을 받아들일 주체로서 조선공산당이 재건되지 못하고 있었기 때문이다. 해방 후 공산당 '재건'에서 12월 테제의 연장선에 있는 박헌영의 8월 테제가 중심적 역할을 한 것도 그 때문이다.

박헌영은 12월 테제가 완성되기 몇 주일 전인 1928년 11월 모스크바에 도착했고, 몇 달 후부터 조선문제위원회에 위원으로 참여했다. 그가 모스크바에 체류한 3년간은 연합전선을 거부하는 코민테른의 극좌 노선이 맹위를 떨치고 있을 때였다. 그는 해방 후에야 소련 영사관에서 극좌 노선을 폐기한 1935년 제7차 총회의 상황을 조사했지만, 그의 공산당 운영은 끝내 극좌 노선을 벗어나지 않은 것으로 보인다.

1946. 8. 29.

양심적인 검사를 괴롭힌 정판사사건

7월 29일 첫 공판 이후 중단되었던 정판사사건 재판이 8월 22일에 재개되었다. 첫 공판 때 변호인단이 공판 기일 연기를 신청했다가 받아들여지지 않자 판사 기피 신청을 냈고, 이 기피 신청이 기각된 후 기각에 대한 항고와 다시 그 기각을 거치는 동안 재판이 중단되었던 것이다. 기피 신청은 받아들여지지 않았어도 그 주된 이유였던 공판 기일 연기는 실제로 어느 정도 이뤄진 셈이다.

개정 직후 박낙종이 '피고 회의'를 요구했는데, 양원일 재판장은 강경하게 불응했으나 모든 피고가 진행을 거부하고 변호사단도 요구하자 자신의 주재하에 30분간의 피고 회의를 허락했다. 피고 회의에서 피고들은 고문하에 진행되어온 취조를 모두 취소하고 다시 취조할 것을 요구했으나 물론 받아들여지지 않았다. 피고들과 변호인단은 같은 사건으로 기소된 이관술의 병합 심리도 요구했다.

변호사단은 경찰의 불법 구금을 이유로 공소 취소를 요구했다. 아무리 중대한 범죄라도 경찰에서는 열흘 내에 검찰로 송국하게 되어 있는데 60일 이상 경찰에 붙들어둔 것은 불법이라는 것이었다. 5월 초순에 구인장으로 유치시켜놓았다가 7월 9일에야 유치장(留置狀)을 발행한 문제도 지적했다.

이에 대한 조재천(曺在千, 1912~70) 검사의 답변이 가관이었다. "미군 경무부장의 명령으로 경찰에서 계속 취조 중이었으니 위법으로 생각하지 않으며 따라서 각하할 수도 없다"는 것이었다. 미군 경무부장의 명령이 법 위에 있다는 검사의 해괴한 답변, 그리고 그것을 타당한 답변으로 받아들이는 재판장, 그것이 정판사사건을 통해 드러난 당시 조선 사법부의 모습이었다.

긴 유치 기간은 고문과 밀접한 관계가 있는 것이었다. 피고 모두 경찰의 고문으로 허위자백을 강요당했다고 호소했는데, 조재천 검사는 "뺨을 때린 일이 있다"는 경찰관의 말을 들었을 뿐이라고 답변했다. 재판장은 고문의 증거가 없으므로 고문 사실을 인정하지 않는다고 했다.

조재천과 함께 이 사건을 담당한 김홍섭(金洪燮, 1915~65) 검사의 태도가 흥미롭다. 재판 진행 중 변호인단에서 몇 차례 김 검사를 지목해서 질문을 던졌는데, 김 검사는 답변을 가급적 회피하고 조 검사에게 답변을 맡겼다. 김홍섭은 정판사사건 기소 직후 사직하고 농사를 짓고 살다가 후에 김병로 대법원장의 간청으로 법원에 들어와 대법관까지 지냈다고 한다. 김병로와는 해방 전 변호사 사무실을 함께하던 사이였다. 1953년 가톨릭에 입교한 후 '법의 속에 성의(聖衣)를 입은 사람', '사도법관(使徒法官)' 등으로 불린 김홍섭은 한국 법조계에서 많은 사람들에게 깊은 존경을 받은 사람이다.

1954년 이후 3, 4, 5, 6대 국회의원을 지낸 조재천도 정치인으로 좋은 평판을 누린 인물이거니와, 당대 최고의 양심적 지식인인 김홍섭까지도 검사로서 역할을 강요당한 것이 정판사사건이었다. 10월 21일의 구형 공판에서 김홍섭은 이런 말로 논고를 시작한다.

> "소감을 간단히 말하면 유감스럽다고 하겠다. 내가 취조한 중 특히

'법의 속에 성의(聖衣)를 입은 사람', '사도법관(使徒法官)' 등으로 불린 김홍섭. 한국 법조계에서 많은 이들에게 존경받는 인물이다.

박낙종은 50평생 중 30년의 투쟁사를 가진 혁명 투사였으므로 만강의 감사를 드리는 한편 많은 감회를 느꼈으며 사회 여론은 이번 사건으로 말미암아 좌우익이 한층 소원하여지는 감상을 주는데 이는 시민의 한 사람으로 민족 구성의 일인으로 매우 유감히 생각한다. 법률가 입장으로는 형사사건이나 돌이켜 시민의 한 사람으로 볼 때에는 조선의 기근(饑饉)이요 민족적 비극으로 본다. 나는 김창선이 공판정에서 죽고 싶다 말할 적에 2천 년 전에 일어난 예수를 은 30량에 잡아준 가룟 유다의 비극을 상기했다. (…)"

(「무기 등 중형을 구형, 위폐 공판 검사 논고」, 『자유신문』 1946년 10월 23일)

정판사 사장으로 있다가 이 사건으로 무기징역을 선고받은 박낙종은 전쟁이 터졌을 때 총살당했다. 결국 '법살(法殺)'이 된 셈이다. 구형 논고에서 "공산당 자체가 이에 가담하였다는 것이 아니라 어린애 장난을 잘못 감독한 것이라고 본다"고 한 김홍섭은 사건의 실체를 어떻게 인식하고 있었던 것일까? 김창선을 가룟 유다에 비유한 것을 보면 김창선의 범행은 긍정한 것 같다. 그런데 감독 잘못한 죄로 무기징역 구형이 타당한 것이라고 그가 정말 생각했을까? 검사를 그만둔 그가 변호사로 돌아갈 생각도 않고 농사지으러 간 것을 보면 그 답을 알 듯하다.

고뇌에 찬 김홍섭 검사의 모습과 대조되는 태도를 양원일 판사는 보여준다. 『동아일보』는 이 사건 관계 기사에서 경찰과 검찰의 주장이 옳다는 인상을 주기 위해 부단히 노력하면서 재판장의 훌륭한 태도를 찬양하는 묘사를 남발하는데, 8월 25일자 「피고의 일관하는 부인(否認)에 적확한 증거품 제시」 기사에 이런 대목이 있다.

> 그 다음에 재판장의 "소감은 없는가?" "무슨 진술이 없나?" 하는 데 대해서도 아무런 답변이 없다가 "만일 변호인들의 보충 심리가 있을 때도 피고는 말하지 않겠는가?" 하는 물음에 김은 "그때는 말하겠소" 하고 다시 재판장의 "그러면 피고는 지조가 있는 남아로는 볼 수 없다"라는 말에도 답변이 없었다.

이런 데서 '지조'가 왜 나오는가? 어처구니없는 대목 하나만 옮겨놓았는데, 인권 의식이건 법의식이건 눈곱만큼도 보여주지 않는 판사였다. 자기 직업이 판사가 아니라 형사라고 착각한 사람 같다.

재개된 공판에서는 평판과장 김창선을 집중적으로 취조했다('취조'가 아니라 '심리'였나? 아무튼 재판장은 취조처럼 했다). 김창선은 뚝섬 위폐 사건 가담자였고, 뚝섬 사건에서 정판사사건을 촉발시킨 연결고리였다. 김창선은 10월 29일 공판에서 이런 최후진술을 했다. "이 사건은 내가 뚝섬 사건에 관계했기 때문에 발생한 것이다. 나는 검거 당한 이후 고문으로 인하여 허위 진술한 것을 부끄럽게 생각하며 동료에게 어떻게 사죄를 할지 모르겠다.” (『동아일보』 1946년 11월 1일자)

김창선이 뚝섬 사건 외에 정판사에서도 뭔가 일을 꾸몄던 것일까? 김창선을 포함한 피고 몇 사람이 실제로 범행을 시도했을 가능성을 나는 완전히 배제하지 못하겠다. 뭔가가 있었기 때문에 김홍섭 검사도 이 사건이 완전히 조작된 것으로는 생각지 않았을 것이다. 그러나 경찰과 검찰이 주장한 것과 같은 방법으로 1,200만 원어치 위폐를 찍었다는 것은 있을 수 없는 이야기다. 뭔가 꼬투리를 잡고 매달리다 보니까 무리한 강압 수사를 통해 사건 규모를 부풀리게 되었을 것이다. 피고들 쪽에서 경찰의 공명심을 이용해 수사를 혼란으로 이끌려는 목적으로 고문에 못 이기는 척하고 사건을 키워준 것이 아닐까 하는 생각까지 든다.

사건의 진위에 대해 내가 단정 내리지 못하는 대신 10월 24일 김용암 변호사의 변호 중 중요하고도 설득력 있는 내용 일부를 소개한다.

> “피고들이 송언필을 제외하고는 전부가 경찰에서 또는 검사에게 위폐 인쇄 사실을 진술하였으나 그 진술 내용에서는 인쇄 시간, 액수, 인쇄 인원 등의 중요한 골자가 전부 틀리니 이로 미루어볼 때 사실 아닌 허구의 진술을 꾸미느라고 그리한 것이 틀림없으며, (…) 검사가 경찰서에 출장하여 장시일 병행 취조를 한 데 대하여는 나로서는 그 진의가 어디에 있는지를 이해키 곤란하다. 검사가 경찰서에 출장하여 취조한다는 것은 일제시대 주로 사상범 취조에 있어 검사국에 고문 기구가 없는 만큼 출장 취조한 것으로 나는 기억한다. (…) 또한 피고의 인적 구성으로 볼 때 이관술, 박낙종, 송언필, 신광범을 제외하고는 위폐 인쇄하였다는 당시 다른 피고는 공산당원이 아니었으

니, 공산주의자의 장점이요, 또한 단점인 필요 이상 타인을 의심하는 그 성질을 가진 그들이 비당원인 피고들과 손을 잡고 인쇄를 할 리가 없으며, 또한 당원이 아닌 피고들이 공산당에 무슨 큰 애착심이 나서 자기 몸을 희생시켜가며 위폐 인쇄를 하겠다고 자청할까."

(「피고들의 무죄 주장, 위폐사건 역사적인 대변론」 중에서,

『자유신문』 1946년 10월 25일)

1946. 8. 31.

북로당은 왜 박헌영의 손을 들어주었을까?

8월 28일자 『자유신문』(「김·여 양씨에 서한, 하 중장 좌우합작에 기대」)과 『동아일보』(「합작 노력에 큰 관심: 하 장군, 김·여 양씨에 친서」)에 하지가 8월 24일 김규식과 여운형에게 편지를 보냈다는 보도가 나왔다. 이 기사에는 김규식이 받은 편지 내용이 게재되어 있다. 여운형에게 보낸 편지도 같은 내용이었을 것 같은데, 왜 김규식 편지만 공개했을까? 여운형은 이 편지의 공개가 좌익 내 다른 세력에게 나쁜 뜻으로 받아들여질 것을 꺼린 것이 아닐까 싶다. 편지의 끝 부분 때문에 그런 생각이 든다.

> "(…) 나는 좌우를 물론하고 진실한 애국적 지도자라면 소수의 비애국적 불찬성자를 무시하고 국민의 그 위대한 소리에 귀를 기울여 서로 손을 잡고 이 목적을 완성키 위하여 매진하리라고 확신하는 바입니다."

8월 22일 좌우합작위원회 우방(右方) 대표단 성명의 마지막 대목과 일치하는 이야기다.

> "(…) 어떤 일방의 지령이나 사주를 받아 국가 독립을 불원하는 반민족 비애국적 분자를 제외하고 진정한 좌측 지도자와는 본래의 우리의 종지와 기도대로 적극적으로 제휴할 용의를 가졌으며 이렇게 됨으로써 시국의 타개를 희도(希圖)하고 있다."
>
> (『동아일보』 1946년 8월 23일)

"비애국적" 세력이란 박헌영 세력을 말하는 것이다. 인민당이 박헌영 추종 세력에 의해 쪼개지면서 당수직을 사임한 여운형이 8월 19일 귀경한 후 20~21일 사이에 김규식, 장건상과 버치 중위를 만난 사실은 여러 신문에 보도되었다. 좌우합작에 박헌영 세력의 참여를 기다리고 있던 여운형이 이제 박헌영 세력의 태도에 구애받지 않고 좌우합작에 임하겠다는 결의를 이때 밝혔기 때문에 우방 대표단 성명서와 하지의 친서가 나온 것이다.

그러나 여운형은 박헌영 세력의 태도에 구애받지 않겠다는 것이지, 완전히 배제하겠다는 것은 아니었던 듯하다. 백남운, 김원봉, 장건상 등과 함께 좌우합작 회담을 진행해가면서 박헌영 세력에게도 압박과 설득을 통해 참여를 계속 요구하겠다는 뜻이었을 것이다.

8월 28일 백남운과 장건상이 김규식을 방문했는데 여운형은 빠졌다. 전날의 인민당 확대중앙위원회 때문에 피로하다는 이유였지만, 너무 급박한 태도를 보이지 않는 편이 좋겠다고 생각한 것일지도 모른다. 그날 오전 기자들과 만나 이런 말을 했다고 한다.

> "좌우합작 문제는 쌍방이 원칙만을 제시하였을 뿐 아직 양방에서 이 문제를 전연 포기한 것도 아니며 그렇다고 해서 지금 상태로는 정식으로 더 진전될 것 같지도 않다. 여기에서 나는 김 박사와의 개인적

친분 관계상의 이 문제를 여하히 하였으면 좋을까? 하는 데 대하여 순전히 개인적 입장에서 자주 만나고 있으며 백 씨나 장 씨도 나와 같은 입장에서 김 박사와 만나고 있는 것에 지나지 않을 것이다.

여기에 공산당 대표가 보이지 않는다고 해서 일반이 구구한 억측을 내리는 것은 너무 신경 과민한 탓이다. 공산당 내에 반간부파가 있다고 해서 공산당이 둘이 될 수는 없는 것이며 따라서 공산당을 제외하고서는 좌우합작을 논할 수도 없는 것이다. 최근의 우리들의 움직임에 대하여 일반은 너무 각자의 입장에서 선전하고 있는 것 같으나 아직 하등의 구체적 진전도 없으며 앞으로 어떤 결과가 있게 될 시는 민전 의장단의 결의로서 여러분에게 발표하게 될 줄 안다."

(「여운형, 좌우합작 회담의 진전 상황 언급」, 『서울신문』 1946년 8월 29일)

8월 27일 오후에 열린 인민당 확대중앙위원회는 엄중한 분위기였다. 8월 28일자 『자유신문』 「인민당 확위, 작일 주시리(注視裡)에 개최」 기사에 따르면 100여 명 위원이 참석하고 여운형이 의장을 맡은 이 회의에 "일체의 방청을 불허하고 각 지방 지부 대표 2명씩만이 방청하였다"고 한다.

『서울신문』과 『조선일보』의 8월 27일자와 29일자 기사에 따르면 여운형의 당수직 사퇴 문제와 좌익 합당 문제가 맞물려 이 회의에서 토론된 것으로 보인다. 여운형이 사퇴 이유로 당내 분파 행위를 지적했고, 그 대책으로 합당을 보류하면서 여운형도 사퇴를 취소하는 방안이 유력하게 제기되었으나 결론에 이르지 못했고, 결국 장건상 부위원장, 이만규 서기국장, 김여성 정치국장과 김임수 사무국장이 여운형과의 동반 사퇴를 선언하고 퇴장하기에 이르렀다. 이튿날 속개된 회의에 주요 간부들은 불참했고, 확대중앙위원회는 아무 결정도 내리지 못한 채

끝나고 말았다. 8월 30일 인민당 감찰위원장 김진우는 박헌영 공산당 책임비서에게 통고문을 보내 인민당에 잠입시킨 '합당 프락치'의 조속한 철수를 요구했다.

박헌영 일파는 최대의 위기에 몰렸다. 군정청의 탄압과 극우파의 폭력에 맞선다는 명분으로 공산당과 민전의 주도권을 독점해왔는데, 이제 합당의 과제 앞에서 그들의 독단에 대한 불만이 모든 방면에서 쏟아져 나오고 있었다. 그런데 8월 30일 북조선노동당(북로당) 창립대회의 남조선 좌익 합당에 관한 결정문이 그들을 이 위기에서 구해주었다.

● 결정서 요지

"남조선에 있어서 삼당의 합동 사업은 비상히 지연하고 있다는 것을 지적할 뿐 아니라 삼당의 합동에 반대하여 반동적 역량을 강화하고 삼당 내에 의식적으로 반대하는 분자가 존재하여 그들은 자기의 종파적 분열적 반당 행동을 일으켜서 반동파를 원조하고 있다는 것은 유감된 일이다.

이들 반당 분자에 대한 남조선공산당 중앙위원회의 결정은 가장 정당한 것으로 인정한다. 본 대회는 공산당·인민당·신민당의 합동을 지연시키려는 반당 분자에 대한 결정적 대책을 세우고 반당파에 의한 방해 행동을 극복하고 삼당 합동 사업을 신속히 진행시킬 것을 남조선 삼당 당원에 호소한다."

(「3당 합당에 대한 북로당 창립대회에서의 결정서 요지 발표」, 『서울신문』 1946년 9월 1일)

북로당의 지지는 이남 좌익에게 대단히 중요한 것이었다. 이북은 좌익이 심리적으로 의지하는 소련군의 주둔 지역이고 이북의 좌익은 임시인위 수립, 제반 개혁의 수행에 이어 북로당 결성에 이르기까지 빛나는 성공의 길을 걷고 있었다. 1946년 들어서는 인적·물적 지원도 이북에서 내려오고 있었다. 북로당이 박헌영 중심의 합당을 지지했다면 그것이 바로 대세가 되는 것이었다.

그런데 왜 북로당이 박헌영의 손을 들어주었을까? 당의 성격과 노선에서도 북로당은 여운형과 백남운이 주장하는 인민 대중정당과 민족통일전선에 가까웠고, 인간적 신뢰도 김두봉과 김일성에게는 박헌영보다 여운형과 백남운 쪽이 두터웠다. 공산당의 당대회 문제도 박헌영에게 명분이 없었다. 그리고 『비록 조선민주주의인민공화국』에 수록된 서용규의 증언은 김일성과 박헌영의 사이가 줄곧 나빴다는 사실을 확인해준다. 그런데 이 결정적 고비에서 북로당이 박헌영을 적극적으로 지지한 까닭이 무엇일까?

잘 이해가 되지 않는 일이다. 서중석은 『한국현대민족운동연구』(437~438쪽)에서 이렇게 설명했다.

> 북로당이 박헌영 지지를 표명한 것은 3당 합당을 하루라도 빨리 성사시키자는 의도가 작용하였을 수 있다. 또 북한에는 박헌영 잔존 세력이 있었으며, 소련 측에서 박헌영 측을 지지하였을 가능성이 있다. 소군정은 북한에서 간접 통치의 방법을 썼지만, 당 문제, 국가 건설 문제 등 중요 문제에 대해서는 결정적인 위치에 있었을 것이다. 그리고 박헌영이 공산당의 당중앙을 거의 전적으로 장악해왔는데, 박헌영파가 무너지게 되면 남한 좌익이 큰 혼란에 빠질 수 있다는 점, 대회파는 당권 경쟁 때문에 박헌영에 대항하고 있다는 인상을 줄 수 있었던 점도 북로당의 결정에 영향을 미쳤을 것이다.
>
> 그러나 이와 함께 북로당이 박헌영을 지지한 데는 구조적인 이유가

> 있었다고 봐야 할 것이다. 북한의 사회 구성과 정권 형태가 1945년에서 1946년 사이에 크게 변화하여, 김일성은 여운형을 선호하였고 민족통일전선에도 관심을 보였지만, 북한은 구조적으로 여운형 노선보다는 민전 5원칙에 가까웠다는 점을 주목해야 할 것이다. (…) 또한 1945년 10월 5도 당대회에서 시사된 민주기지론은 1946년에 들어와 점점 구체화되어갔다. 민주기지 건설의 '기초 공사'가 진행되고 있었던 것이다. 그리고 북조선노동당 창립에 임해서는 좌우합작에 의한 남북통일을 "미군정의 조종하에서 남조선 반동 도배들이 시도하는" "반인민적 흉계에 불과"하다고 비난하고, "북조선에서 실현된 모든 민주주의적 개혁들을 전 조선적으로 실시해야 할 것"을 주장하였던 것이다.

앞 문단에는 너무 여러 가지 이유가 병렬되어 있어서 서중석 본인도 아주 석연치는 못한 것이 아닌가 의심이 든다. 그에 비해 둘째 문단에서 제기한 두 가지 시각이 깊은 함의를 가진 듯하다. 북한에 우익이 약화되어 있기 때문에 통일전선의 의미에 대한 감각이 퇴화되었다는 점과 미군정 주도의 좌우합작에 대한 반감. 앞으로의 전개 과정에서도 이 두 가지 시각을 계속 면밀히 살펴봐야겠다.

좁아지기만 하는 공산당의 길

김기협 지난번(7월 29일) 만나 뵌 후에도 많은 일이 일어났습니다. 우선, 해방 1주년 기념일에 큰 불상사가 없었던 것이 다행입니다.

안재홍 온 민족이 함께 기뻐할 날에 큰 불상사 없는 것을 다행으로 여기게 되었다니 참 딱한 일입니다. 하지만 다행은 다행이죠. 지난 3·1절 때와 같은 심한 혼란과 충돌이 없었던 것은 정말 다행입니다. 이번에도 행사가 양쪽에서 따로 열렸기 때문에 모두 충돌을 걱정했죠.

김기협 3·1절에 비해 이번 행사가 평화롭게 될 수 있었던 이유를 어떻게 보시는지요?

안재홍 우선 정치적 상황이 다르죠. 3·1절 때는 미소공위를 앞두고 기세 싸움이 거셀 때였습니다. 그런데 지금은 앞으로의 상황 전개를 구체적으로 전망할 길 없이 모두 관망하는 분위기입니다. 여론의 표적이 되는 것이 조심스러운 분위기죠.

그리고 미군정의 행사 참여로 우익 측 행사의 질서가 보장되었습니다. 조·미 공동 주최의 기념식이었기 때문에 도발적인 연설이나 진행을 막을 수 있었습니다. 좌우합작을 바라는 미군 지도자들의 성의를 확인할 수 있는 일입니다.

좌익도 마침 내부 문제가 불거져 나오는 판이라서 문제를 일으킬 형편이 아니었죠. 15일 밤 소사에서 좌우익 청년들 수백 명씩이 맞붙은 사건의 정황을 보면, 어느 쪽 도발인지는 몰라도 충돌에 대한 대비는 양쪽에 다 있었던 것 같습니다.

김기협 | 좌우합작 회담이 첫 회의 이후 한 달째 개점휴업 상태입니다. 좌익 3당의 합당 작업이 마무리되기를 기다리는 것으로 이해하고 있었습니다. 그런데 합당 작업을 계기로 내부 문제가 예상 외로 격렬하게 터져 나오고 있습니다. 공산당과 인민당은 반쪽이 난 꼴이고 신민당 내부 사정도 불안한 모양입니다.

세 당이 합쳐서 하나가 되는 것이 아니라 쪼개져서 여섯이 되는 것 아니냐는 말까지 나오고 있습니다. 그러나 각 당의 문제가 결국 박헌영 지지파와 반대파 사이의 대결 아닙니까? 선생님은 그 귀추를 어떻게 바라보시는지요?

안재홍 | 박헌영 씨의 힘이 이렇게 큰 줄 모르고 있었습니다. 공산당의 쟁쟁한 원로·중진들이 제기한 대회 소집 요구를 일축하면서 저렇게 당 장악력을 유지하는 것도 놀라운 일이거니와, 인민당에까지 저런 영향력이 있다는 것은 정말 상상도 못한 일입니다. 여운형 씨 지지자들은 박헌영 씨 측에서 '프락치'를 심어놓았다고 분개한다는데, 정확한 실상은 모르지만 '프락치'라는 말이 아주 틀린 것은 아닌 것 같습니다. '즉각 합당'을 위한 현우현 씨 댁 모임 같은 것은 분명히 '당 내의 당'이죠.

1년 전 박헌영 씨가 건준에 손을 뻗치던 때 생각이 납니다. 아직 공산당도 제대로 세워놓지 못하고 건준 일각에서 인공 수립 공작을 추진하고 있던 박 씨는 여운형 씨의 당당한 위망에 비하면 일개 무명소졸이었죠. 그런데 인민당을 뒤흔들 만한 세력을 지금까지 심어놓았다니……. 반년만 더 있었다면 좌익을 완전히 장악했을 겁니다. 아직 장악이 확고하지 않은 단계에서 합당 문제가 나오는 바람에 그 반대자들의 총궐기가 일어난 셈이네요.

박 씨 중심의 남조선노동당은 만들어질 겁니다. 북조선노동당을 만든 이북 공산주의자들은 박 씨를 지지하지 않을 수 없을 것이고, 그것이 좌익의 '대세'가 되겠죠. 그 반대자들은 수적으로 많지만 조직도 자금도 없으니 세력 결집에 한계가 있을 거고요. 이번 합당으로 좌익 전체는 타격을 받겠지만, 박헌영 씨의 위상은 더욱 강화될 겁니다.

김기협 | 박헌영 씨는 지금까지 좌우합작에 부정적인 태도를 보여왔습니다. 합작을 힘들게 만든 민전의 고압적인 '5원칙'도 박 씨의 지시에 따른 것으로 알려졌죠. 이번 좌우합작은 지난 1, 2월에 통일전선 결성 시도가 무산된 후 모처럼 그 뒤를 잇는 노력으로 인민의 여망을 모으고 있습니다. 그런데 박 씨가 이런 여망을 외면하는 이유가 무엇일까요?

안재홍 | 1월의 통일전선 실패에는 좌우 양측 모두의 고압적인 태도가 작용했습니다. 고압적인 태도는 상황을 너무 쉽게 보는 안이한 시각에서 나오는 것이죠. 좌우합작 없이도 독립국가 건설이 가능하다고 생각하고, 각자 더 유리한 위치를 차지하는 데만 몰두했던 겁니다.

그동안 미소공위의 한 차례 실패를 보며 우익에서는 반성이 많이 일어났습니다. '반탁'의 이름으로 3상회의 자체를 경시하는 풍조가 있었는데, 지금은 분단 건국의 위험 앞에서 대다수 우익 인사들이 합작을 더 중시하게 되었습니다. 저만 하더라도 좌우합작에 관한 한 김구 선생과 이승만 박사의 눈치를 살피지 않고 임하게 되었습니다.

좌익에서도 비슷한 반성이 많이 일어난 것으로 압니다. 그런데 박헌영 씨는 이북에서 공산당의 순조로운 득세를 보며 이남도 같은 식으로 풀려야 한다는 생각을 벗어나지 못하는 모양입니다. 그리고 좌익의 영도력을 둘러싼 여운형 씨와의 경쟁 때문이라고 보는 사람들도 있습니다. 어느 쪽이든 조선의 현실을 직시하지 못하는 것 같아서 안타깝습니다.

김기협 | 여운형 씨가 인민당 대표직을 사임하고 일주일 가까이, 그것도 해방 기념일을 전후해서 지방으로 잠적한 것을 보면 정말 상심이 컸던 모양입니다. 몇 달 전에는 동생 여운홍 씨가 떠나더니, 이번에는 건국동맹 이래의 동지들이 등을 돌리고…….

그래도 19일 서울에 돌아온 후 꿋꿋한 모습을 보여주고 있어서 다행입니다. 좌우합작 회담 재개 의지를 보여주고 내일(8월 27일) 예정된 인민당 확대중앙위원회에도 당당히 임할 태세입니다. 박헌영 씨의 태도에 더는 개의치 않고 이제 스스로 옳다고 생각하는 길로 나아가겠다는 결의를 한 것 같습니다.

이렇게 되면 합작 회담의 전망은 밝아지는 것 아닌가요? 민전 의장단 5인 중에도 사실 여 선생 외에 백남운, 김원봉 두 분이 합작에 열성적인 태도죠. 그리고 공산당의 단합을 위해 참고 지내오던 소위 '대회파'도 풀려나오게 됐습니다. 여 선생의 합작 노력을 뒷받침하는 좌익 세력도 그 존재가 뚜렷해질 것 같습니다.

안재홍 | 그렇습니다. 지난 1월 나도 백범 선생과 이 박사 중심의 우익 단결을 위해 하고 싶은 말을 참았던 것처럼 여 선생도 좌익의 단결을 지키기 위해 참은 것이 많았죠. 그러나 나는 미소공위 재개를 위한 좌우합작 앞에서는 우익 단결을 뒷전으로 돌렸습니다. 합작을 외면하는 우익이 있다면 갈라설 작정입니다. 여운형 씨도 좌익 대동단결의 꿈을 접은 모양입니다.

합작 회담의 당장 진행은 풀리게 되었습니다. 며칠 전(8월 22일) 합작위원회 우방(右方) 대표단 성명서에서 "어떤 일방의 지령이나 사주를 받아 국가 독립을 불원하는 반민족 비애국적 분자를 제외하고" 진정한 좌측 지도자와 제휴할 용의를 가졌음을 밝혔습니다. 조금 지나친 표현일지는 몰라도 틀린 표현은 아니라고 생각합니다. 박헌영 씨, 허헌 씨, 이강국 씨, 정말 너무했어요. 뭘 믿고 그렇게 책략에만 매달리고 대화를 회피하는지, 이해할 수가 없습니다. 양심적이고 성실한 좌익이 그들로부터 풀려나오는 것은 반가운 일입니다.

그러나 합작 회담의 궁극적 성과를 위해서는 아무래도 아쉬운 일입니다. 지금의 합작 회담은 남반부 내의 합작을 위한 것입니다. 더 큰 합작은 남북을 아우르는 것이어야 하죠. 그 단계를 위해서는 공산당의 전면적 참여가 필요합니다.

김기협 | 7월 29일 첫 공판 이후 중단되었던 정판사사건 재판이 며칠 전부터 다시 시작됐죠. 공산당 측과 군정청 측의 상반된 주장 중 어느 쪽이 옳은지 완전히 밝혀지는 데는 시간이 걸리겠지만, 재판 진행의 책임이 있는 군정청 쪽 태도에는 분명히 문제가 있습니다. 경찰도 검찰도 고위층의 의지에 따라 움직이고 있지 않습니까? 판사까지도 그런 의심을 불러일으키고 있습니다.

게다가 첫 공판 때 체포된 시위자들에게 징역 몇 년씩 군정재판에서 때린 것은 일제 말기 전쟁기에도 없던 일입니다. 군정청의 공산당 탄압은 명백한 사실입니다.

이달 들어 공산당 주변에서 '신전술'이란 말이 돌고 있습니다. 미군정에 정면으로 대항하는 강경 노선으로 돌아선다는 것입니다. 초순에 박헌영 씨가 하지 사령관에게 보낸 편지가 8일자 『조선인민보』에 게재된 것을 보니, 미군정의 실정을 신랄하게 비판하고 인민위원회에 정권을 넘길 것을 요구했더군요. 확실히 전과 다른 자세로 보입니다.

미군정의 탄압이 공산당 노선 강경화의 원인 내지 핑계가 되고 있습니다. 그러니 미군정의 좌우합작 지원도 진정성 있는 정책이 아니라 공산당 고립을 위한 술책이라는 이야기가 나오는 것이죠. 도둑을 몰아도 막다른 골목으로는 몰지 말아야 한다고 하는데, 공산당을 둘러싼 문제들은 끝없이 악화되기만 하는 것 같습니다.

안재홍 | 정판사사건 재판에는 분명히 문제가 있습니다. 정말로 경찰·검찰이 주장하는 범죄가 있었다 하더라도 그런 식으로 처리해서는 안 되죠. 나도 일본 경찰의 취조를 수없이 받아봤지만, 이번 사건처럼 기본 원칙도 안 지키는 경우는 못 봤습니다. 이 사건의 결과 자체보다 조선 사법계와 경찰의 자세가 잘못 만들어지는 것이 더 큰 걱정입니다.

공산당의 신전술도 걱정됩니다. 1928년 6차 코민테른 대회에서 '계급 대 계급'의 극좌 노선 채택한 것을 신전술이라고 했지요. 중국과 일본 소식 들으면 공산당이 모두 개방적인 방향으로 나아가고 있는데, 우리 공산당은 반대 방향으로만 가고 있습니다.

식량난에, 수해에, 전염병에, 민생이 엉망인데다가 미군정의 실정과 경찰의 횡포로 민심이 흉흉합니다. 이런 어려운 시절에는 정말 공산당에게도 햇볕정책을 써야 합니다. 민심 수습에 도움까지 바라지는 않더라도 메마른 민심에 불붙이러 나가도록 몰아붙여서는 안 됩니다.

일지로 보는 1946년 8월

8월

- 2일 『동아일보』, "신민, 공산 양당 북조선에서 합당, 북조선노동당으로" 보도
- 3일 인민당 여운형 명의로 조선공산당, 신민당에 대해 3당 합당 제안문 발송
- 5일 조선공산당 3당 합당에 대해 박헌영 명의로 수락 회답
  김철수 등 6인 박헌영 비판 성명서 발표
- 6일 한독당 엄항섭, 좌익의 3당 합당 환영
- 9일 『서울신문』, "제1관구경찰청, 극비밀리에 좌익계 인사 검거·취조" 보도
- 10일 장택상, 좌익계 모종 사건에 대해 언급
- 12일 조선정판사위폐사건으로 취조받던 조공의 이관술 기소
- 14일 미 국무장관 대리 애치슨, 조선 문제에 대해 성명서 발표
- 15일 각계의 해방 1주년 기념식
  '서울' 이름 공식화
- 16일 인민당, 3당 합당 문제 및 여운형 사퇴 문제 논의
- 18일 홍명희 중심의 민주통일당 제1회 발기준비회 개최
- 19일 김구, 연합국 원수와 정당 대표에게 조선 독립 지원 요망 메시지 전달
- 20일 러치, 조·미 간 크레디트 설정 및 식량 대책 등에 대해 기자회견
- 21일 여운형, 인민당수 사임에 대해 언급
- 24일 하지, 좌우합작 대표 여운형과 김규식에게 서신 전달
- 27일 여운형, 좌우합작 회담의 진전 상황 언급
- 30일 북조선노동당 출범, 3당 합당에 대한 북로당 창립대회에서의 결정서 요지 발표

찾아보기

ㄷ

ㄹ

ㅁ

ㅂ

ㅇ